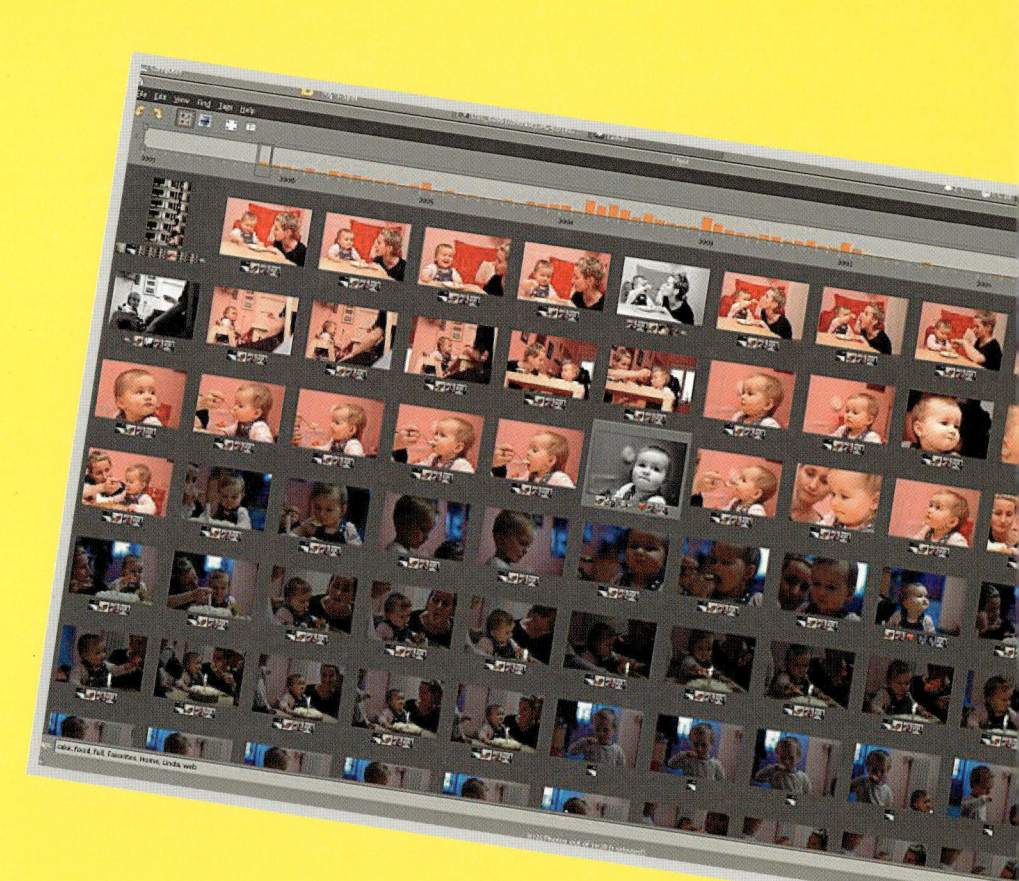

무료로 사용하는 포토샵

김프
GIMP 2.8

곧바로 활용하기

에프원북스

이 도서는

본 도서에서는 [김프의 기본적인 것들]과 [예제로 배우는 김프] 두 단원으로 나뉘었습니다. 첫 번째 단원에서는 김프를 처음 접하는 분들을 위해 기본기를 익히기 위해 이론적인 부분을 최대한 실무적으로 설명하였고 두 번째 단원에서는 범용적으로 사용되는 실용적인 예제를 만들어 보면서 김프를 이해하고 실력을 향상시킬 수 있도록 하였습니다. 또한 김프와 함께 하면 보다 높은 수준의 결과물을 만들 수 있는 애플리케이션 툴들을 팁과 섹션에서 소개하고 있습니다.

김프는 이미 영어권 국가에서 많은 포토그래퍼들이 애용하고 있는 이미지 편집 툴입니다. 세계 거의 모든 언어를 지원하고 친숙한 인터페이스는 누구나 부담 없이 사용할 수 있습니다. 김프의 매력은 오픈 소스, 즉 무료로 사용할 수 있는 툴이라는 것인데 무료라고 해서 어도비 포토샵에 뒤지는 것은 결코 아닙니다. 특정 기능에서는 오히려 어도비 포토샵을 능가하는 전문 이미지 편집 툴입니다. 플러그인 또한 무료로 사용할 수 있어 요즘같은 고물가 시대에 경제적인 부담을 느끼지 않게 해 줍니다. 또한 김프는 비대해 지고 복잡해진 어도비 포토샵에 비해 이미지 편집만을 위한 기능만을 살려 안정적이고 이상적인 이미지 편집 작업을 할 수 있게 해 주며 김프에서 작업한 것을 포토샵에서도 사용할 수 있도록 포토샵 도큐먼트(psd) 파일을 만들어 줄 수도 있습니다. 김프야 말로 포토그래퍼을 위한 진정한 포토샵이라고 할 수 있습니다.

이제 순수 포토샵, 김프의 무한한 매력을 느껴보시기 바랍니다.

테크라이터 이용태
www.facebook.com/eyongtae

김프에 대한 질문이나 강의가 필요하시면 연락해 주십시오.(e_yongtae@naver.com)

작업 소스 활용

본 도서의 내용을 보다 원활하게 학습하기 위해서는 학습자료들이 필요합니다. 학습자료 파일들은 이용태닷컴을 통해 다운로드받아 사용할 수 있으므로 아래에서 설명하는 방법을 통해 학습자료 파일을 이용하면 됩니다.

1단계 인터넷 익스플로러의 주소 입력 창에서 www.이용태.com을 입력하여 이용태닷컴에 접속합니다. 또는 다음이나 네이버 같은 검색엔진에서 이용태닷컴으로 검색하여 해당 사이트에 접속합니다.

2단계 이용태닷컴에 접속한 후 회원가입을 하고 로그인을 합니다. 그다음 도서학습자료 메뉴를 클릭하여 해당 페이지를 열어줍니다. 개인정보 노출을 꺼리는 분들은 자료를 받으신 다음, 회원을 탈퇴하시면 됩니다.

3단계 도서학습자료 페이지에 들어오면 해당 도서명[김프 2.6]을 클릭하여 들어간 후 좌측에 있는 대용량자료의 다운로드 글자 버튼을 클릭하여 다운로드받아서 사용하면 됩니다.

4단계 다운로드 된 파일을 압축되어있기 때문에 윈집이나 알집 등의 압축 툴을 사용하여 압축을 풀어서 사용하면 되며 본 도서에 대한 궁금한 점이 있다면 커뮤니티 Q&A를 통해 질문을 하시면 되며 답변은 저자분이 가능한 시간 때에 직접 답변을 해 드릴 것입니다.

목차

01 김프의 기본적인 것들

SECTION 01 김프(GIMP) 최신버전 다운로드 받아 설치하기   016

SECTION 02 김프의 사용자 언어 자유롭게 설정하기   019

SECTION 03 김프 인터페이스 살펴보기   022

SECTION 04 새로운 이미지 생성하기(불러오기)   026

SECTION 05 편리한 작업을 위한 플러그인 다운로드 받고 설치하기   034

SECTION 06 선택영역은 무엇이고 어떻게 활용되는지 알아보기   040

SECTION 07 레이어로 불러오기 활용법(책 표지 입체로 표현하기)   060

3D 표지 완성

SECTION 08 레이어의 개념 확실하게 잡기   068

SECTION 09 아주 특별한 영역, 마스크, 알파채널 이해하기   079

SECTION 10 복사, 자르기, 붙여 넣기에 대한 다양한 활용법   090

원본

복사된 이정표

원본　　　　　　　　　작업 후

SECTION 11 문자 디자인을 위한 텍스트 툴 활용하기　　096

표지 완성

SECTION 12 작업한 것 파일로 만들기(저장)　　114

SECTION 13 브러시 툴을 이용한 그림 그리기　　117

브러시로 그린 고양이

SECTION 14 상황에 맞는 최적의 이미지로 만들어 주는 방법에 대하여　　134

SECTION 15 복제를 위한 클론 툴과 복원을 위한 힐링 툴 제대로 다루기　　139

원본　　　　　　　　복제된 구름　　　　　　　지워진 구름

원본 복원된 사진

SECTION 16 색상 보정에 대한 모든 것   145

원본 세피안 톤 사진 원본 커브를 이용한 착색된 사진

SECTION 17 그밖에 유용하게 사용되는 툴들   158

SECTION 18 필터(효과)들의 화려한 향연   166

원본 Neon 효과 Particle Trace 효과 3D Outline 효과

SECTION 19 김프 작업환경 설정하기   195

SECTION 20 알아두면 좋은 그밖에 메뉴들   209

02 예제로 배우는 김프

SECTION 21 깨끗한 피부 만들기(리터칭 작업)   214

원본

피부 리터칭 후의 모습

SECTION 22 미녀의 조건, V라인 턱선 만들기 **220**

원본

보정된 V라인모습

SECTION 23 맵시 나는 S라인 허리 만들기 **223**

원본

S라인으로 보정된 모습

SECTION 24 다리가 예쁜 그녀, 롱다리 만들기 **225**

SECTION 25 페이스 오프, 얼굴을 합성하기 **228**

원본

바꿔치기한 얼굴의 모습

SECTION 26 여러 장의 사진을 합쳐 한 장의 사진처럼 표현하기 **235**

원본

멀티 사진으로 합쳐진 사진

SECTION 27 흑백 사진 컬러로 보정하기(핸드 컬러링 기법)　241

원본

컬러로 복원된 사진

SECTION 28 이미지 입자들의 공간이동　246

원본

입자들이 이동되는 모습

SECTION 29 단체사진에 유령(?)인간 합성하기　251

원본

원래는 없었던 사람이 합성된 모습

본 예제를 응용한 멀티 이미지

SECTION 30 폴라로이드 사진 만들기　255

폴라로이드 사진들

SECTION 31 인물사진에 엣지 샤픈 효과 활용하기   263

SECTION 32 레이어 블렌딩 모드를 이용한 그런지 스타일 만들기   268

원본

원본

합성된 결과물

SECTION 33 강렬한 느낌의 흑백사진 표현하기   272

SECTION 34 블링블링한 글로시 버튼 만들기   275

글로시 버튼

SECTION 35 메탈 3D 텍스트 만들기   289

메탈 3D 글자

SECTION 36 담벼락에 그리는 월 페인팅   296

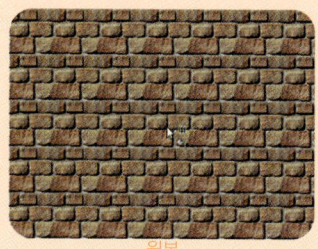 

원본　　　　　　　　　담벼락에 그린 월 페인팅

SECTION 37 얼음 느낌의 3D 텍스트 만들기　306

얼음 3D 글자

SECTION 38 보기만 해도 의시시한 호러 문자 만들기　324

공포스런 호러 문자

SECTION 39 구름을 닮은 글자 만들기　332

공포스런 호러 문자

SECTION 40 웹용 GIF 애니메이션 만들기　335

SECTION 41 화려한 무지개 빛깔 입술 만들기　339

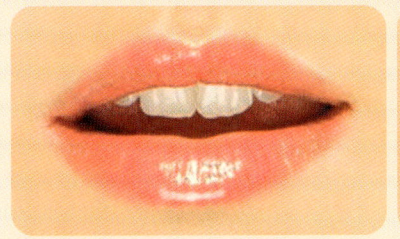
원본

무지개 입술

SECTION 42 문자를 이용한 타이포그래피 페이스 만들기　341

원본

문자로 그려진 얼굴

SECTION 43 안경 너머로 보이는 세상 만들기　348

SECTION 44 스케치 후 색칠하는 장면 만들기　354

원본

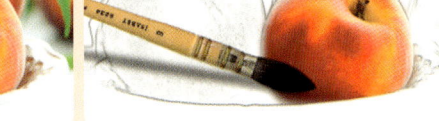
스케치 + 컬러

SECTION 45 쉐이프 콜라주를 이용한 모양 틀 안에 사진들 넣기　362

콜라주 기법으로 만든 그림

찾아보기　372

이 장에서는 김프를 처음 시작하는 분들을 위해 김프를 설치하고 실행하여 사용하는 기본 과정이 그려집니다. 포토샵과 같은 이미지 편집 툴을 이미 사용해 보았던 분들에게도 한 번쯤 살펴보아야 할 김프에 대한 중요한 내용을 소개합니다. 김프를 보다 확실하게 익히고 다루기를 원하는 분들에게 많은 도움이 될 것입니다.

SECTION 01 김프(GIMP) 최신버전 다운로드 받아 설치하기
SECTION 02 김프의 사용자 언어 자유롭게 설정하기
SECTION 03 김프 인터페이스 살펴보기
SECTION 04 새로운 이미지 생성하기(불러오기)
SECTION 05 편리한 작업을 위한 플러그인 다운로드 받고 설치하기
SECTION 06 선택영역은 무엇이고 어떻게 활용되는지 알아보기
SECTION 07 레이어로 불러오기 활용법(책 표지 입체로 표현하기)
SECTION 08 레이어의 개념 확실하게 잡기
SECTION 09 아주 특별한 영역, 마스크, 알파채널 이해하기
SECTION 10 복사, 자르기, 붙여 넣기에 대한 다양한 활용법
SECTION 11 문자 디자인을 위한 텍스트 툴 활용하기
SECTION 12 작업한 것 파일로 만들기(저장)
SECTION 13 브러시 툴을 이용한 그림 그리기
SECTION 14 상황에 맞는 최적의 이미지로 만들어 주는 방법에 대하여
SECTION 15 복제를 위한 클론 툴과 복원을 위한 힐링 툴 제대로 다루기
SECTION 16 색상 보정에 대한 모든 것
SECTION 17 그밖에 유용하게 사용되는 툴들
SECTION 18 필터(효과)들의 화려한 향연
SECTION 19 김프 작업환경 설정하기
SECTION 20 알아두면 좋은 그밖에 메뉴들

01 김프의 기본적인 것들

01 김프(GIMP) 최신버전 다운로드 받아 설치하기

기본적으로 김프(GNU Image Manipulation Program)는 무료(오픈소스 or 프리웨어)로 배포되는 소프트웨어로서 고가의 비용을 지불해야 하는 다른 이미지 편집 소프트웨어처럼 경제적 부담을 갖지 않아도 됩니다. 또한 다른 상용 이미지 편집 툴에 비해 뒤지지 않는 기능들은 작업을 수행하는데 아무런 문제가 없습니다.

01 인터넷 검색 창에 http://www.gimp.org/downloads를 입력하고 엔터 키를 쳐서 들어가면 김프 최신버전을 무료로 다운로드 받을 수 있는 페이지가 열립니다. 여기서 Download GIMP 2.8.0(버전은 수시로 업데이트 됨)을 클릭합니다.

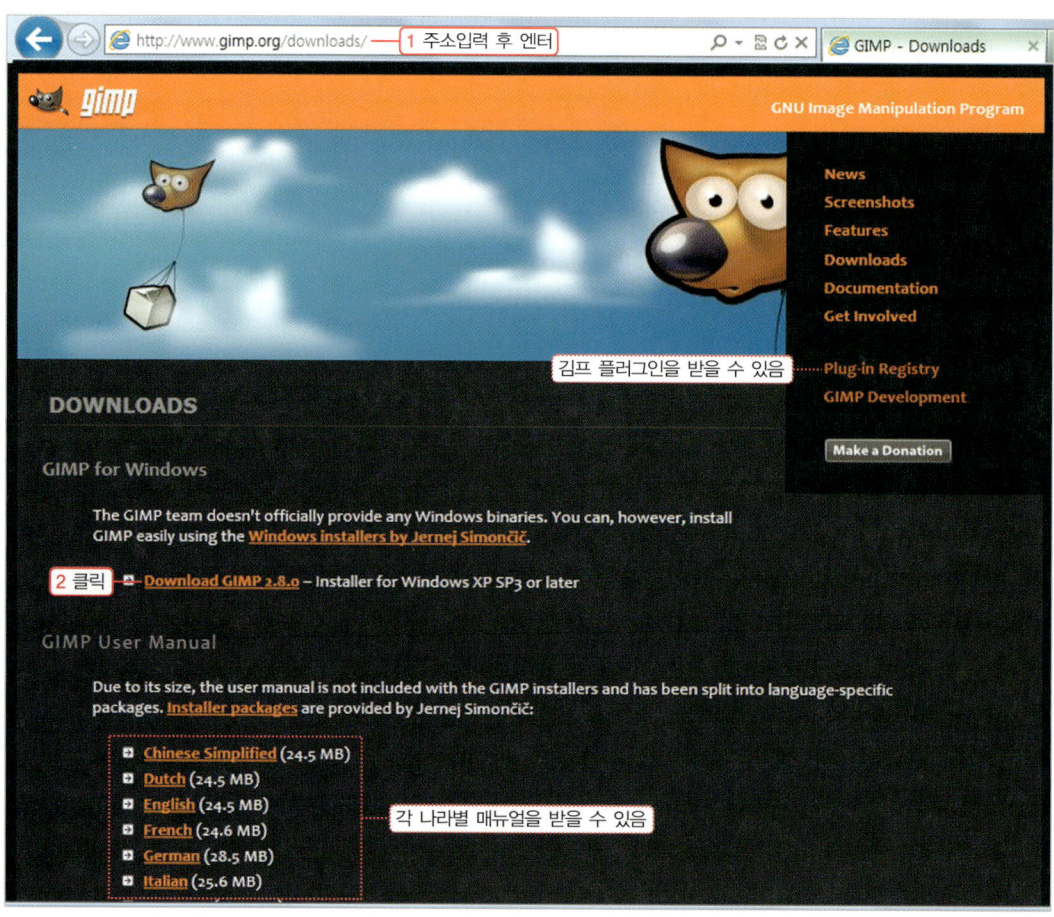

02 다운로드 페이지가 열리면 Your GTK+ and GIMP Installers for Windows downloads will start in (시간) 글자 중 하늘색으로 된 글자 부분을 클릭하면 무료로 사용되는 김프에 후원(기부)금을 낼 수 있는 페이지로 이동합니다. 만약 후원금을 내지 않고자 한다면 그냥 기다리세요. 그러면 잠시 후 다운로드 받을 수 있습니다. 일단 원하는 위치에 다운로드 받아 두면 됩니다.

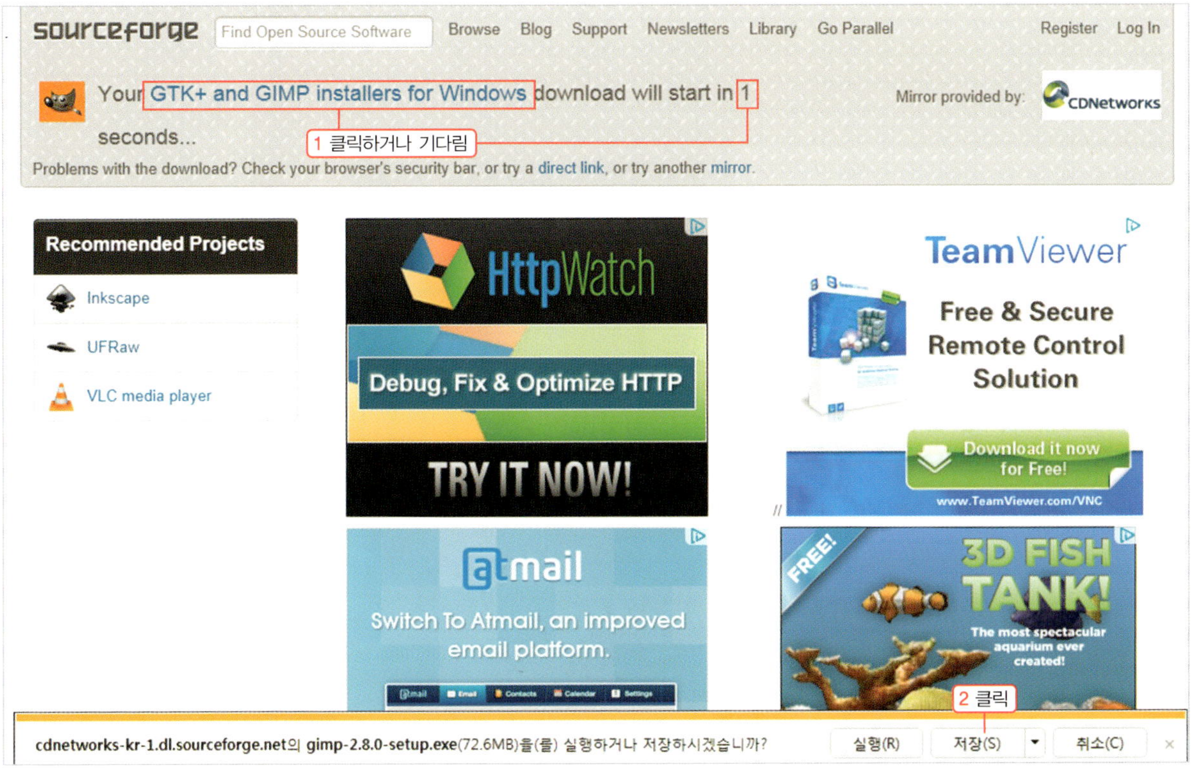

03 다운로드 된 곳(폴더)에서 gimp-2.8.0-setup.exe 실행 파일을 더블클릭하여 설치를 진행합니다. 현재의 과정 중 다운로드 된 곳과 김프 버전은 여러분과 필자가 다를 수 있습니다.

> **TIP**
> 다운로드 된 곳과 김프 버전은 여러분과 필자가 다를 수 있으므로 여러분에 맞게 수행하면 될 것입니다.

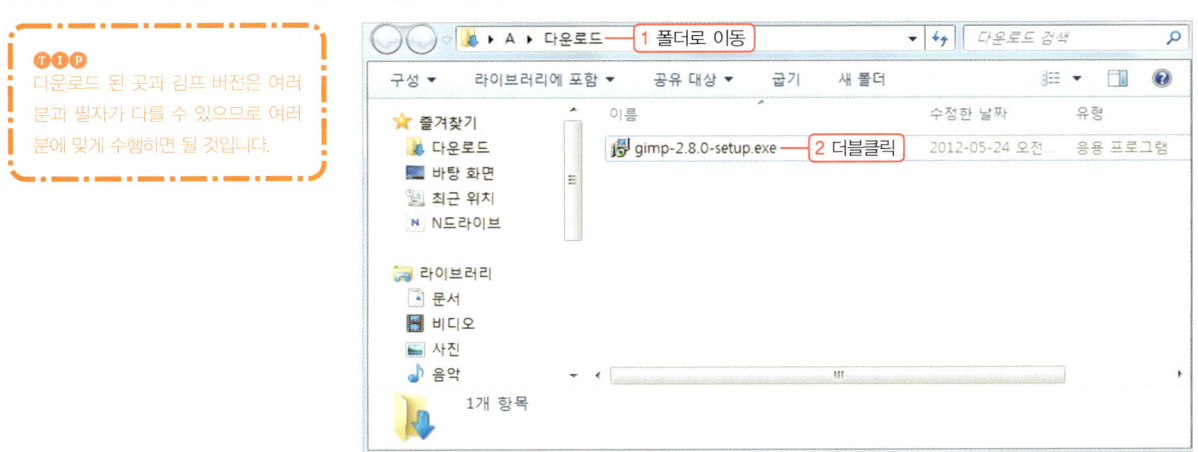

김프(GIMP) 최신버전 다운로드 받아 설치하기 017

04 Select Setup Language 창이 열리면 여러 가지의 언어가 있는데 우리에게 친숙한(?) English를 선택하고 OK 버튼을 클릭합니다.

> **TIP**
> 김프 2.8 버전은 안정화 버전이란 이름으로 3여 년 만에 새롭게 출시됐는데 아직 한글화 버전이 완벽하게 이뤄지지 않은 상태입니다. 그러므로 사용자 언어를 영어로 선택할 수 밖에 없습니다. 조만간 이런 부분이 해결되리라 믿습니다.

05 Setup - GIMP 창이 열리면 Install 버튼을 클릭하여 설치를 진행합니다.

06 김프는 설치될 위치를 별도로 지정하지 않고 곧바로 프로그램 폴더(C:\Program Files)에 설치됩니다. 설치가 끝나면 Finish 버튼을 눌러 창을 닫습니다.

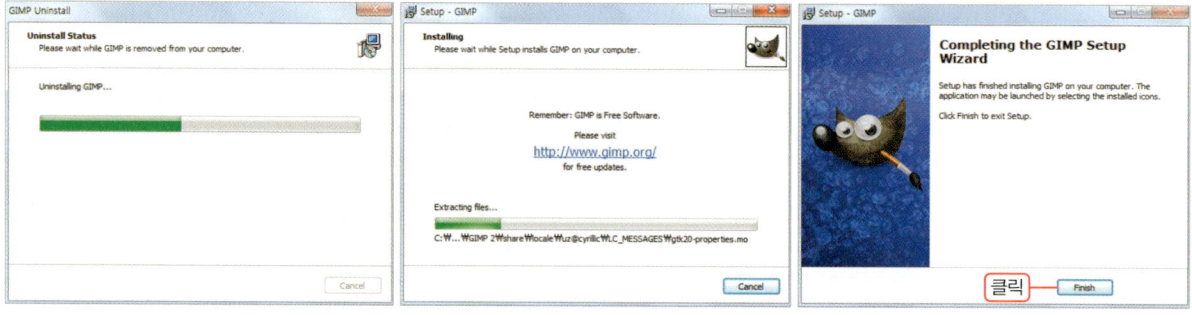

02 김프의 사용자 언어 자유롭게 설정하기

김프는 세계에서 사용되는 언어를 대부분 지원합니다. 한국어도 물론 지원하지요. 그런데 아직 2.8 버전에서는 한국어를 완벽하게 지원하지 않고 부분적으로만 지원하여 불편한 점이 있습니다. 그래서 본 도서에서는 영문 인터페이스를 통해 학습을 할 것입니다.

01 김프가 정상적으로 설치됐다면 이제 실행하기 위해 먼저 바탕화면에 김프 실행(바로가기) 아이콘을 만들어봅니다. 윈도우의 시작 버튼을 클릭한 후 나타나는 메뉴에서 모든 프로그램 보기 > GIMP 2 > 보내기 > 바탕 화면에 바로 가기 만들기를 선택합니다. 이렇게 보내진 바로가기 버튼을 더블클릭하여 김프를 실행합니다.

> **TIP**
> 그밖에 김프 실행 아이콘을 바탕화면에 삽입하는 방법은 김프가 설치된 Program Files 혹은 Program Files (x86) > GIMP 2 > bin 폴더 안에 있는 gimp-2.8.exe 파일 위에서 우측 마우스 버튼을 클릭 > 보내기 > 바탕 화면에 바로 가기 만들기를 선택하면 됩니다.

02 김프가 처음 실행될 때의 시간은 비교적 오래 걸리는데 정상적인 작동을 위한 워밍업이라고 생각하면 됩니다. 이 시간은 OS 환경이나 PC 사양에 따라 현격한 차를 보이기 때문에 가급적 좋은 PC 환경을 구축하는 것이 유리합니다. 필자의 경우는 OS 즉, 윈도우 환경이 WIN 7, 64비트 이기 때문에 김프가 64비트 환경에 맞게 자동 설치됐습니다. 최근의 그래픽 작업 파일의 크기가 커지고 있기 때문에 원활한 작업을 위해 윈도우 환경을 64비트로 설치해 주는 것이 유리합니다.

03 김프가 열리면 이제 언어를 영문(EN)으로 해 주기 위해 풀다운 메뉴에서 Edit 〉 Preferences를 선택합니다.

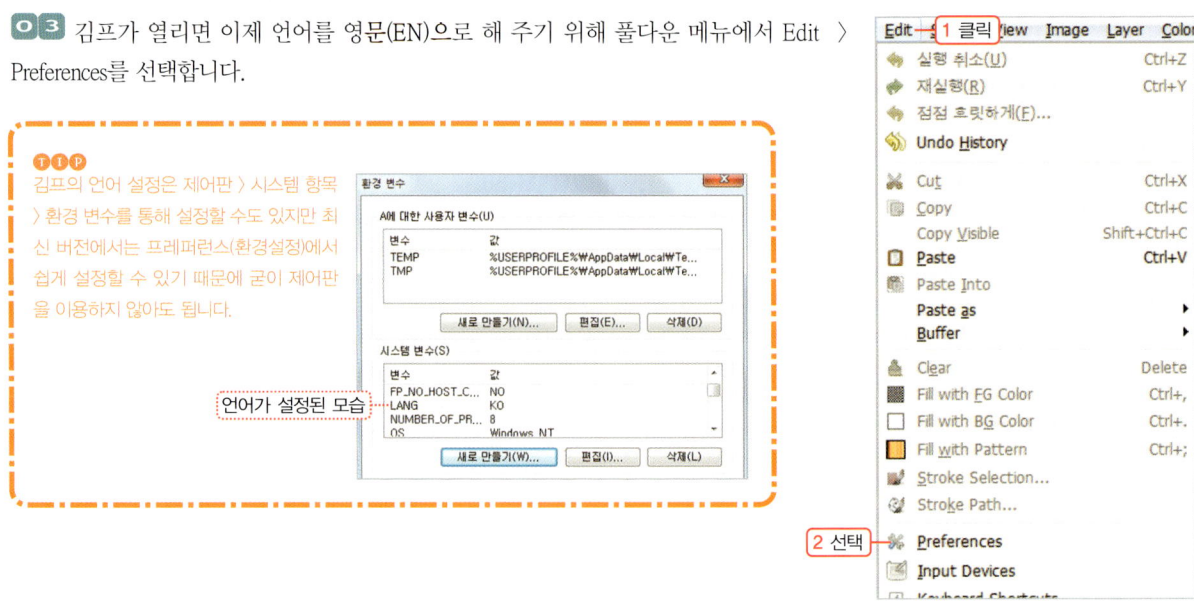

TIP
김프의 언어 설정은 제어판 〉 시스템 항목 〉 환경 변수를 통해 설정할 수도 있지만 최신 버전에서는 프레퍼런스(환경설정)에서 쉽게 설정할 수 있기 때문에 굳이 제어판을 이용하지 않아도 됩니다.

04 기본 설정(환경설정) 창에서 인터페이스 항목으로 선택합니다. 사용자 인터페이스의 Language에서 영문 인터페이스로 사용하기 위해 English [en_US]로 설정합니다. 그리고 확인 버튼을 눌러 나옵니다.

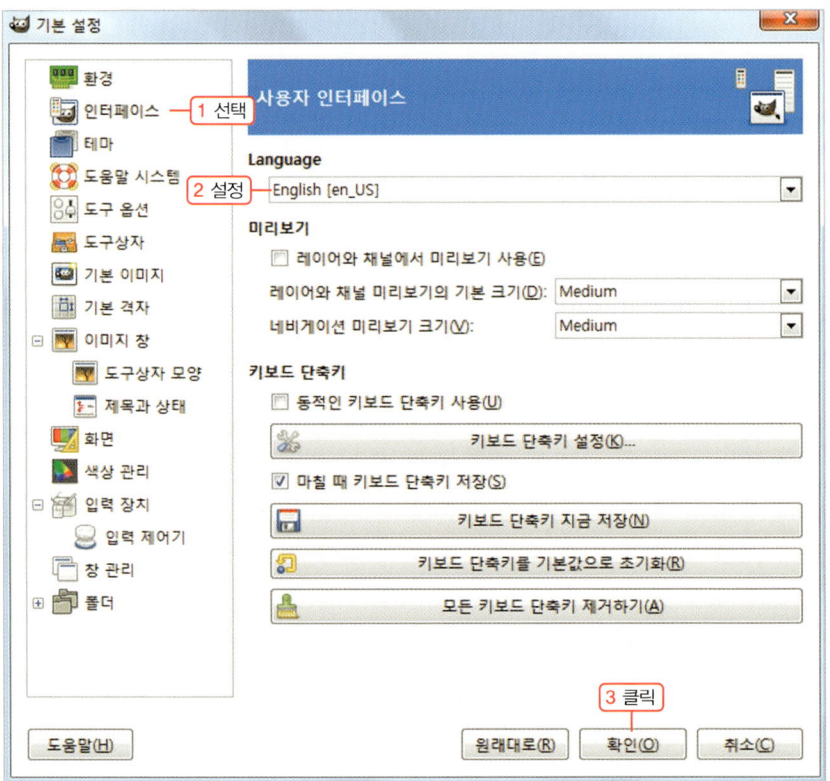

05 새로 설정된 언어를 적용하기 위해서는 김프를 닫았다가 다시 실행해야 합니다. 풀다운 메뉴에서 File 〉 Quit를 선택하여 김프를 종료합니다.

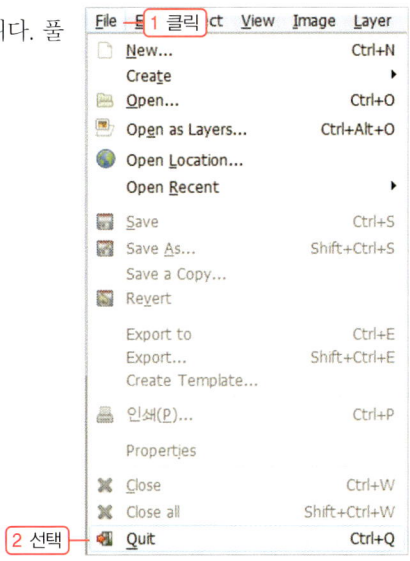

06 이제 다시 김프를 실행하기 위해 바탕화면이 있는 김프 실행 아이콘을 더블클릭하여 실행합니다. 실행 중 김프 로고의 글자가 영문으로 나타나는 게 확인되면 정상적으로 영문 버전이 실행되는 것입니다. 이와 같은 방법을 통해 김프의 사용자 언어를 자유롭게 설정할 수 있습니다.

03 김프 인터페이스 살펴보기

김프를 처음 실행해 보면 다른 포토샵 툴과 약간의 차이가 있다는 것을 알 수 있을 것입니다. 그것은 도구(툴) 바와 작업 영역(워크 에리어) 그리고 레이어, 색상, 브러쉬 패널들이 각각 분리된 상태로 사용된다는 것입니다. 김프 2.8부터는 이와 같은 레이아웃을 일체형 레이아웃으로 바꿔줄 수 있게 해 줍니다.

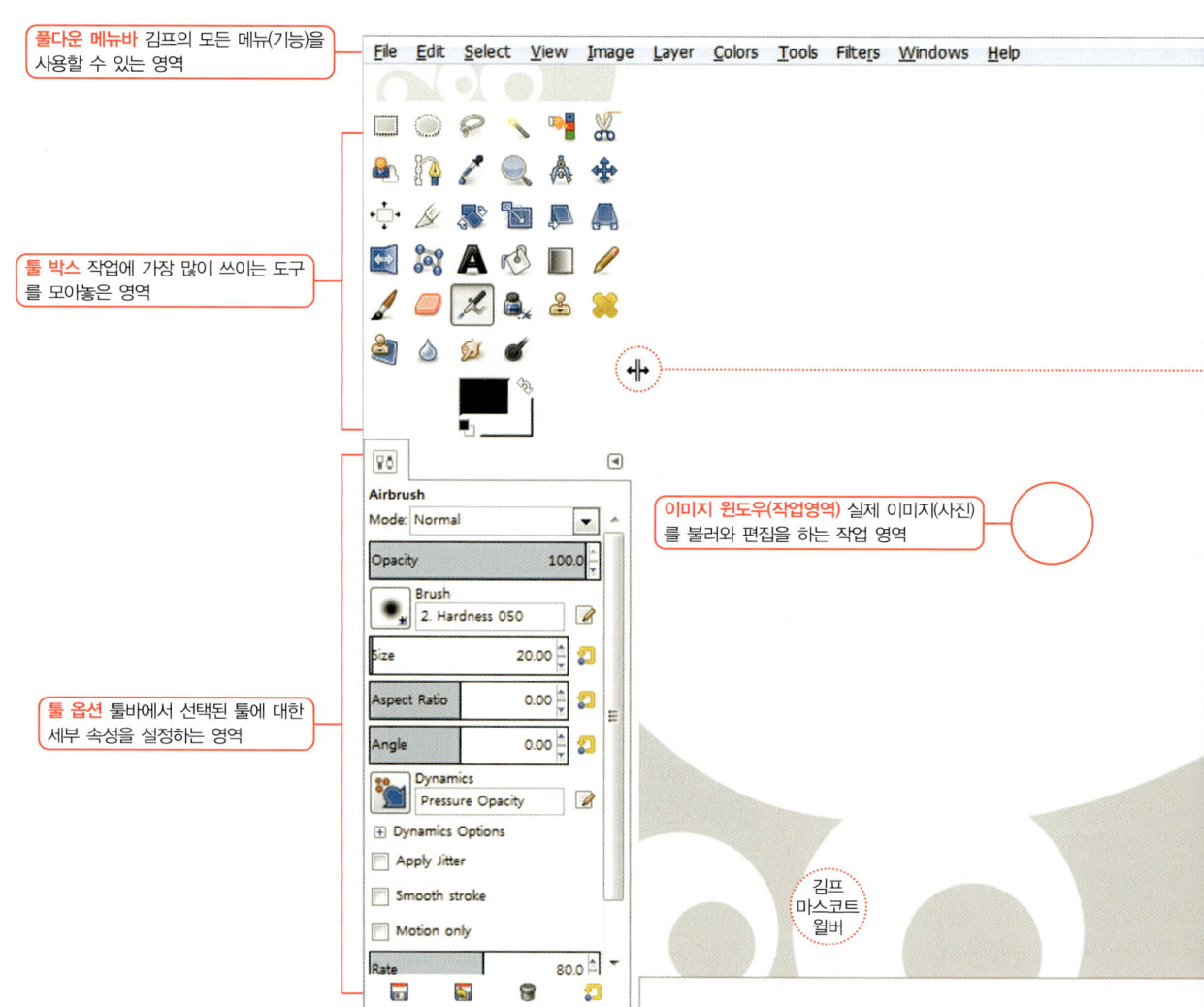

풀다운 메뉴바 김프의 모든 메뉴(기능)을 사용할 수 있는 영역

툴 박스 작업에 가장 많이 쓰이는 도구를 모아놓은 영역

툴 옵션 툴바에서 선택된 툴에 대한 세부 속성을 설정하는 영역

이미지 윈도우(작업영역) 실제 이미지(사진)를 불러와 편집을 하는 작업 영역

김프 마스코트 윌버

김프 레이아웃 일체형으로 변경하기

사용자마다 관점이 다르겠지만 필자의 경우엔 각 작업 창, 즉 패널들이 분리되어 있는 것 보다는 하나로 합쳐진 일체형이 친숙하기 때문에 현재의 개별 레이아웃을 일체형으로 바꾸는 것이 필요가 있다고 판단됩니다. 김프 2.8 버전부터 이 레이아웃이 추가된 것을 보면 과거의 김프 레이아웃이 얼마나 불편했는지를 반영하는 것이라 생각됩니다. 김프를 처음 시작하는 분들도 필자와 같이 일체형 레이아웃에 익숙해 지기 바랍니다. 풀다운 메뉴에서 Windows > Single-Window Mode를 선택합니다. 분리됐던 각 패널들이 하나의 공간으로 합체(도킹)되는 것을 알 수 있습니다.

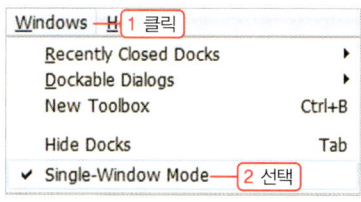

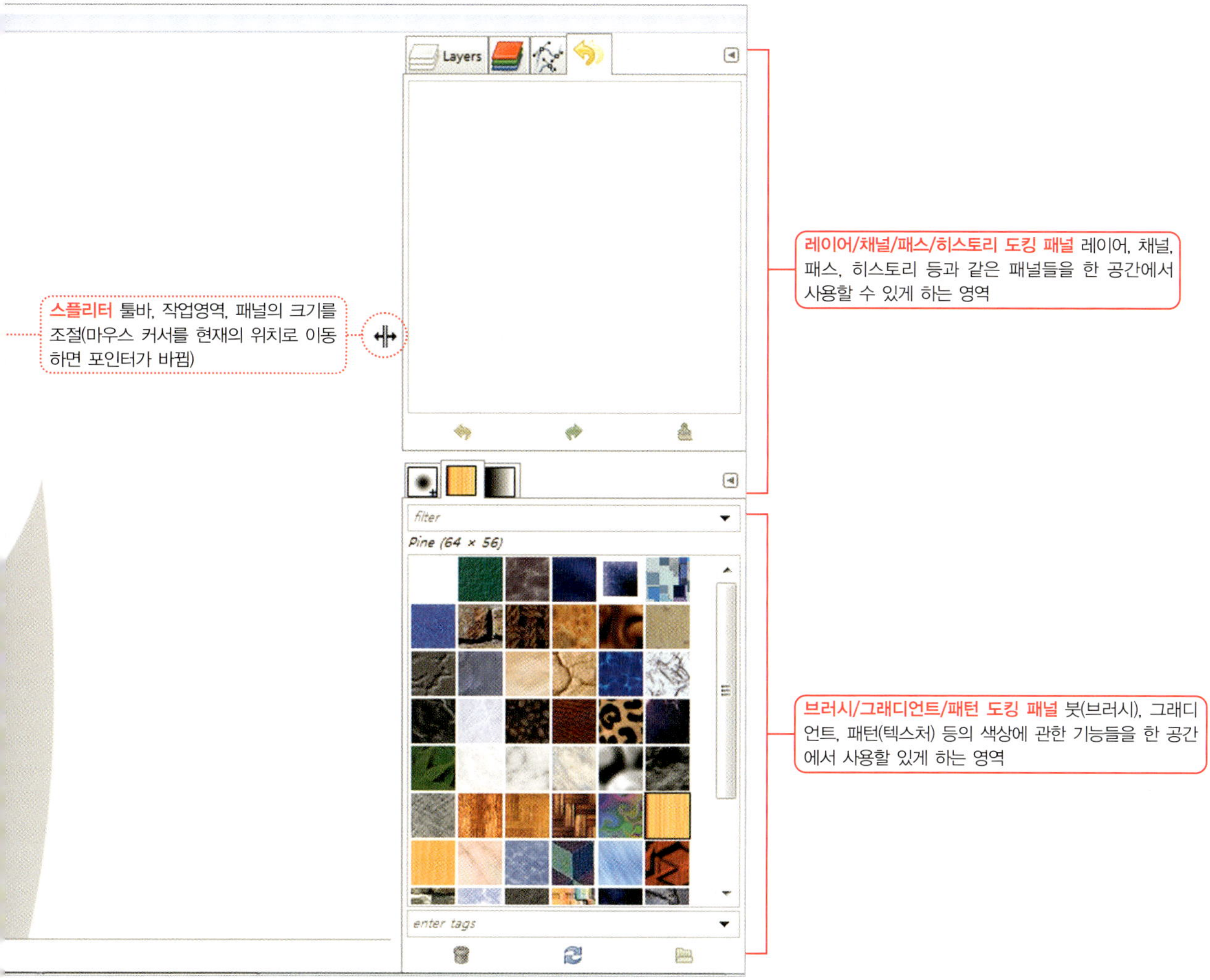

Windows
1 클릭
Recently Closed Docks
Dockable Dialogs
New Toolbox Ctrl+B
Hide Docks Tab
Single-Window Mode
2 선택

Layers
레이어/채널/패스/히스토리 도킹 패널 레이어, 채널, 패스, 히스토리 등과 같은 패널들을 한 공간에서 사용할 수 있게 하는 영역
스플리터 툴바, 작업영역, 패널의 크기를 조절(마우스 커서를 현재의 위치로 이동하면 포인터가 바뀜)
filter
Pine (64 × 56)
enter tags
브러시/그래디언트/패턴 도킹 패널 붓(브러시), 그래디언트, 패턴(텍스처) 등의 색상에 관한 기능들을 한 공간에서 사용할 있게 하는 영역

툴 박스 살펴보기

툴 박스는 김프에서 가장 많이 사용되는 툴(도구)을 신속하게 사용할 수 있도록 한 곳에 모아놓은 영역입니다. 대부분의 작업들은 이 툴을 이용하기 때문에 김프를 보다 쉽게 이해하고 사용하려면 툴 박스에 있는 툴들이 어떻게 사용되는지 알고 있어야 합니다. 김프의 툴은 일반적으로 사용되는 이름을 한글로 표기하여 설명하기로 하겠습니다.

- **렉탱글 실렉션 툴** 이미지 윈도우에 불러온 이미지의 영역을 사각 모양으로 선택할 때 사용
- **프리 실렉션 툴** 이미지 윈도우에 불러온 이미지의 영역을 원하는 모양으로 선택할 때 사용
- **컬러 실렉션 툴** 이미지 윈도우에 불러온 이미지의 특정 색상만을 선택할 때 사용
- **포그라운드 실렉션 툴** 이미지에서 선택할 물체를 퍼지 또는 브러시로 그리는 방식으로 영역을 선택할 때 사용(엔터 키를 눌러 선택 영역으로 만듦)
- **컬러 피커 툴** 이미지의 특정 색상을 스포이트로 추출하여 전경/배경 색을 선택할 때 사용
- **메져 툴** 이미지의 거리나 각도를 측정할 때 사용 (클릭 & 드래그하여 측정함)
- **얼라인먼트 툴** 이미지(레이어)를 특정 위치로 정렬할 때 사용(이미지 윈도우의 상하좌우, 중앙 정렬 및 특정 이미지를 기준으로 배치할 수 있음)
- **로테이트 툴** 이미지를 회전할 때 사용
- **쉬어 툴** 이미지를 비스듬하게 기울일 때 사용
- **플립 툴** 이미지를 상하좌우로 뒤집을 때 사용(클릭하면 좌우로 뒤집히고 Ctrl 키를 누른 상태로 클릭하면 상하로 뒤집힘)
- **텍스트 툴** 글자를 입력할 때 사용
- **블렌드 툴** 선택된 영역이나 이미지 전체에 혼합된 색상, 즉 그라디언트 색상을 적용할 때 사용
- **페인트 브러시 툴** 붓처럼 두꺼운 그림을 그릴 때 사용(연필 도구처럼 얇은 선을 그을 수 있지만 일반적으로 두꺼운 붓 느낌의 그림을 그릴 때 사용함)
- **에어브러시 툴** 부드러운 에어브러시로 그림을 그릴 때 사용(타블렛)을 사용하면 붓의 압력을 조절할 수 있음)
- **클론 툴** 이미지의 특정 부분을 다른 곳으로 복제할 때 사용
- **퍼스펙티브 클론 툴** 이미지를 복제할 때 복제된 이미지가 원근감이 느껴지도록 해 줌
- **스머지 툴** 손가락으로 그림을 문질러 이미지를 왜곡할 때 사용
- **포그라운드 컬러와 백그라운드 컬러** 좌측 전경색은 브러시, 펜슬, 버킷 툴 등에서 사용되며 우측 배경 색은 맨 밑바닥에 깔리는 색으로 사용(각 색상은 클릭하여 원하는 색상으로 바꿀 수 있음)

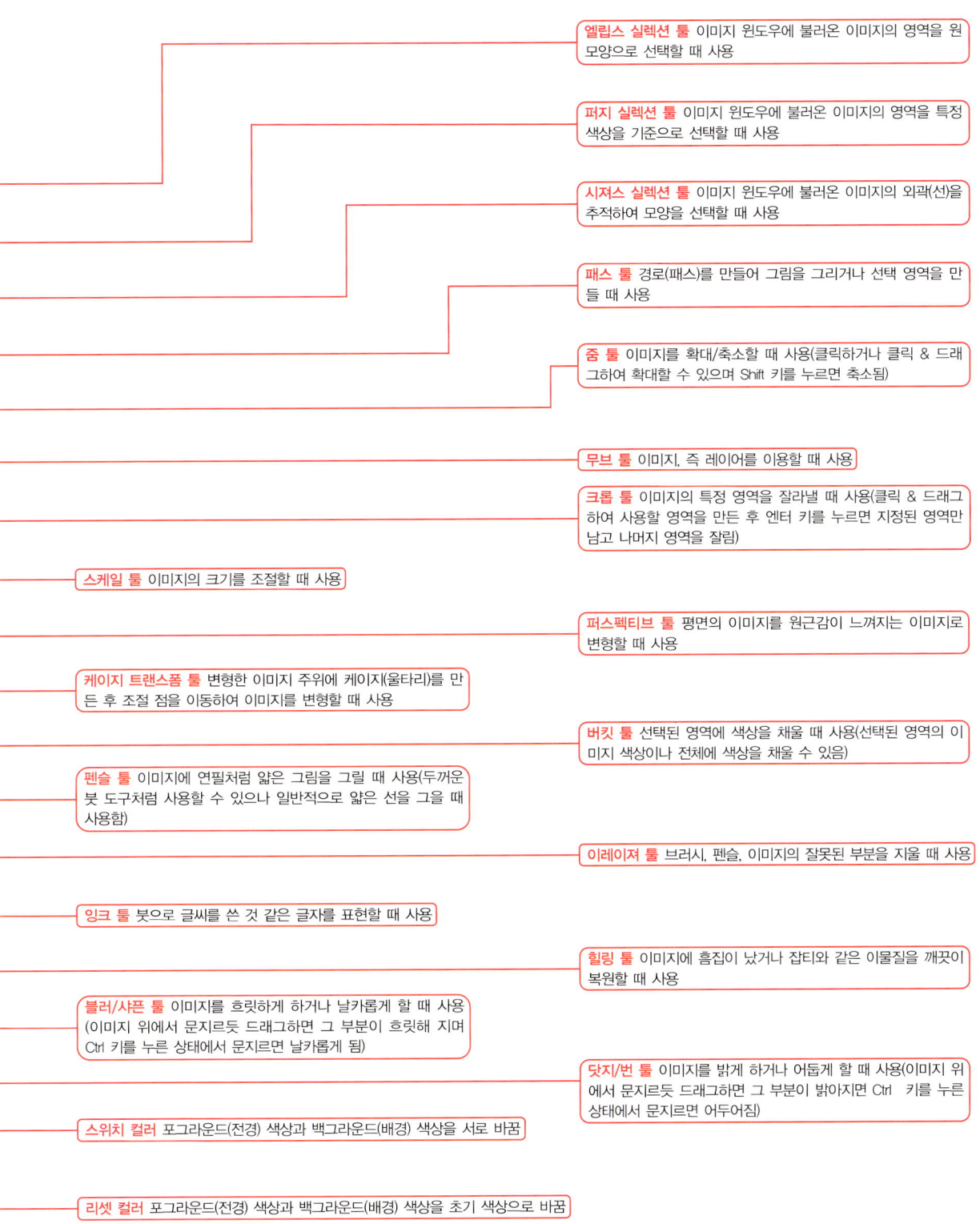

04 새로운 이미지 생성하기(불러오기)

김프를 통해 작업을 시작하는 방법은 여러 가지가 있습니다. 빈 도화지처럼 아무 것도 없는 흰색의 이미지로 사용하는 것과 아무 것도 없는 투명 셀로판지처럼 사용하는 것 그리고 외부에 있는 이미지 파일을 불러와서 그 이미지에 직접 작업을 하는 등의 다양한 방법에 대해 알아봅니다.

하얀 도화지와 같은 새로운 이미지 만들기

풀다운 메뉴에서 File 〉 New를 선택하거나 Ctrl + N 키를 눌러 새로운 이미지를 만들기 위한 창을 열어줍니다. 새 이미지 만들기 창은 작업할 이미지의 크기와 해상도 등에 대한 설정을 할 수 있습니다.

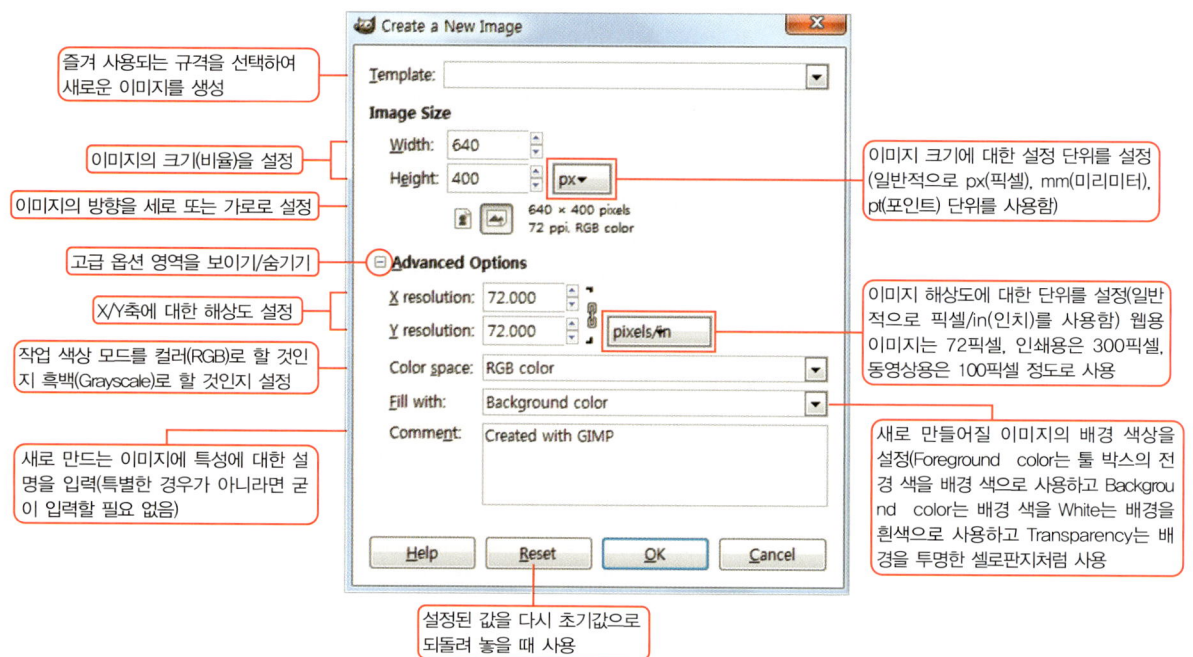

TIP 이미지 해상도란?
해상도는 이미지의 품질과 같다고 할 수 있는데 해상도가 높을수록 선명하고 깨끗합니다. 그러나 무턱대고 높은 해상도로 사용하면 이미지 파일 용량이 커져 다루기가 곤란할 경우가 생기기 때문에 상황에 맞는 해상도 설정이 필요합니다. 사진 출력을 위한 것은 400DPI(픽셀/in) 정도이고 책이나 포스터와 같은 인쇄물은 300DPI, 홈페이지용 이미지는 72DPI 정도로 사용됩니다. DPI는 Dots per Inch의 약자로 사방 1인치당 사용되는 도트, 즉 픽셀의 개수를 나타냅니다.

외부에서 이미지 불러오기

김프는 특정 규격으로 작업을 해야 하는 경우가 아니라면 대부분 촬영된 사진(이미지)을 직접 불러와 작업을 하는 것일 겁니다. 김프는 단순히 하드 디스크에 있는 이미지 파일뿐만 아니라 디지털 카메라와 같은 장비와 연결하여 그 장비에 있는 이미지 파일을 불러올 수도 있으며 캡처된 클립보드의 이미지도 불러올 수 있습니다.

오픈 메뉴로 불러오기

오픈 메뉴를 사용하여 불러오는 방법은 가장 기본적인 것으로 풀다운 메뉴에서 File 〉 Open 또는 Ctrl + O 키를 누르면 됩니다. 이미지 열기 창이 뜨면 위치에서 사용할, 즉 불러올 이미지가 있는 폴더를 선택한 후 우측 폴더 안에 있는 파일 중 원하는 파일을 선택하여 열기 버튼을 누르면 됩니다. 여기서는 일단 여러분의 하드 디스크에 있는 파일을 불러와 봅니다.

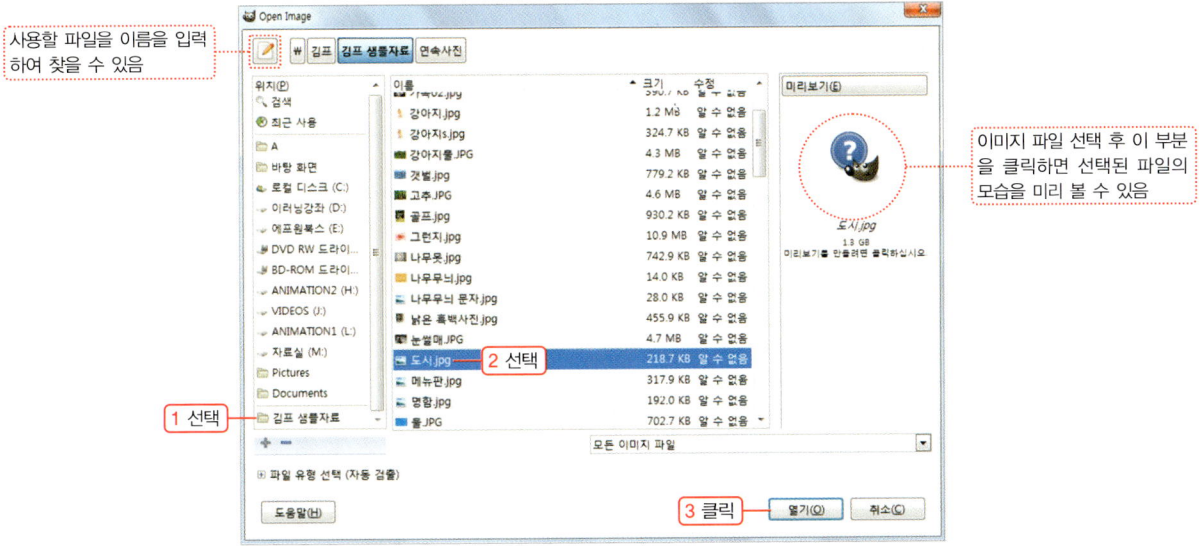

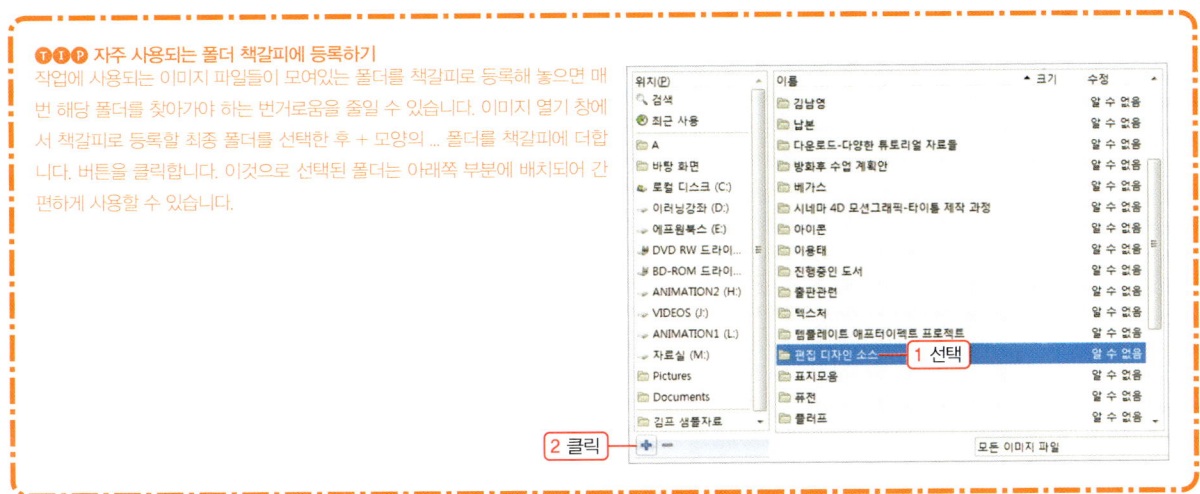

TIP 자주 사용되는 폴더 책갈피에 등록하기
작업에 사용되는 이미지 파일들이 모여있는 폴더를 책갈피로 등록해 놓으면 매번 해당 폴더를 찾아가야 하는 번거로움을 줄일 수 있습니다. 이미지 열기 창에서 책갈피로 등록할 최종 폴더를 선택한 후 + 모양의 … 폴더를 책갈피에 더합니다. 버튼을 클릭합니다. 이것으로 선택된 폴더는 아래쪽 부분에 배치되어 간편하게 사용할 수 있습니다.

캡처 및 복사된 이미지를 클립보드에서 불러오기

김프는 캡처된 이미지나 복사된 이미지를 그대로 새로운 이미지로 작업을 할 수 있게 해 줍니다. File > Create 메뉴를 클립보드, 웹사이트, 스캐너/카메라, 스크린샷 등이 바로 이와 같은 작업에 사용됩니다.

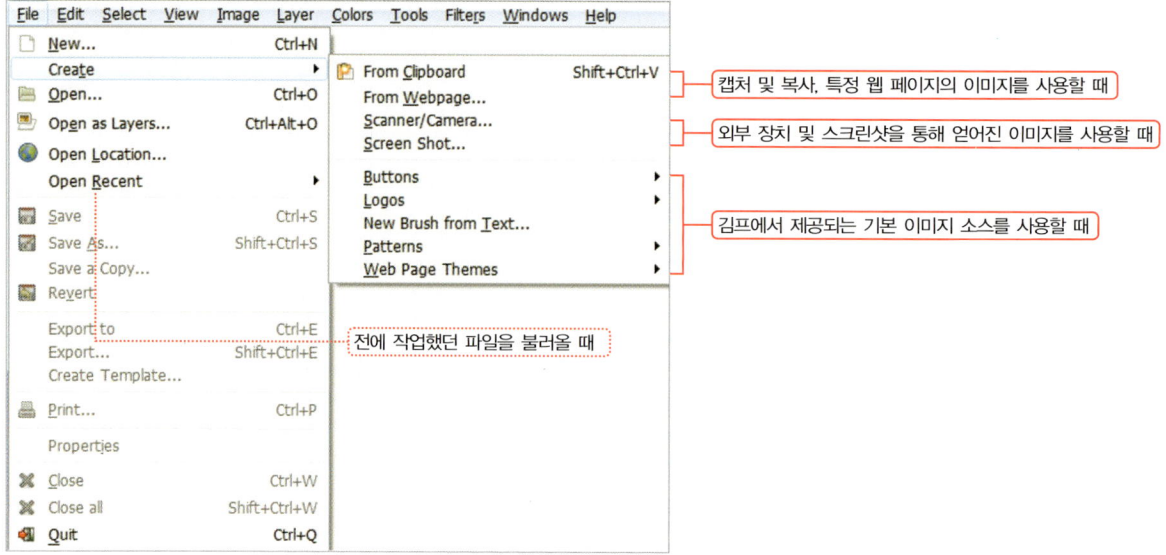

그럼 여기서 가장 많이 사용되는 클립보드와 카메라를 통해 이미지를 불러오는 두 가지 방법에 대해 알아 보겠습니다. 먼저 클립보드 방식에 대해 알아보기 위해 다음(www.daum.net) 홈페이지로 들어갑니다. 여러분은 저와 다른 홈페이지를 열어도 무관합니다. 그다음 키보드의 스크린 캡처 키(PrtSc SysRq)를 눌러 현재 열려있는 페이지를 캡처합니다.

File 〉 Create 〉 From Clipboard를 선택합니다. 앞서 스크린 캡처한 웹 페이지가 적용된 것을 볼 수 있습니다. 이와 같이 특정 웹 페이지의 이미지를 캡처하여 사용할 수 있다는 것을 알 수 있는데 이것은 비단 웹 페이지뿐만 아니라 컴퓨터 모니터 화면에 보이는 모든 이미지도 캡처를 받아 사용할 수 있습니다.

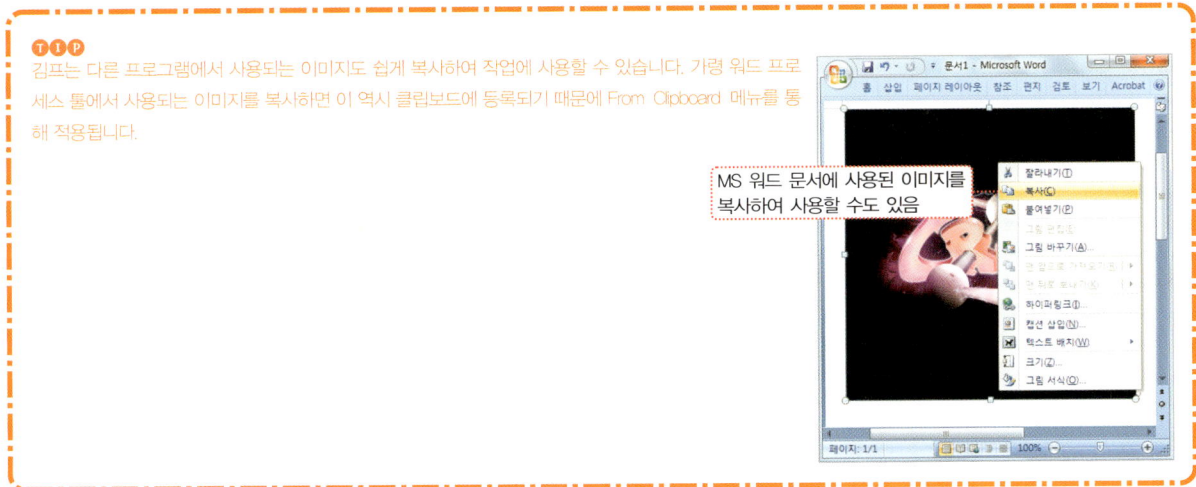

TIP
김프는 다른 프로그램에서 사용되는 이미지도 쉽게 복사하여 작업에 사용할 수 있습니다. 가령 워드 프로세스 툴에서 사용되는 이미지를 복사하면 이 역시 클립보드에 등록되기 때문에 From Clipboard 메뉴를 통해 적용됩니다.

디지털 카메라(장치)에서 촬영된 이미지 불러오기

요즘 많이 사용되는 디지털 카메라나 스마트 폰에서 촬영된 이미지도 쉽게 불러올 수 있습니다. 여기에서는 디지털 카메라에서 촬영된 이미지를 카드 리더기를 통해 불러오는 방법에 대해 알아볼 것입니다. 기기마다 약간의 차이는 있지만 스마트 폰도 거의 비슷하기 때문에 이 학습을 통해 어렵지 않게 사용할 수 있을 것입니다.

01 디지털 카메라의 USB 혹은 카드 리더기의 USB 포트와 PC USB 포트에 케이블을 연결하면 자동으로 장치를 인식하게 됩니다. 인식 후 내 컴퓨터로 들어가면 이동식 미디어 장치에 이동식 디스크가 새롭게 등록된 것을 볼 수 있습니다. 이제 이 이동식 디스크를 더블클릭하여 안으로 들어갑니다.

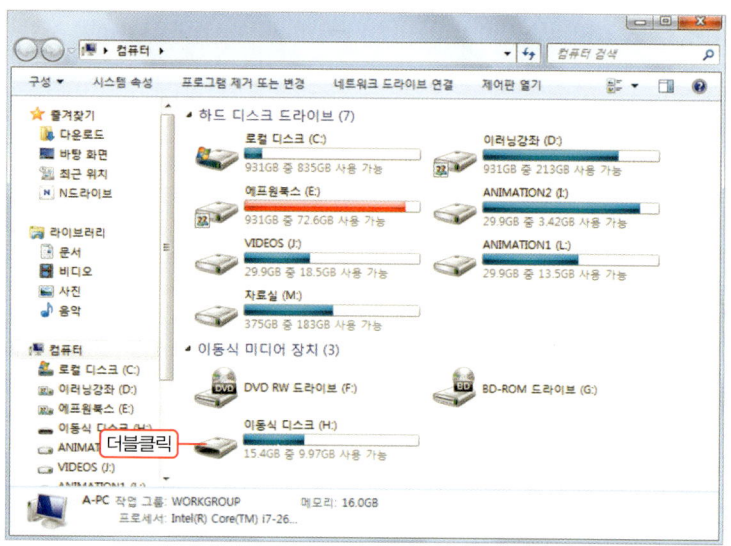

02 이동식 디스크로 들어오면 DCIM(Data center infrastructure management) 폴더를 더블클릭하여 들어갑니다. 대부분의 촬영된 이미지(동영상, 오디오)가 보관되는 폴더입니다.

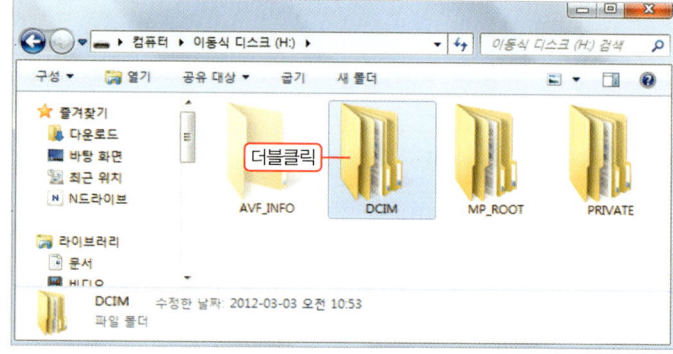

03 DCIM 폴더로 들어오면 촬영 기기에 따라 다양한 폴더가 있을 것입니다. 만약 동영상 촬영이나 오디오 녹음 등과 같은 작업이 이뤄졌다면 해당 폴더가 존재하겠지요. 제가 사용하는 기기는 사진 촬영만 하기 때문에 하나의 폴더만 있습니다. 여러분은 저와 다를 수 있으니 사진이 촬영된 이미지 폴더를 찾아 더블클릭합니다.

04 김프를 배경에 두고 방금 들어온 이미지 폴더에서 사용할 이미지를 드래그하여 김프 이미지 윈도우(작업영역)로 갖다 놓습니다. 그러면 해당 이미지가 김프 작업 윈도우에 적용됩니다.

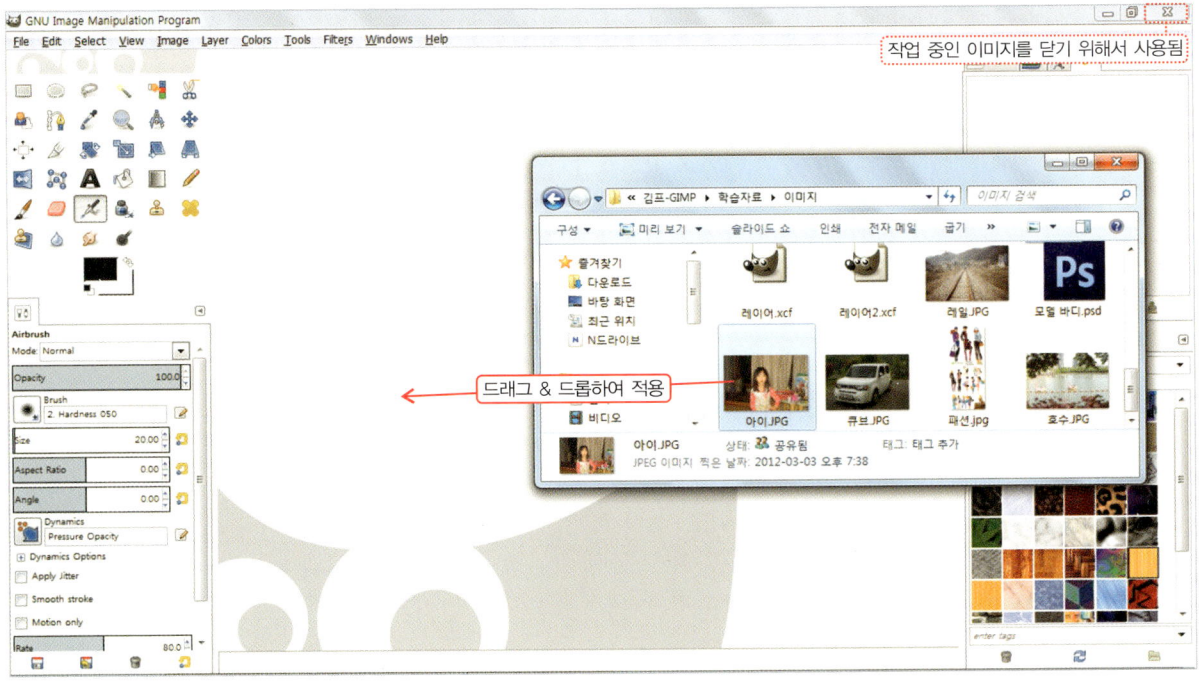

> **TIP 스마트 폰(안드로이드)에서 불러오기**
> 스마트 폰에서 촬영된 이미지 역시 폰과 PC의 USB 포트에 케이블을 연결한 후 스마트 폰을 켜면 USB 저장소 사용 창이 뜨는데 사용하기 위해서 버튼을 누릅니다. 그 후 USB 저장소 사용에 대한 메시지 창이 뜨면 확인 버튼을 누릅니다. 여기까지 진행되면 앞서 카드 리더기처럼 내 컴퓨터에 이동식 디스크가 등록되는데 이 디스크로 들어가 촬영된 이미지를 찾아 김프로 불러오면 됩니다.

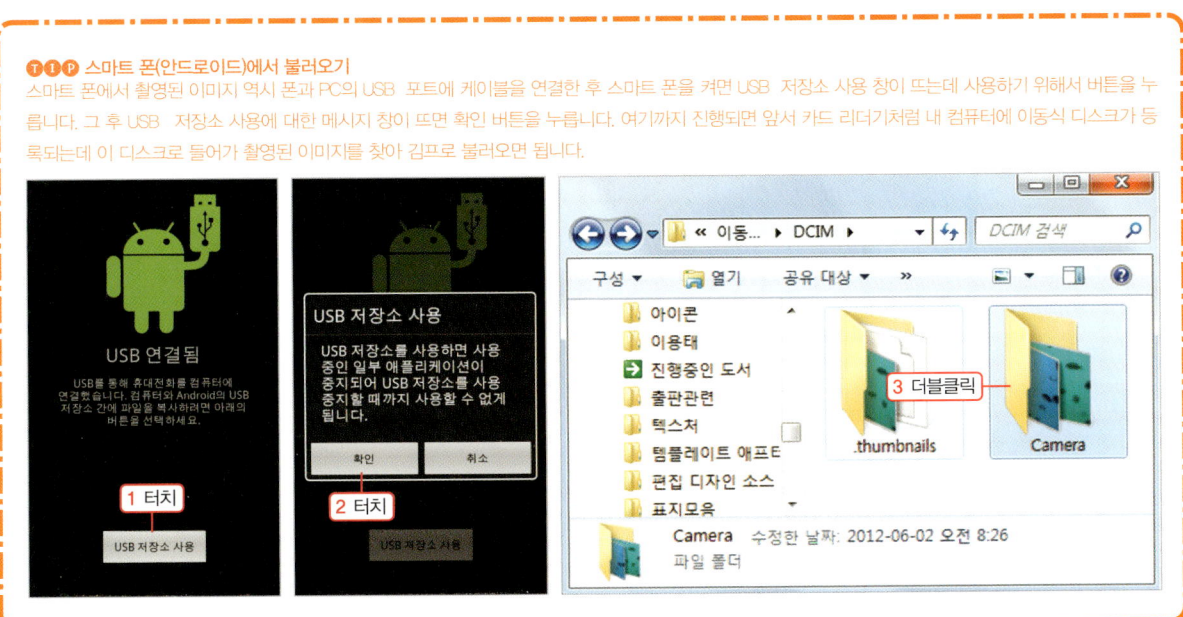

새로운 이미지 생성하기(불러오기)

동영상 파일에서 특정 프레임(장면) 불러오기

영화나 드라마 혹은 우리가 직접 촬영한 동영상에서 특정 장면(프레임)을 스틸 이미지 파일로 만들어 작업에 사용해야 할 경우가 있습니다. 국민 플레이어라고 하는 곰플레이어를 통해 파일을 만들고 김프 필터(효과)를 통해 주사선을 제거하는 방법까지 알아보기로 하겠습니다.

01 동영상 파일을 곰플레이어를 통해 실행합니다. 파일은 여러분이 가지고 있는 동영상 파일을 사용하십시오. 재생 중 스틸 이미지로 만들고자 하는 장면에서 정지하고 화면 위에서 우측 마우스 버튼 클릭 〉 영상 〉 고급 화면 캡처를 선택하거나 단축키 Ctrl + G 키를 누릅니다.

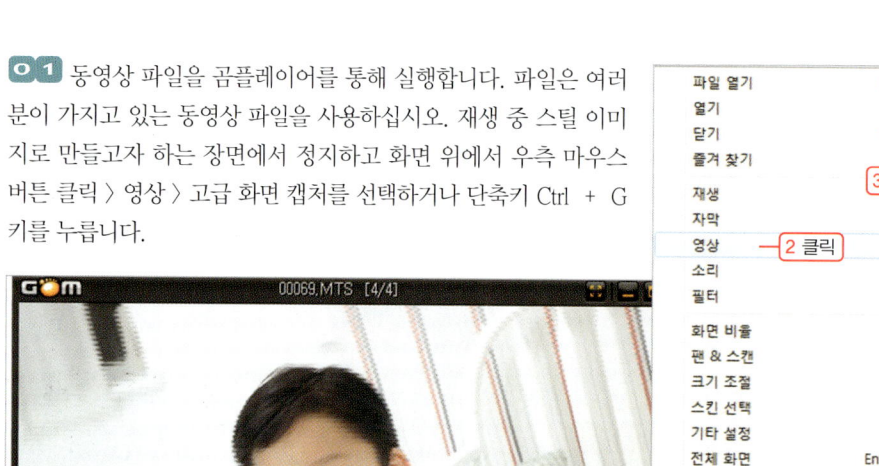

02 고급 화면 캡처 창이 열리면 화면 저장 폴더 바꾸기 버튼을 클릭하여 이미지 파일이 저장될 경로를 지정해 주고 JPGE 저장 품질을 최고 값을 설정하여 최상의 이미지를 만듭니다. 현재 화면 저장 버튼은 지정된 위치에 현재 장면을 파일로 만들어주는데 이번에는 복사하여 김프에서 붙여 넣기 해 보겠습니다. 복사가 끝났다면 닫기 버튼을 클릭합니다.

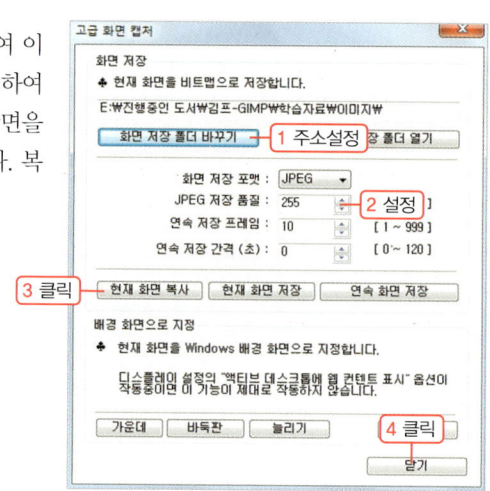

03 김프로 이동합니다. 만약 김프가 실행되지 않았다면 실행합니다. Ctrl + Shift + V 키를 눌러 앞서 복사된 이미지(장면)을 새로운 이미지 윈도우에 붙여 넣기 합니다.

04 Ctrl 키를 누른 상태에서 마우스 휠 버튼을 회전하여 확대를 해 봅니다. 동영상 파일은 주사선(인터레이스)을 사용하기 때문에 이미지에 수백 개의 수평선이 나타납니다. 이제 이 문제를 해결해 보기로 하겠습니다.

주사선들의 모습

05 Filters 〉 Enhance 〉 Deinterlace를 선택합니다. 설정 창을 보면 Keep odd fields와 Keep even fields가 있습니다. 둘 다 주사선을 없애주는 옵션이지만 결과물은 약간의 차이가 있습니다. Keep odd fields는 주사선을 위로 맞춰주는 방식이고 Keep even fields는 아래로 맞춰주는 방식입니다. 둘의 차이는 여러분이 직접 확인해 보기 바랍니다. 여기에서는 Keep even fields를 사용할 것입니다. OK 버튼을 눌러 적용해 봅니다. 어떻습니까? 주사선이 말끔하게 사라진 것을 알 수 있습니다.

제거된 주사선

1 선택
2 클릭

05 편리한 작업을 위한 플러그인 다운로드 받고 설치하기

그래픽 툴이 모두 그러하듯 자체 기능 + 이펙트를 가지고는 표현하고자 하는 것을 완벽하게 표현하기엔 2% 부족함이 있습니다. 그래서 특수한 효과만을 표현하기 위해 제작된 플러그인을 별도로 설치하여 사용하게 됩니다. 이러한 플러그인은 대부분 유료로 제공되어 경제적인 부담 또한 동반하게 되는데 김프의 플러그인은 무료로 사용할 수 있어 더욱 사랑스런 툴입니다.

01 김프 전용 플러그인을 다운로드 받기 위해 김프를 받았던 홈페이지(http://www.gimp.org)로 들어갑니다. 김프 메인 페이지가 열리면 우측의 Plug-in Registry 버튼을 클릭하여 플러그인 페이지로 이동합니다.

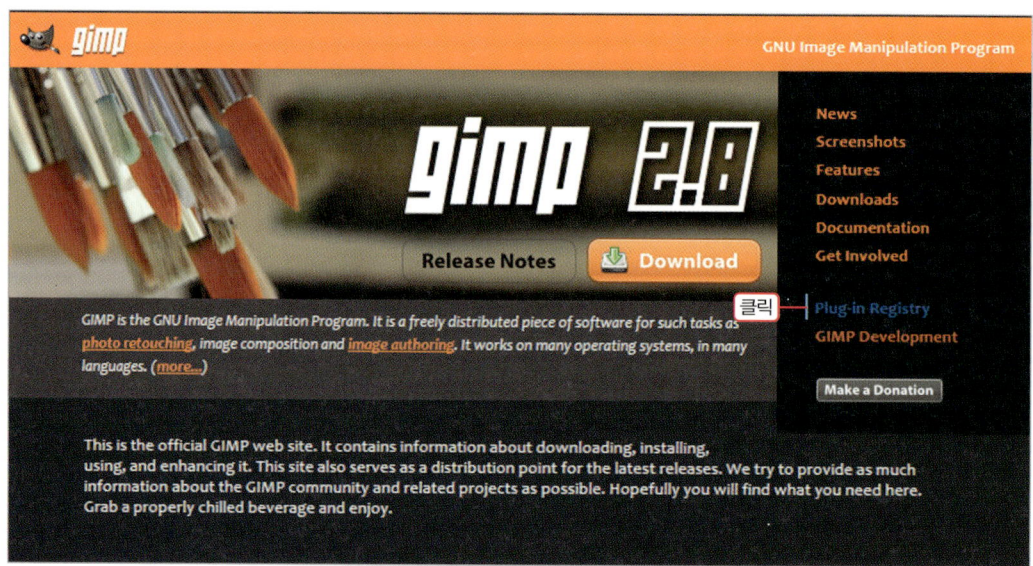

02 김프 플러그인 레지스트리 페이지가 열리면 수많은 플러그인 중 원하는 플러그인을 다운로드 받으면 되는데 필자는 가장 최근(필자가 집필할 때)에 올라온 Layer via Copy/Cut이란 플러그인을 받아 설치해 볼 것입니다. 해당 플러그인 이름을 클릭합니다. 해당 플러그인을 다운로드 받을 수 있는 페이지로 이동되면 Download 버튼(slybug.deviantart.com)을 클릭합니다.

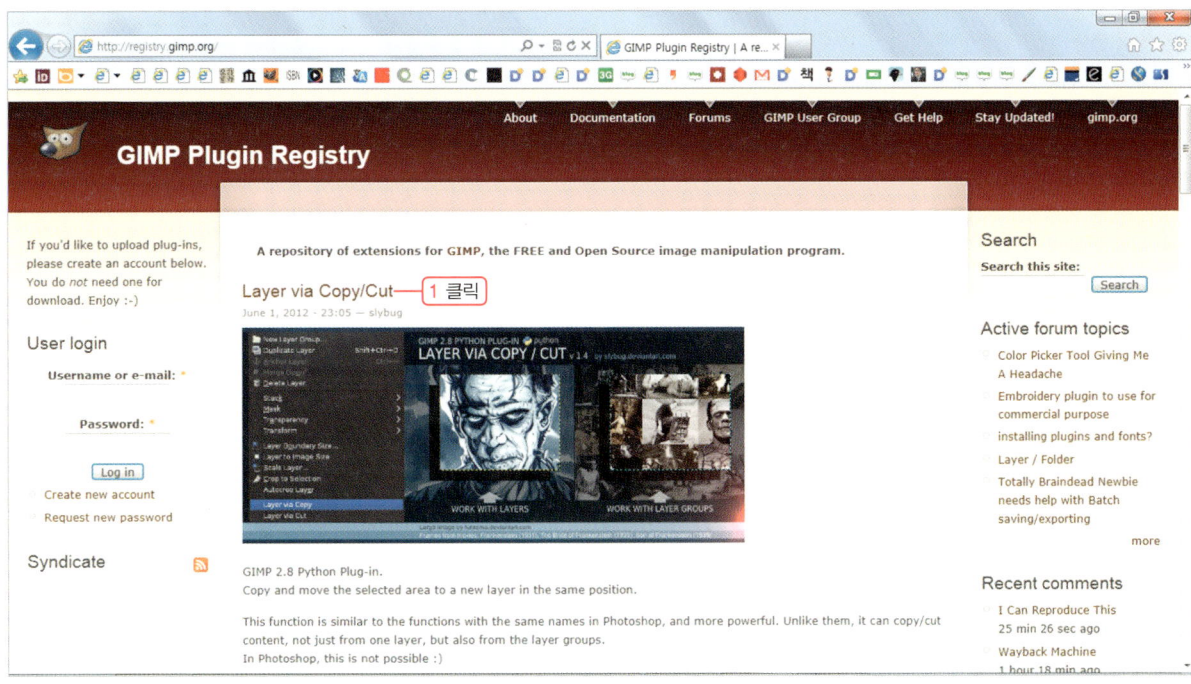

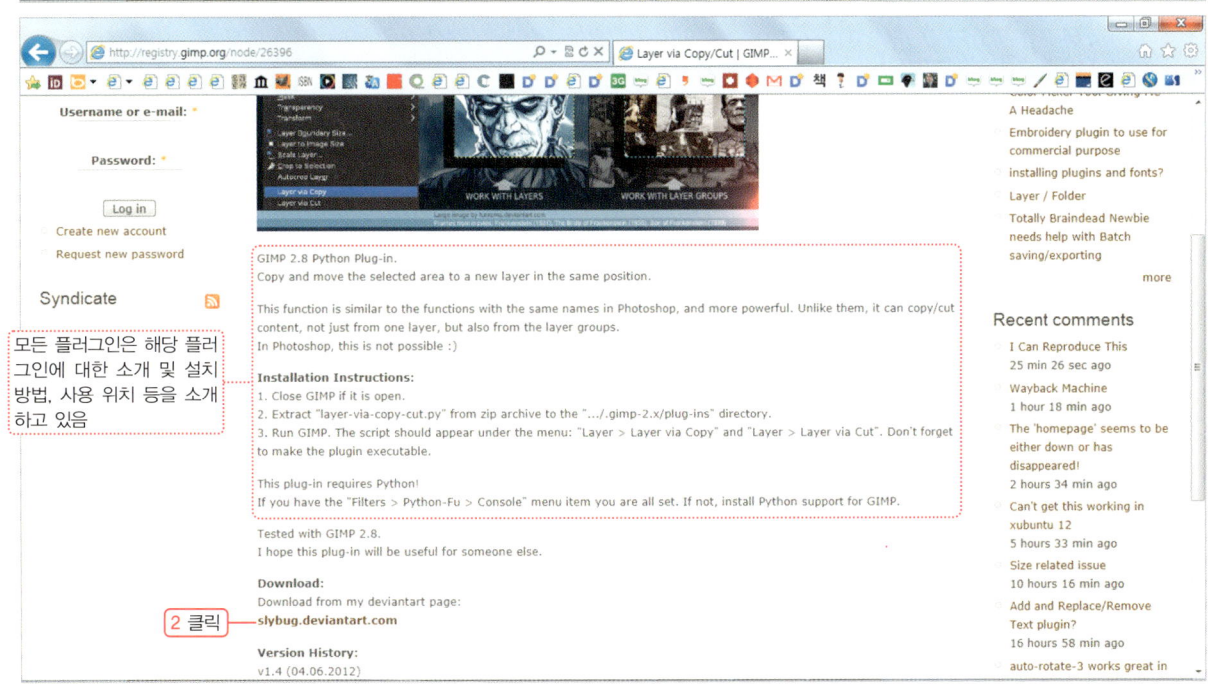

> **TIP**
> 김프 플러그인은 여러 가지 방식으로 작동됩니다. 언어를 사용한 스크립트 방식과 메뉴 방식 그리고 윈도우 방식 등 다양합니다. 필자가 선택한 Layer via Copy/Cut는 메뉴 방식으로 설치되면 해당 메뉴에 등록되어 사용할 수 있습니다. 그밖에 방식은 여러분이 직접 설치하여 살펴보기 바랍니다. 각 플러그인마다 설치 방법과 사용법이 설명되어 있습니다.

03 플러그인을 다운로드 받을 수 있는 홈페이지가 열리면 Download File 버튼을 클릭하여 원하는 곳에 다운로드 받습니다. 김프 플러그인은 다양한 곳에서 개발되기 때문에 김프 홈페이지에서 직접 다운로드 받을 수 있는 것과 플러그인을 제작 배포하는 홈페이지를 통해 다운로드 받는 것으로 구분됩니다.

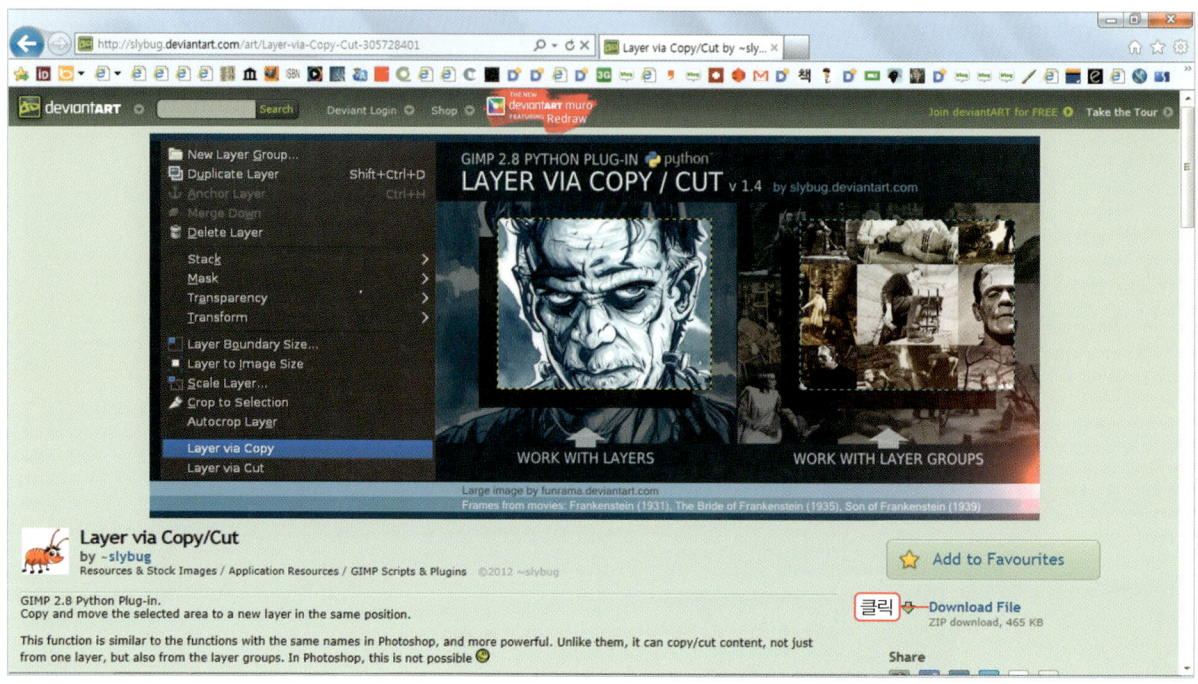

04 플러그인을 다운로드 받으면 압축된 파일을 풀어줍니다. 그리고 풀린 플러그인 폴더로 들어갑니다. 대부분의 플러그인이 압축되어 있기 때문에 압축 툴이 설치되어 있어야 합니다.

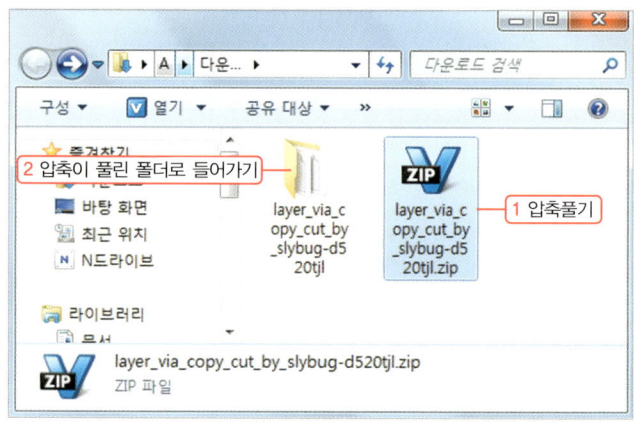

05 압축을 푼 폴더로 들어가 보면 다양한 파일이 있습니다. 이 중 플러그인 확장자(py)를 가진 layer-via-copy-cut.py 파일을 선택하고 Ctrl + C 키를 눌러 복사합니다.

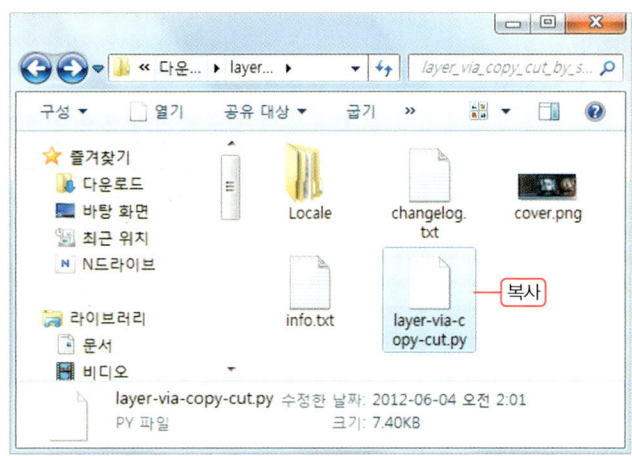

06 이제 김프가 설치된 Program Files 〉 GIMP 2 〉 lib 〉 gimp 〉 2.0 〉 plug-ins 폴더로 들어가 복사된 플러그인 파일을 Ctrl + V 키를 눌러 붙여 넣습니다. 이와 같은 방법으로 김프 플러그인을 사용할 수 있게 됩니다.

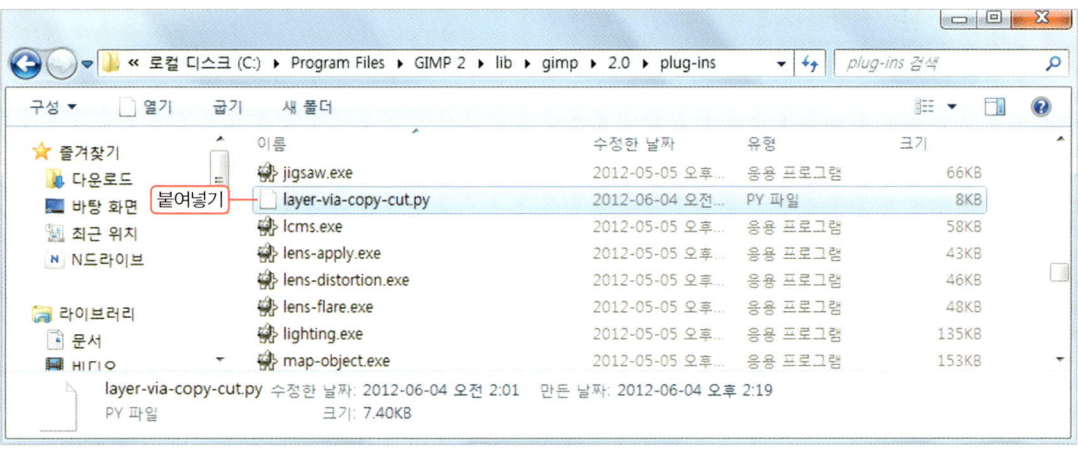

07 설치된 김프 플러그인은 확인하고 사용해 보기 위해 김프를 실행합니다. 그리고 File 〉 Open을 선택하거나 Ctrl + O 키를 눌러 학습자료 폴더의 이미지 자료 중 하나를 불러옵니다. 필자는 큐브.jpg 파일을 불러왔습니다.

> **TIP**
> 만약 김프가 열린 상태로 설치된 플러그인했다면 설치된 플러그인을 김프가 인식하지 못 하기 때문에 김프를 다시 재구동해야 합니다. 김프는 붓(브러시)이나 무늬(패턴) 같은 소스를 추가/삭제할 경우엔 김프를 재구동하지 않아도 되지만 플러그인 만큼은 반드시 재구동해야 합니다.

08 이미지가 불러와 지면 렉탱글 실렉션(사각형 선택) 툴을 사용하여 자동차 모습만 선택 영역으로 만듭니다. 영역을 클릭 & 드래그하여 영역을 선택할 수 있습니다. 영역 선택에 대해서는 차후 보다 자세하게 설명할 것입니다.

09 이제 선택된 영역을 잘라 새로운 레이어로 만들어 주기 위해 앞서 설치한 플러그인을 사용할 차례입니다. Layer 메뉴를 보면 앞서 설치된 Layer via Copy/Cut이 있는 것을 알 수 있습니다. 이 중 잘라내기 위해 Layer via Cut을 선택합니다.

10 레이어를 보면 선택된 영역이 Layer via Cut에 의해 잘려져 위쪽에 새로운 레이어로 적용된 것을 알 수 있습니다. 이와 같이 플러그인을 사용하면 일반적인 방법보다 훨씬 편리하게 원하는 결과를 얻을 수 있게 됩니다.

> **TIP**
> 김프 전용 플러그인의 수는 헤아리기 힘들 만큼 많습니다. 그러므로 즐겨 사용될 만한 것은 다운로드 받아 보관하는 것이 좋습니다. 수가 많은 만큼 일일이 어떤 플러그인이 있는지 살펴보는 것도 큰 일이 되겠군요. ㅎㅎ

06 선택영역은 무엇이고 어떻게 활용되는지 알아보기

이미지 편집을 하기 위해서 먼저 어떤 부분을 어떻게 편집할 것인지를 결정해야 하며 결정된 부분, 즉 영역을 선택영역으로 지정을 해 놓아야 합니다. 물론 이미지 전체에 대한 편집을 할 경우라면 영역과 상관 없으므로 불러온 상태로 그냥 작업을 하게 됩니다. 김프에서 제공되는 영역선택 툴은 다양하기 때문에 작업 상황에 맞게 적절하게 활용할 수 있습니다.

01 File 〉 Opne을 선택하거나 Ctrl + O 키를 눌러 이미지 폴더에서 패션.jpg 파일을 불러옵니다. 불러온 이미지는 너무 길기 때문에 일단 필요한 부분만 잘라주어야 합니다. 툴 박스에서 크롭(자르기) 툴을 선택한 후 클릭 & 드래그하여 그림의 위쪽 부분만을 지정합니다.

02 잘라낼 영역이 지정됐다면 마우스 포인터를 자르기 영역 안쪽으로 갖다 놓은 후 클릭을 하거나 마우스 포인터 위치와 상관 없이 Enter 키를 누르면 방금 지정된 영역이 잘려집니다. 이렇듯 이미지의 불필요한 영역을 잘라 필요한 부분만 사용하고자 할 때 잘라내기 도구를 사용합니다. 이제 작업하기 좋게 Ctrl 키를 누른 상태에서 마우스 휠을 회전해 보면 이미지가 확대/축소 될 것입니다. 적당한 크기로 확대해 놓고 스페이스바를 누른 상태로 이미지의 작업 위치를 중앙으로 이동합니다.

TIP 이미지 윈도우 쉽게 이동하기
이미지를 확대하면 이미지의 전체 모습이 보이지 않기 때문에 작업을 할 지점으로 이동해야 합니다. 위에서도 설명했듯 김프에서는 스페이스 바를 눌러 원하는 이미지 영역으로 이동할 수 있습니다. 그러나 이 방법 은 다른 툴을 사용하고 있을 때 효과적이지 못 하므로 마우스 중앙의 휠 버튼을 이용하는 것이 보다 효과적입니다. 마우스 휠 버튼을 누르면 아무 때나 상관없이 이미지 이동 기능으로 사용할 수 있는 장점을 가지 고 있습니다.

03 이제 이미지의 특정 부분에 변화(편집)를 주기 위해 해당 부분을 선택영역으로 지정해 보겠습니다. 김프에서 선택영역을 지정하는 도구는 여러 가지가 있습니다. 먼저 렉탱글 실렉션(사각형 선택) 툴을 사용하여 그림처럼 좌측 상단에서 중앙으로 클릭 & 드래그하여 선택영역을 만듭니다.

TIP
영역을 선택하거나 도형을 만들거나 그밖에 기본 형태 를 만들 때 정사각형, 정원 등을 만들기 위해서는 클릭 & 드래그할 때 Shift 키를 누른 상태로 하면 됩니다.

04 Colors 메뉴에서 흑백(그레이스케일) 이미지로 만들어 주는 Desaturate를 선택합니다. 설정 창이 뜨면 확인하여 적용합니다. 앞서 선택된 사각 영역만 흑백으로 변한 것을 알 수 있습니다. 이렇듯 특정 영역을 선택한다는 것은 선택된 영역만 작업, 즉 변화를 준다는 의미를 가집니다.

렉탱글/엘립스 실렉션 툴 옵션 살펴보기

모드(Mode) 모드는 선택 시 방식을 결정하는데 네 개 중 첫 번째는 선택영역을 하나만 선택할 수 있게 하며 두 번째는 여러 번 선택이 가능하며 선택된 영역이 계속 합쳐집니다. 세 번째는 앞서 선택된 영역이 있을 때 새로운 영역이 앞선 영역을 뺄 때 사용되며 마지막 네 번째는 영역과 영역의 교차된 부분만 남게 되는 방식입니다.

안티앨리어싱(Antialiasing) 이 체크 옵션은 선택영역의 경계(가장자리)를 부드럽게 해 줍니다.

페더 엣지(Feather edges) 이 체크 옵션은 선택영역의 경계를 수치로써 부드럽게(흐리게)조절할 수 있습니다. 체크하면 아래 수치를 설정할 수 있는 기능이 나타나게 됩니다.

라운드 코너(Rounded corners) 이 체크 옵션은 렉탱글 실렉션 도구에서만 사용되는데 사각 선택 영역의 모서리를 둥글게 해 줍니다. 이 옵션 역시 체크하면 아래쪽에 설정 기능이 나타납니다.

익스팬드 프롬 센터(Expand from center) 이 체크 옵션은 드래그하여 선택영역을 만들 때 만들어지는 중심점을 해당 모양의 중심을 기준으로 만들어 지게 해 줍니다.

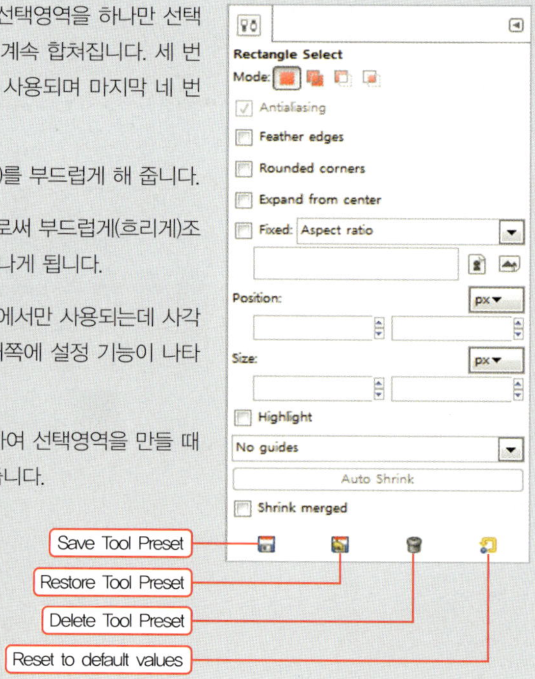

픽스(Fixed) 이 체크 옵션을 체크하면 선택영역의 비율이나 크기 등이 항상 지정된 규격에 맞게 고정되어 만들어집니다. 아래쪽 위치, 크기를 통해 만들고자 하는 위치와 크기를 미리 설정해 놓을 수 있습니다.

포지션(Position) 선택영역의 위치를 설정합니다.

사이즈(Size) 선택영역의 크기를 조절합니다.

하이라이트(Highlight) 이 체크 옵션은 선택된 영역을 강조하기 위해 사용됩니다. 영역이 선택된 후에는 선택영역은 정상적으로 나타나며 나머지 미선택영역은 흐리게 처리됩니다.

쉬링크 머지(Shrink merged) 이 버튼 옵션은 선택영역이 이미지 윈도우(작업영역)를 벗어났을 때 자동으로 이미지 윈도우에 맞게 조절되도록 해 줍니다.

세이브 툴 프리셋(Save Tool Preset) 이 버튼은 현재의 툴 옵션에서 설정된 값을 프리셋으로 저장하여 지속적으로 사용할 수 있게 해 줍니다.

리스토어 툴 프리셋(Restore Tool Preset) 이 버튼은 프리셋으로 설정된 값 이전 값으로 되돌려놓을 때 사용됩니다.

딜리트 툴 프리셋(Delete Tool Preset) 이 버튼은 현재의 프리셋을 삭제할 때 사용됩니다.

리셋 투 디폴트 벨류(Reset to default values) 이 버튼은 현재의 설정 값을 초기값으로 되돌려놓을 때 사용됩니다. 이 옵션을 사용할 때 Shift 키를 누른 상태에서 클릭하면 정말로 설정 값을 초기값으로 되돌릴 것인가에 대해 묻는 대화상자가 나타납니다.

05 Select 〉 None를 선택하거나 Ctrl + Shift + A 키를 눌러 선택된 영역을 해제합니다. 해제 한다는 것은 이제 더 이상 특정 영역에만 작업을 하지 않는다는 것이지요. 선택영역이 없는 상태에서 역시 앞서 적용했던 Desaturate(무채화)를 적용해 봅니다. 이제 이미지 전체가 흑백으로 바뀌게 됩니다.

TIP
지금처럼 이미지 전체에 변화를 주기 위해서는 아무런 선택영역이 없거나 Select 〉 All이나 Ctrl + A 키를 눌러 이미지 전체를 선택영역으로 해놓고 효과를 주면 되는데 후자의 경우엔 선택영역을 복사하거나 잘라낼 때 주로 사용하므로 지금의 작업에서는 아무런 선택영역이 없는 상태에서 하는 것이 좋습니다.

06 우측의 언두 히스토리(실행 취소 이력) 패널로 이동한 후 확인해 보면 현재까지 6번의 작업 과정이 기록된 것을 알 수 있습니다. 이처럼 언두 히스토리에서는 작업된 모든 과정이 기록되어 언제 어느 때나 원하는 작업 구간으로 이동할 수 있습니다. 앞선 작업 구간 중 2번째인 Crop Image를 선택합니다. 그러면 길었던 원본 이미지를 잘라낸 구간으로 이동되는데 여기서부터 다음 작업을 계속해 보기로 합니다.

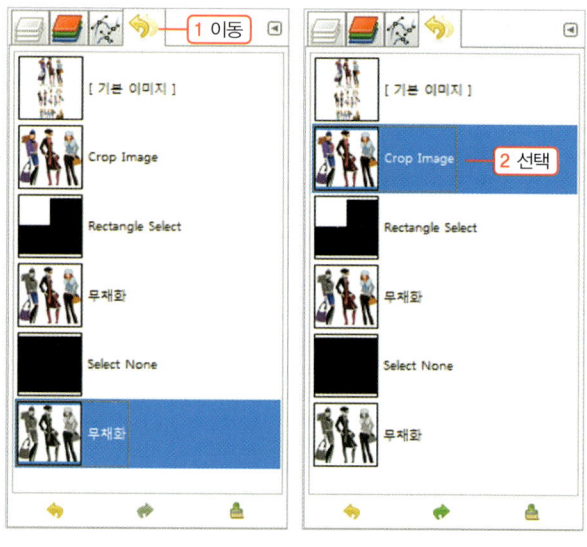

언두 히스토리 패널 살펴보기

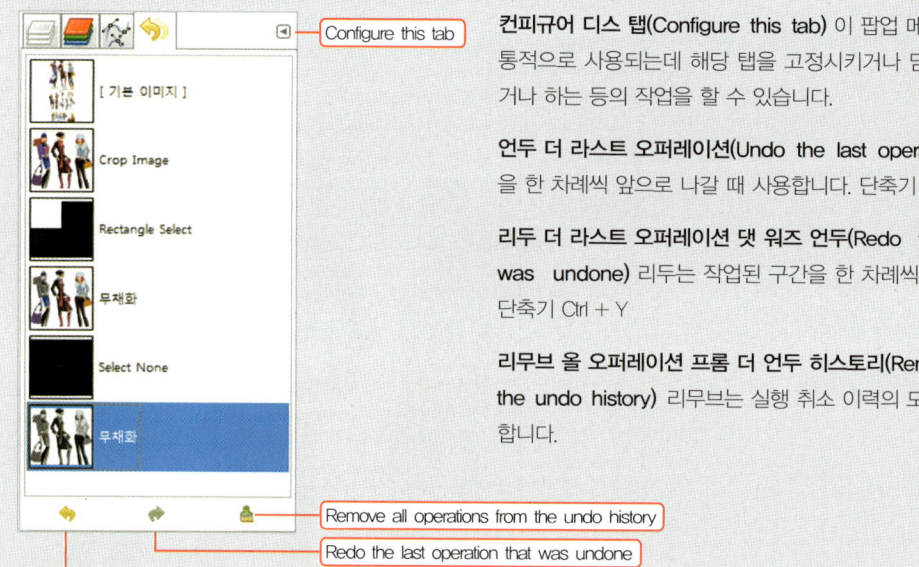

컨피규어 디스 탭(Configure this tab) 이 팝업 메뉴는 모든 탭(패널)에서 공통적으로 사용되는데 해당 탭을 고정시키거나 닫거나 새로운 탭을 추가하거나 하는 등의 작업을 할 수 있습니다.

언두 더 라스트 오퍼레이션(Undo the last operation) 언두는 작업된 구간을 한 차례씩 앞으로 나갈 때 사용합니다. 단축키 Ctrl + Z

리두 더 라스트 오퍼레이션 댓 워즈 언두(Redo the last operation that was undone) 리두는 작업된 구간을 한 차례씩 뒤로 나갈 때 사용합니다. 단축키 Ctrl + Y

리무브 올 오퍼레이션 프롬 더 언두 히스토리(Remove all operations from the undo history) 리무브는 실행 취소 이력의 모든 구간을 삭제할 때 사용합니다.

> **TIP 이미지를 처음 불러왔을 때로 돌아가기**
> 작업을 하던 중 이미지를 처음 불러왔을 때, 즉 불러온 후 저장을 하기 전 상태로 되돌아가고자 한다면 File > Revert를 사용하면 됩니다. 리버트는 작업이 잘못 됐을 때 한번에 처음으로 돌아갈 수 있어 편리하게 사용됩니다.

07 이번엔 프리 실렉션(자유 선택) 툴을 이용하여 선택영역을 만들어 보겠습니다. 참고로 엘립스 실렉트 툴은 렉탱글 실렉트 툴과 모양만 다를 뿐 유사하게 사용되므로 여기에서는 설명하지 않겠습니다. 프리 실렉트 툴을 선택한 후 그림에서 맨 오른쪽에 있는 여자의 모자 모양을 선택합니다. 프리 실렉트 툴은 클릭 & 드래그(드로잉)하여 선택하는데 마치 연필로 선을 그리듯 그려나가면 됩니다. 처음 시작하는 점과 마지막 점이 하나로 합쳐져야 선택영역이 완성되므로 그림처럼 시작점과 끝점이 만나 노란색 원(점)이 나타났을 때 클릭하여 합쳐줍니다.

프리 실렉션 툴(드로잉)의 선택 과정

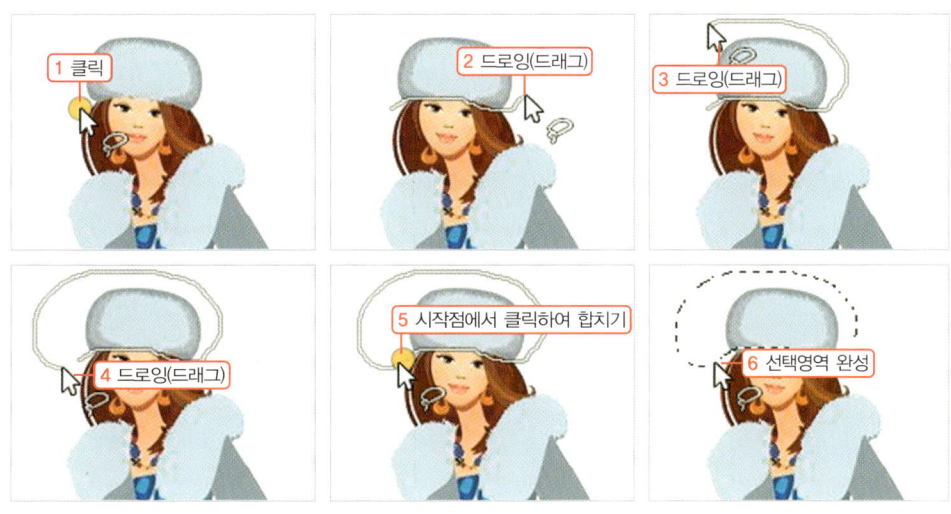

08 이제 선택된 영역에 색상을 바꿔보기로 하겠습니다. Colors 〉 Hue-Saturation을 선택합니다. 설정 창에서 색상 값을 임의로 설정해 봅니다. 선택된 영역만 색상이 변하는 것을 알 수 있습니다. Hue-Saturation은 색상, 밝기, 채도를 설정하는 효과로 해당 학습 과정에서 자세히 다루기로 합니다. 선택영역 중 흰색(검정)은 무채색이므로 색상의 변화가 생기지 않습니다.

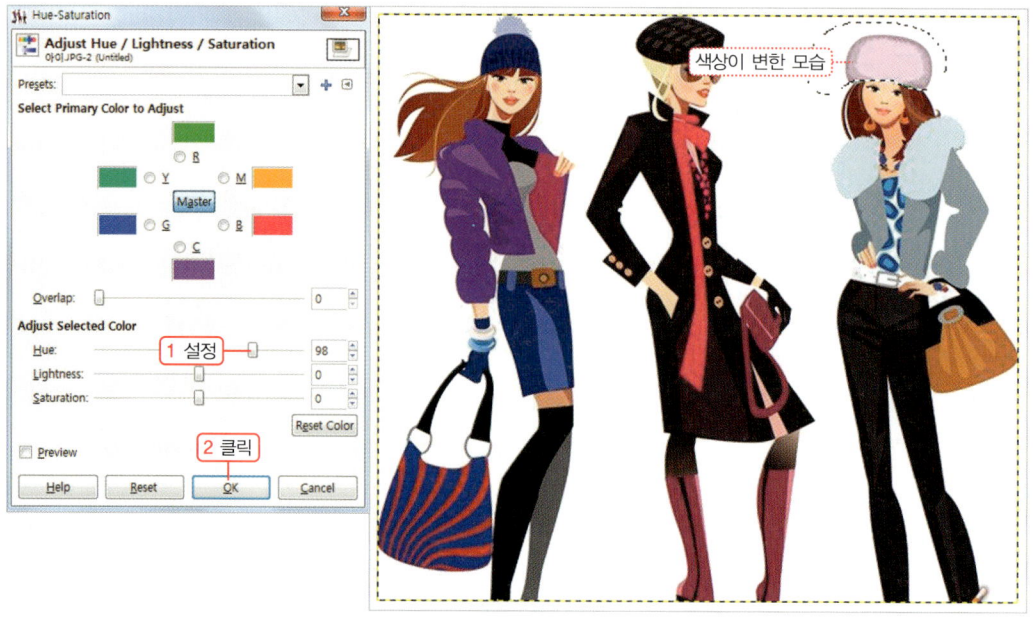

09 이번엔 가운데 있는 여자의 목도리에 대한 변화를 주기로 해 봅니다. 퍼지 실렉션 툴을 사용하여 목도리를 클릭합니다. 목도리 색상과 같은 빨간색이 모두 선택되는 것을 알 수 있습니다.

> **TIP**
> 퍼지 실렉션 툴은 최초로 선택된 영역의 색상과 하나된 이미지의 색상을 선택할 때 사용됩니다.

10 Ctrl + Shift + A 키를 눌러 선택영역을 해제한 후 퍼지 실렉션 툴의 툴 옵션에서 최대 색상 차이를 그림처럼 증가합니다. 그리고 다시 목도리를 선택합니다. 이전보다 최대 색상 차 값이 증가했기 때문에 선택영역도 넓어진 것을 알 수 있습니다. 최대 색상 차이는 선택영역의 유사 색상의 범위를 설정합니다.

11 이제 색상의 균형을 설정하기 위해 Colors 〉 Color Balance를 선택합니다. 설정 창에서 노란색을 파랑색 쪽으로 설정하여 분홍색으로 바꿔줍니다.

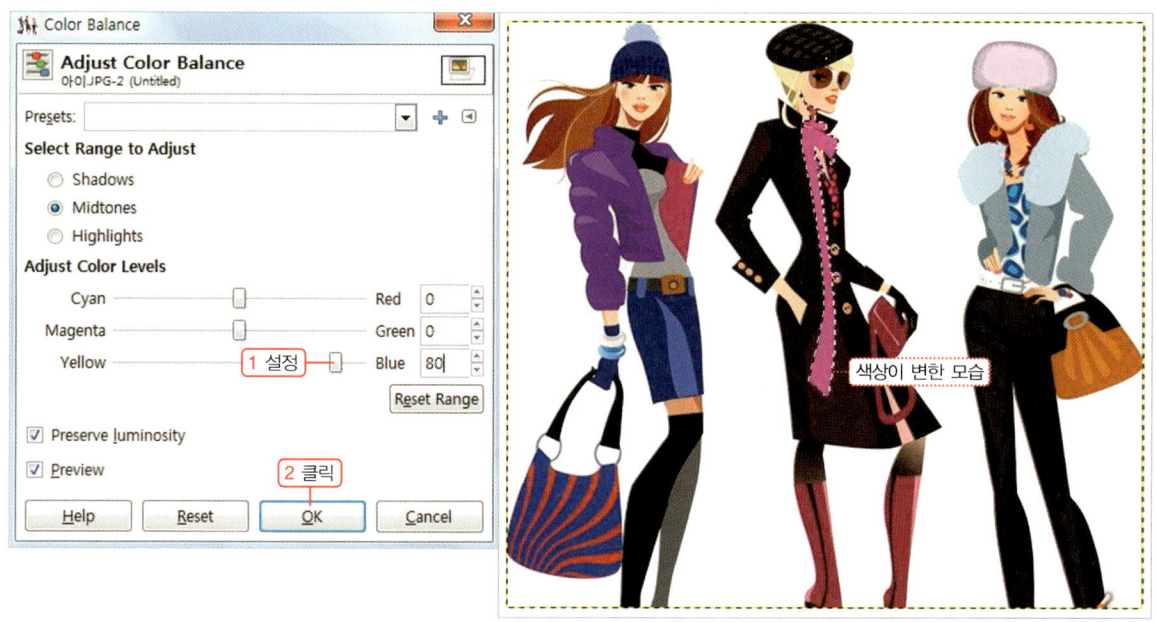

12 이번엔 컬러 실렉션(색상으로 선택) 툴에 대해 알아보기 위해 Ctrl + Shift + A 키를 눌러 앞선 선택영역을 해제하고 컬러 실렉션 툴을 선택합니다. 컬러 실렉션 툴의 툴 옵션에서 최대 색상 차이의 임계값을 적당하게 높여준 후 가운데 여자의 검정색 코트 부분을 클릭합니다. 이미지의 검정색 부분이 모두 선택된 것을 알 수 있습니다.

13 Color > Colorize를 선택해 봅니다. 설정 창에서 색상, 채도, 밝기를 설정하여 검은색이었던 색상을 컬러로 설정해 봅니다. Colorize 효과는 검정과 흰색의 무채색을 유채색으로 만들어줍니다.

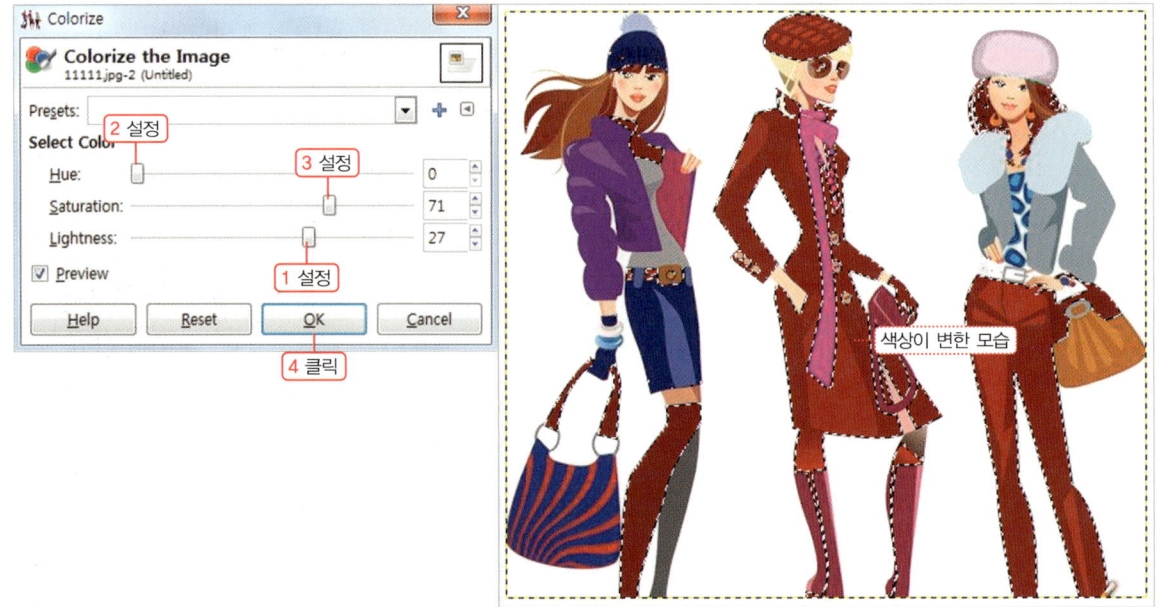

14 Ctrl + Shift + A 키를 눌러 선택영역을 해제한 후 시져스 실렉션(경계로 선택) 툴을 사용하여 클릭 & 클릭 & 드래그하여 이미지의 경계를 그려나갑니다. 이때 툴 옵션의 Interactive boundary를 체크하면 그려지는 경계의 모습을 미리 볼 수 있어 편리합니다. 첫 번째 점과 마지막 점을 연결해야 작업이 완전히 끝나는 것이기 때문에 마우스 포인터 옆에 겹쳐진 쌍원의 모습이 나타날 때 클릭해야 두 점이 연결됩니다. 시작/끝 점이 연결되면 그려진 영역 안쪽에서 클릭하여 선택영역으로 만듭니다.

시져스 실렉션 툴의 선택 과정

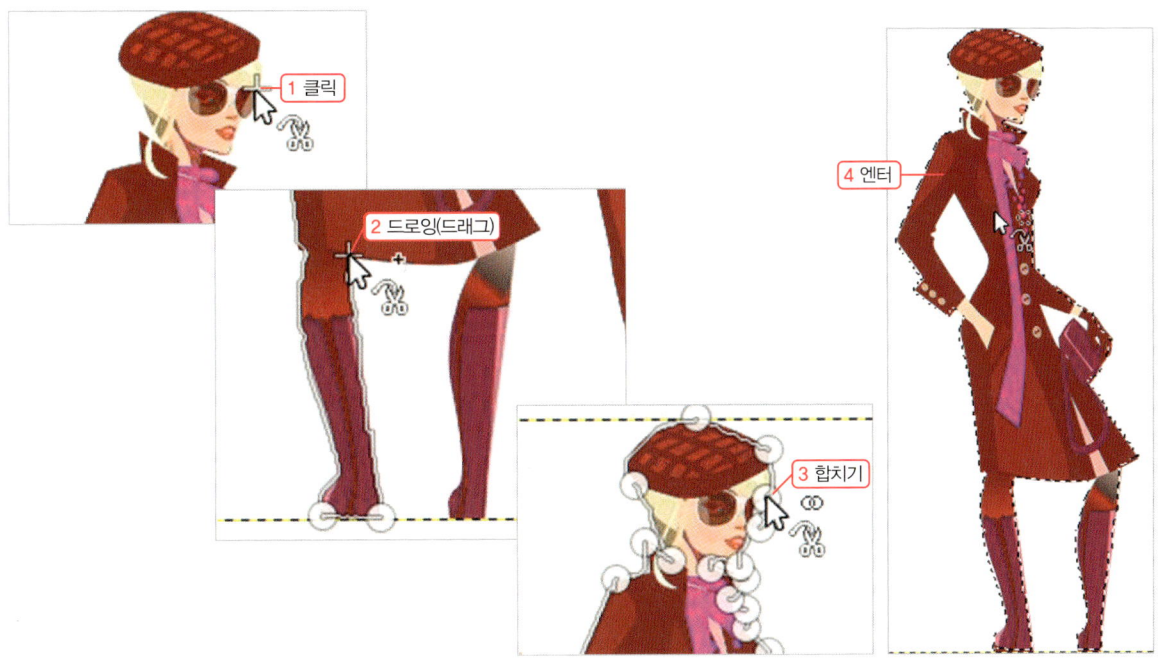

15 지금 선택된 영역을 모자이크 처리를 하기 위해 Filters 〉 Blur 〉 Pixelize를 적용합니다. 설정 창에서 픽셀 너비/높이를 20으로 설정하고 확인을 합니다. 선택된 영역만 모자이크 처리가 된 것을 알 수 있습니다.

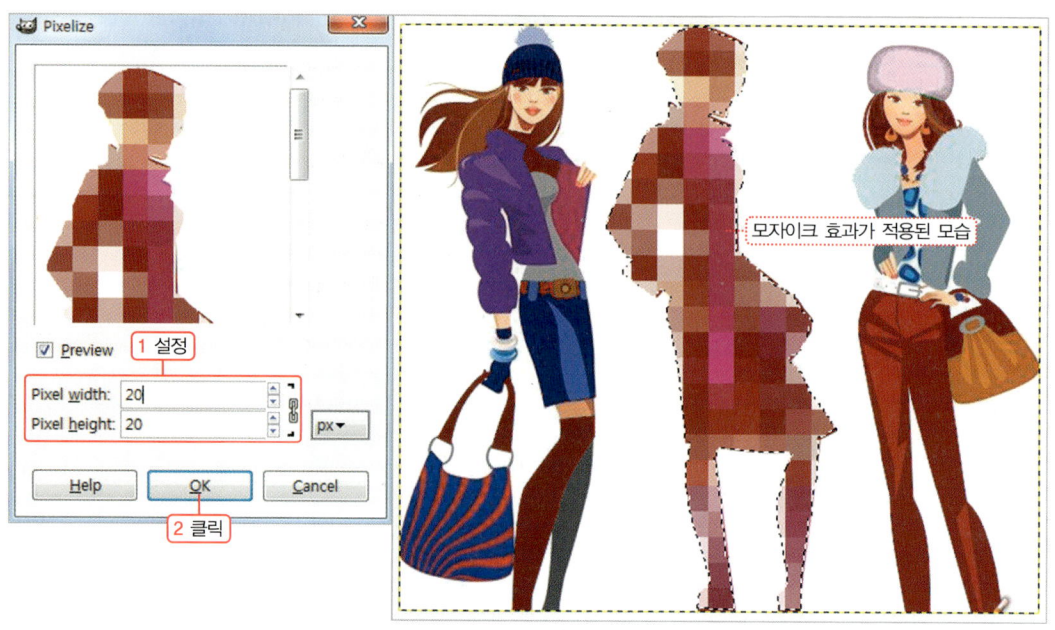

16 이번엔 포그라운드 실렉션 툴을 이용하여 선택영역을 만들어 보겠습니다. Ctrl + Shift + A 키를 눌러 앞서 선택한 영역을 해제한 후 포그라운드 실렉션 툴을 선택합니다. 이 도구는 처음엔 프리 실렉션 툴처럼 선택할 영역을 드로잉하여 선택하는데 그다음부터는 브러시로 그려진 영역이 선택영역으로 만들어집니다. 먼저 드로잉하여 왼쪽의 여자 머리와 가슴까지만 선택해 봅니다.

TIP 드로잉하여 선택영역이 될 영역을 그렸다면 Enter 키를 눌러 선택영역으로 만들 수 있습니다.

17 계속해서 이번엔 오른쪽 팔 부분을 브러시로 그리듯 그려줍니다. 브러시의 색상은 기본적으로 전경 색(포그라운드 컬러)이 사용됩니다. 그린 후에는 역시 파란색으로 바뀌는데 여기서 Enter 키를 누르면 이 영역이 선택영역으로 바뀌게 됩니다.

선택영역을 그려준 후 Enter 키를 눌러 선택영역으로 만듦

포그라운드 실렉션 툴 옵션 살펴보기

Mark foreground/background 브러시의 색상을 전경 및 배경색으로 사용할 수 있음

Small/Large brush 선택영역을 그릴 때 브러시의 크기를 조절하여 넓은 영역과 좁은 영역을 세밀하게 그려줄 수 있음

Smoothing 선택영역의 경계를 부드럽게 해 줄 때 사용함

Preview color 선택영역을 그린 후의 선택영역 예비 색상을 선택할 수 있음

Color Sensitivity 미리보기 색상의 감도를 조절할 수 있음

포그라운드 실렉션 툴의 선택 과정

1 드로잉(드래그) 2 드로잉(드래그) 3 색칠 끝내기 4 엔터

18 선택된 영역을 노이즈 효과를 적용하기 위해 Filters 〉 Noise 〉 HSV Noise를 적용하고 설정 창에서 Holdness, Hue, Saturation, Value를 그림처럼 설정하여 오른쪽 팔에 노이즈 효과를 표현합니다.

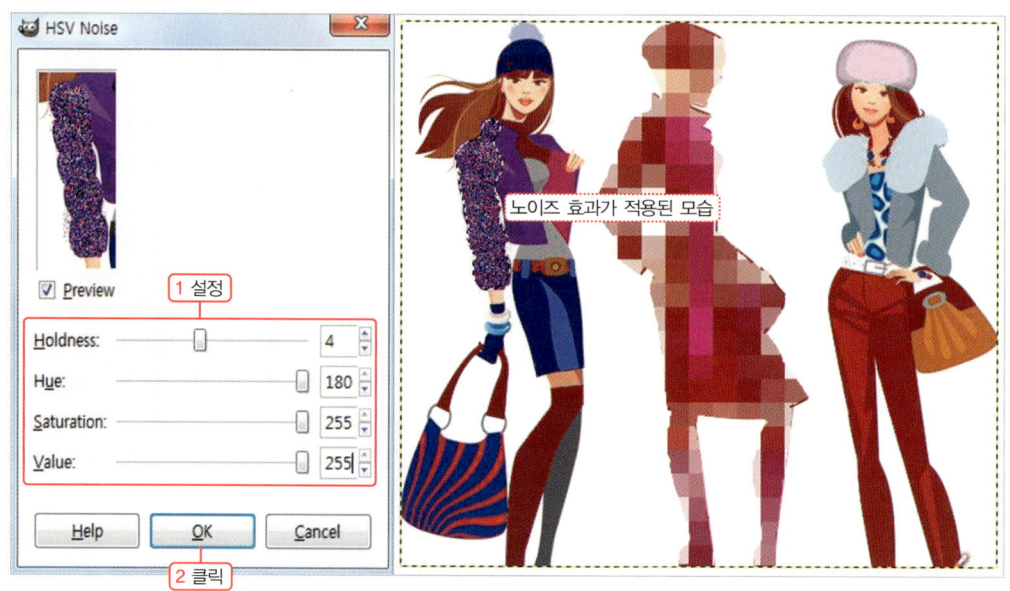

19 선택영역을 만들어 주는 툴 중 이제 마지막으로 패스(경로) 툴 하나만 남았습니다. 이 툴을 사용하기 위해 먼저 File 〉 Open 또는 Ctrl + O 키를 눌러 준비된 이미지 폴더에서 구름과 번개.jpg 파일을 불러옵니다. 앞서 작업 중인 이미지가 있는 상태이기 때문에 작업영역 상단을 보면 현재 김프에서 사용 중인 이미지가 탭으로 표시되는 것을 알 수 있습니다. 이 탭을 선택하여 원하는 작업영역(이미지 윈도우)으로 이동할 수 있습니다.

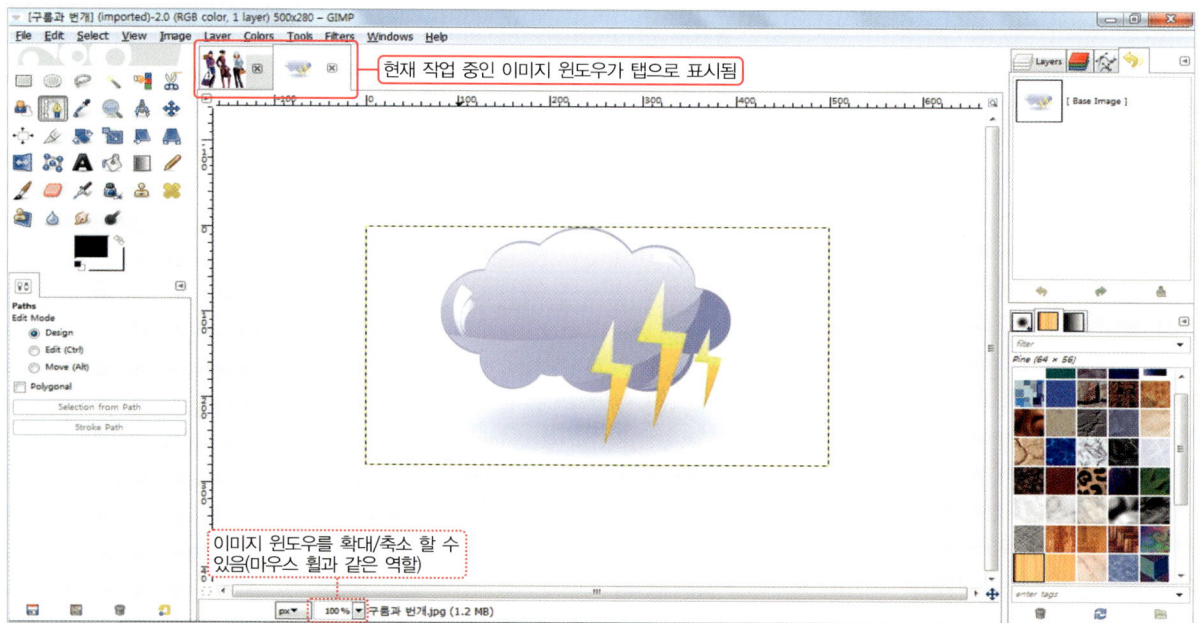

20 이제 패스 툴을 사용하여 방금 불러온 이미지에서 번개 그림에 경로(패스)를 만들어줍니다. 현재 번개의 모습은 직선으로 이뤄졌기 때문에 클릭 & 클릭하여 모양에 맞게 반복하면서 경로를 만들어 나가면 됩니다. 시작점과 끝점이 하나로 합쳐지게 하기 위해 Ctrl 키를 누른 상태에서 시작점을 클릭하면 완전한 경로가 만들어집니다.

직선 패스(경로)를 만들어 주는 과정

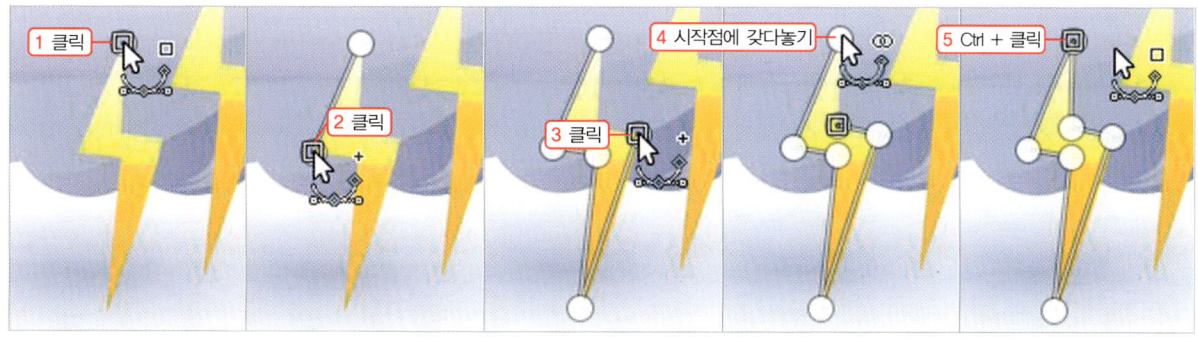

21 패스 툴로 그려진 경로는 두 가지 방식으로 사용되는데 첫째는 선택영역으로 사용되고 둘째는 경로를 따라 선을 만드는 데 사용됩니다. 이와 같은 설정은 패스 툴의 툴 옵션에서 이뤄집니다. 먼저 방금 만든 경로를 선택영역으로 만들기 위해 Selection from Path 버튼을 클릭해 봅니다.

패스 툴의 툴 옵션 살펴보기

Design 이 옵션은 경로 도구를 이용하여 패스(경로)를 만들 때 사용되는 기본 옵션입니다.

Edit (Ctrl) 이 옵션은 작업 중인 포인트의 위치를 이동하거나 시작점과 끝점이 하나로 연결되도록 해주는데 주로 단축키 Ctrl 키를 누른 상태로 사용합니다.

Move (Alt) 이 옵션은 경로를 이동할 때 사용하는데 역시 주로 단축키 Alt 키를 사용합니다.

Polygonal 이 체크 옵션을 체크하면 직선의 패스만 만들어집니다.

Selection from Path 패스를 선택영역으로 만들어줍니다.

Stroke Path 패스를 선으로 만들어줍니다. Stroke Path 설정 창에서 선의 두께 및 색상을 설정할 수 있습니다.

22 이번엔 패스를 선으로 만들기 위해 툴 옵션에서 Stroke Path 버튼을 클릭합니다. 설정 창이 열리면 일단 아무 설정 없이 따라 Stroke 버튼을 눌러 적용합니다. 경로의 모양대로 선이 적용된 것을 알 수 있습니다. 여기서의 색상은 전경 색(포그라운드 컬러)이 사용됩니다. 따라 그리기 형식 설정 창에서는 선의 종류, 두께, 방식 등을 설정할 수 있는데 각각 다르게 설정하여 적용해 보면서 선의 모습이 어떻게 적용되는지 살펴봅니다.

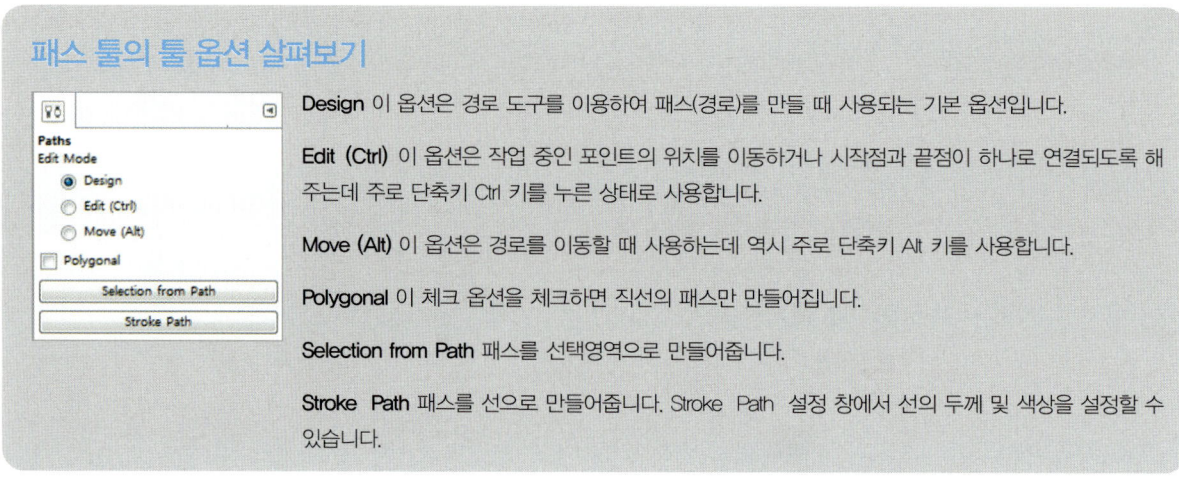

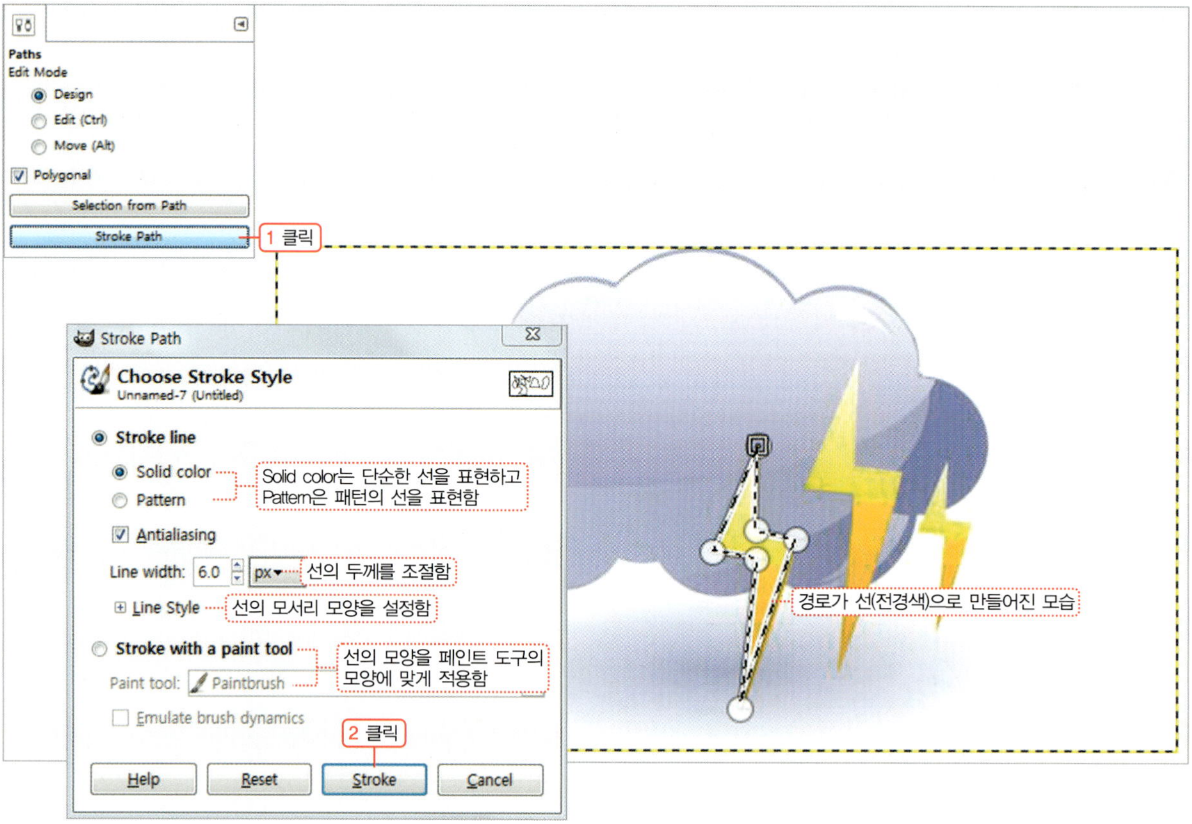

패스 패널 살펴보기

패스 툴을 통해 경로가 만들어지면 패스 패널에 자동으로 경로가 추가됩니다. 이 패스를 통해 경로의 모습을 수정하거나 삭제, 복제, 재사용 등의 다양한 작업이 이뤄집니다.

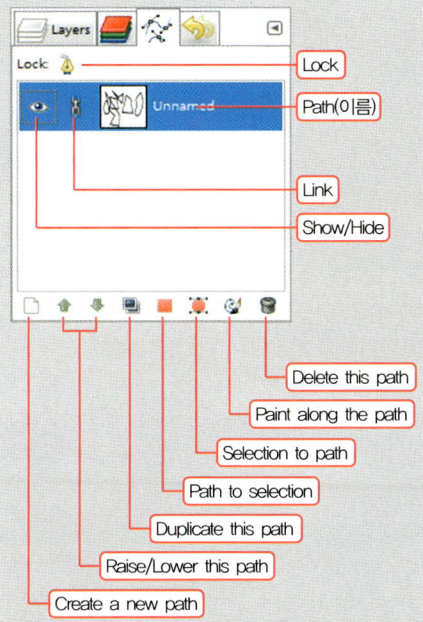

Lock 선택된 패스를 편집하지 못하도록 잠가줍니다.

Show/Hide 해당 패스를 보이기/숨기기할 수 있습니다.

Link 선택된 패스를 묶어놓을 때 사용합니다.

Path(이름) 패스의 이름은 더블클릭하여 바꿔줄 수 있습니다.

Create a new path 새로운 패스를 추가할 때 사용됩니다. Shift 키를 누른 상태에서 이 버튼을 누르면 이름 설정 없이 그냥 새로운 패스가 생겨납니다.

Raise/Lower this path 패스의 순서를 설정합니다. Shift 키를 누른 상태로 이 버튼을 누르면 맨 위쪽/ 아래쪽으로 이동합니다.

Duplicate this path 선택된 패스를 복제해 줍니다.

Path to selection 선택된 패스를 선택영역으로 만들어줍니다. Shift 키를 사용하면 여러 패스를 복수로 선택할 수 있으며 Ctrl 키를 사용하면 처음 선택한 선택영역을 빼주며 Ctrl + Shift 키를 사용하면 선택영역의 교차된 부분만 선택할 수 있습니다.

Selection to path 선택영역을 패스로 바꿔줍니다. Shift 키를 사용하면 패스를 세부적으로 설정할 수 있는 설정 창을 열어줍니다.

Paint along the path 선택된 패스에 선을 만들어 주는 따라 그리기 형식 설정 창을 열어줍니다.

Delete this path 선택된 패스를 삭제합니다.

패스에서 우측 마우스 버튼을 클릭하면 퀵 팝업 메뉴가 나타나는데 대부분 위에서 설명한 패스 패널의 기능과 중복됩니다.

패스 패널 퀵 팝업 메뉴

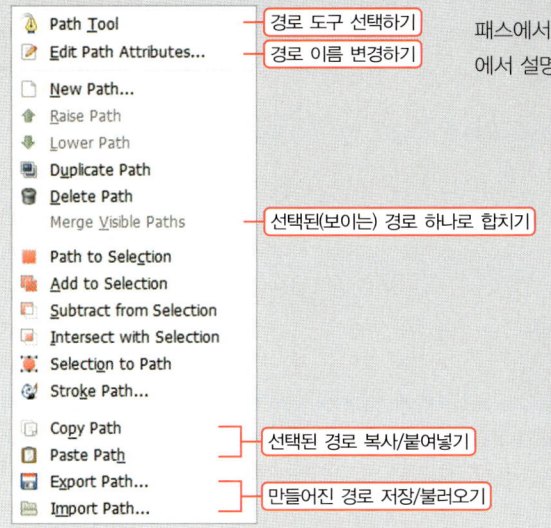

2 3 이번엔 곡선 패스를 만들어 보겠습니다. 곡선은 직선보다 어렵기는 하지만 반복 작업을 하다 보면 곧 익숙해 질 것입니다. 역시 패스 툴이 선택된 상태에서 곡선으로 된 구름의 모양을 그려봅니다. 위쪽부터 그려 볼까요? 아래 그림에서처럼 곡선은 클릭 & 클릭 드래그 그다음 뒤쪽 핸들을 가운데 점으로 이동하여 집어넣고 다시 클릭 & 클릭 드래그하여 모양을 만들어 가면 됩니다. 마지막엔 직선 패스처럼 시작점과 끝점을 Ctrl 키를 누른 상태에서 클릭하여 하나로 합쳐놓으면 됩니다.

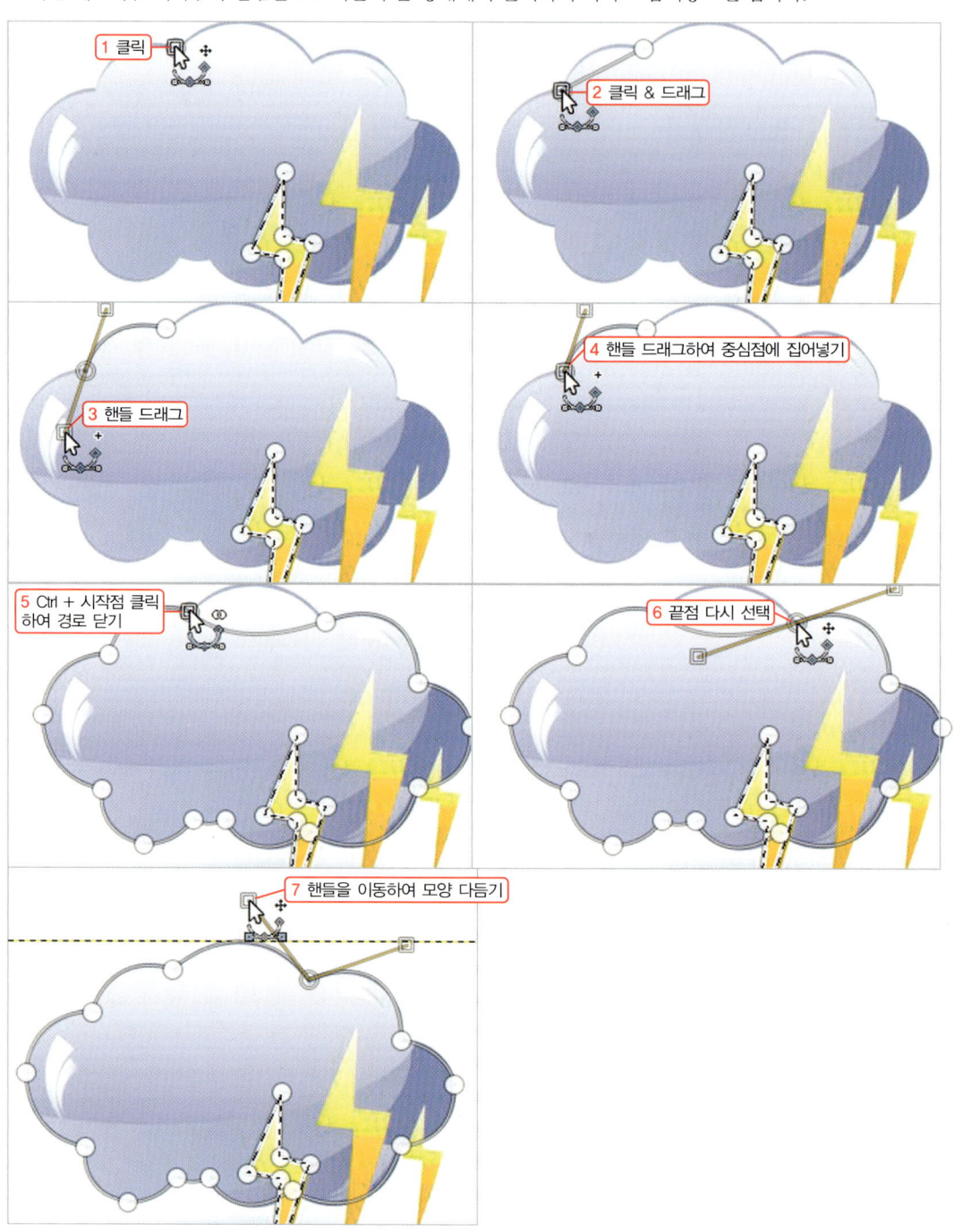

TIP 패스의 종류

경로(패스)의 종류는 위에서 살펴본 것처럼 직선으로만 이뤄진 경로와 곡선으로만 이뤄진 경로 그리고 직선과 곡선이 조합된 경로가 있습니다. 직선의 경로는 클릭 & 클릭으로만 완성되기 때문에 어렵지 않으나 곡선일 경우엔 시간을 두고 익혀두어야 자유롭게 사용할 수 있을 것입니다. 김프와 같은 이미지 편집 툴을 처음 접하는 분들 대부분이 패스 툴(일반적으로 펜 툴이라고 함)에서 곡선을 그리는데 어려움을 겪어 흥미를 잃는 경우가 많습니다. 어떤 툴이나 쉬운 것만 있는 것이 아니므로 이런 난관을 잘 넘어가야 할 것입니다. 필자의 경험으론 경로 도구가 넘기 어려울 정도로 두려움을 가질만한 고난위도의 도구는 아니라고 생각됩니다.

24 이제 마지막으로 경로 패널에서 Path to selection 버튼을 클릭하여 방금 만든 패스를 선택 영역으로 만들어줍니다. 지금까지의 작업으로 선택영역이 무엇이고 왜 필요한지에 대해 알아보았습니다. 모든 작업이 그렇지는 않지만 특정 영역에 대해서만 변화를 주고자 한다면 지금과 같이 변화, 즉 작업하고자 하는 영역을 선택영역으로 만든 후 작업을 해야 하며 선택 방법 또한 다양하다는 것을 알 수가 있었습니다. **작업한 내용을 날리고 후회하기 전에 작업 중간에 저장을 하는 습관을 갖습니다.**

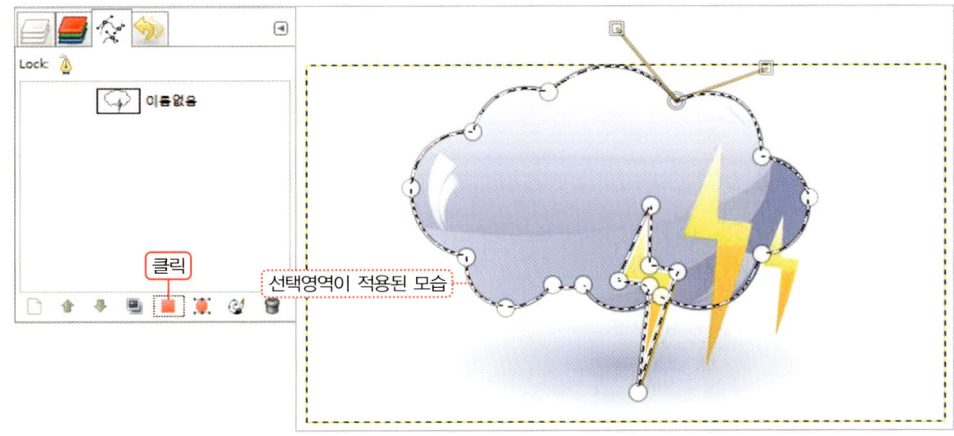

TIP Save와 Export의 차이점

작업이 끝나거나 중간에 저장을 하기 위해서는 File 메뉴에서 일반적으로 Save란 명령(메뉴)을 사용하게 되는데 김프에서는 조금 다른 개념으로 사용됩니다. 김프에서 Save는 작업된 상태를 그대로 유지, 즉 보전되는 XCF나 BZIP, GZIP 형식으로 저장됩니다. 이와 같은 파일 형식을 김프 프로젝트(도큐먼트) 파일 형식이라고 하는데 특징은 작업에 사용된 레이어, 적용된 효과 등이 그대로 보존되기 때문에 언제든지 불러와 다시 작업을 할 수 있다는 것입니다. 포토샵의 PSD 형식의 파일과 같다고 보면 됩니다. 그리고 Export는 작업이 끝난 결과물을 JPG나 BMP, GIF, TGA 등의 이미지 파일로 만들 때 사용되는데 이와 같은 파일 형식은 김프에서 작업한 내용을 합쳐 하나의 이미지(최종 결과물) 파일로 만들기 때문에 다시 수정할 수 없습니다. 그러므로 최종 결과물을 얻고자 할 때 사용됩니다.

Select(선택) 메뉴 살펴보기

선택 메뉴에 포함되어 있는 메뉴들은 모든 영역을 선택하거나 선택영역을 해제, 선택영역을 반전, 선택영역을 수정, 선택영역의 가장자리에 대한 설정 등 선택에 관련된 것들입니다.

All 이미지 윈도우의 모든 영역을 선택영역으로 만들어줍니다.

None 선택영역을 모두 해제합니다.

Invert 선택영역을 반전하여 미선택영역이었던 영역을 선택영역으로 바꿔줍니다.

Float 선택영역을 떠있는 상태로 전환하여 선택영역을 자유롭게 이동하거나 크기 조절 등을 할 수 있게 해 줍니다. 다시 원래 레이어로 합쳐놓고자 한다면 레이어 패널 하단의 Anchor the floating layer 버튼을 클릭하면 됩니다. 레이어에 대한 자세한 학습은 다음 과정에 다룹니다.

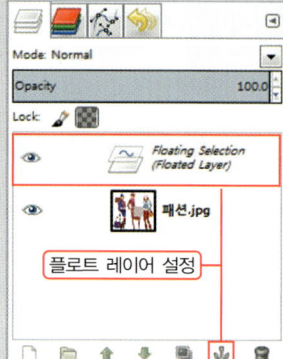

By Color 색상으로 선택 도구와 같은 메뉴로 이미지 윈도우에서 클릭한 색상과 동일한 색상을 선택합니다.

From Path 패스(경로)의 모양을 선택영역으로 만들어 줍니다.

Selection Editor 선택영역을 수정할 수 있게 선택 패널을 추가합니다. 선택 패널은 레이어 패널이 있는 도킹 애리어에 추가됩니다.

Select Everything 이미지 윈도우 영역을 모두 선택영역으로 만들어줍니다.

Dismiss the selection 선택영역을 모두 해제합니다.

Invert the selection 선택영역을 반전시켜줍니다.

Save the selection to a channel 선택영역을 채널로 추가합니다. 채널은 레이어에 대한 학습에서 자세히 설명하고 있습니다.

Selection to path 선택영역을 패스로 만들어줍니다. 패스로 만들어 주면 패스를 수정할 수 있는데 이것은 선택영역을 수정하는 것과 같습니다.

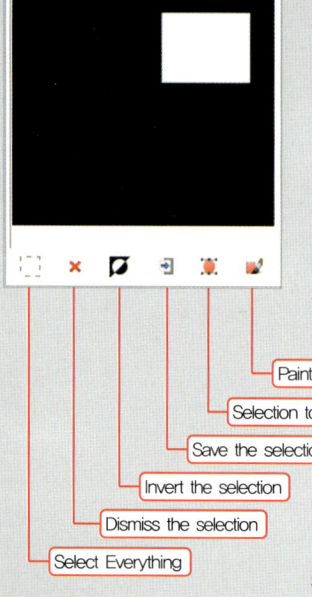

Paint along the selection outline 선택영역의 경계를 선택으로 만들어 주는 따라 그리기 형식 설정 창을 열어줍니다.

Selection Feather 선택영역의 경계를 부드럽게(흐리게) 해 줍니다.

Sharpen 선택영역의 경계를 선명(뚜렷)하게 해 줍니다.

Shrink 선택영역의 범위(크기)를 줄여줍니다. 설정 창에서 수치를 설정하여 조절합니다.

Grow 선택영역의 범위를 확대해 줍니다. 설정 창에서 수치를 설정하여 조절합니다.

Border 선택영역에 테두리를 만들어줍니다. 설정 창에서 수치를 설정하여 조절합니다.

Distort 선택영역의 모양을 변형합니다. 설정 창에서 수치를 설정하여 변형합니다.

Rounded Rectangle 선택영역의 모서리를 둥근 모서리로 만들어줍니다. 사각 선택 도구 이용 시 유용하게 사용됩니다.

Toggle Quick Mask 붓(브러시)으로 그린 곳을 선택영역으로 만들어줍니다. 머리카락 같은 세밀한 선택영역을 만들 때 주로 사용합니다.

Save to Channel 선택 패널의 Save the selection to a channel 버튼과 같이 선택영역을 채널로 만들어줍니다.

To Path 선택 패널의 Selection to path 버튼처럼 선택영역을 경로로 만들어줍니다.

07 레이어로 불러오기 활용법(책 표지 입체로 표현하기)

외부에서 이미지를 불러오는 방법은 오픈 메뉴나 단축키를 사용하겠지만 현재 열려있는 즉 사용되고 있는 이미지에 새로운 레이어 형태로 이미지를 불러오고자 할 때는 Open as Layers를 사용합니다. 그러므로 Open as Layers는 한 작업 공간에 여러 개의 이미지지를 불러와 놓고 작업할 때 편리합니다.

01 Open as Layers의 활용을 위해 먼저 File > Open이나 단축키 Ctrl + O 키를 눌러 준비된 앞면.jpg 파일을 불러옵니다. 불러온 이미지는 본 도서의 표지입니다.

02 다시 Open 메뉴를 선택하고 이번엔 옆면.jpg 파일을 불러와 봅니다. 앞서 불러온 앞면과 지금의 옆면이 서로 다른 이미지 윈도우에 불러와졌기 때문에 한 공간에서 작업을 할 수 없다는 것을 알 수 있습니다. 앞면에서 작업을 하기 위해 일단 옆면 이미지 윈도우를 닫아줍니다.

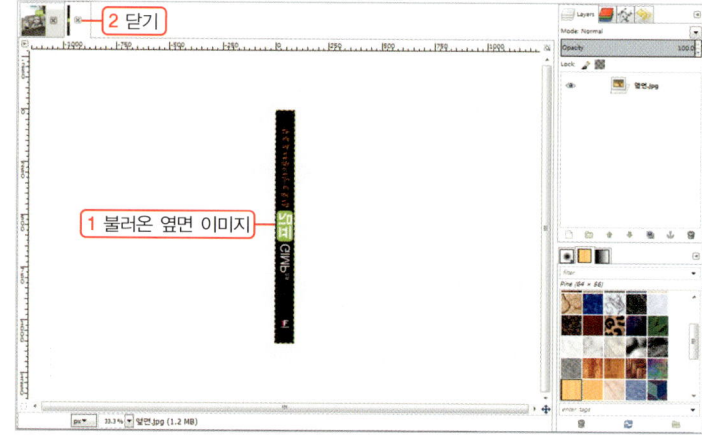

03 이번엔 File 〉 Open as Layers를 선택하여 옆면.jpg 파일을 불러옵니다. 앞서 Open 메뉴를 통해 불러왔을 때와는 다르게 열려있던 앞면 이미지 윈도우에 새로운 레이어로 불러와진 것을 알 수 있습니다.

04 이제부터 책 광고에서 볼 수 있는 책 표지를 입체적으로 표현해 보겠습니다. 이와 같은 작업을 하기 위해서는 툴 박스의 변형 툴들이 필요합니다. 먼저 앞면 레이어를 선택하고 툴 박스의 스케일(크기) 툴을 선택합니다. 이미지 윈도우에서 앞면의 좌측 상단 지점을 클릭 & 드래그하여 아래쪽으로 이동해 봅니다. 크기가 조절되는 중간에 Ctrl 키를 누르면 앞면 이미지의 원래 비율을 그대로 유지합니다. 크기 조절이 됐으면 Scale 설정 창에서 Scale 버튼을 눌러 설정된 크기로 전환합니다.

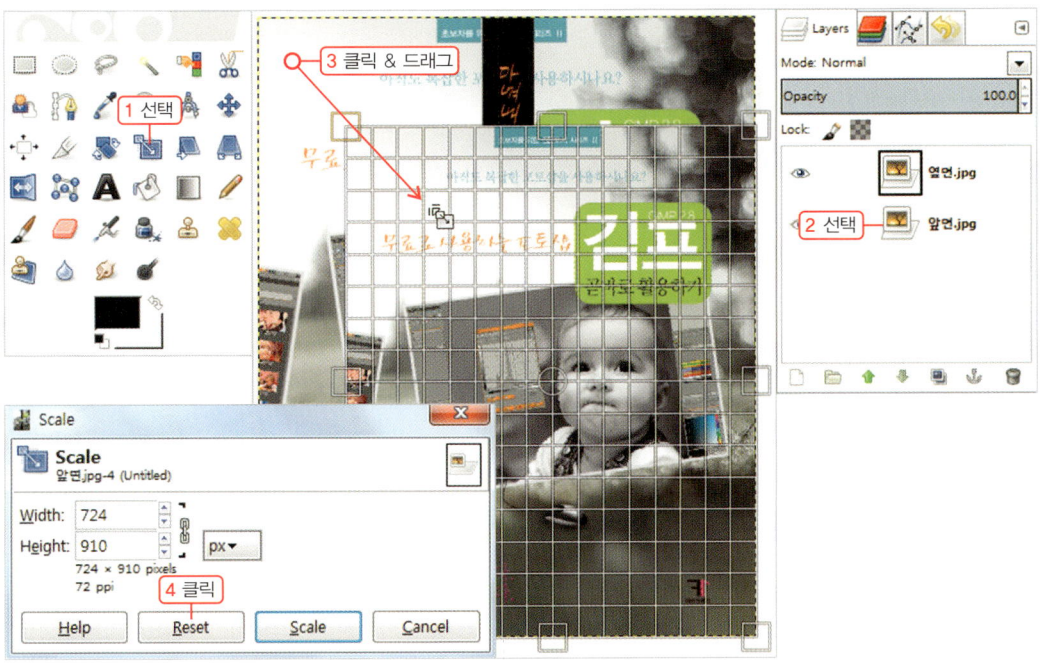

05 같은 방법으로 이번엔 옆면의 크기를 앞면의 높이를 기준으로 조절해 줍니다.

06 책 표지의 옆면으로 사용하기 위해 무브(이동) 툴을 사용하여 옆면의 위치를 앞면의 좌측변에 갖다 놓습니다. 이동할 때 Ctrl 키를 누르면 수평(수직)으로 이동할 수 있습니다.

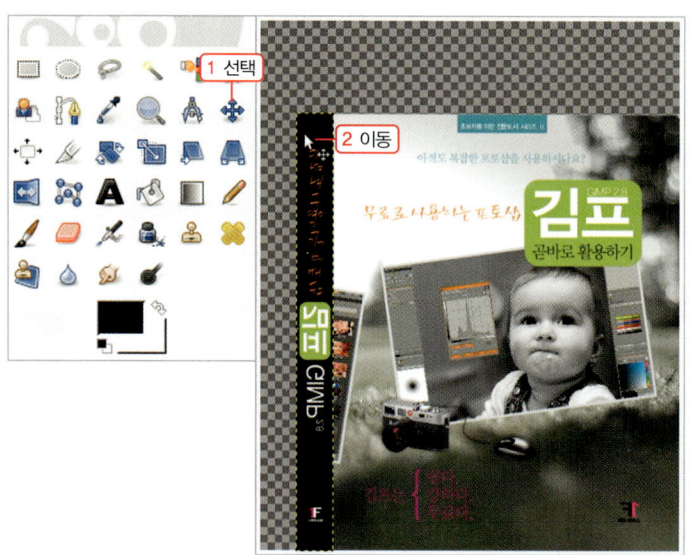

07 옆면의 글자를 보면 뒤집혀있어 글자를 읽을 수가 없습니다. 이제 이 뒤집혀져 있는 글자를 바로 잡아보겠습니다. 이럴 때 사용하는 툴이 플립(뒤집기) 툴입니다. 플립 툴을 선택하고 옆면을 클릭합니다. 수평으로 뒤집혀져 글자가 정상적으로 바뀐 것을 볼 수 있습니다.

> **TIP**
> 플립 툴은 이미지(레이어)를 수평이나 수직으로 뒤집어 줄 때 사용합니다. 이미지 위에서 그냥 클릭하면 수평으로 뒤집어지며 Ctrl 키를 누른 상태에서 클릭하면 수직으로 뒤집어집니다.

08 계속해서 옆면을 입체적으로 표현하기 위해 쉐어(기울기) 툴을 선택한 후 옆면에서 클릭 & 드래그하여 그림처럼 변형합니다. 책의 두께를 고려하여 왜곡되는 편차를 주면 됩니다.

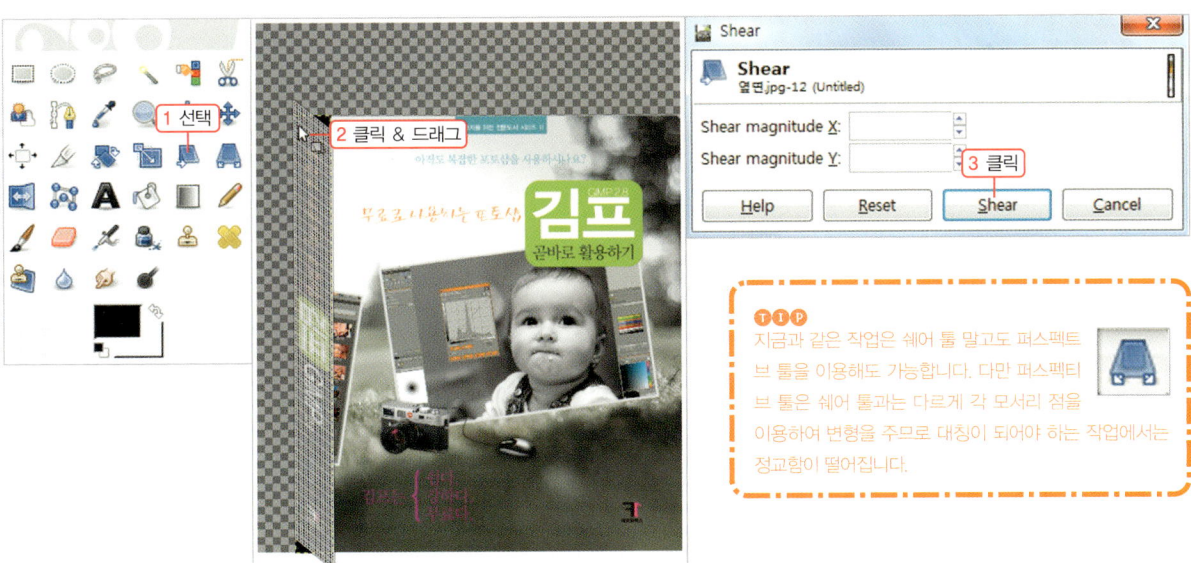

> **TIP**
> 지금과 같은 작업은 쉐어 툴 말고도 퍼스펙티브 툴을 이용해도 가능합니다. 다만 퍼스펙티브 툴은 쉐어 툴과는 다르게 각 모서리 점을 이용하여 변형을 주므로 대칭이 되어야 하는 작업에서는 정교함이 떨어집니다.

09 다시 무브(이동) 툴을 사용하여 옆면 우측 모서리의 위치를 그림처럼 앞면 좌측 모서리와 일치되도록 이동합니다. 이때도 역시 Ctlr 키를 눌러 수평, 수직을 맞춰줍니다.

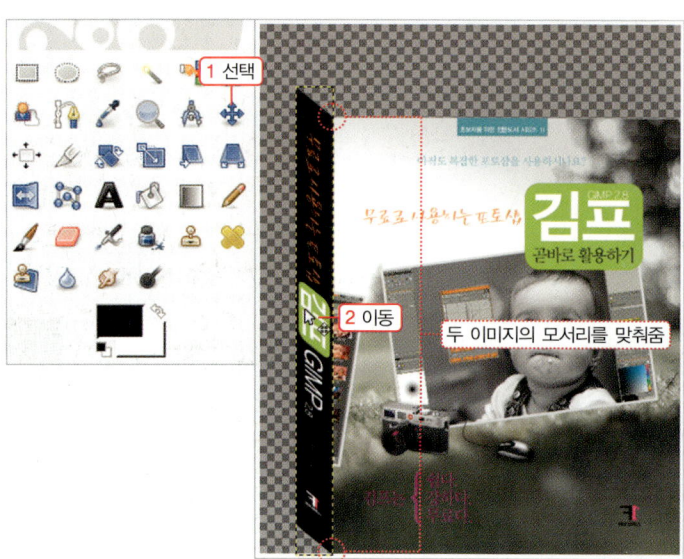

TIP
변형 툴들은 이미지 변형에 사용되는 툴로서 지금까지 살펴본 것 외에도 회전하는 로테이트 툴, 여러 개의 점을 미리 만들어 놓고 만들어진 점을 이용하여 변형을 하는 케이지 트랜스폼 툴이 있습니다. 여기에서는 살펴보지 않았지만 여러분은 한번 정도 사용하여 어떤 작업에 유용하게 사용할 수 있는지 생각해 보기 바랍니다.

10 레이어 패널에서 Create a New layer(이하생략) 버튼을 클릭하여 윗면이라는 이름의 새로운 레이어를 만들어줍니다. 이 레이어의 배경은 투명한(Transparency) 상태로 유지합니다.

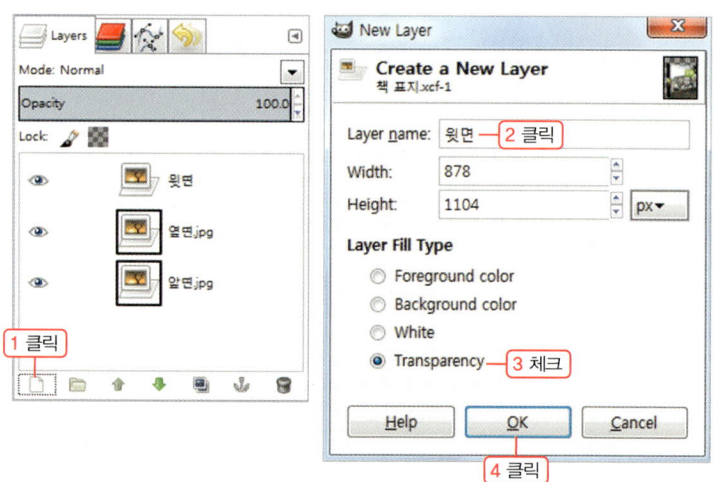

11 패스 툴을 사용하여 앞서 만든 윗면 레이어에 그림과 같은 패스를 만들어줍니다. 패스의 시작점과 끝점은 Ctrl 키를 누른 상태에서 클릭하여 합쳐주고 패스 툴 옵션에서 Selection from Path 버튼을 클릭하여 작성된 패스를 선택영역으로 만들어줍니다.

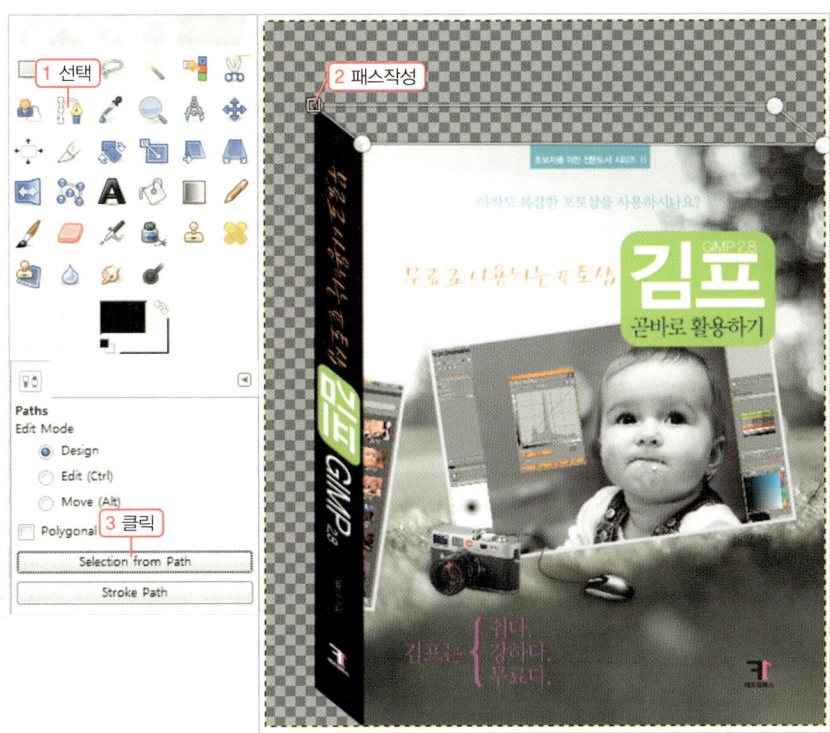

12 블렌드 툴을 사용하여 선택영역에 그래디언트 색상을 적용합니다. 블렌드 툴의 사용법은 그래디언트 색상을 적용하고자 하는 곳에서 클릭 & 드래그 & 드롭하면 되는데 클릭(시작) 지점과 드롭(끝)의 거리에 따라 색상 간격에 차이가 나기 때문에 수차례 반복해야만 원하는 결과를 얻을 수 있습니다.

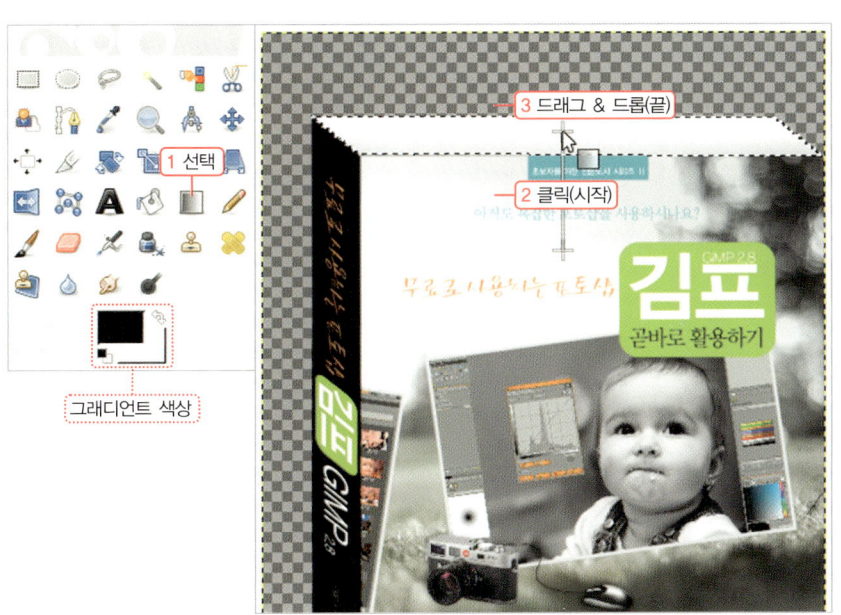

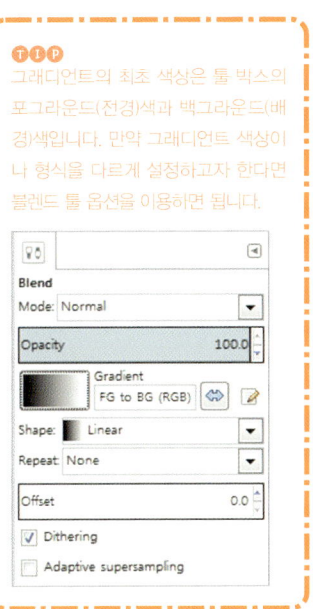

1 3 책 윗면까지 완성됐다면 일단 작업한 내용을 저장해 봅니다. File 〉 Save 또는 Ctrl + S 키를 눌러 책 표지란 이름으로 저장합니다. 여기서 사용되는 파일 확장자는 xcf입니다. xcf는 김프 도큐멘트(프로젝트) 형식의 파일입니다. 이 파일 형식은 김프에서 작업된 내용이 그대로 보존되어있는 파일로 나중에 다시 작업을 하기 위한 파일입니다.

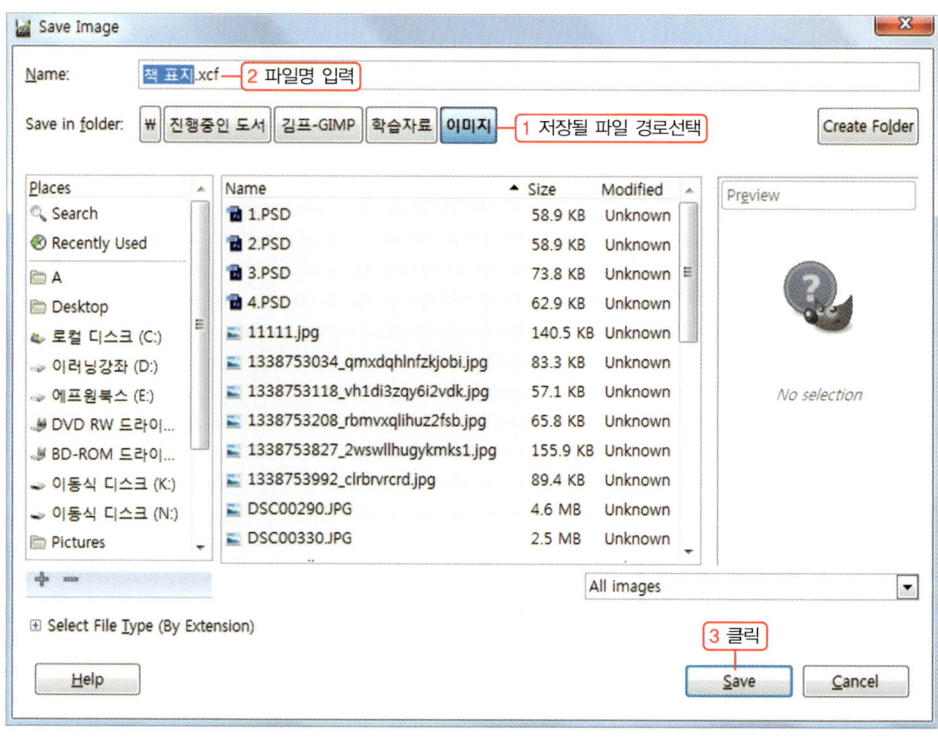

블렌드 툴 옵션 살펴보기

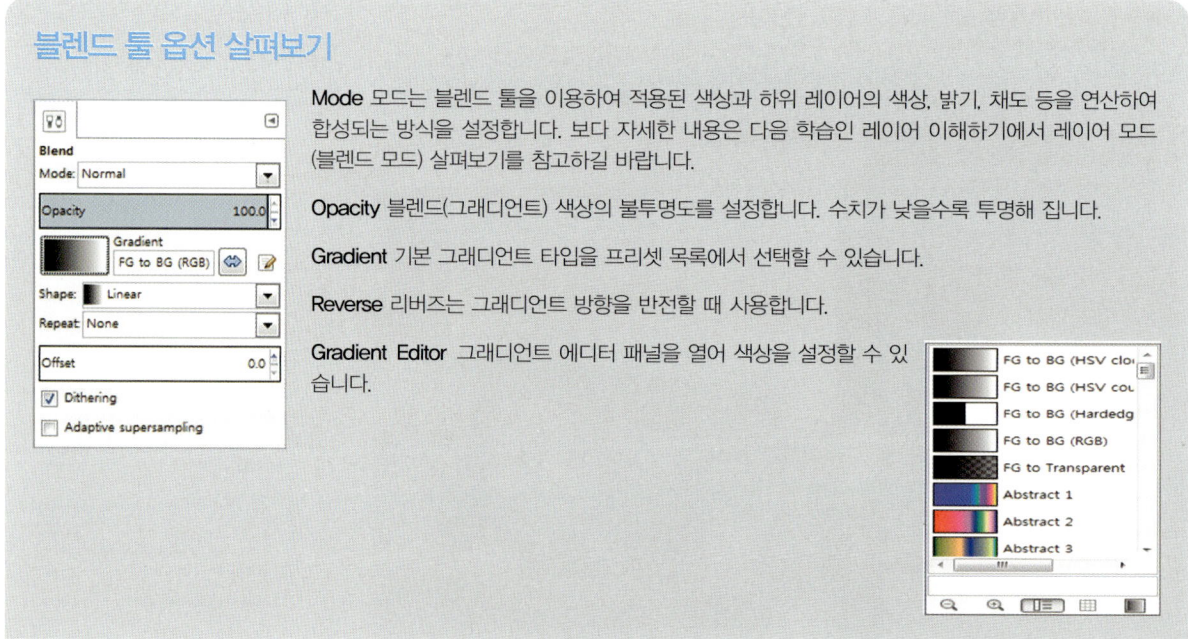

Mode 모드는 블렌드 툴을 이용하여 적용된 색상과 하위 레이어의 색상, 밝기, 채도 등을 연산하여 합성되는 방식을 설정합니다. 보다 자세한 내용은 다음 학습인 레이어 이해하기에서 레이어 모드(블렌드 모드) 살펴보기를 참고하길 바랍니다.

Opacity 블렌드(그래디언트) 색상의 불투명도를 설정합니다. 수치가 낮을수록 투명해 집니다.

Gradient 기본 그래디언트 타입을 프리셋 목록에서 선택할 수 있습니다.

Reverse 리버즈는 그래디언트 방향을 반전할 때 사용합니다.

Gradient Editor 그래디언트 에디터 패널을 열어 색상을 설정할 수 있습니다.

Shape 쉐이프에서는 그래디언트 모양을 선택할 수 있습니다.

Repeat 그래디언트가 반복되는 형식을 선택할 수 있습니다. None은 반복하지 않으며 Sawtooth wave는 한 방향으로 끊어진 상태로 반복하며 Triangular wave는 양 방향으로 부드럽게 반복됩니다.

Offset 옵셋은 그래디언트의 간격을 설정합니다.

Dithering 이 옵션을 체크하면 제한된 색을 이용하여 음영이나 색을 표현하는 디더링을 사용합니다.

Adaptive supersampling 이 옵션을 체크하면 그래디언트 모양 중 선이나 뾰족한 부분이 있는 부분을 보다 부드럽게 처리 해 줍니다.

TIP Dithering이란?

디더링은 제한된 색상에서 색상의 표현이 불가능할 때 다른 색상들을 혼합하여 원하는 색상과 유사한 색상을 표현하기 위해 컴퓨터 프로그램에 의해 구현된 기술을 말합니다. 디더링은 색상의 수가 제한된 웹 페이지의 이미지 등에서 색상을 브라우저가 지원할 수 없을 때 일어나는데 이때 브라우저는 원래의 요구된 색상을 두 개 이상의 다른 색상을 섞어 비슷하게 만든 색상과 교체하려는 시도를 하게 됩니다. 그 결과는 색상이 정확하게 표현될 수도 그렇지 않을 수도 있습니다. 또한 이와 같은 시도는 색채공간 속에서 하나의 강도가 아닌 다른 픽셀 강도로 구성되기 때문에 낟알처럼 다소 거칠게 보일 수 있습니다. 참고로 디더링은 이미지 가장자리를 부드럽게 해 주는 안티앨리어싱과는 다른 개념입니다. 아래의 두 이미지를 보면 디더링에 대한 이해를 쉽게 할 수 있을 것입니다.

일반 이미지의 색상 패턴

디더링에 의한 이미지의 색상 패턴

08 레이어의 개념 확실하게 잡기

레이어는 김프와 같은 이미지 편집 툴이나 동영상 편집 툴과 같은 곳에서 트랙이란 개념으로 사용되는데 하나의 작업 공간에서 하기 곤란한 것을 여러 개의 작업 공간을 할애하여 복잡한 작업을 보다 편리하게 할 수 있게 해 줍니다. 이렇듯 레이어는 투명 셀로판지를 여러 개 쌓아놓고 각각의 셀로판지에서 작업한 합성물이라고 생각하면 이해하기 쉽습니다.

레이어 개념도

우측의 그림처럼 4개의 투명 셀로판지에 각각의 그림을 그려놓고 서열을 정해 놓으면 맨 위쪽의 그림은 전체가 나타나지만 아래쪽 그림들은 서열 순서에 맞게 모습이 나타나거나 가려진 상태로 나타나게 됩니다.

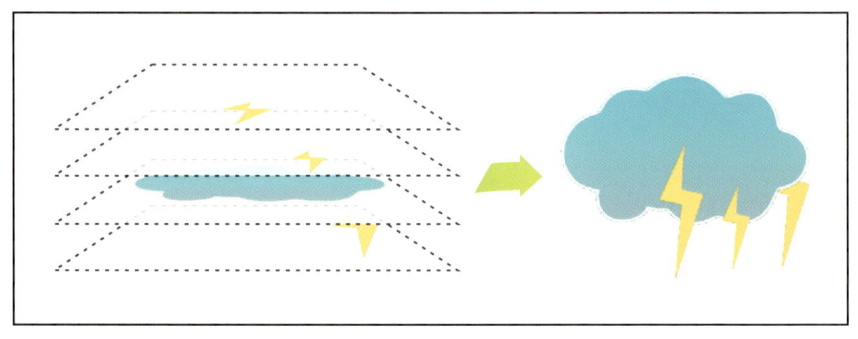

01 이제 레이어에 대해 확실히 이해하기 위해 준비된 파일을 File 〉 Open이나 앞서 살펴본 단축키, 그밖에 방법으로 불러옵니다. 여기에서는 김프 도큐먼트(프로젝트) 파일인 레이어.xcf 파일을 불러오면 됩니다.

김프에서 체크박스로 된 이 부분은 아무 것도 없는 투명한 상태로 보면 됩니다.

> **TIP**
> 이미지 폴더의 레이어란 이름을 가진 2개의 파일은 김프(xcf)와 포토샵(psd) 도큐먼트 파일입니다. 이 두 개의 파일은 확장자, 즉 사용된 프로그램은 다르지만 둘다 프로젝트 형식의 파일이기 때문에 작업한 상태가 그대로 보전되어 있어 나중에 다시 열어 작업을 할 수 있습니다. 이처럼 김프는 포토샵 도큐먼트 파일도 문제 없이 불러올 수 있어 편리합니다.

02 불러온 이미지를 보면 총 4개의 레이어가 3개의 번개와 1개의 구름으로 되어있습니다. 번개 중 맨 우측에 있는 번개3만 구름 밑에 가려져 보입니다. 이것은 맨 우측의 번개3만 구름 레이어 아래쪽에 위치하고 있기 때문입니다. 이제 이 번개3 레이어를 선택(클릭)한 후 드래그하여 위쪽 번개1과 구름 레이어 사이로 이동해 놓습니다. 번개3도 구름 위쪽으로 나와 보이게 됩니다.

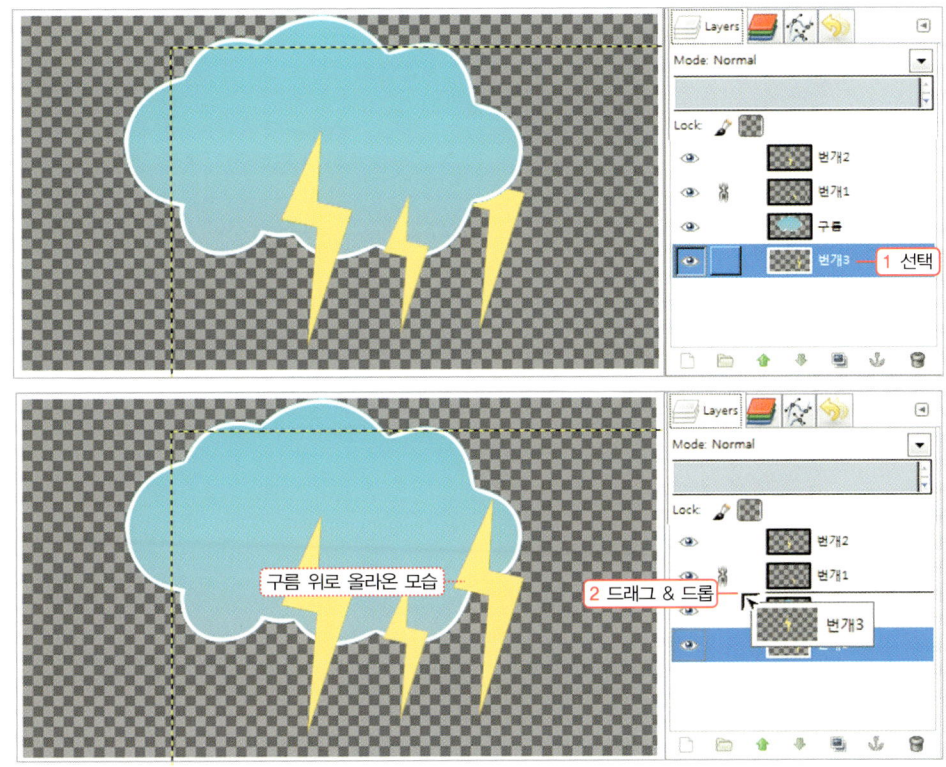

03 앞서 선택한 번개3 레이어의 위치를 이동하기 위해 툴(도구) 박스의 무브(이동) 툴을 선택합니다. 그리고 번개3 레이어를 원하는 곳으로 이동해 봅니다. 무브 툴은 선택된 레이어를 원하는 위치로 자유롭게 이동할 수 있습니다. 여기서의 이동은 레이어 패널에서의 이동이 아닌 이미지 윈도우에서의 위치 이동을 말합니다.

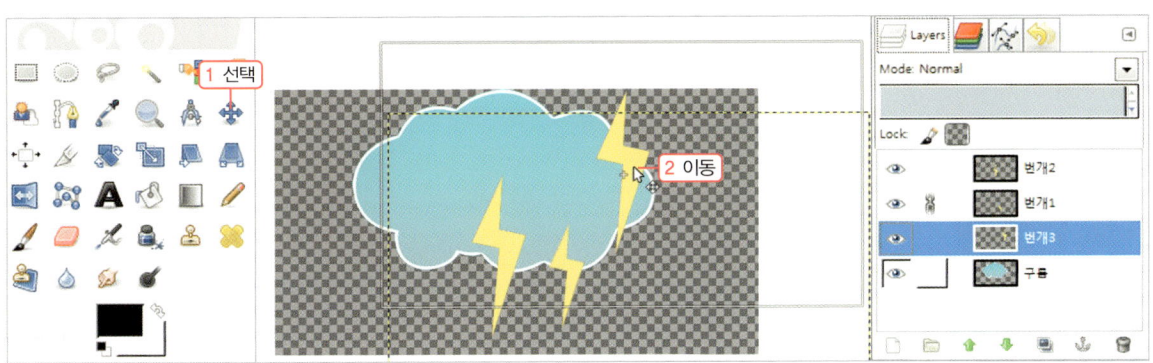

레이어 패널 살펴보기

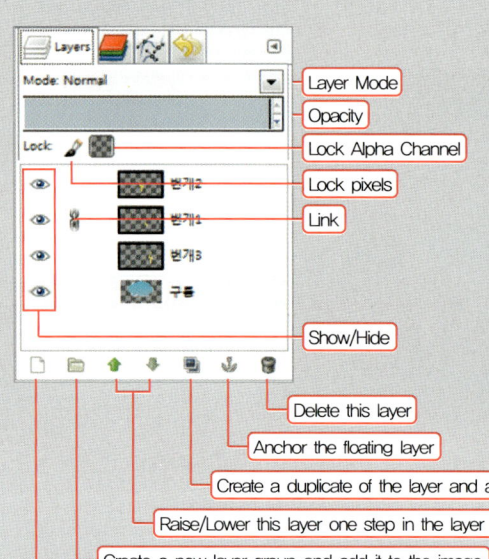

Layer Mode 레이어 모드는 각 레이어의 색상, 밝기, 채도, 투명도에 의한 합성을 할 수 있습니다.

Opacity 불투명도는 선택된 레이어의 불투명도를 설정할 수 있습니다.

Lock pixels 록 픽셀은 선택된 레이어를 잠가줍니다. 잠긴 레이어는 작업을 할 수 없게 됩니다.

Lock Alpha Channel 록 알파채널은 알파채널을 사용하지 못 하도록 잠가줍니다.

Create a new layer and add it to the image 새로운 레이어를 만들어줍니다. Shift 키를 누른 상태로 이 버튼을 클릭하면 설정 창 없이 레이어가 만들어집니다.

Layer name 이름 레이어 이름을 입력합니다.

Width/Height 레이어 너비와 높이를 설정합니다.

Layer Fill Type 레이어 배경 상태를 설정합니다. Foreground color는 전경 색으로, Background color는 배경 색으로, White는 흰색으로, Transparency는 투명한 상태로 만들어집니다.

Create a new layer group and add it to the image 레이어를 체계적으로 관리할 수 있는 그룹 폴더를 생성합니다.

Raise/Lower this layer one step in the layer stack 선택된 레이어의 위치를 한 단계씩 위/아래로 이동합니다. Shift 키를 누른 상태로 이 버튼을 클릭하면 맨 위/아래로 이동됩니다.

Create a duplicate of the layer and add it to the image 선택된 레이어를 복제해 줍니다.

Anchor the floating layer 떠있는 레이어를 원본 레이어와 합쳐줍니다.

Delete this layer 필요없는 레이어를 삭제합니다.

레이어 패널 퀵 팝업 메뉴(레이어에서 우측 마우스 버튼 클릭)

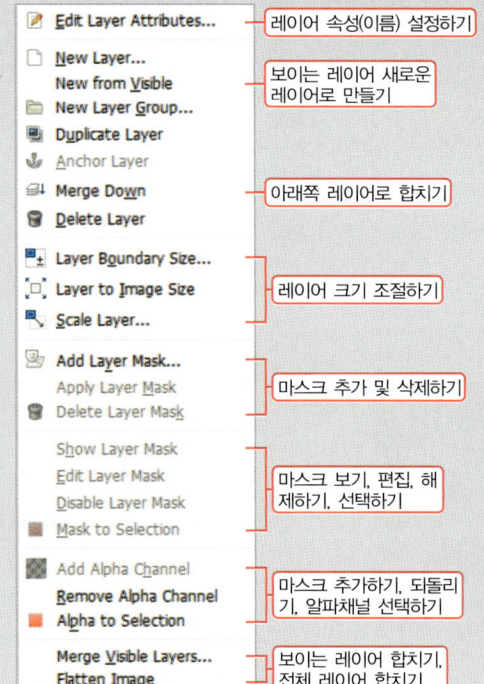

04 여기서 선택된 번개3 레이어의 불투명도를 설정하여 반투명하게 만들어봅니다. 불투명도 값이 낮을수록 투명해 집니다.

05 이번엔 레이어 모드에 대해 알아봅니다. 먼저 번개2 레이어를 선택한 후 레이어 패널 우측 상단에 있는 모드를 클릭하여 메뉴를 연 후 일단 Multiply로 선택합니다. 번개2 레이어와 교차된 구름 레이어 부분이 서로 50% 정도 합성된 상태로 나타납니다.

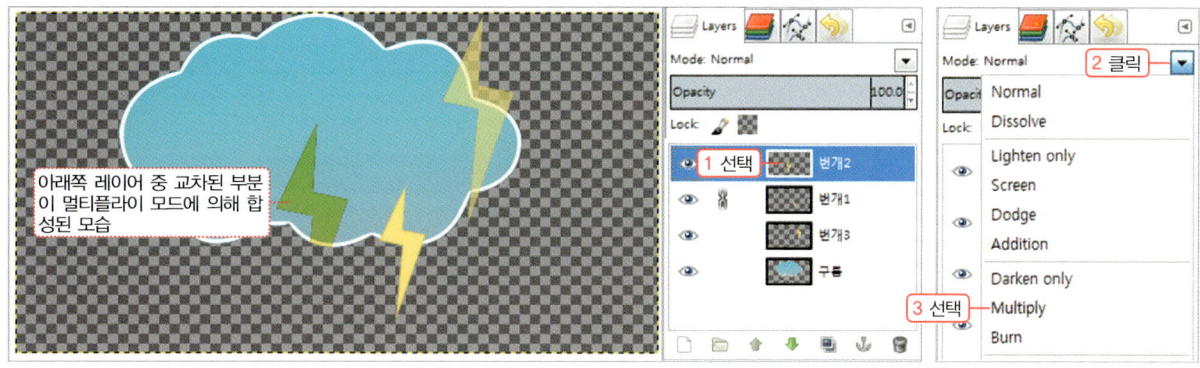

06 플로팅(떠있는) 레이어에 대해 알아보기 위해 퍼지 실렉션 툴을 사용하여 번개1 레이어를 선택영역으로 만듭니다.

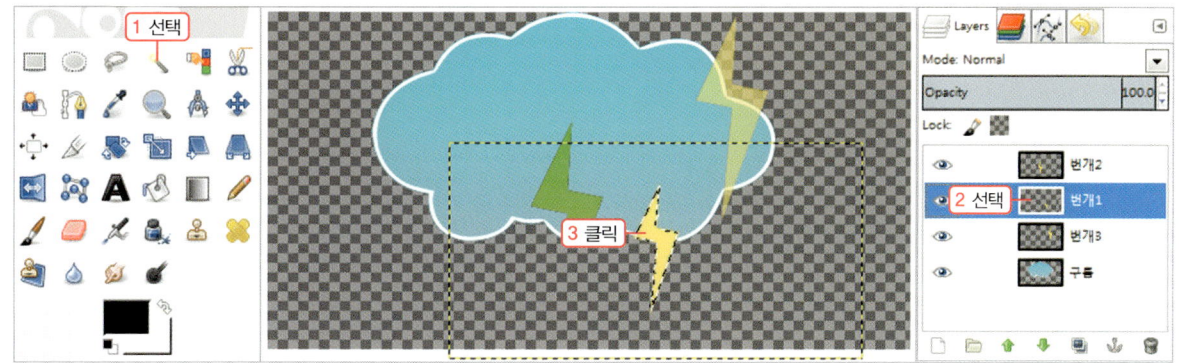

레이어의 개념 확실하게 잡기 071

07 Edit 〉 Copy 또는 Ctrl + C 키를 눌러 선택영역(번개1)을 복사한 후 Edit 〉 Paste 또는 Ctrl + V 키를 눌러 복사된 번개1을 붙여 넣습니다. 붙여진 번개1은 일반 레이어가 아닌 떠있는 선택(붙여 넣은 레이어), 즉 플로팅 레이어 상태로 됩니다. 이 떠있는 레이어는 말 그대로 떠있는 상태이기 때문에 이동하거나 크기를 조절하거나 하는 작업을 할 때 어떠한 제약도 받지 않습니다. 이동 도구(무브 툴)를 통해 떠있는 레이어를 원본 번개1 레이어 영역에 벗어나도록 해 보면 벗어난 영역엔 번개의 모습이 보이지 않게 되는데 이것은 아직 독립된 형태의 레이어가 아니기 때문에 원본 레이어의 영역에 편속되기 때문입니다.

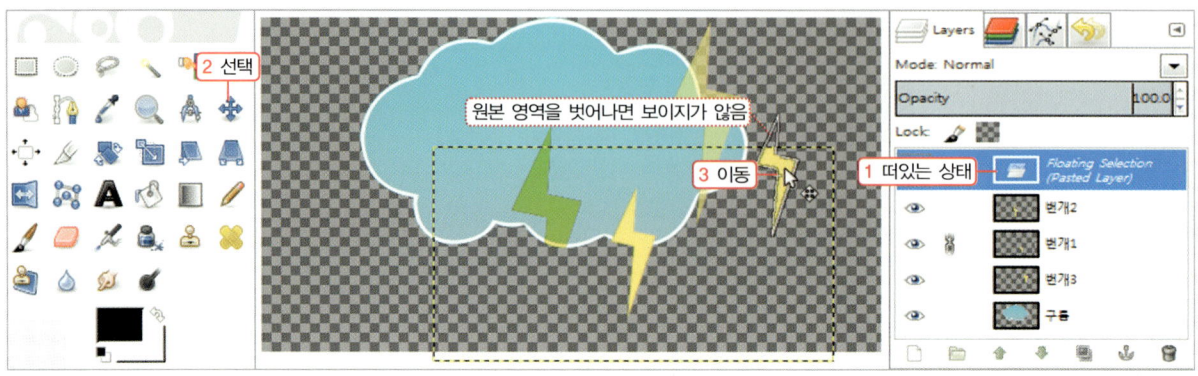

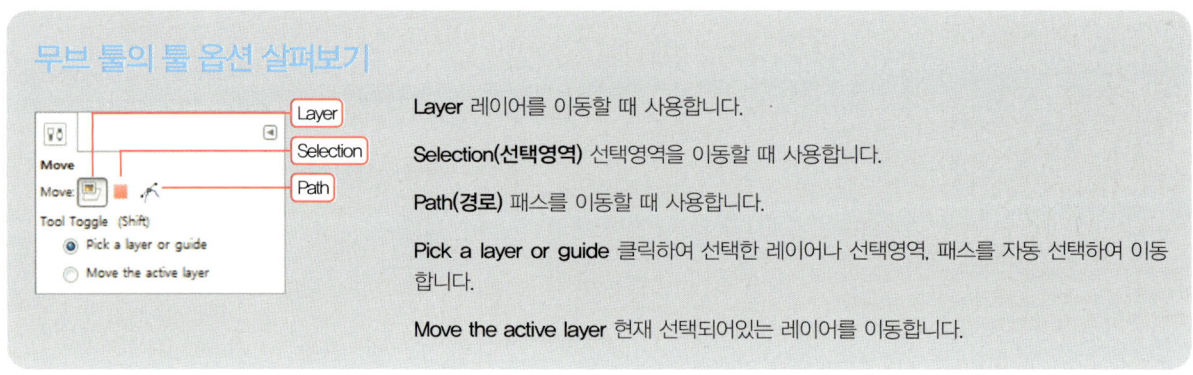

무브 툴의 툴 옵션 살펴보기

Layer 레이어를 이동할 때 사용합니다.

Selection(선택영역) 선택영역을 이동할 때 사용합니다.

Path(경로) 패스를 이동할 때 사용합니다.

Pick a layer or guide 클릭하여 선택한 레이어나 선택영역, 패스를 자동 선택하여 이동합니다.

Move the active layer 현재 선택되어있는 레이어를 이동합니다.

08 Anchor the floating layer 버튼을 클릭해 봅니다. 떠있는 레이어가 원본 레이어와 합쳐진 것을 볼 수 있습니다.

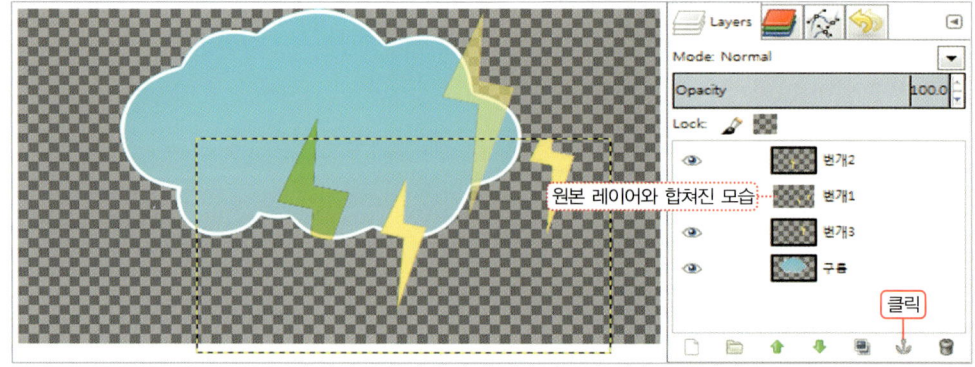

09 Ctrl + Z 키를 눌러 다시 원점으로 되돌아간 후 이번엔 Create a new layer and add it to the image 버튼을 클릭합니다. 앞선 작업과는 다르게 떠있는 레이어가 독립된 상태로 새로운 레이어로 만들어진 것을 볼 수 있습니다.

레이어 모드(블렌딩 모드) 살펴보기

김프에는 21개의 레이어 모드가 있습니다. 레이어 모드는 때때로 블렌딩 모드 라고 불리기도 합니다. 레이어 모드를 변경하면 아래쪽에 위치한 레이어에 대해 현재의 레이어나 이미지의 모습이 바뀌게 됩니다. 만약 하나의 레이어만 있다면 레이어 모드를 변경해도 아무런 효과가 나타나지 않습니다. 따라서 레이어 모드는 최소한 두 개 이상의 레이어가 있을 때에만 사용할 수 있습니다. 레이어 모드는 레이어 대화 상자의 모드 메뉴에서 변경할 수 있습니다. 김프에서 레이어 모드는 레이어 각 픽셀의 색상을 하위 레이어의 픽셀과 어떻게 조합할 것인가에 대한 것입니다. 레이어 모드를 이용하면 이미지의 복잡한 색상을 쉽게 바꿀 수 있기 때문에 종종 마치 마스크처럼 사용됩니다. 예를 들어 이미지 위에 흰색의 레이어를 올려 놓고 흰색 레이어의 레이어 모드를 Saturation(채도)로 설정하면 아래쪽에 놓인 레이어의 이미지가 회색톤으로 보이게 됩니다.

위쪽 레이어　　　　　　아래쪽 레이어

Normal 일반 모드는 레이어 모드의 기본값입니다. 상위 레이어는 하위 레이어를 전부 덮습니다. 이 모드에서 하위 레이어에 어떠한 것이 있는지 알려면 상위 레이어에 투명한 부분이 있어야만 합니다. 즉, 불투명도 값이 설정되지 않는 한 위쪽 레이어의 정상적인 모습만 나타나게 됩니다.

Dissolve 분해 모드는 상위 레이어를 분해하여 부분적으로 투명한 영역에 무작위로 패턴의 픽셀을 뿌려줍니다. 이는 레이어 모드와 페인팅 모드에서 모두 유용한 모드입니다. 이 모드는 특히 이미지의 경계를 드러내는데 이는 확대된 스크린샷에서 쉽게 볼 수 있습니다. 우측 그림은 상위 레이어의 불투명도 값을 50% 정도 낮춘 상태의 모습입니다.

Lighten only 밝은 색만 모드는 상위 레이어와 하위 레이어의 각 픽셀 값을 대조하여 작은 값을 취합니다. 따라서 한 레이어가 검은색 이미지이면 최종 이미지에는 변화가 없고 하얀색 이미지이면 최종 이미지는 하얀색 이미지가 됩니다.

Screen 스크린 모드는 두 레이어의 픽셀값들을 각각 255에서 뺀 다음 두 값을 곱한 뒤 255로 나눈 값을 다시 255에서 뺀 값을 취합니다. 이 모드를 적용하면 이미지는 밝아지고 때때로 빛바랜 느낌을 주기도 합니다. 하지만 한쪽 레이어가 검은색 레이어일 경우에는 아무 변화도 일어나지 않고 흰색 레이어일 경우에는 흰색 이미지로 됩니다. 그리고 어두운 계열의 색상일수록 조금더 투명해지게 됩니다.

Dodge 닷지 모드는 하위 레이어의 픽셀 값에 256을 곱한뒤 이를 상위 레이어 픽셀 값을 반전시킨 값으로 나눈 값을 취합니다. 이 모드를 적용하면 이미지는 밝아지며 몇몇 색상은 반전되기도 합니다. 사진 보정에서 닷지는 어두운 방에서 찍은 사진의 특정 부분 노출 값을 증가시켜 줄 때 사용됩니다. 이를 적용하면 그림자 속에 숨어있던 부분들이 드러납니다. 하지만 그레이스케일의 이미지에서 이러한 용도로 사용한다면 레이어 모드보다 페인팅 도구 중 닷지(Dodge)/번(Burn) 도구를 사용하는 것이 좋습니다.

Addition 더하기 모드는 상위 레이어와 하위 레이어의 픽셀 값들을 서로 더한 것입니다. 이 모드를 적용하면 이미지는 밝아집니다. 공식에서 보듯 모든 픽셀은 255를 최대 값으로 갖으므로 그보다 큰 값은 255로 조정됩니다.

Darken only 어두운 색만 모드는 상위 레이어와 하위 레이어의 각 픽셀 값을 대조하여 작은 값을 취합니다. 따라서 한 레이어가 흰색 이미지이면 최종 이미지에는 변화가 없고 검은색 이미지이면 최종 이미지는 검은색 이미지가 됩니다.

Multiply 곱하기 모드는 상위 레이어와 하위 레이어의 각 픽셀의 색상 값을 서로 곱한 뒤 255로 나눈 값을 취합니다. 결과는 일반적으로 어두운 이미지가 되지만 흰색 레이어와 곱하기를 하면 아무런 변화가 없습니다(1 * I = I). 그리고 검은색 레이어와 곱하기를 하면 이미지는 완전히 검은색으로 칠해집니다(0 * I = 0).

Burn 번(Burn) 모드는 하위 레이어의 픽셀 값을 반전시킨 후 256을 곱하고 상위 레이어의 픽셀 값에 1을 더한 값으로 나눈 뒤 다시 반전시킨 값을 취합니다. 이 모드를 적용하면 이미지가 어두워지고 때로는 곱하기 모드를 적용한 것과 비슷해집니다. 사진 보정에서 번(Burn)은 어두운 방에서 찍은 사진의 특정 부분 노출값을 감소시켜 줄 때 사용됩니다. 이를 이용하면 밝은 부분에 있던 부분들이 자세히 드러납니다. 그레이스케일 이미지에서는 레이어 모드보다 페인팅 도구 중 번 툴을 이용하는 것이 좋습니다.

Overlay 덧씌우기 모드는 하위 레이어의 픽셀 값을 반전시킨 후 상위 레이어의 픽셀 값과 두번 곱한 값과 하위 레이어의 원래 픽셀 값을 255로 나눈 값을 더한 뒤 이를 하위 레이어의 원래 픽셀 값에 곱한 뒤 다시 255로 나눈 값(어렵군ㅠㅠ)을 취합니다. 이 모드를 적용하면 이미지가 다소 어두워지지만 곱하기 모드만큼 어두워지지는 않습니다.

Soft light 부드러운 빛 모드는 경계를 부드럽게 만들지만 색상에는 변화를 주지 않습니다. 구 버전의 김프에서는 덧씌우기 모드와 부드러운 빛 모드가 같습니다.

Hard light 강한 빛 모드는 어두운 색상과 밝은 색상에 대한 두 가지 공식으로 되어있어 다소 복잡합니다. 상위 레이어의 픽셀 중 값이 128보다 크면 해당 픽셀은 첫 번째 공식을 따라 색상이 합쳐집니다. 값이 128보다 작은 픽셀은 두 개 레이어의 픽셀 값을 곱한 뒤 두 배를 한 값을 256으로 나눈 값을 가지게 됩니다. 이 모드는 사진에서 밝은 색상과 날카로운 경계를 만들때 사용됩니다.

Difference 차이점 모드는 하위 레이어의 픽셀 값에서 상위 레이어의 픽셀 값을 뺀 뒤 그 값의 절댓값을 취합니다. 원본 이미지가 어떤 상태였던 간에 결과물은 조금 이상하게 보일 것입니다. 이는 이미지의 구성 요소를 반전시킬 때 사용합니다.

Subtract 빼기 모드는 하위 레이어의 픽셀 값에서 상위 레이어의 픽셀 값을 뺀 값을 취합니다. 이 모드를 적용하면 일반적으로 이미지는 어두워집니다. 음수 값을 갖게 되는 픽셀은 모두 0으로 조정됩니다.

Grain extract 질감 드러내기 모드는 순수한 질감을 가진 레이어를 만들기 위해 일반 레이어로부터 거친 질감을 추출하는 것과 같습니다. 하지만 보통은 이미지에 올록볼록한 느낌을 주는데 많이 쓰입니다. 이 모드는 하위 레이어의 픽셀 값에 128을 더한 뒤 상위 레이어의 픽셀 값을 뺀 값을 취합니다.

Grain merge 질감 합치기 모드는 모드는 생성한 질감 레이어를 원래의 레이어에 합쳐집니다. 이는 질감 드러내기의 반대 효과입니다. 이 모드는 상위 레이어의 픽셀 값과 하위 레이어의 픽셀 값을 더한 후 128을 뺀 값을 취합니다.

Divide 나누기 모드는 하위 레이어의 각 픽셀 값에 256을 곱한 뒤 상위 레이어의 각 픽셀 값으로 나눈 값을 취합니다(255에 1을 더해 분모가 0이 되는 것을 피합니다). 이 모드를 적용하면 이미지는 밝아지며 때때로는 태운 것 처럼 보이기도 합니다.

Hue 색조 모드는 상위 레이어의 색조와 하위 레이어의 채도 및 명암 값을 취합니다. 하지만 상위 레이어의 채도가 0이면 하위 레이어의 색조를 취합니다.

Saturation 채도 모드는 상위 레이어의 채도와 하위 레이어의 색조 및 명암 값을 취합니다.

Color 색상 모드는 상위 레이어의 색조 및 채도와 하위 레이어의 명암 값을 취합니다.

Value 명암 모드는 상위 레이어의 명암 값과 하위 레이어의 채도와 색상을 취합니다. 이 모드를 이용해 채도의 변화 없이 이미지의 밝고 어두운 부분을 자세하게 표현할 수 있습니다.

Layer(레이어) 메뉴 살펴보기

레이어 메뉴는 새로운 레이어를 만들거나 위치 변경, 복제, 마스크, 크기 변경 등과 같은 메뉴로 구성되어 있으며 일부는 레이어 패널에서 사용할 수 있어 대부분의 작업은 레이어 패널을 통해 이뤄집니다.

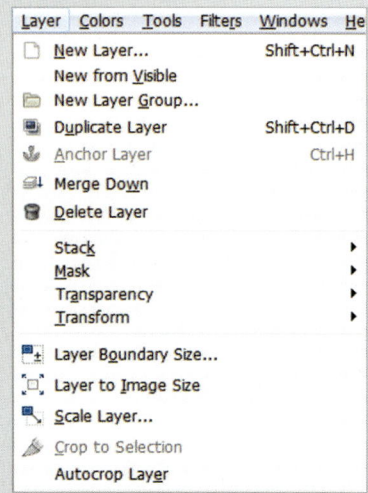

New Layer 새로운 레이어를 만들어줍니다.

New from Visible 보이는 레이어를 새로운 레이어로 합쳐줍니다.

New Layer Group 레어어들을 체계적으로 관리할 수 있는 그룹을 만들어줍니다.

Duplicate Layer 선택된 레이어를 복제해 줍니다.

Anchor Layer 떠있는 레이어를 원본 레이어에 합쳐줍니다.

Merge Down 선택된 레이어를 아래쪽 레이어와 합쳐줍니다.

Delete Layer 선택된 레이어를 삭제합니다.

Stack 레이어의 위치 및 선택에 대한 설정을 할 수 있습니다.

Select Previous Layer 선택된 레이어에서 상위 레이어를 선택합니다.

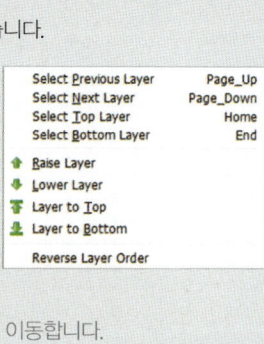

Select Next Layer 선택된 레이어에서 하위 레이어를 선택합니다.

Select Top Layer 맨 위쪽 레이어를 선택합니다.

Select Bottom Layer 맨 아래쪽 레이어를 선택합니다.

Raise Layer 선택된 레이어의 위치를 한 단계 위쪽으로 이동합니다.

Lower Layer 선택된 레이어의 위치를 한 단계 아래쪽으로 이동합니다.

Layer to Top 선택된 레이어를 맨 위쪽으로 이동합니다.

Layer to Bottom 선택된 레이어를 맨 아래쪽으로 이동합니다.

Reverse Layer Order 사용되는 모든 레이어의 순서를 뒤바꿔줍니다.

Mask 마스크를 추가하거나 삭제, 편집 등의 마스크 관련 다양한 메뉴를 사용할 수 있습니다. 마스에 대해서는 해당 학습을 참고 하십시오.

Transparency 알파채널에 관한 다양한 메뉴를 사용할 수 있습니다. 알파채널에 대해서는 해당 학습을 참고 하십시오.

Transform 레이어를 상하좌우로 뒤집거나 회전할 수 있으며 Offset을 통해 이미지의 위치를 변경할 수 있습니다.

Layer Boundary Size 레이어의 크기를 설정할 수 있습니다.

Layer to Image Size 레이어의 크기를 이미지의 크기에 맞춰줍니다.

Scale Layer 레이어 크기는 고정되고 이미지의 크기만 조절합니다.

Crop to Selection 선택영역을 잘라주며 레이어의 크기는 그대로 보존됩니다.

Autocrop Layer 레이어의 크기를 사용되는 이미지의 크기에 맞게 자동으로 잘라줍니다.

09 아주 특별한 영역, 마스크, 알파 채널 이해하기

마스크와 알파채널은 김프와 같은 이미지 편집 툴에서 다양한 합성 작업을 하기 위해 사용됩니다. 마스크는 우리가 호흡기를 보호하고자 쓰는 마스크와 같은 개념으로 특정 이미지 영역을 보호하는데 여기서 보호란 그 영역만 표현하고 나머지 영역은 표현하지 않는다는 것을 의미합니다. 알파채널 또한 마스크와 유사하게 사용되지만 알파채널은 단독 채널(레이어 개념)로 사용되며 마스크는 레이어와 같은 공간에서 사용된다는 것이 서로 다릅니다.

마스크 추가 및 활용하기

01 먼저 Ctrl + O 키를 눌러 이미지 폴더에서 황금들판.jpg 파일을 불러온 후 레일바이크.jpg 파일을 김프를 바탕에 두고 이미지 폴더에서 직접 끌어다가 적용합니다. 이와 같은 방법은 Open as Layers 메뉴와 같이 이미 사용되는 이미지에 레이어로 추가할 때와 같습니다. 이 두 이미지의 크기는 서로 같기 때문에 별도로 크기 조절을 하지 않아도 됩니다.

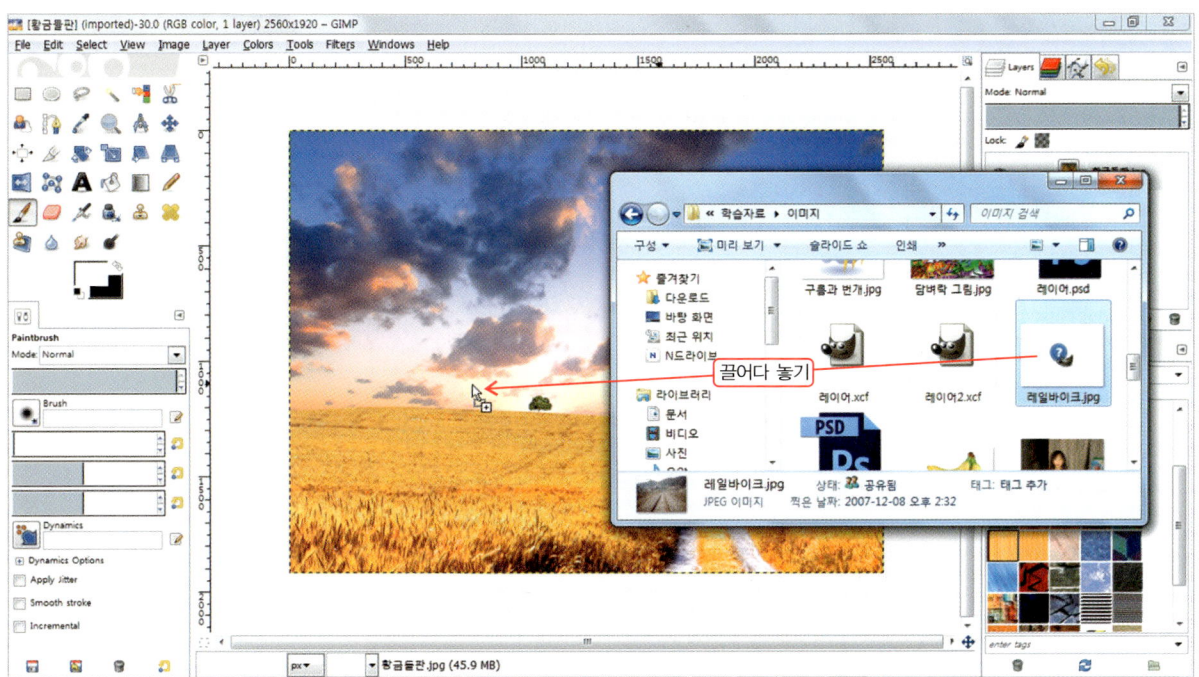

02 마스크를 추가하기 위해 마스크를 추가할 레일바이크 레이어에서 우측 마우스 버튼 클릭 〉 Add Layer Mask를 선택하거나 풀다운 메뉴의 Layer 〉 Mask 〉 Add Layer Mask를 선택합니다.

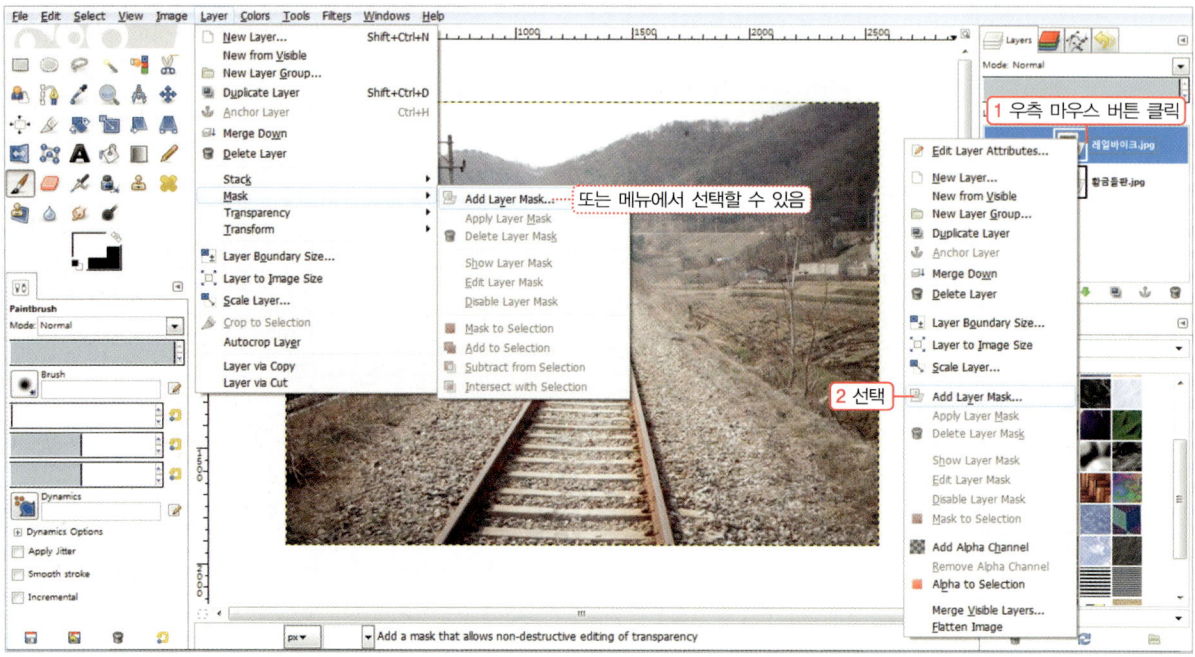

03 Add Layer Mask 설정 창이 열리면 White (full opacity)를 체크(선택)하고 Add 버튼을 클릭합니다. 레일바이크 레이어 우측에 마스크가 적용된 것을 알 수 있습니다.

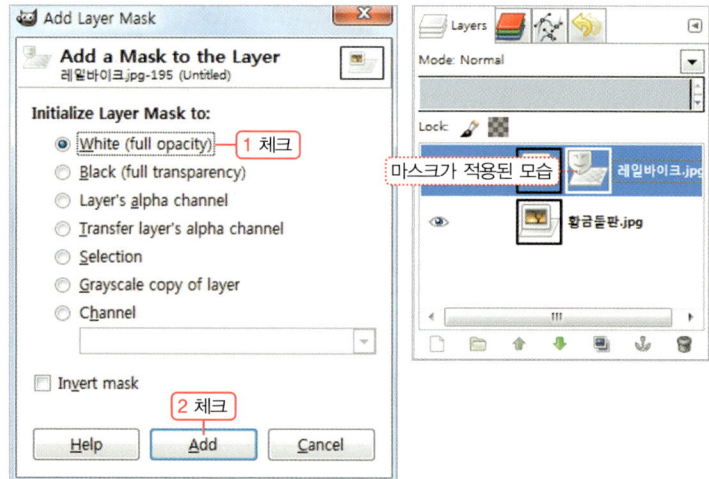

04 리셋 컬러를 클릭하여 전경과 배경 색상을 초기 색상으로 바꿔준 후 블렌드 툴을 선택합니다. 레일바이크 레이어가 선택된 상태에서 이미지 윈도우 상단에서 아래로 그림처럼 그래디언트 처리를 해 줍니다. 그래디언트가 적용된 후 레일바이크 레이어 이미지 상단에는 아래쪽 황금들판 레이어의 모습이 비치게 됩니다.

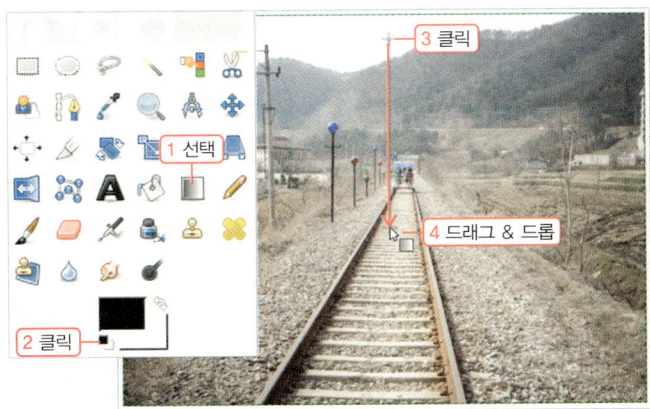

05 레일바이크 레이어에 마스크가 어떻게 적용됐는지 확인해 보기 위해 레이어 위에서 우측 마우스 버튼 클릭 > Show Layer Mask를 선택합니다. 이미지 윈도우의 모습이 위쪽엔 검은색, 아래쪽엔 흰색이 나타납니다.

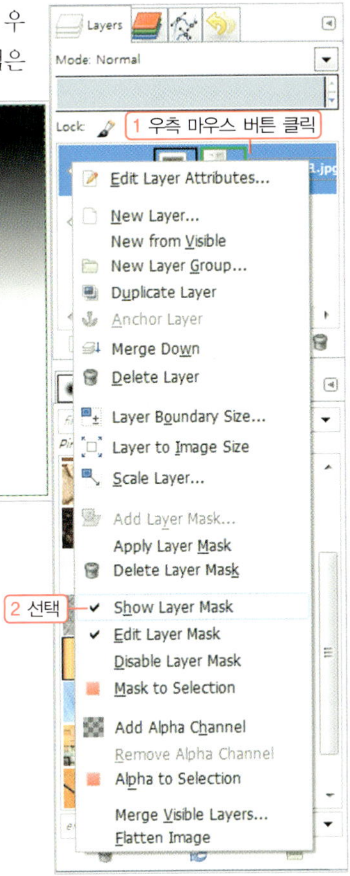

> **TIP**
> 마스크와 알파채널은 흰색과 검은색 그리고 회색이 사용되는데 흰색은 불투명하여 해당 레이어가 표현되는 영역이며 검은색은 투명하여 해당 레이어의 모습이 표현되지 않습니다. 그러므로 위와 같이 투명한 영역인 위쪽엔 하위 황금들판 레이어의 모습이 비쳐진 것입니다. 또한 회색은 반투명하게 표현되어 은은하게 비치거나 이미지 경계를 부드럽게 표현할 수 있습니다.

Add Layer Mask 설정 창 살펴보기

White (full opacity) 선택된 레이어에 흰색의 마스크를 적용합니다. 흰색은 전체가 불투명하게 처리됩니다.

Black (full transparency) 선택된 레이어에 검은색의 마스크를 적용합니다. 검은색은 전체가 투명하게 처리됩니다.

Layer's alpha channel 알파채널이 포함된 레이어일 경우 알파채널이 마스크로 사용됩니다.

Transfer layer's alpha channel 트랜스퍼 레이어에 포함된 알파채널을 마스크로 사용합니다.

Selection 선택영역이 있는 레이어일 경우 이 선택영역을 마스크로 사용합니다.

Grayscale copy of layer 선택된 레이어 자체를 그레이스케일(흑백) 마스크로 변환합니다.

Channel 여러 개의 채널을 가진 레이어일 경우 특정 채널을 선택하여 마스크로 사용합니다.

Invert mask 마스크의 영역을 반전시켜줍니다.

06 계속해서 이번엔 툴 박스에서 엘립스 실렉션(원형 선택) 툴을 사용하여 화면 중앙에 원형 선택영역을 만든 후 단축키 Ctrl + ,(쉼표) 키를 누릅니다. 이것은 Edit 〉 Fill with FG Color를 선택한 것과 같은 것으로 전경색이 선택영역에 채워집니다.

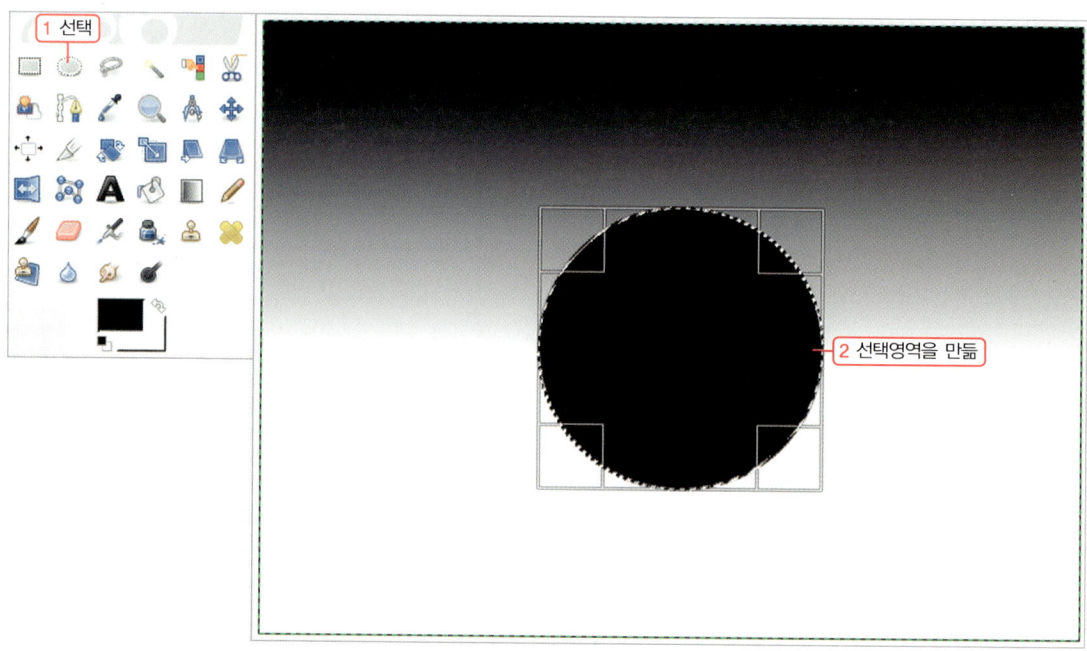

07 이제 검은색 원형 마스크가 어떻게 표현됐는지 확인해 보기 위해 레이어 위에서 우측 마우스 버튼 클릭 〉 Show Layer Mask를 해제합니다. 검은색 원형 마스크 안에는 선택된 레일바이크의 모습이 뚜렷하게 표현되는 것을 알 수 있습니다.

알파채널 추가 및 활용하기

01 이번엔 알파채널에 대해 알아보기 위해 먼저 준비된 이미지 폴더에서 알파채널.tga 파일을 불러옵니다. 채널 패널로 이동해 보면 Red, Green, Blue 빛의 삼원색 채널 이외에 Alpha 채널이 포함된 것을 알 수 있습니다. 또한 이미지 윈도우를 보면 알파채널 영역이 투명하게 처리된 것을 알 수 있습니다. 이것으로 알파채널은 투명한 채널이라는 것을 알 수 있습니다.

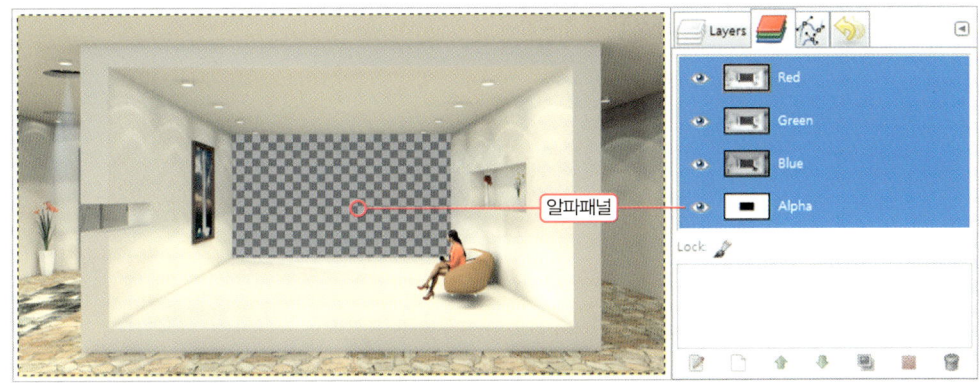

아주 특별한 영역, 마스크, 알파채널 이해하기

> **TIP**
> 알파채널을 자세히 보면 안쪽엔 검은색 사각형으로 되어있고 바깥으로는 흰색으로 둘러싸여 있는 것을 알 수 있습니다. 이것으로 보아 알파채널 역시 흰색은 불투명하여 표현되는 영역이며 검정색으로 투명하여 표현되지 않는 영역인 것을 알 수 있습니다. 그러므로 이 이미지의 가운데 부분은 유리로 된 창으로 사용할 수 있는 것입니다.

02 이제 File 〉 Open as Layers를 사용하거나 직접 끌어놓고나 하는 방법으로 이미지 폴더에 있는 야경.tga 파일을 불어옵니다. 불러온 야경 레이어의 위치를 알파채널 레이어 아래쪽으로 내려줍니다. 알파채널이 적용된 창문을 보면 야경이 보이는 것을 알 수 있습니다. 이렇듯 알파채널을 통해 서로 다른 이미지를 자연스럽게 합성할 수 있다는 것을 알 수 있습니다.

03 Layer 〉 Transparency 메뉴를 보면 알파채널을 추가하거나 삭제하는 등의 알파채널 관련 메뉴들이 있는 것을 알 수 있습니다. 현재는 알파채널이 포함된 상태이므로 Add Alpha Channel을 사용할 수는 없지만 알파채널이 없는 레이어일 경우엔 이와 같은 메뉴를 통해 알파채널을 직접 추가하여 관리할 수 있습니다. 여기에서는 아무것도 선택하지 않습니다.

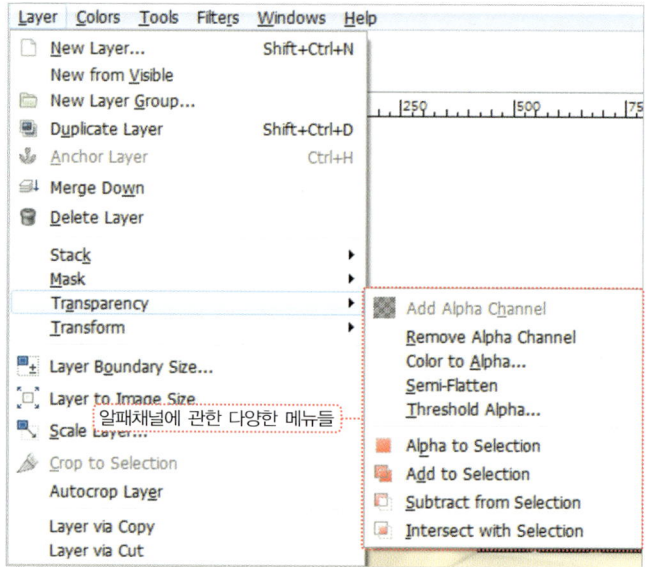

04 이번엔 별도의 채널을 추가하여 살펴봅니다. Create a new channel 버튼을 클릭합니다. New Channel 설정 창이 열리면 Channel name에 채널이름(창문채널)을 입력하고 Fill opacity를 100으로 설정하여 완전 투명(검은색)하게 해 줍니다.

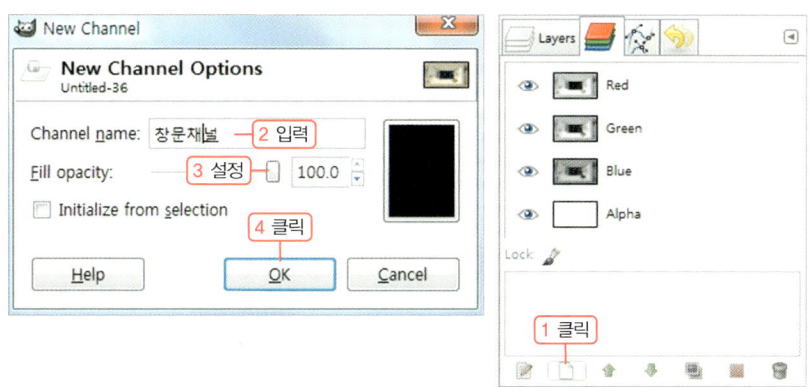

05 툴 박스에서 엘립스 실렉션 툴을 선택한 후 툴 옵션에서 Feather edges를 체크합니다. Radius 값을 68 정도로 늘려 선택영역 경계가 부드럽게 처리되도록 해 줍니다. 이미지 윈도우에서 그림처럼 선택영역 만든 후 Ctrl + .(마침표) 키를 눌러 배경(흰색)색을 적용합니다. 흰색이 적용된 이 영역에는 이미지의 모습이 정상적으로 나타납니다. 나타나는 이미지 경계를 보면 Feather edges에 의해 부드럽게 처리된 것을 볼 수 있습니다.

TIP
채널에서 우측 마우스 버튼 클릭 > Edit Channel Attributes를 선택하면 Channel Attributes 설정 창이 열리는데 여기에서 채널의 이름과 Fill opacity 값을 재설정할 수 있습니다.

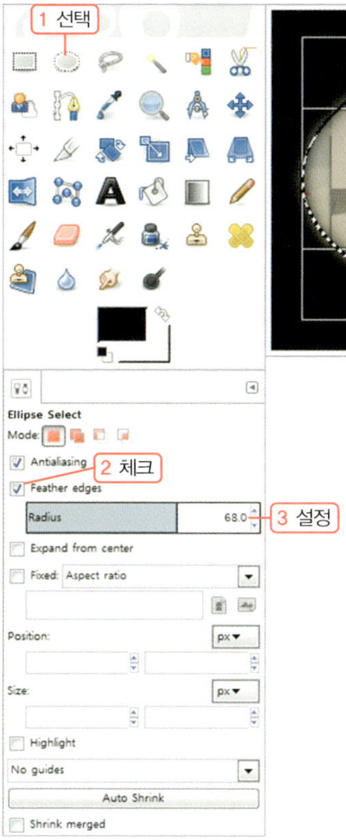

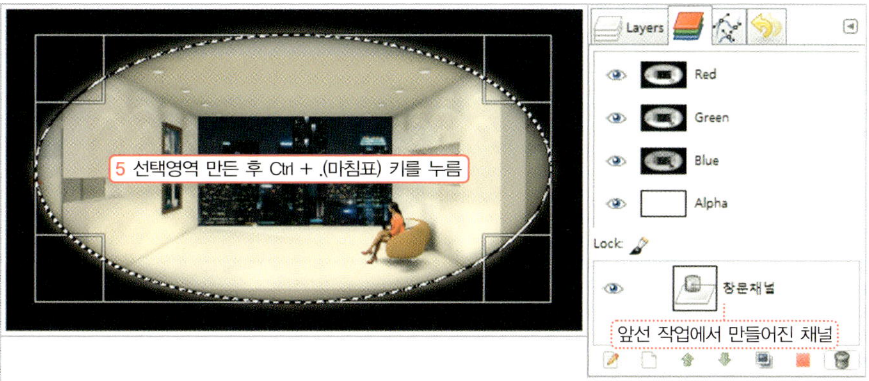

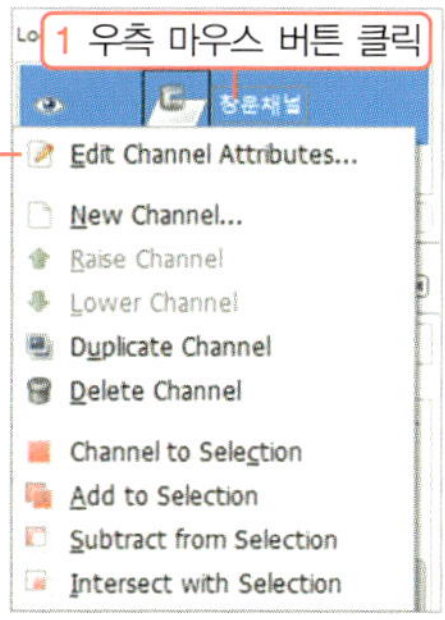

퀵 마스크 추가 및 활용하기

01 퀵 마스크는 말 그대로 빠르게 마스크를 만든다 하여 붙여진 이름입니다. 이 마스크는 다른 마스크와는 다르게 브러시로 그려진 영역을 마스크 영역으로 사용하게 되는데 사람이나 동물의 털같은 섬세한 부분을 작업하기 위해 주로 사용됩니다. 퀵 마스크를 사용하기 위해 Ctrl + O 키를 누르거나 그밖에 방법으로 이미지 폴더에 있는 인형.jpg 파일을 불러옵니다. 그다음 Select 〉 Toggle Quick Mask를 선택합니다.

02 페인트 브러시 툴을 선택하고 툴 옵션에서 브러시 크기를 얇게 설정합니다. 그리고 이미지 윈도우에서 그림처럼 우측 인형의 머리 외곽을 페인팅합니다. 이때 색상은 흰색으로 합니다. 퀵 마스크 모드로 전환하면 바탕이 빨간색으로 변하게 되며 그 위에 페인팅을 하여 지워가면 원래 이미지의 모습이 나타납니다.

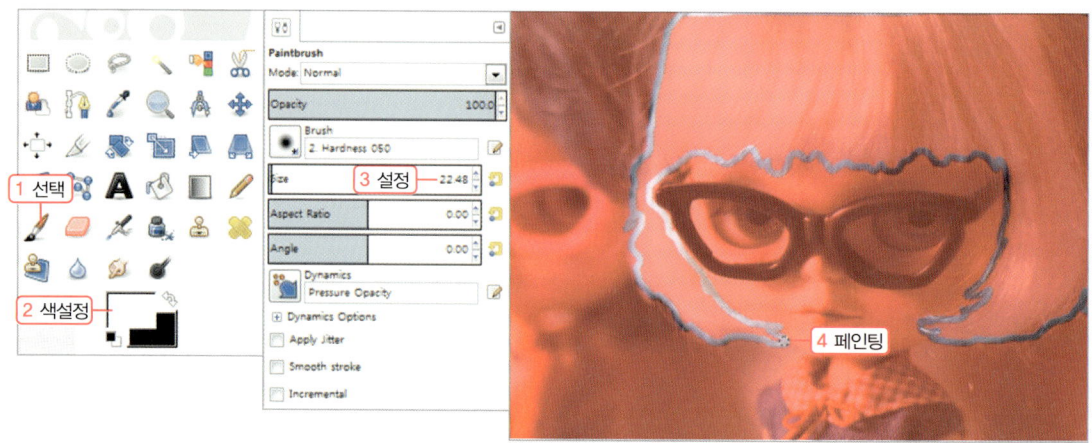

TIP 퀵 마스크 모드에서 페인팅이 되지 않을 때

퀵 마스크 모드로 전환했는데 앞선 작업처럼 페인팅이 되지 않는다면 채널 패널로 이동한 후 Quick Mask가 선택됐는지 확인하길 바랍니다. 만약 여기서 퀵 마스크 모드가 선택되지 않았다면 정상적으로 퀵 마스크를 만들 수 없기 때문에 반드시 선택해야 합니다.

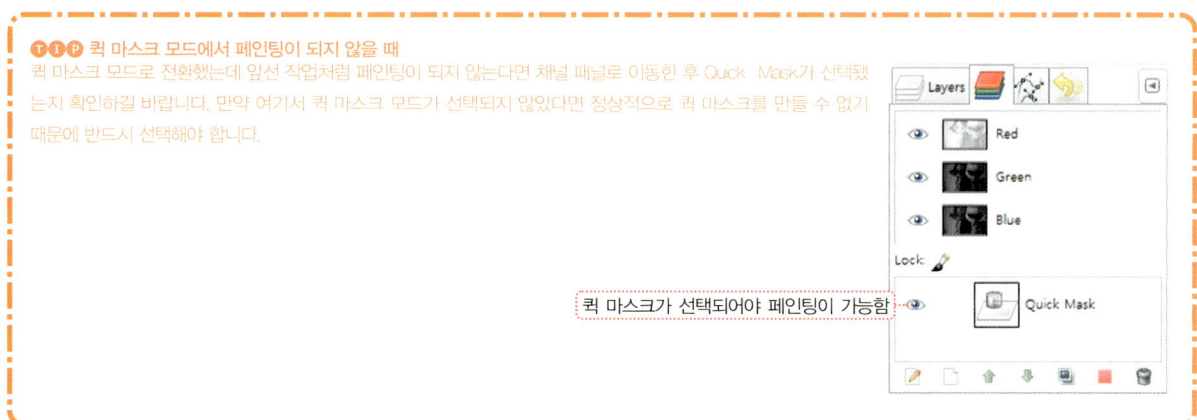

퀵 마스크가 선택되어야 페인팅이 가능함

03 머리카락의 안쪽 부분을 칠할 때는 브러시의 크기를 키워놓고 페인팅을 합니다. 구석구석을 브러시 크기를 조절해 가면서 페인팅합니다.

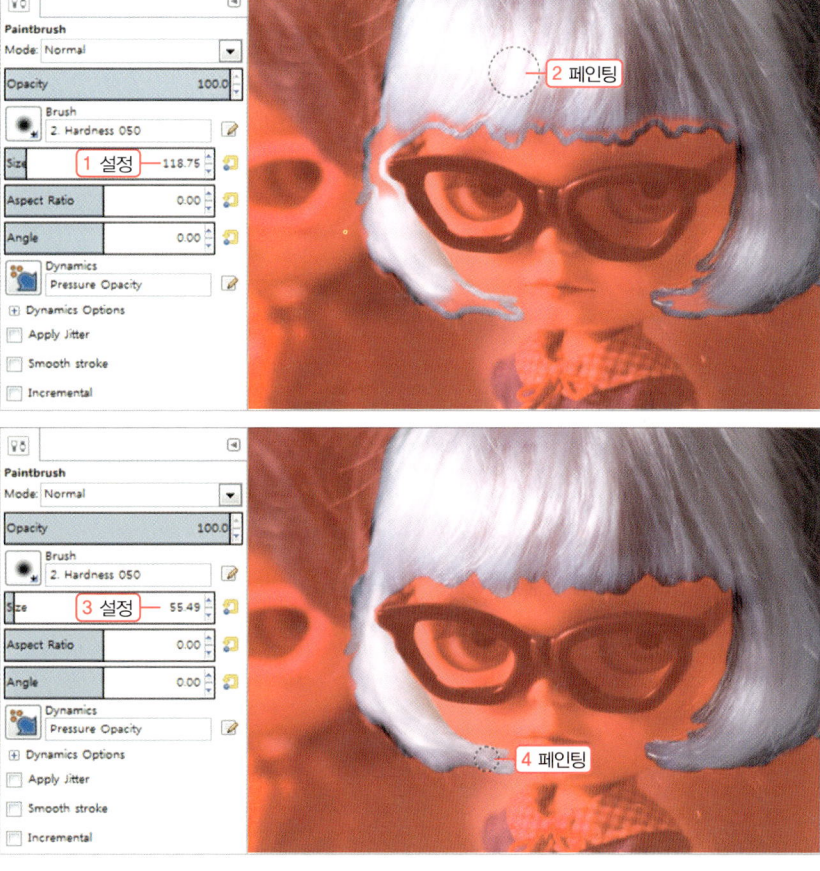

04 뻗어나온 머리카락들은 브러시 크기를 아주 얇게 조절한 후 페인팅을 하면 됩니다. 실제 작업에서는 섬세하게 해야 하므로 작업 시간이 오래 걸립니다.

05 퀵 마스크 모드에서 페인팅 작업이 끝나면 다시 Select 〉 Toggle Quick Mask를 해제합니다. 앞서 페인팅된 영역이 선택영역으로 바뀐 것을 알 수 있습니다. 이렇듯 퀵 마스크는 섬세한 부분까지 빠르게 선택영역으로 만들 수 있어 이와 같은 작업에 자주 사용합니다.

06 선택영역의 경계를 부드럽게 해 주기 위해 Select 〉 Feather를 선택합니다. 설정 창에서 패더 값을 7 정도로 설정합니다. 선택영역의 경계가 부드럽지 않으면 주변의 이미지와 대비되기 때문에 자연스럽지 않게 되므로 경계를 부드럽게 해 주는 것이 좋습니다.

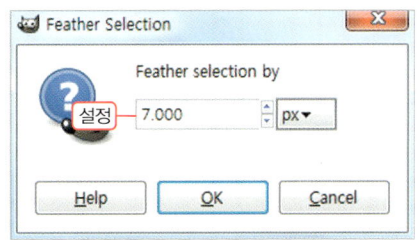

07 Color 〉 Hue-Saturation을 선택합니다. 설정 창에서 Hue 값을 -180으로 설정하여 머리카락(선택영역)의 색상을 바꿔줍니다. 앞서 패더를 통해 선택영역의 경계를 부드럽게 해 주었기 때문에 비교적 자연스럽게 처리된 것을 알 수 있습니다.

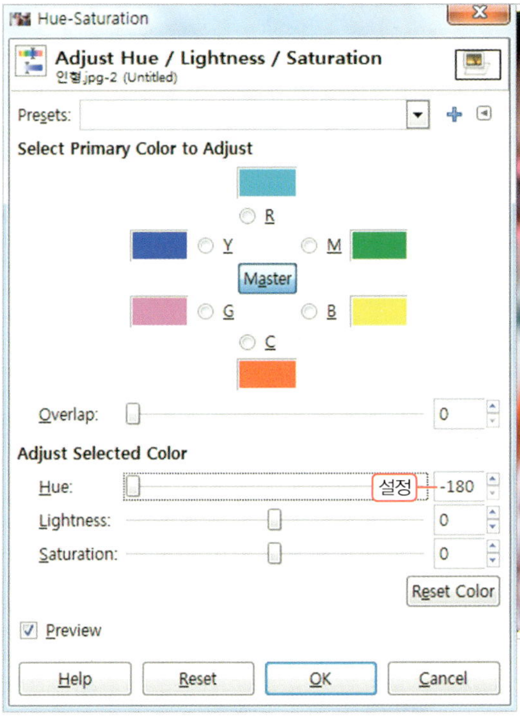

10 복사, 자르기, 붙여 넣기에 대한 다양한 활용법

복사, 자르기, 붙여 넣기는 대부분 이미지의 특정 영역을 개별로 사용하거나 다른 이미지와 합성(합쳐)하기 위해 사용됩니다. 복사와 자르기는 단순히 단어에 충실히 임하지만 붙여 넣기는 다양한 방식으로 붙여 넣기 할 수 있어 작업 상황에 따라 유용하게 활용할 수 있습니다.

일반적인 자르기, 복사, 붙여 넣기

01 학습을 위해 이미지 폴더에서 이정표01.jpg와 이정표02.jpg 파일을 각각 다른 이미지 윈도우에 불러옵니다. 불러온 이미지를 보면 같은 이정표가 있지만 개수와 밝기가 다르다는 것을 알 수 있습니다.

02 이정표02 이미지에서 패스 툴을 사용하여 그림처럼 좌측 이정표 하나를 패스로 만들어줍니다.

03 패스 툴 옵션에서 Selection from Path 버튼을 클릭하여 앞서 작성한 패스를 선택영역으로 만들어줍니다. Edit 〉 Cut을 선택하거나 Ctrl + X 키를 눌러 선택영역을 잘라줍니다. 잘려진 이미지는 이제 붙여 넣기 하여 사용할 수 있는데 잘려나간 자리를 보면 검정색으로 보이는 것을 알 수 있습니다.

04 선택영역을 자르면 검정색으로 보이는 것은 현재 레이어가 아직 바닥에 붙어있는 배경 레이어이기 때문입니다. 그래서 이 이미지(레이어)를 잘랐을 때 백그라운드(배경) 색상이 나타나는 것입니다. Ctrl + Z 키를 눌러 실행 취소를 하고 이제 잘려진 부분이 투명하게 하기 위해 레이어 위에서 우측 마우스 버튼 클릭 〉 Add Alpha Channel을 선택합니다. Ctrl + X 키를 눌러 잘라봅니다. 이제서야 잘려진 선택영역이 투명해진 것을 알 수 있습니다.

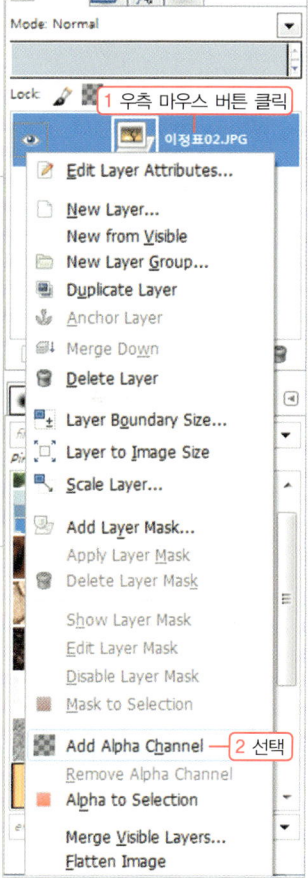

> **TIP**
> 어떠한 이미지라도 처음엔 바닥에 붙어진 배경 레이어 형식을 띄기 때문에 투명한 표현을 하기 위해서는 반드시 알파채널을 포함시켜야 한다는 것을 잊지 말아야 할 것입니다.

05 다시 Ctrl + Z 키를 눌러 실행 취소하고 이번엔 Edit 〉 Copy를 선택하거나 Ctrl + C 키를 눌러 선택영역을 복사합니다. 복사는 잘라내기와 다르게 선택영역의 모습이 그대로 보존됩니다.

복사 후 보존된 상태

TIP Copy Visible의 용도
Edit 〉 Copy Visible도 복사하는 기능이지만 Copy와는 다르게 선택영역을 복사하는 것이 아니라 현재 화면에 보이는, 즉 보이는 모든 레이어의 모습을 복사합니다. 이 기능으로 복사하면 레이어의 개수와 상관 없이 하나의 레이어에 합쳐진 상태로 붙여 넣을 수 있습니다.

06 이정표01 이미지 윈도우로 이동한 후 Edit 〉 Paste를 선택하거나 Ctrl + V 키를 눌러 붙여 넣습니다. 아직은 일반 레이어가 아닌 떠있는 레이어 상태이기 때문에 Create a new layer 버튼을 클릭하여 레이어로 만들어줍니다.

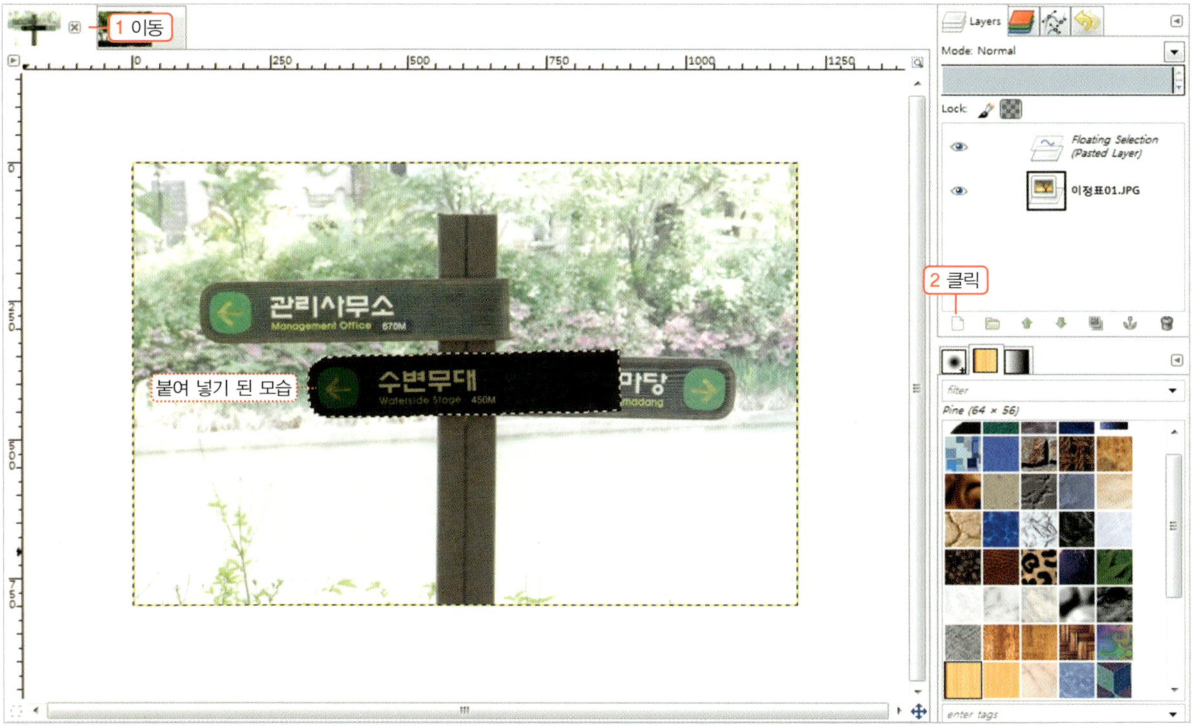

> **TIP** Paste As의 용도
> Edit 〉 Paste as도 복사 또는 잘라내기 된 이미지를 붙여 넣을 때 사용하지만 하위 메뉴를 사용하며 보다 다양한 방식으로 붙여 넣을 수 있습니다. New Image는 새로운 이미지 윈도우에 붙여 넣고 New Layer는 새로운 레이어에, New Brush는 브러시 모양으로 등록되며 New Pattern은 새로운 패턴으로 등록됩니다.

07 무브(이동) 툴을 사용하여 붙여 넣기 된 이미지의 위치를 아래서 세 번째 위치로 이동한 후 로테이트(회전) 툴을 사용하여 수평이 되도록 약간 회전합니다.

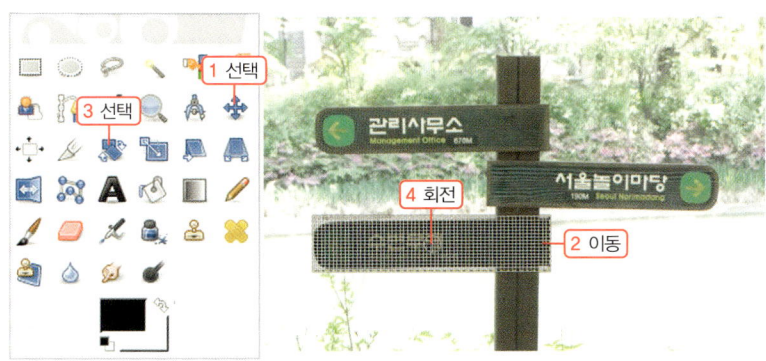

08 붙여 넣기 된 이미지의 밝기가 아래쪽 이미지보다 어둡기 때문에 밝기 보정을 해 주어야 합니다. Color 〉 Levels를 선택하고 설정 창에서 Input Levels를 설정하여 밝기를 맞춰줍니다.

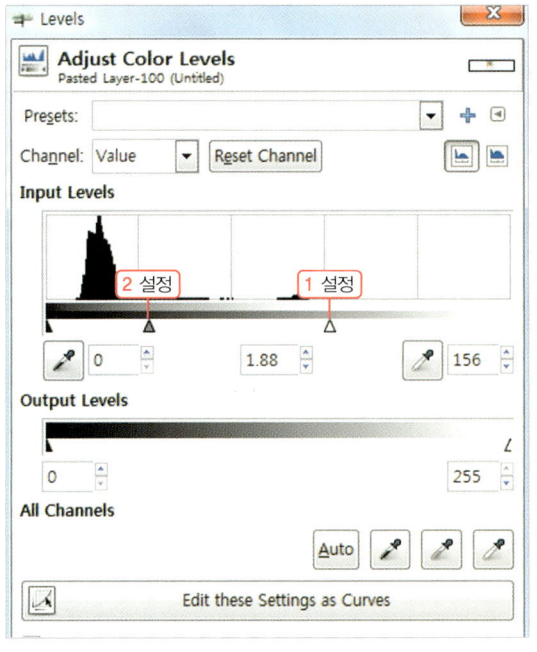

페이스트 인투(Paste Into)의 활용법

01 이미지 폴더에서 그림자 새.jpg와 패턴01~05.jpg 파일을 각각 다른 이미지 윈도우에 불러옵니다. 이제부터 검은색 새들 안에 패턴을 하나씩 적용해 보겠습니다. 패턴01 이미지 윈도우로 이동한 후 Edit > Copy를 선택하거나 Ctrl + C 키를 눌러 이미지(레이어) 전체를 복사합니다. 특정 영역을 선택하지 않으면 이미지 전체가 복사됩니다.

02 그림자 새 이미지 윈도우로 이동한 후 퍼지 실렉션 툴을 사용하여 좌측 맨 위쪽에 있는 새의 검은색 부분을 클릭합니다. 새의 검은색 부분이 정확하게 선택되었습니다.

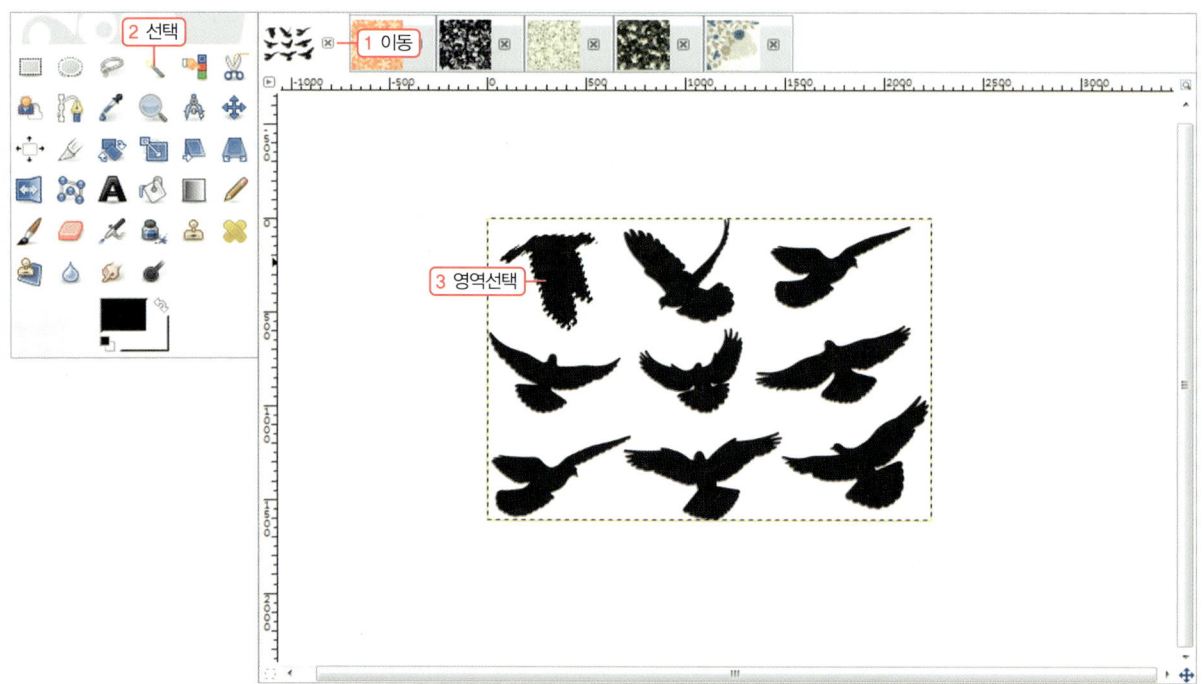

03 이제 Edit 〉 Paste Into를 선택합니다. 앞서 복사되었던 패턴01 이미지가 방금 선택한 영역 안에 쏙 들어간 상태로 붙여 넣기 된 것을 알 수 있습니다. 이렇듯 페이스트 인투는 선택영역 안에 붙여 넣을 수 있어 다소 까다로운 합성 작업을 쉽게 수행해 줍니다. 붙여 넣기 된 상태는 떠있는 플로팅 레이어 상태이므로 위치 이동이 가능하지만 크기에 대한 변화는 조금 곤란합니다.

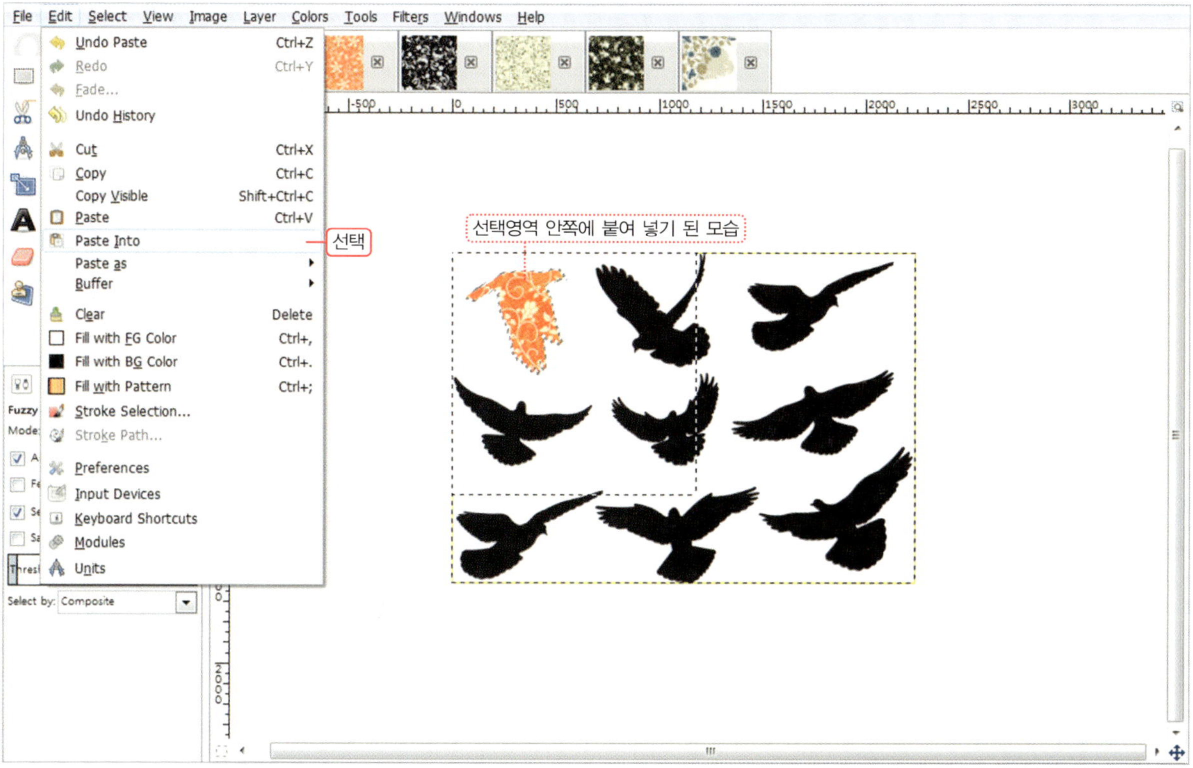

04 계속해서 같은 방법으로 나머지 검은색 새들 안에도 패턴을 적용합니다. 패턴이 부족하면 이미지 폴더에 있는 나머지 패턴 이미지 파일을 불러와서 적용합니다. 모든 적용이 끝나면 하나로 합쳐주기 위해 Anchor the floating layer 버튼을 클릭합니다.

11 문자 디자인을 위한 텍스트 툴 활용하기

이미지 편집 툴에서도 글자를 만들어 멋지게 디자인해야 하는 경우가 있기 때문에 김프에서도 텍스트 툴을 지원합니다. 다만 아쉬운 것이 있다면 곡선을 따라 흐르는 문자를 위한 기능이 2.8 버전에서는 없어졌다는 것입니다. 물론 글자를 개별로 만들어 배치하면 되지만 번거로움은 감수해야 합니다. 이번 학습에서는 표지를 만들면서 글자를 다뤄보겠습니다.

01 File 〉 New를 선택하여 새로운 이미지를 만듭니다. 표지 한 면에서 가로 190mm, 세로 240mm 그리고 옆면의 가로 20mm를 더해서 전체 표지의 크기를 잡습니다. 그리고 Advanced Options의 XY resolution을 300으로 설정합니다.

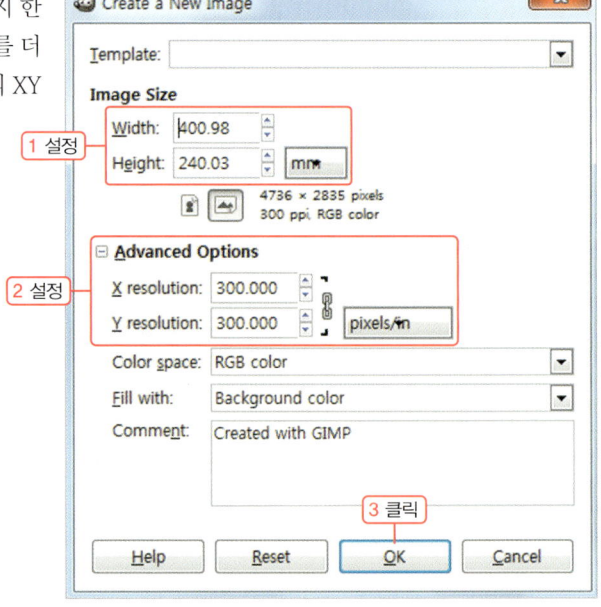

02 이제 표지가 될 이미지 윈도우가 만들어졌기 때문에 가이드 라인을 지정하여 작업을 정확하게 할 수 있게 해 봅니다. 이미지 윈도우 좌측 하단을 보면 자(거리) 단위와 확대/축소를 할 수 있는 옵션이 있습니다. 여기서 자 단위를 mm로 설정합니다. 계속해서 이미지 윈도우 좌측과 상단을 보면 자가 있습니다. 이 자는 거리를 측정하기 위해 것이지요. 일단 좌측의 자를 끌어다 우측으로 이동해 봅니다. 그러면 수직선이 따라 나옵니다. 이 선이 바로 특정 지점을 표시하는 가이드 라인입니다. 좌측 하단의 거리 값을 보면서 가로를 190mm가 되도록 가이드 라인을 이동해 놓습니다. 210mm 지점에 옆면을 위한 가이드 라인을 하나 더 추가해 줍니다.

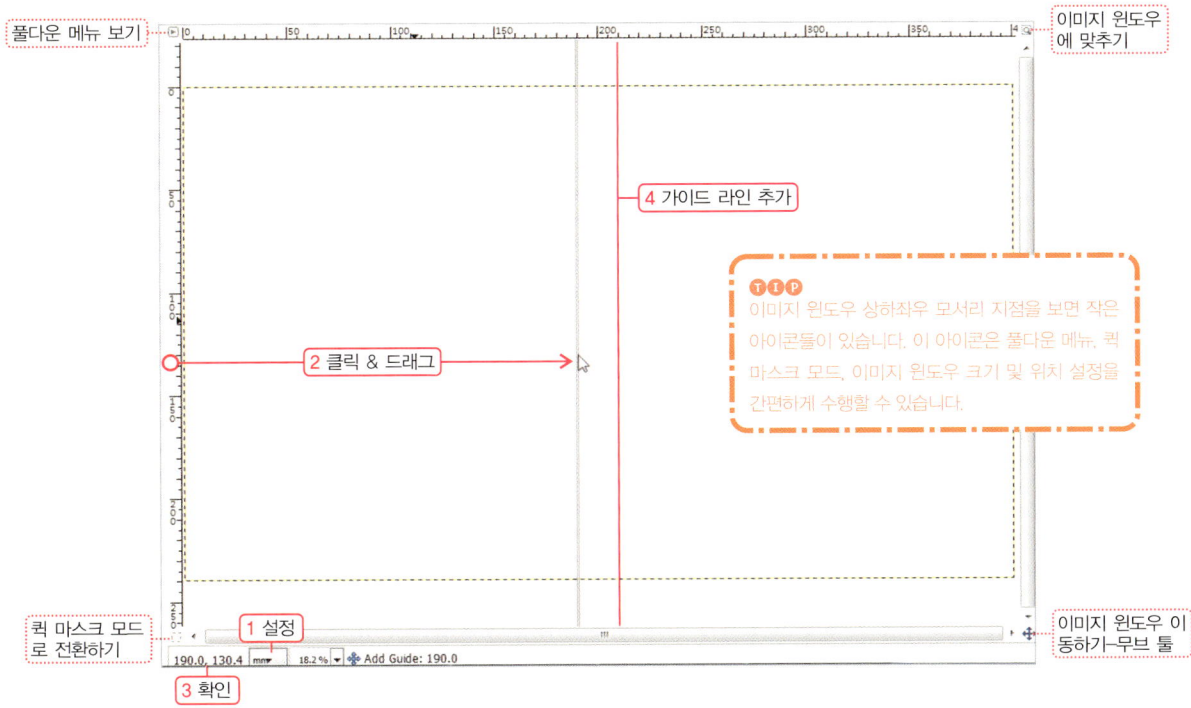

03 이제 책 표지 배경에 사용할 책표지 배경.jpg 이미지를 불러옵니다. 현재 이미지 윈도우의 레이어로 불러오기 위해 File 〉 Open as Layers 메뉴를 사용하거나 이미지 폴더에서 직접 끌어다 놓습니다. 이미지의 크기가 너무 작기 때문에 스케일(크기) 툴을 사용하여 현재 이미지 윈도우의 크기에 맞게 키워줍니다.

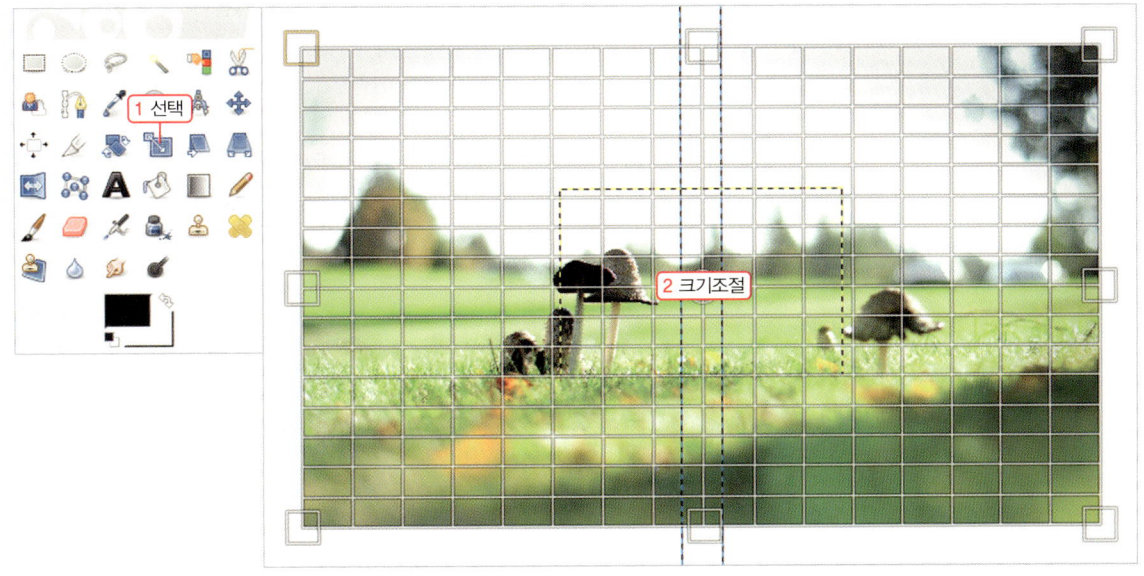

04 불러온 배경의 채도를 떨어뜨리기 위해 Colors 〉 Hue-Saturation을 선택합니다. 설정 창에서 Saturation 값을 -85 정도로 설정합니다.

05 이미지 폴더에서 김프 풀스크린.jpg 파일을 레이어 상태(File 〉 Open as Layers)로 불러옵니다. 스케일(크기) 툴을 사용하여 가로/세로를 279x84 정도의 크기로 조절합니다.

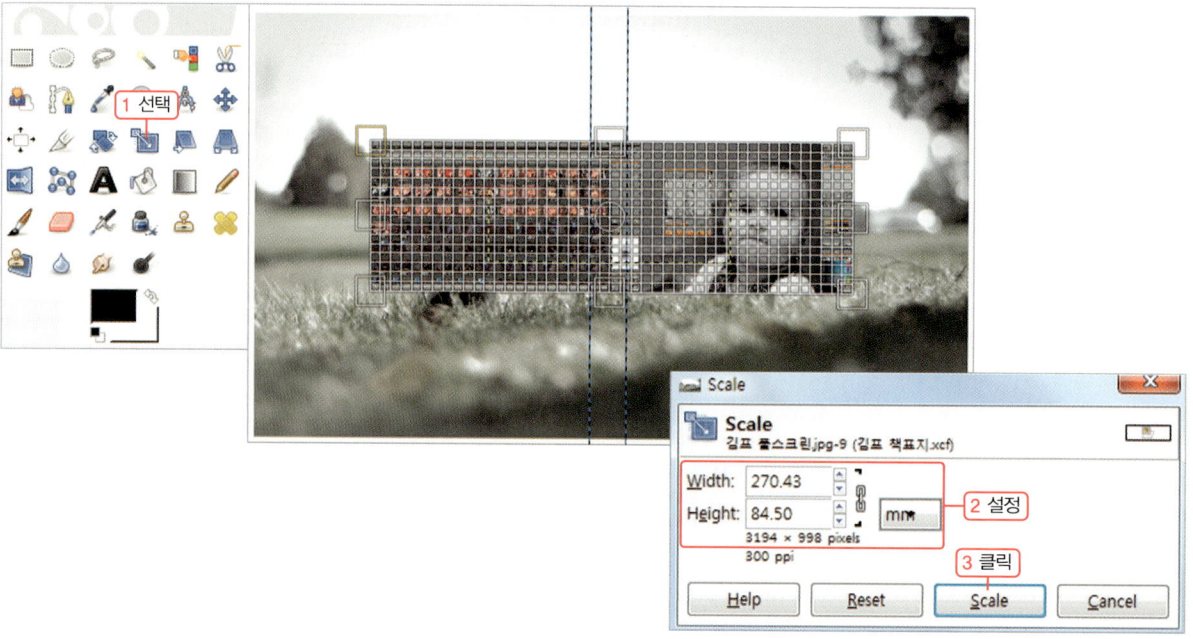

06 렉탱글 실렉션(사각형 선택) 툴을 사용하여 앞서 불러온 김프 풀스크린 이미지 중 우측의 김프 메인 화면이 있는 부분을 선택영역으로 만들어줍니다. 이 이미지를 둘로 나눠서 사용하기 위함입니다.

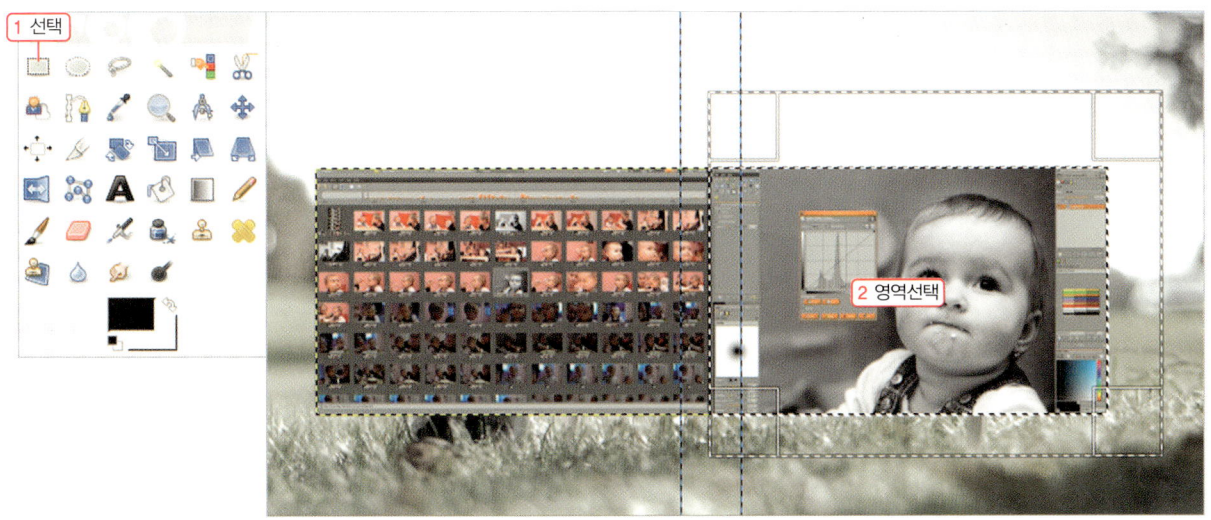

07 앞서 선택한 영역을 Ctrl + X 키를 눌러 잘라낸 후 Ctrl + V 키를 눌러 붙여 넣습니다. 붙여진 레이어는 아직 떠있는 상태이기 때문에 Create a new Layer 버튼을 클릭하여 일반 레이어로 만들어줍니다.

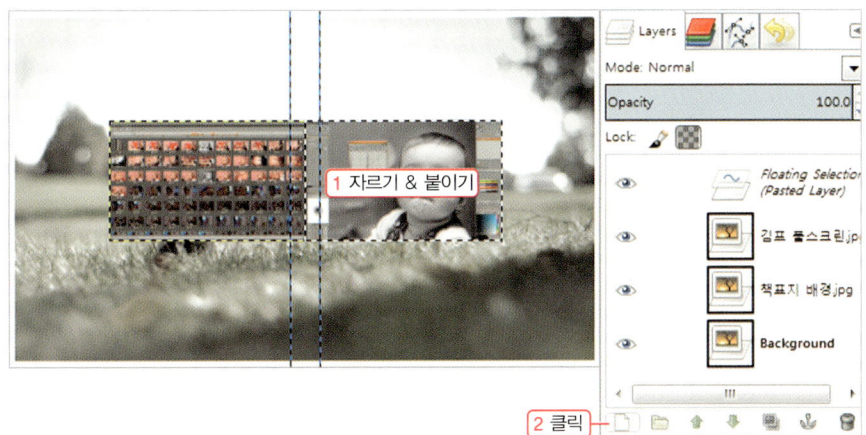

TIP 레이어(이미지) 미세하게 이동하기
무브 툴을 사용하여 레이어, 즉 이미지를 이동할 때 마우스에 의해 조정되기 때문에 미세하게 움직이기가 쉽지 않습니다. 이럴 땐 먼저 이미지 윈도우에서 이동할 이미지를 클릭한 후 키보드의 화살표 키를 이용하면 1픽셀 단위로 미세하게 이동할 수 있습니다.

08 무브(이동) 툴과 로테이트(회전) 툴을 사용하여 김프 메인 화면 레이어를 그림처럼 배치합니다.

09 이번엔 잘려지고 남은 김프 풀스크린 레이어를 선택해 봅니다. 남겨진 이미지와는 상관 없이 해당 레이어의 안내선은 그대로 남아있는 것을 볼 수 있습니다. 이제 이 불필요한(그냥 사용해도 되지만 자꾸 눈에 거슬려서) 안내선을 제거해 보겠습니다. Layer 〉 Autocrop Layer를 선택합니다. 이제 해당 레이어에서 사용되는 이미지에 대한 안내선만 남게 됩니다.

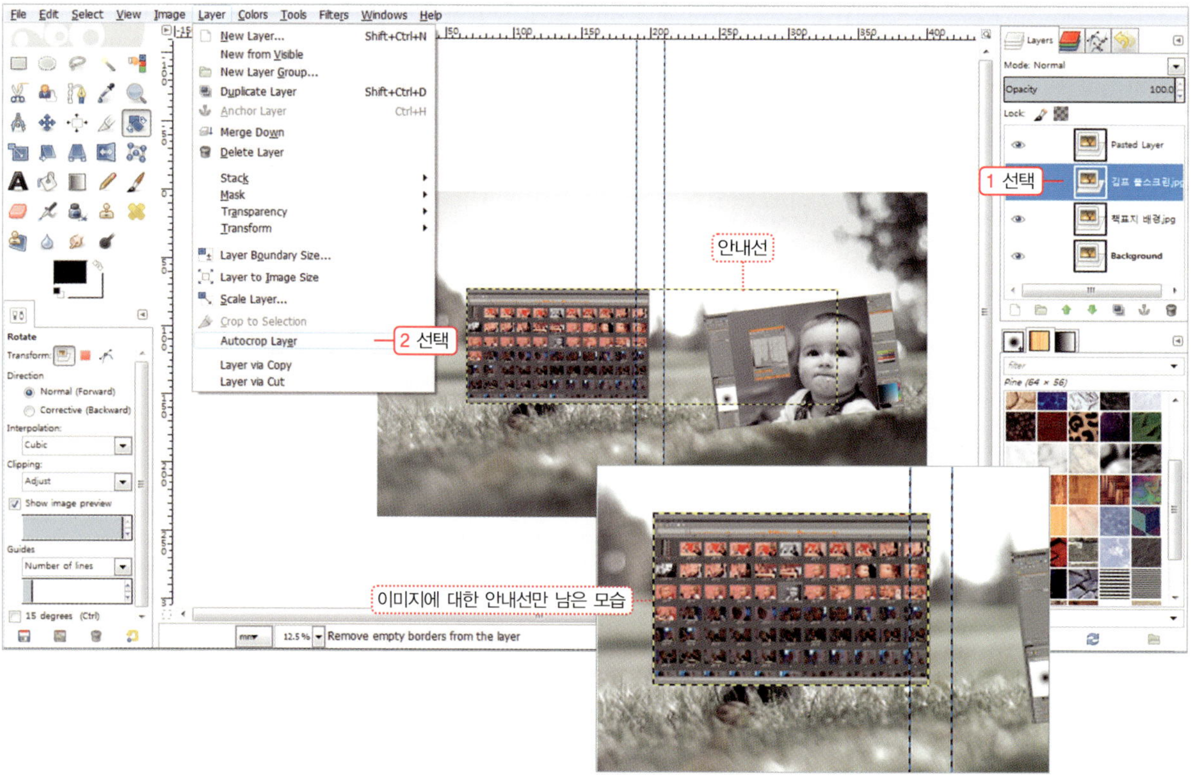

10 이번에도 무브 툴과 로테이트 툴을 사용하여 김프 풀스크린 레이어를 그림처럼 배치합니다.

11 두 개의 이미지에 테두리를 만들어주기 위해 패스(경로) 툴을 선택합니다. 레이어 선택과 상관 없이 일단 두 이미지의 모양에 맞게 각각의 패스를 작성해 줍니다.

> **TIP 이미지에 테두리 만드는 방법에 대하여**
> 이미지에 테두리를 적용하는 것은 여러 가지가 있지만 위에서처럼 패스로 모양을 만든 후 그 모양에 따라 테두리를 만들 수 있습니다. 이 방법은 단순한 원이나 사각형이 아닌 다양한 모양에 대해서도 테두리를 만들 수 있다는 장점을 가지고 있습니다. 그러나 사각형이나 원처럼 단순한 모양에 테두리를 만들 경우라면 위에서 사용되는 두 이미지를 회전하기 전에 선택영역을 만든 후 다음 과정을 그대로 따라 하면 쉽게 만들 수 있습니다.

12 새로운 레이어에 테두리를 한 번에 만들어 주기 위해 Create a new Layer 버튼을 클릭합니다. 만들어진 레이어는 맨 위쪽으로 이동해 주고 툴 박스에서 포그라운드(전경) 색상을 테두리로 사용할 색(밝은 회색)으로 설정합니다. 이제 테두리를 적용하기 위해 패스 툴 옵션에서 Stroke Path 버튼을 클릭합니다.

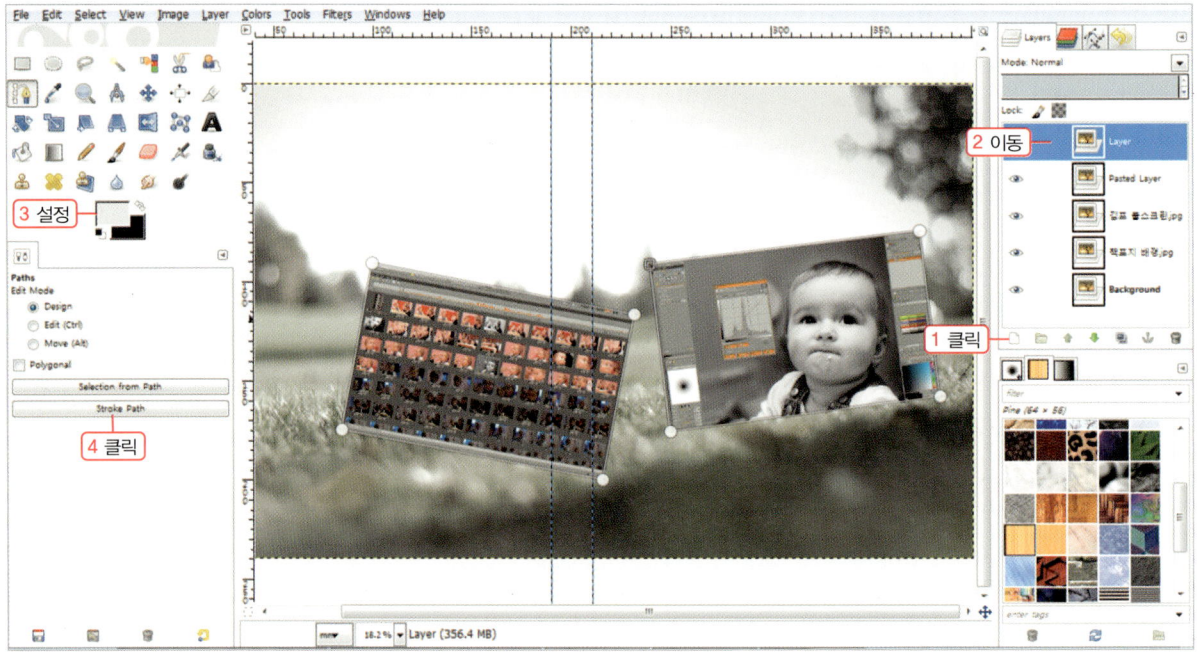

13 Stroke Path 설정 창이 열리면 Solid color를 선택하고 경계를 부드럽게 해 주기 위해 Antialiasing을 사용합니다. 선의 두께를 Line width를 통해 설정합니다. 18 정도로 설정하여 제법 두꺼운 느낌이 들도록 해 줍니다.

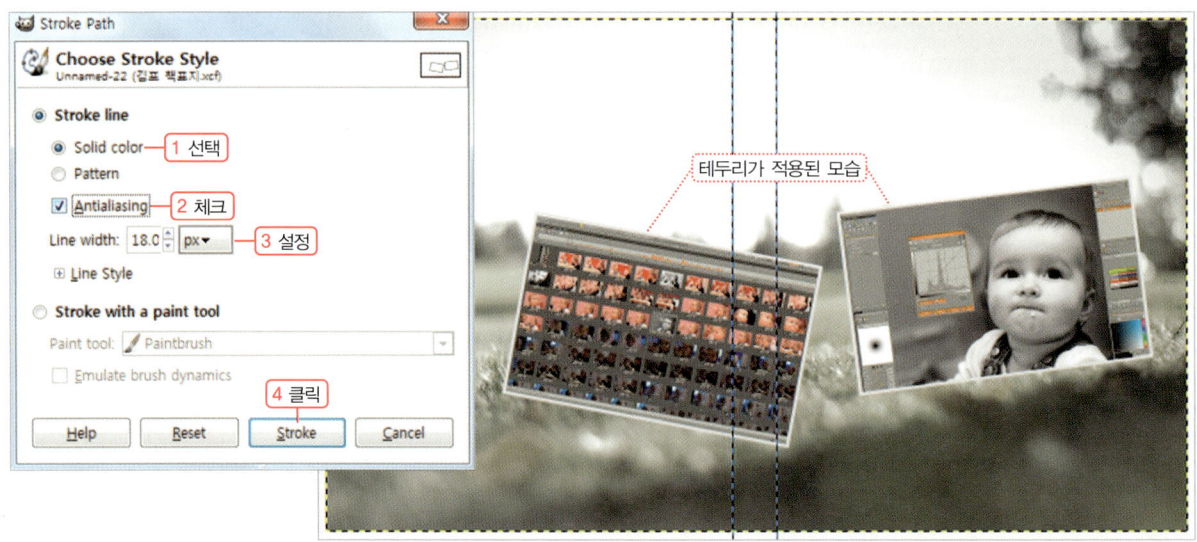

14 테두리가 있는 맨 위쪽 레이어가 선택된 상태에서 Layer 〉 Merge Down이나 해당 레이어 위에서 우측 마우스 버튼 클릭 〉 Merge Down을 선택하여 아래쪽 레이어와 합쳐줍니다. 이 과정을 한 번 더 반복하여 김프 풀스크린 레이어와 합쳐줍니다.

15 이미지 폴더에서 카메라와 마우스.psd 파일을 현재 이미지 윈도우의 레이어로 불러옵니다. 불러온 파일은 포토샵에서 만든 파일이며 그룹 폴더 형태로 불러와진 것을 볼 수 있습니다. 이 폴더 안에는 많은 레이어들이 포함되어 있습니다. 먼저 무브(이동) 툴을 사용하여 위치를 잡아줍니다. 이때 카메라와 마우스 폴더를 한번에 이동하기 위해서는 폴더가 선택되어 있어야 하며 툴 옵션의 Move the active Layer가 선택되어야 합니다. 위치가 결정됐다면 스케일(크기) 툴을 사용하여 크기를 줄여줍니다.

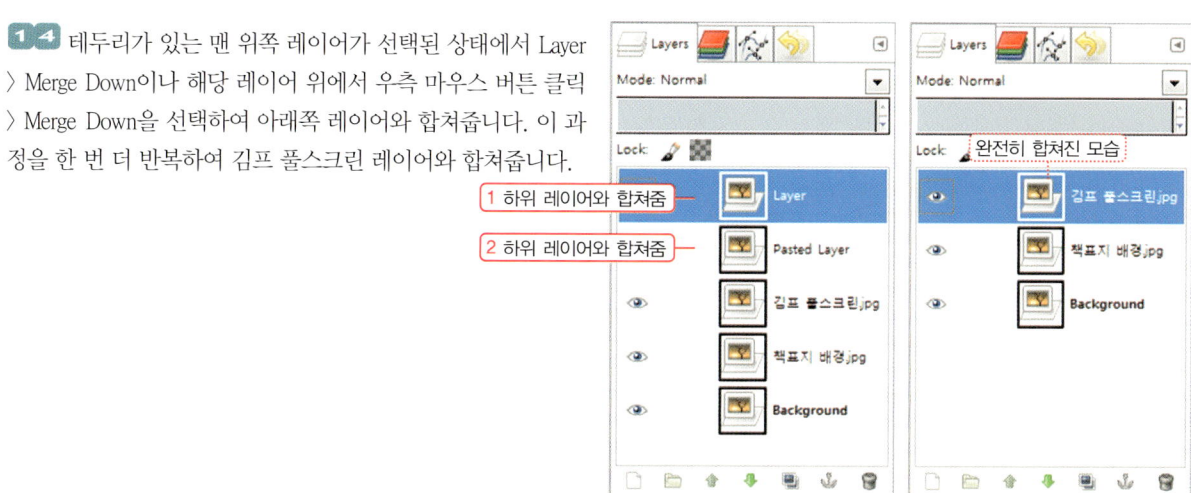

TIP
포토샵 파일을 김프로 불러오면 포토샵에서 사용된 모든 효과들도 같이 불러와지게 됩니다. 위의 파일은 카메라와 마우스에 그림자 효과를 포토샵에서 적용한 것인데 아주 자연스럽게 보이는 것을 보면 김프가 포토샵을 완벽하게 지원하는 것을 알 수 있습니다.

16 김프에서도 그림자 효과 같은 것을 쉽게 적용할 수 있습니다. 김프 풀스크린 레이어를 선택한 후 Filters 〉 Light and Shadow 〉 Xach-Effect를 선택합니다. 설정 창에서 Angle 21, Relative distance of horizon 8, Relative length of shadow 1, Blur radius 80, Opacity 40으로 설정한 후 적용합니다.

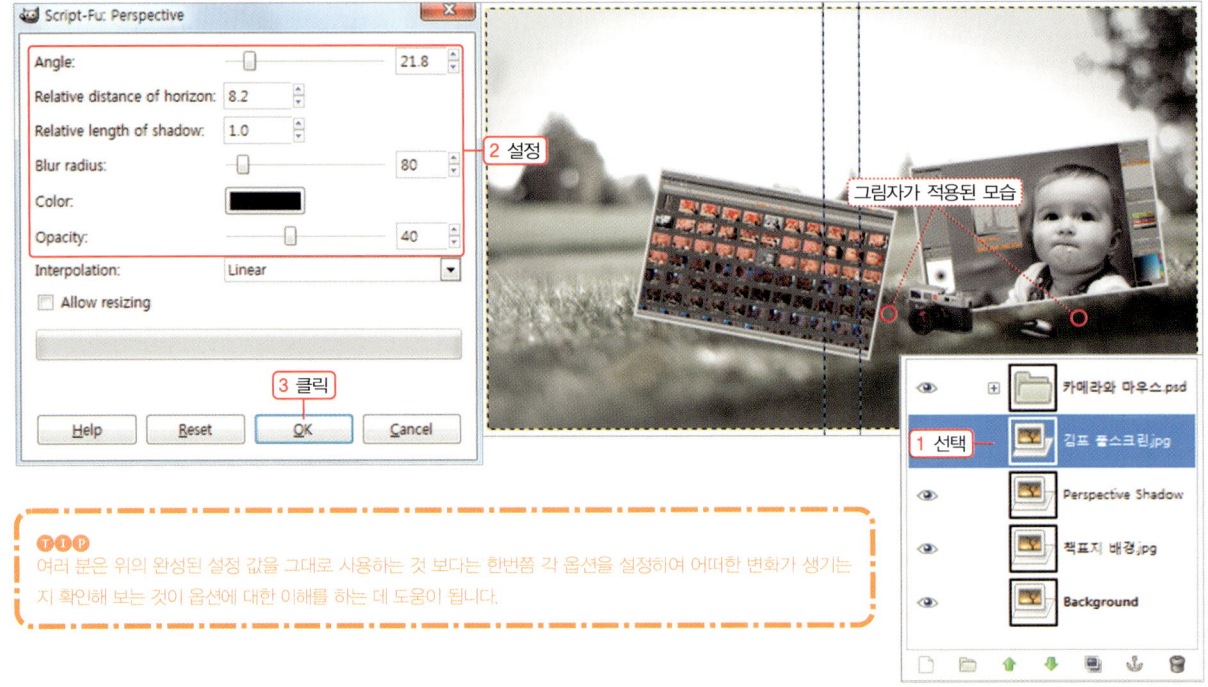

TIP
여러 분은 위의 완성된 설정 값을 그대로 사용하는 것 보다는 한번씩 각 옵션을 설정하여 어떠한 변화가 생기는지 확인해 보는 것이 옵션에 대한 이해를 하는 데 도움이 됩니다.

17 Create a new Layer 버튼을 클릭하여 새로운 투명한 레이어를 만든 후 맨 위쪽으로 이동합니다. 포그라운드(전경) 색을 연두색(김프 제목 바탕으로 사용되는 색상)으로 설정합니다. 렉탱글 실렉션(사각형 선택) 툴을 선택하고 툴 옵션의 Rounded corners를 체크합니다. Radius 값을 100으로 설정하고 그림처럼 사각형 영역을 만들어줍니다.

18 선택영역에 색상을 적용하기 위해 Edit 〉 Fill with FG Color를 선택합니다. 다음부터는 텍스트 툴을 사용하여 글자를 입력하는 작업에 대해 알아 볼 것입니다.

텍스트 툴을 이용한 글자 입력하기

김프에서 글자를 입력하는 방법은 매우 단순합니다. 텍스트 툴을 선택한 후 이미지 윈도우에서 입력하고자 하는 곳을 클릭하여 곧바로 입력하거나 클릭 & 드래그하여 글자를 입력할 수 있는 영역을 박스로 만든 후 입력하는 두 가지 방법을 사용합니다. 전자는 한 줄의 글자를 입력할 때 주로 사용하고 후자는 지정된 영역에서만 글자를 입력할 때 사용합니다.

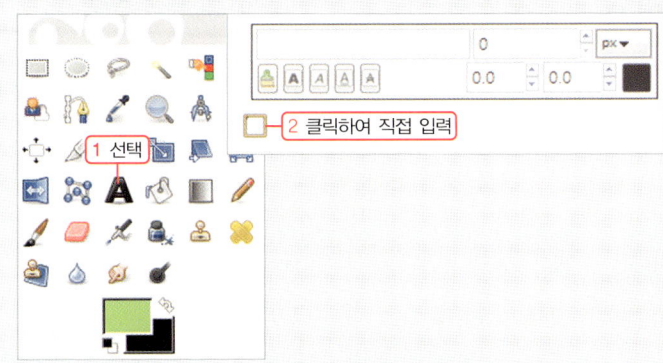
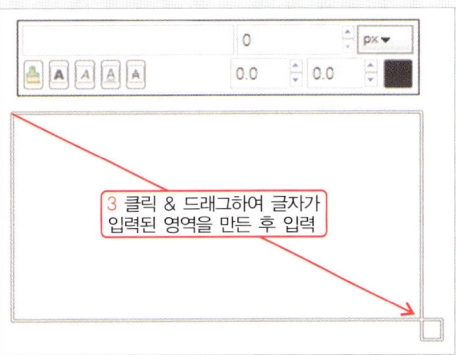

최초 글자의 글자의 색상과 크기, 글꼴은 텍스트 툴 옵션에 설정된 값을 그대로 따르게 됩니다. 여기서 글자를 입력해 봅니다. 여러 분은 저와 같지 않겠지만 설명한 대로 툴 옵션에서 설정된 값을 그대로 따르는 것을 알 수 있을 것입니다.

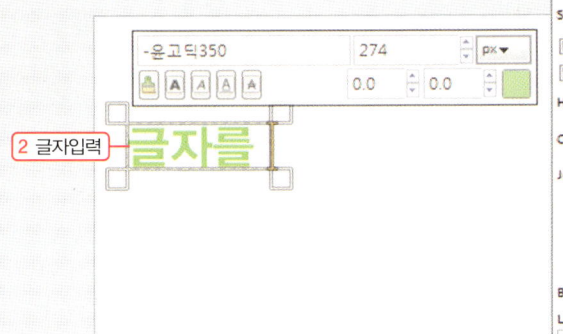
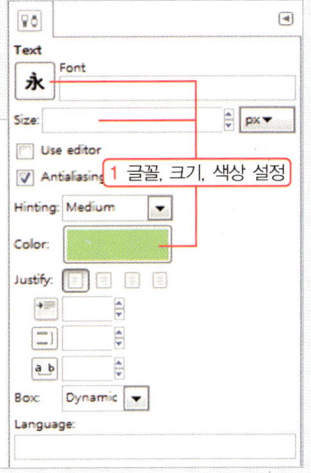

글자 입력 중 글자 입력 영역을 만들어주고자 한다면 글자 주변의 네 모서리 중 하나를 클릭 & 드래그하여 원하는 크기로 영역을 만들어 줄 수도 있습니다.

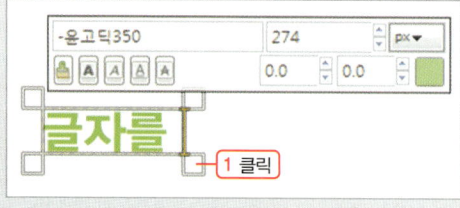
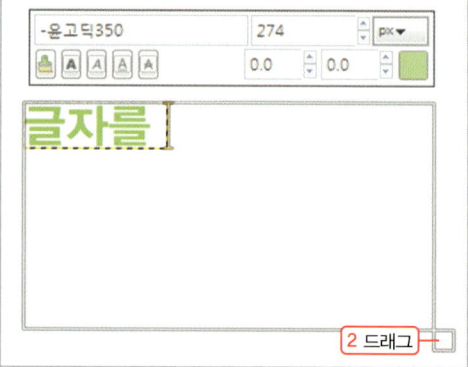

글자를 마저 입력하고 특정 글자만 수정하기 위해 수정한 글자를 드래그하여 선택(블록)합니다. 글자 입력 옵션(텍스트 툴 옵션이 아님)에서 Change color of selected text를 클릭합니다.

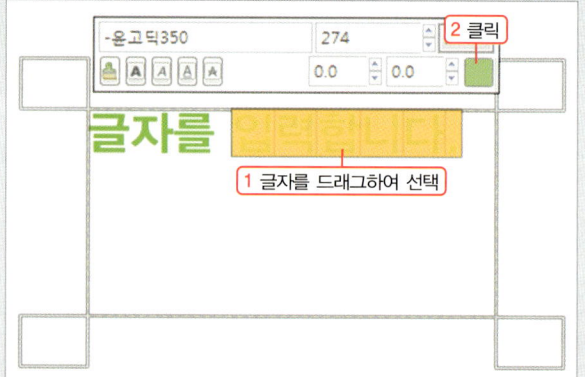

Change color of selected text 설정 창에서 바꾸고자 하는 색을 지정한 후 OK 버튼을 누르면 선택된 글자만 새로운 색상으로 바뀌게 됩니다. 지금의 과정을 만약 텍스트 툴 옵션에 있는 Text Color를 통해서 한다면 입력된 모든 글자의 색상이 바뀌게 됩니다.

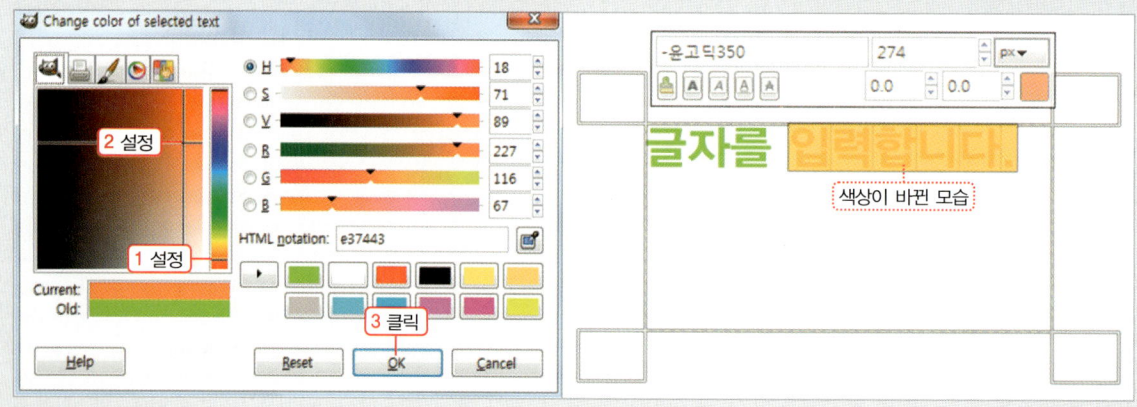

실행 취소 이력 패널 살펴보기

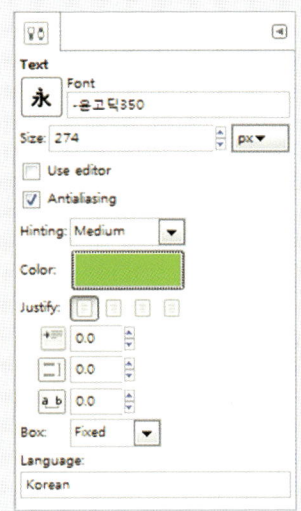

Font 폰트는 글꼴을 선택할 수 있습니다. 永(영)자로 된 버튼을 클릭하여 글꼴을 선택할 수 있습니다.

Size 글자의 크기를 설정할 수 있습니다.

Use editor 별도의 사용자 설정 창을 띄어 글자를 입력할 수 있습니다.

Antialiasing 글자의 경계를 부드럽게 처리해 줍니다.

Color 글자의 색상을 설정합니다. 입력된 모든 글자에 영향을 줍니다.

Justify 글자의 정렬을 좌, 우, 중앙, 양쪽 중 하나를 선택하여 정렬합니다.

Indentation of the first line 첫 번째 글자를 들여쓰기 할 때 사용합니다.

Adjust line spacing 줄 간격을 조절할 수 있습니다.

Adjust letter spacing 글자 간격을 조절할 수 있습니다.

Box 글자가 입력되는 박스 영역을 고정(Fixed)하거나 해제(Dynamic)할 수 있습니다.

Language 글자의 언어를 보여줍니다.

레이어 패널 퀵 팝업 메뉴(레이어에서 우측 마우스 버튼 클릭)

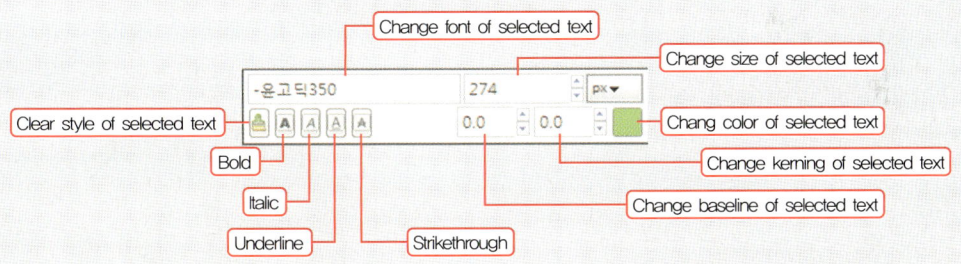

Change font of selected text 선택된 글자의 글꼴을 바꿔줄 수 있습니다.

Change size of selected text 선택된 글자의 크기를 바꿔줄 수 있습니다.

Change baseline of selected text 선택된 글자의 베이스라인(수직 이동점)을 바꿔줄 수 있습니다.

Change kerning of selected text 선택된 글자의 간격을 조절할 수 있습니다.

Chang color of selected text 선택된 글자의 색상을 바꿔줄 수 있습니다.

문자 디자인을 위한 텍스트 툴 활용하기

Clear style of selected text 선택된 글자를 삭제할 수 있습니다.

Bold 선택된 글자를 두꺼운 볼드 체로 바꿔줄 수 있습니다.

Italic 선택된 글자를 비스듬한 이텔릭 체로 바꿔줄 수 있습니다.

Underline 선택된 글자에 밑줄을 그어줄 수 있습니다.

Strikethrough 선택된 글자에 삭제 표시 선을 그어줄 수 있습니다.

앞서 글자의 색상을 바꾼 글자 뒤로 계속해서 글자를 입력해 봅니다. 처음 설정한 글자 색상이 아닌 나중에 바꿔준 글자 색상으로 입력되는 것을 알 수 있습니다. 살펴본 것처럼 글자의 입력과 편집은 어려운 것이 아니기 때문에 몇 번만 사용해 보면 금새 친숙해 질 것입니다.

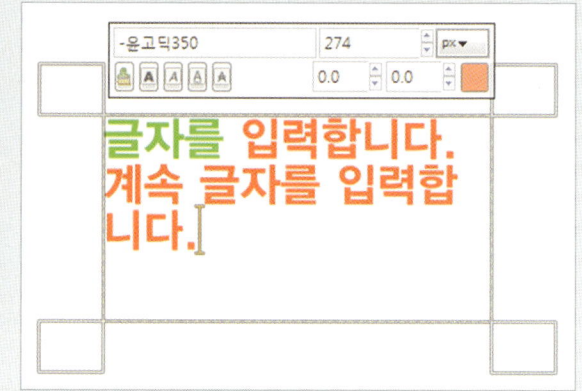

※ **글자가 입력되면 글자에 대한 새로운 레이어가 자동으로 생성됩니다.**

19 텍스트 툴을 사용하여 앞서 살펴본 텍스트 툴을 이용한 글자 입력하기를 참고하면서 그림과 같이 김프라고 입력합니다. 글자의 색상은 흰색으로 하고 글자의 크기는 연두색 배경보다 약간 작게 해 줍니다.

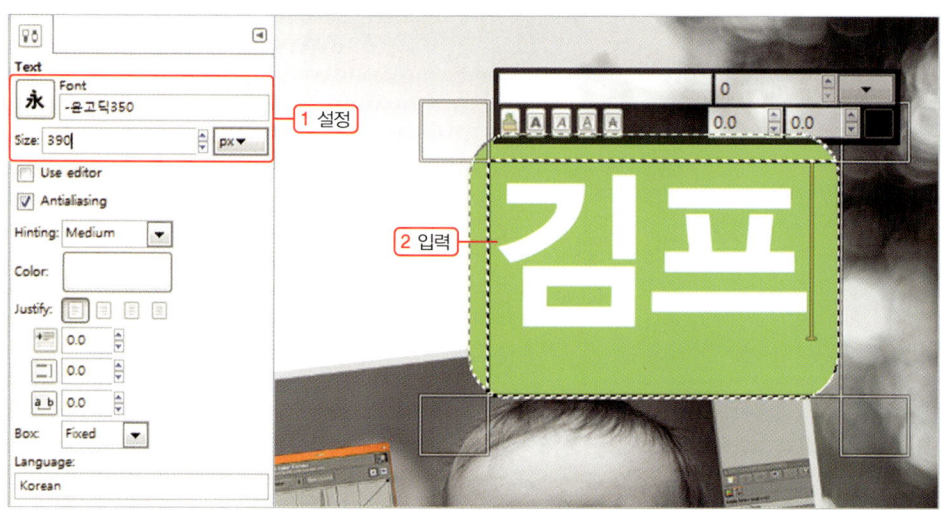

20 김프의 프 자를 선택하고 Change baseline of selected text를 설정하여 김 자의 아래쪽에 맞춰줍니다.

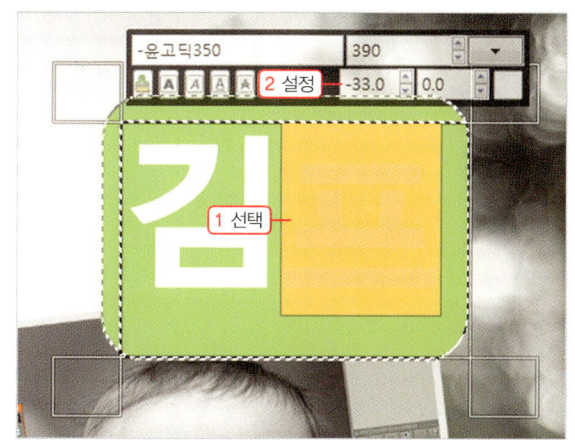

21 계속해서 GIMP 2.8 글자를 흰색으로 입력한 후 프자 위쪽에 배치하고 곧바로 활용하기란 글자를 검은색으로 입력하여 아래쪽에 배치합니다. 글자 입력 후 무브(이동) 툴을 사용하여 글자의 위치를 설정하면 됩니다.

22 계속해서 텍스트 툴을 사용하여 무료로 사용하는 포토샵이란 글자를 주황색으로 입력한 후 무브(이동) 툴을 사용하여 그림과 같은 위치에 배치합니다.

23 계속해서 같은 방법으로 앞면 표지 상단에 글자와 배경을 만들어주고 아래쪽에도 글자를 입력합니다. 그리고 로고01.psd 파일을 레이어로 불러와 배치합니다. 이것으로 앞면을 완성했습니다. 이제부터는 옆면과 뒷면을 만들어봅니다.

TIP 특수 문자 편리하게 입력하기

{처럼 특수한 문자를 입력하기 위해서는 특수 문자 입력기를 이용하면 편리합니다. 본 도서의 학습자료 폴더를 보면 특수 문자 입력기 폴더가 있는데 이 안에 있는 SpecialChar.exe를 실행하여 원하는 특수 문자를 복사하여 원하는 곳에 붙여 넣기 할 수 있습니다. 위에서 사용한 책 소개도 이 프로그램을 이용하여 붙여 넣은 것입니다.

24 제목으로 사용되는 글자와 위쪽의 작은 글자 그리고 아래쪽에 검은색 글자를 연두색 제목 배경에 합쳐주기 위해 Layer 〉 Merge Down이나 각 레이어 위에서 우측 마우스 버튼 클릭 〉 Merge Mown을 선택하여 연두색 배경과 합쳐줍니다. 하나로 합쳐진 배경 Layer의 이름을 제목(더블클릭하여 바꿈)으로 수정합니다. 지금까지 많은 레이어를 사용하여 관리하기가 불편하기 때문에 이와 같은 방법으로 작업이 끝난 레이어들은 연관된 것끼리 합쳐주는 것이 좋습니다.

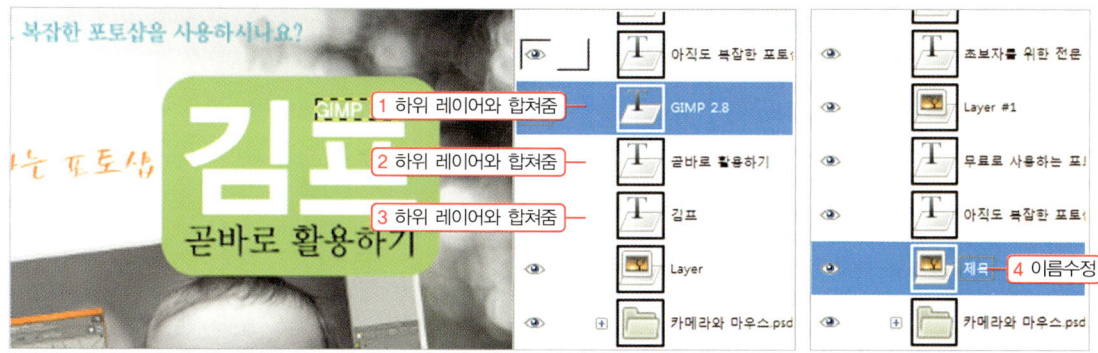

25 Create a Duplicate(이하 생략) 버튼을 클릭하여 제목 레이어의 복사본을 만들어줍니다. 툴 박스에서 무브 툴과 스케일 툴을 사용하여 복사본 제목 레이어의 크기와 위치를 그림처럼 뒷장에 배치합니다.

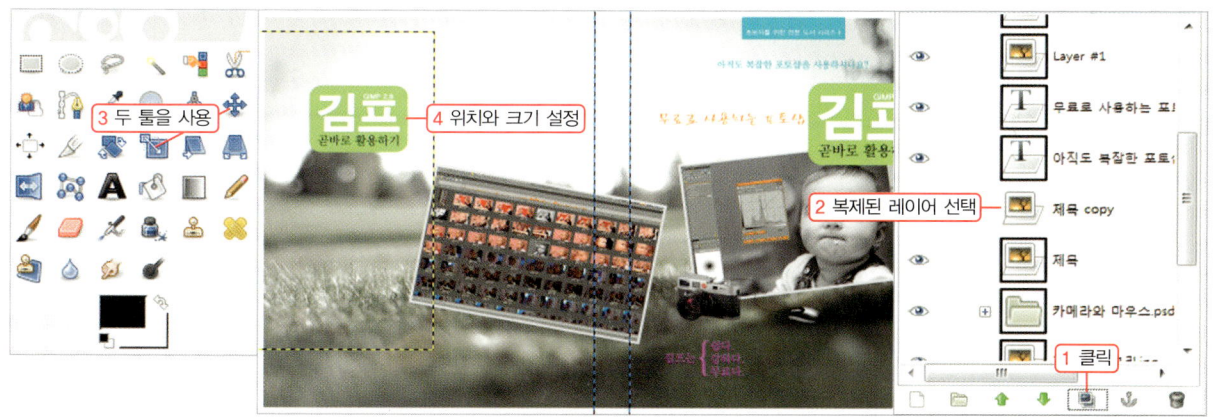

26 위와 같은 방법으로 무료로 사용하는 포토샵 레이어를 복사한 후 그림처럼 위치를 배치합니다. 글자 레이어의 크기는 레이어를 더블클릭하면 나타나는 텍스트 툴 옵션을 이용하는 것이 좋습니다.

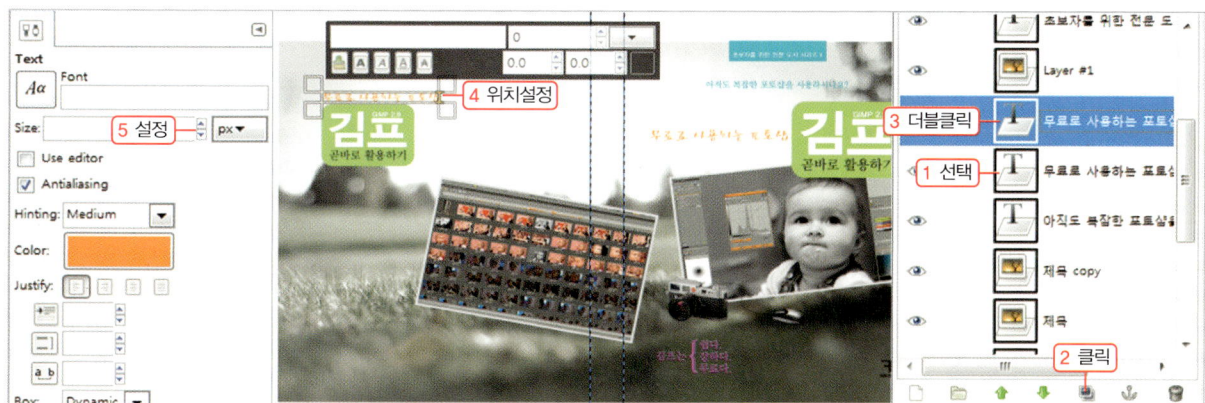

27 Create a new layer 버튼을 클릭하여 옆면배경이란 이름의 투명한 레이어를 만들고 맨 위쪽으로 이동합니다. 렉탱글 실렉션(사각형 선택) 툴을 사용하여 옆면이 들어갈 자리를 선택영역으로 지정하고 리셋 컬러를 클릭하여 전경색이 검은색인 초기 색상으로 만들어줍니다.

28 Edit 〉 Fill with FG Color를 선택하여 선택영역에 검은색을 적용하고 이 옆면 배경 위에 지금까지 작업한 내용을 참고하면서 그림처럼 완성해 봅니다.

TIP
김프에서 글자 입력 후 로테이트 툴이나 스케일 툴 등을 글자 레이어에 사용하여 글자에 대한 고유의 성질이 사라져 더 이상 글자를 수정할 수 없게 되므로 글자 입력 시 나중에 할 작업을 생각해서 글자를 완성해야 합니다.

TIP CMYK 애러 메시지에 대하여

김프가 아닌 포토샵이나 그밖에 이미지 편집 툴에서 작업한 이미지 파일을 김프에서 사용할 경우 가장 주의해야 할 것은 색상 모드입니다. 가끔 다른 프로그램에서 CMYK(인쇄를 위한 색상) 모드로 작업한 것을 김프로 불러올 경우가 있는데 이와 같은 이미지는 우측 그림처럼 애러 메시지가 뜨게 됩니다. 이것은 김프에서 사용할 수 없다는 것을 의미하는데 김프는 RGB, Grayscale, Indexed 세 가지 색상 모드만 지원되기 때문입니다. 그러므로 해당 프로그램에서 김프에서 지원하는 RGB 모드로 전환하여 불러와야만 합니다.

지금 작업한 책 표지 등과 같은 작업(출판, 카탈로그, 브로셔, 명함 등)은 대부분 코렐드로우나 인디자인 등의 전문 그래픽 프로그램에서 완성하기 때문에 김프에서 작업하는 이미지 작업(김프에서는 대부분 배경만 만들어 사용)은 RGB 컬러 모드만으로도 충분하다고 판단됩니다.

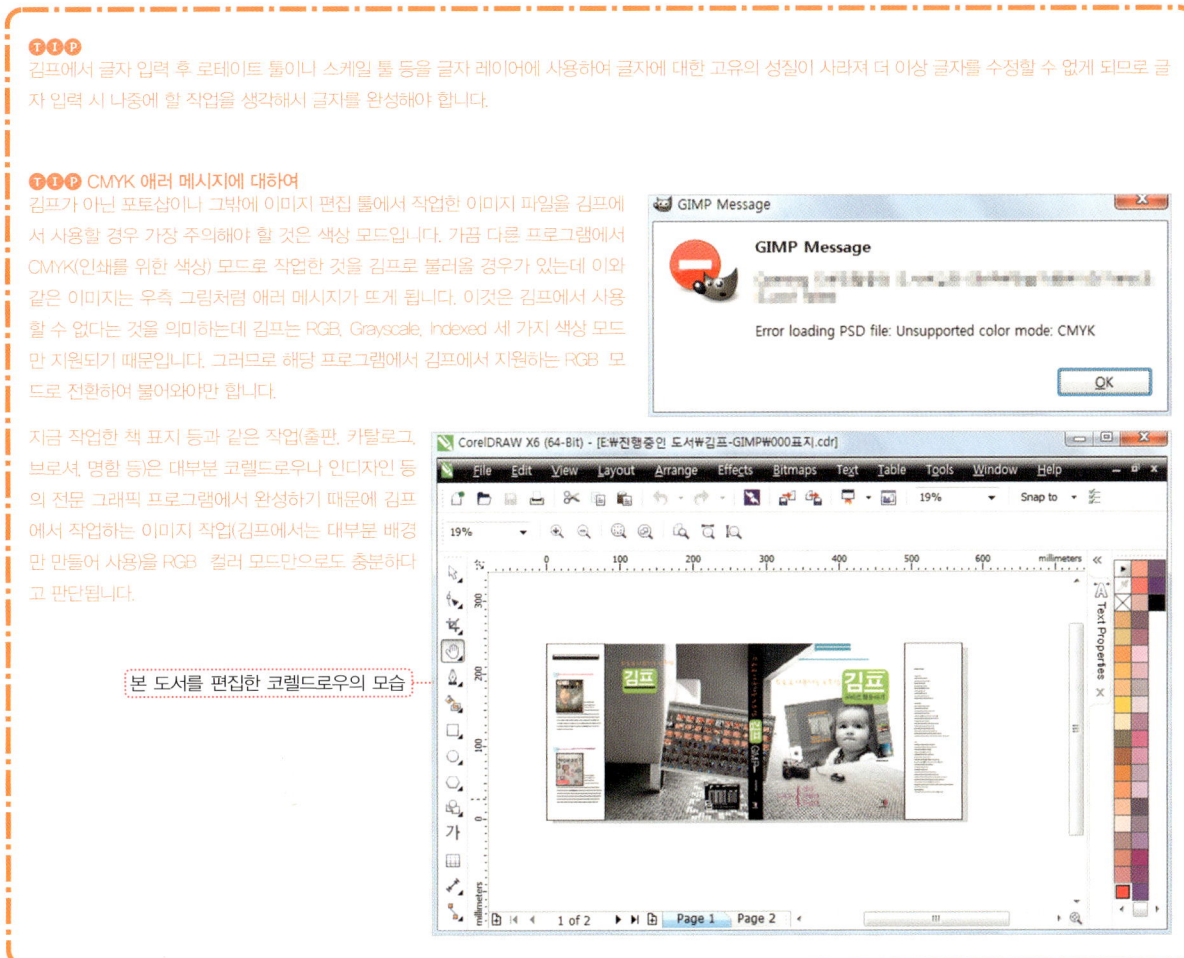

본 도서를 편집한 코렐드로우의 모습

※ 글자 입력에 대한 학습은 꽤 많은 페이지를 할애한 것 같습니다. 지금의 작업을 무사히 마쳤다면 김프에 대해 어느 정도는 익숙해 졌을 것이라 생각됩니다. 다음 과정을 위해 일단 작업한 상태 그대로 나두고 다음 학습에 임해 주길 바랍니다. 다음 학습은 작업한 것을 다양한 방식으로 저장, 즉 파일로 만들어 주는 학습니다.

12 작업한 것 파일로 만들기(저장)

작업이 끝났거나 작업 도중 저장을 해야 하는 경우가 생깁니다. 저장은 말 그대로 작업한 것에 대한 간직을 뜻하며 두 가지 형식을 띕니다. 하나는 작업 내용을 그대로 보존하고 있는 형태, 이것을 도큐먼트 파일 또는 프로젝트 파일이라고 하며 다른 하나는 작업 결과를 만들어 주는 파일입니다. 이 결과물 파일은 수정을 할 수 없는 최종 파일입니다.

김프 도큐먼트(프로젝트) 파일 만들기

01 이전 학습을 그대로 열어둔 상태에서 File 메뉴를 선택해 봅니다. Save, Save As, Save a Copy, Export to, Export 등의 메뉴를 볼 수 있습니다. 이 메뉴들이 작업 내용을 저장하는 대표적인 메뉴입니다. 먼저 Save를 선택해 봅니다.

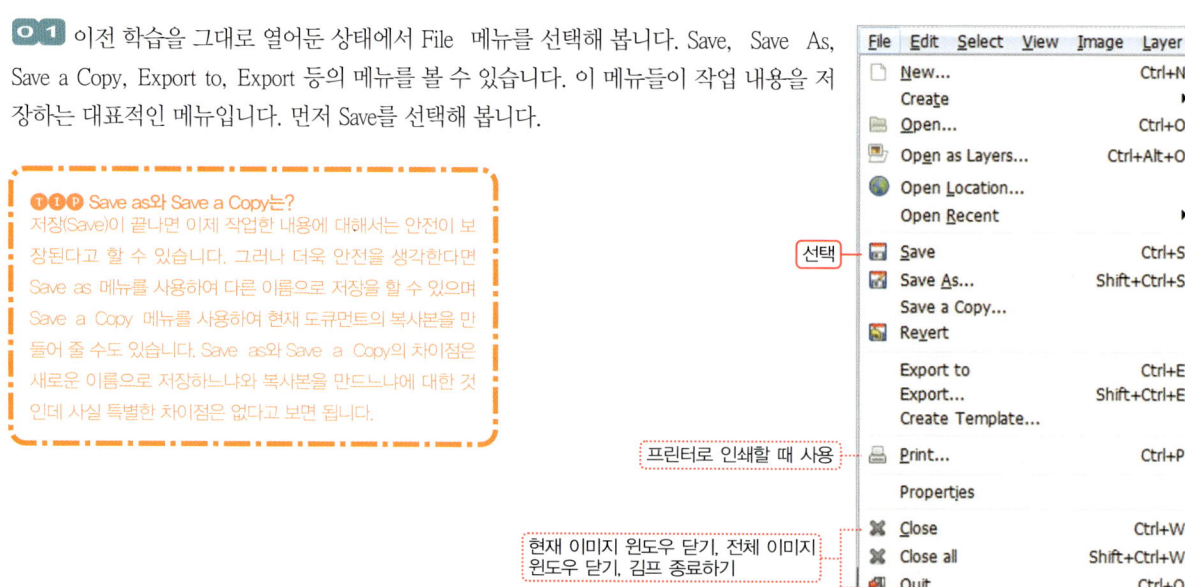

TIP Save as와 Save a Copy는?
저장(Save)이 끝나면 이제 작업한 내용에 대해서는 안전이 보장된다고 할 수 있습니다. 그러나 더욱 안전을 생각한다면 Save as 메뉴를 사용하여 다른 이름으로 저장을 할 수 있으며 Save a Copy 메뉴를 사용하여 현재 도큐먼트의 복사본을 만들어 줄 수도 있습니다. Save as와 Save a Copy의 차이점은 새로운 이름으로 저장하느냐와 복사본을 만드느냐에 대한 것인데 사실 특별한 차이점은 없다고 보면 됩니다.

02 Save Image 저장 창이 열리면 저장될 파일명과 저장될 위치(경로), 파일 형식(확장자)을 선택해야 합니다. 김프에서 Save(단축키 Ctrl + S)는 김프에서 작업한 내용을 보존하는 도큐먼트 파일(xcf) 형식으로 저장되는 것을 말합니다. 이 파일 형식은 작업 내용이 보존되기 때문에 나중에 다시 불러와 재 작업을 할 수 있습니다. 대신 파일 용량이 큽니다. 모든 설정이 끝나면 Save 버튼을 눌러 저장을 합니다.

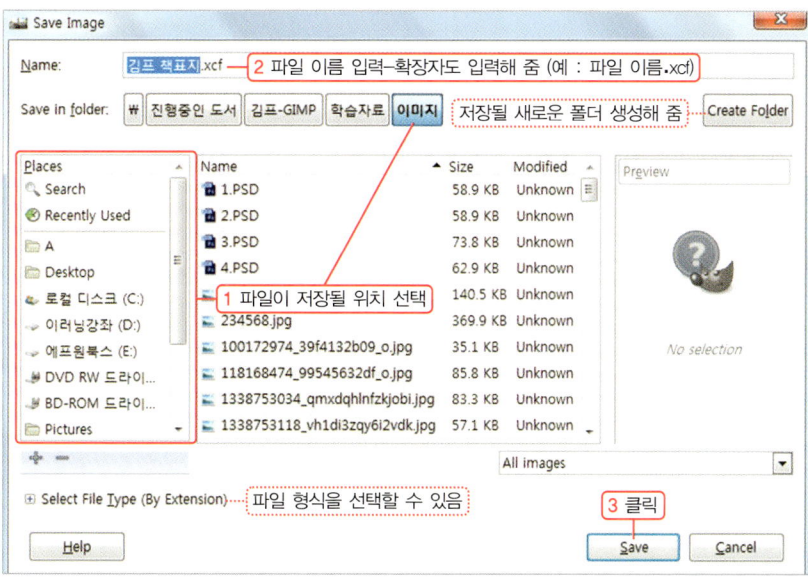

이미지 파일 만들기

01 앞서 도큐먼트 파일이 만들어졌습니다. 이와 같은 파일은 처음부터 만들어놓거나 작업 도중에라도 만들어놓아야 할 중요한 파일입니다. 그것은 작업한 내용을 모두 날려버릴 수 있기 때문이겠지요. 그러나 작업이 완전히 끝났다면 그 결과물을 얻기 위한 파일을 만들어야 할 것입니다. 이것도 저장이라고 할 수도 있겠지만 엄밀히 말하면 파일 만들기, 즉 출력에 더 가깝다고 해야 합니다. 작업한 내용을 이미지 파일로 만들기 위해서는 일반적으로 File 〉 Export 메뉴를 사용합니다. Export Image 저장 창을 보면 앞서 살펴본 Save Image 창과 별다른 차이점을 발견할 수 없을 것입니다. 다만 파일 확장자가 다르다는 것과 최종 저장을 위한 Export 버튼만 다를 것입니다. 여기서 일단 가장 일반적으로 사용되는 jpg 확장자를 입력하여 저장해 봅니다.

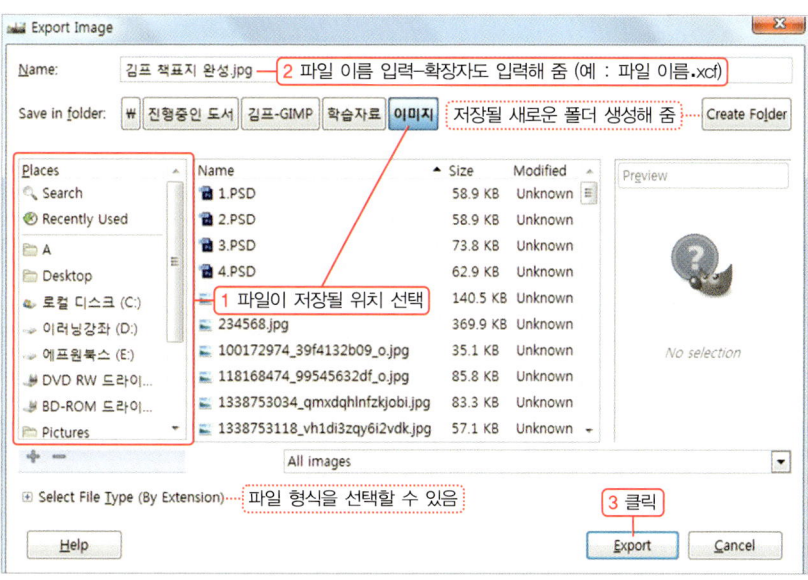

02 Export Image as JPEG 설정 창이 열리면 몇 가지 옵션을 통해 만들어질 이미지의 품질 및 속성을 설정할 수 있습니다. Quality를 100으로 설정하여 최고의 품질(파일 용량도 증가됨)고 Show preview in image window를 체크(이미지 파일의 모습을 미리 볼 수 있음)한 후 Export 버튼을 눌러 저장합니다.

Export Image as JPEG
Quality:
1 설정
100
File size: 1.3 GB
2 체크
Show preview in image window
파일의 세부 속성을 설정할 수 있음
Advanced Options
현재 설정 값 저장함(지속적인 사용)
초기 설정 값으로 되돌려 놓음
Load Defaults
Save Defaults
3 클릭
Help
Export
Cancel

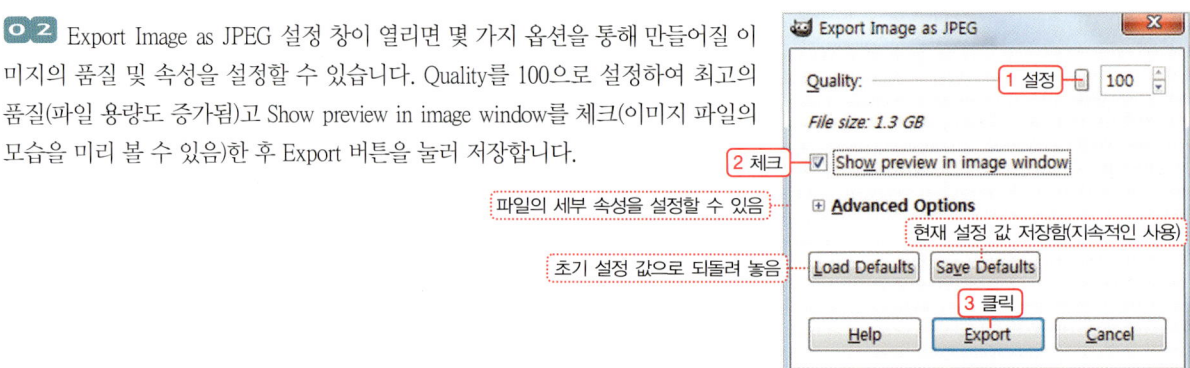

03 Export Image 설정 창을 보면(1번 과정 이미지 참고) 김프에서 지원되는 파일 형식(확장자)이 아주 많다는 것을 알 수 있습니다. 필요에 따라 모든 형식을 사용할 수도 있겠지만 대부분 사용하는 형식이 비슷하기 때문에 사용하는 것만 주로 사용하게 됩니다. 또한 파일 형식은 상황에 따라 달라지기 때문에 아래서 설명하는 파일 형식을 참고하여 적절하게 사용하면 될 것입니다.

TIP Export to에 대하여

일단 이미지 파일로 저장되면 File 메뉴에 Export to(Overwrite)을 사용할 수 있는데 이 메뉴는 현재 사용되고 있는 작업, 즉 이미지를 덮어씌우는 형태로 저장할 수 있게 해 줍니다. 그러므로 Export to는 새로운 이미지 파일을 만들 때 사용하는 Export와는 다른 용도로 사용됩니다.

File Edit Select View Image Layer Colors To
New... Ctrl+N
Create
Open... Ctrl+O
Open as Layers... Ctrl+Alt+O
Open Location...
Open Recent
Save Ctrl+S
Save As... Shift+Ctrl+S
Save a Copy...
Revert
Export to 김프 책표지 완성.jpg Ctrl+E
Export... Shift+Ctrl+E
Create Template...
Print... Ctrl+P
Properties
Close Ctrl+W
Close all Shift+Ctrl+W
Quit Ctrl+Q

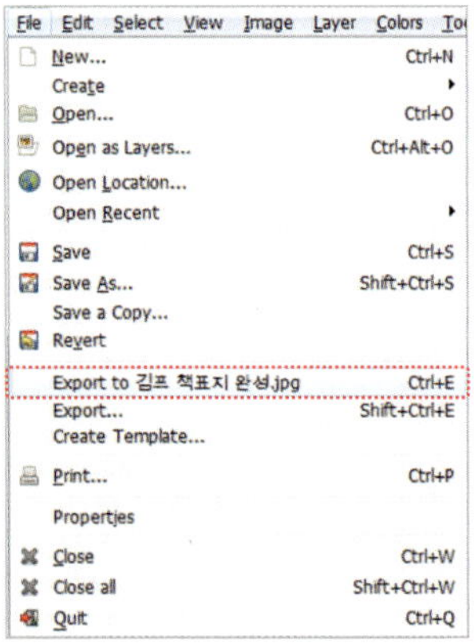

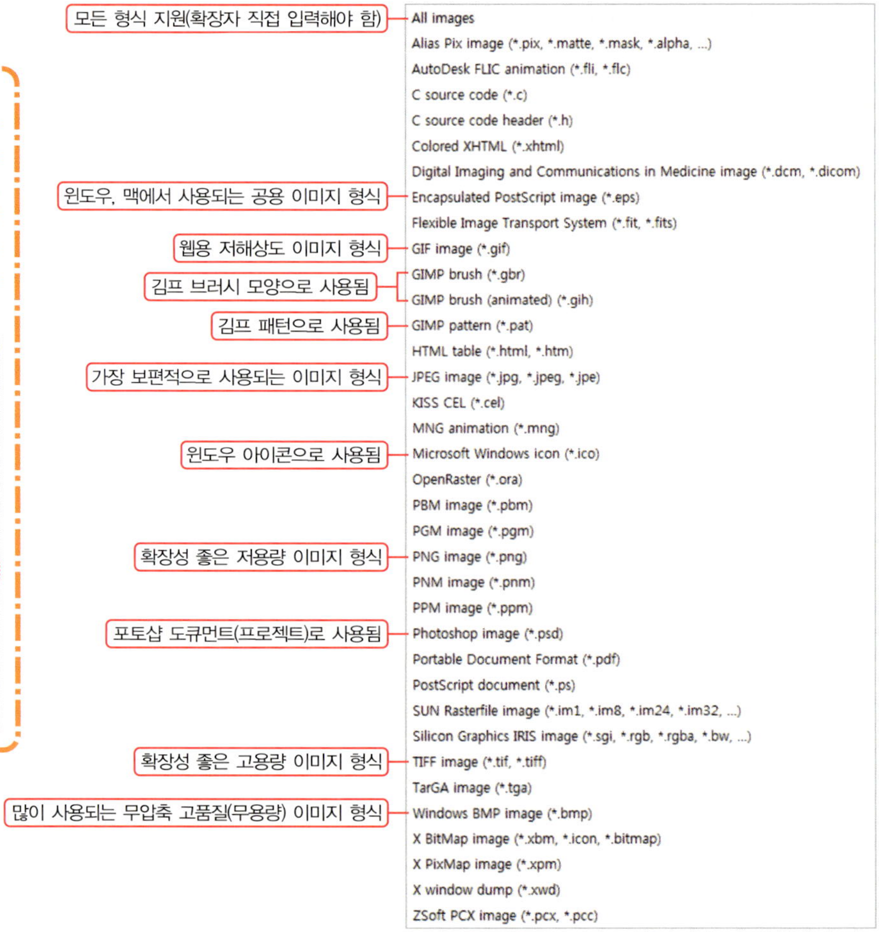

모든 형식 지원(확장자 직접 입력해야 함)
All images
Alias Pix image (*.pix, *.matte, *.mask, *.alpha, ...)
AutoDesk FLIC animation (*.fli, *.flc)
C source code (*.c)
C source code header (*.h)
Colored XHTML (*.xhtml)
Digital Imaging and Communications in Medicine image (*.dcm, *.dicom)
윈도우, 맥에서 사용되는 공용 이미지 형식
Encapsulated PostScript image (*.eps)
Flexible Image Transport System (*.fit, *.fits)
웹용 저해상도 이미지 형식
GIF image (*.gif)
김프 브러시 모양으로 사용됨
GIMP brush (*.gbr)
GIMP brush (animated) (*.gih)
김프 패턴으로 사용됨
GIMP pattern (*.pat)
HTML table (*.html, *.htm)
가장 보편적으로 사용되는 이미지 형식
JPEG image (*.jpg, *.jpeg, *.jpe)
KISS CEL (*.cel)
MNG animation (*.mng)
윈도우 아이콘으로 사용됨
Microsoft Windows icon (*.ico)
OpenRaster (*.ora)
PBM image (*.pbm)
PGM image (*.pgm)
확장성 좋은 저용량 이미지 형식
PNG image (*.png)
PNM image (*.pnm)
PPM image (*.ppm)
포토샵 도큐먼트(프로젝트)로 사용됨
Photoshop image (*.psd)
Portable Document Format (*.pdf)
PostScript document (*.ps)
SUN Rasterfile image (*.im1, *.im8, *.im24, *.im32, ...)
Silicon Graphics IRIS image (*.sgi, *.rgb, *.rgba, *.bw, ...)
확장성 좋은 고용량 이미지 형식
TIFF image (*.tif, *.tiff)
TarGA image (*.tga)
많이 사용되는 무압축 고품질(무용량) 이미지 형식
Windows BMP image (*.bmp)
X BitMap image (*.xbm, *.icon, *.bitmap)
X PixMap image (*.xpm)
X window dump (*.xwd)
ZSoft PCX image (*.pcx, *.pcc)

13 브러시 툴을 이용한 그림 그리기

브러시 툴은 그림을 그리거나 붓글씨 같은 느낌의 글자를 쓸 때 사용합니다. 김프에서는 펜슬 툴, 페인트 브러시 툴, 에어브러시 툴, 잉크 툴을 통해 다양한 느낌으로 그림을 그릴 수 있으며 때론 지울 때 사용하는 이레이져(지우개) 툴로도 그림을 그릴 때도 있습니다.

브러시 툴을 이용하여 그림 그리기

01 File 〉 New를 선택하거나 Ctrl + N 키를 눌러 흰색 바탕의 이미지를 만들어줍니다. 크기는 640x480 정도로 설정합니다.

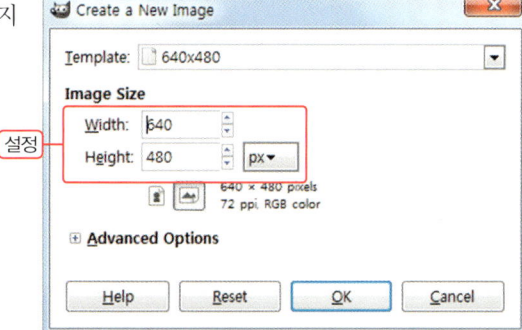

02 툴 박스에서 먼저 펜슬 툴을 사용하여 흰색의 이미지 윈도우에서 실제 연필로 선을 긋듯 쭉 그어봅니다. 클릭 & 드래그(드로잉)해서 말이죠. 펜슬 툴은 또렷한 선이 그어집니다. 다음으로 페인트 브러시 툴을 사용하여 그 밑에 선을 그어봅니다. 페인트 브러시 툴은 펜슬 툴보다 선의 경계가 부드럽게 처리되는 것을 알 수 있습니다. 계속해서 에어브러시 툴로 선을 그으면 선 자체가 흩어진 입자처럼 매우 흐리고 부드럽게 표현되는 것을 알 수 있으며 잉크 툴은 붓에 먹물이나 물감을 묻혀 그린 것처럼 터치감을 느낄 수 있습니다. 김프는 지금의 네 가지 브러시로 그림을 그릴 수 있습니다. 브러시 스타일(모양)도 어떤 것이 있는지 쭉쭉 그려보는 것도 중요합니다.

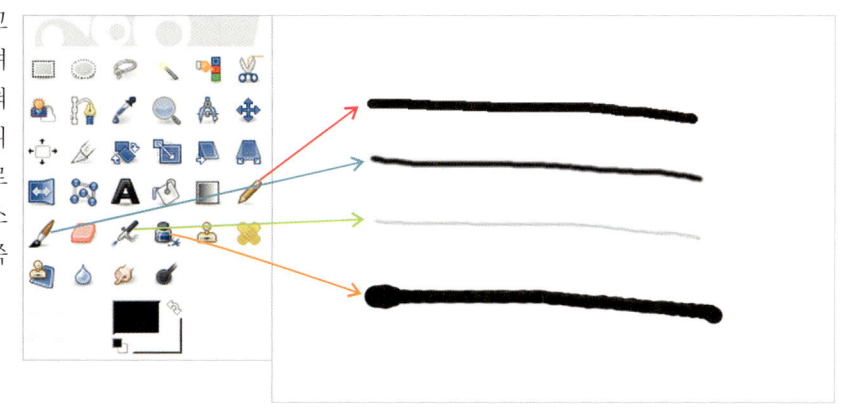

03 이제 간단한 그림을 그려보기 위해 앞서 그렸던 선을 지워줍니다. 이레이져(지우개) 툴을 이용하여 쓱쓱 지울 수 있으나 한번에 쉽게 지울 수 있는 방법은 Edit 〉 Clear 또는 단축키 Delete 키를 누르는 것입니다. 그밖에 Ctrl + Z 키를 누르거나 언두 히스토리 또는 File 〉 Revert 메뉴를 선택하여 작업의 처음으로 되돌아 갈 수 있습니다. 이중 여러분이 편한 방법을 이용하면 되겠지요.

04 가장 일반적으로 사용하는 페인트 브러시 툴을 사용하여 그림처럼 그림을 하나 그려줍니다. 그림의 시작은 여러분이 편한 곳에서부터 그려주면 되며 필자는 새의 모습을 그려보았습니다. 끊지 않고 한번에 그리다 보니 그림의 완성도가 떨어졌네요. ㅋㅋ 실제 작업에서는 배경에 그림을 깔아놓고 그린답니다.

브러시 툴로 그림을 그리는 과정

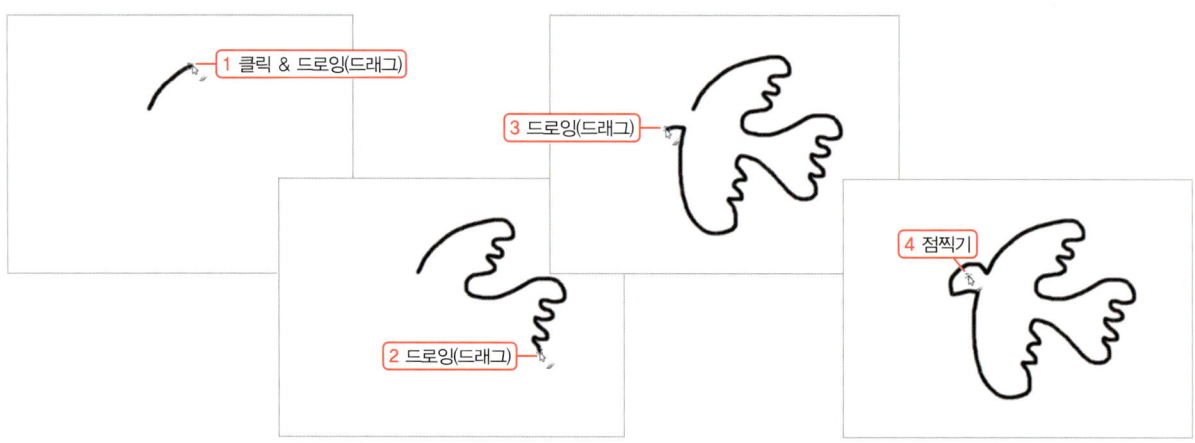

05 이제 앞서 그린 그림의 색상을 채워봅니다. 물론 브러시 툴을 사용하여 칠해나가도 되겠지만 한번에 칠하는 방법을 사용해 봅니다. 버킷(색상 채우기) 툴을 선택합니다. 버킷 툴은 막혀있는 한 공간에 색을 부어주는 툴입니다. 마치 페인트 통을 붓는 것처럼 말이죠. 버킷 툴 옵션에서 Pattern fill을 선택한 후 우측의 패턴 패널에서 적용하고자 하는 패턴을 선택합니다. 그리고 그려놓은 그림(새) 안쪽에서 클릭합니다. 선택된 패턴이 채워진 것을 알 수 있습니다. 이것은 패턴뿐만 아니라 전경(FG color fill)과 배경(BG color fill)색상도 이와 같이 적용할 수 있습니다.

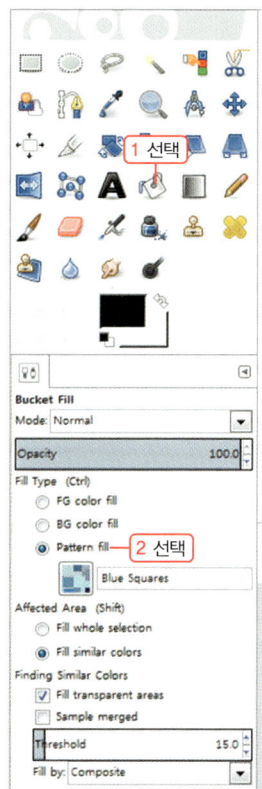

버킷 툴 옵션 살펴보기

Mode 하위 레이어의 색상, 채도, 밝기를 연산하여 합성할 수 있습니다. 레이어 블렌드 모드에 대한 학습을 참고하세요.

Fill Type 적용될 색상 및 패턴을 선택할 수 있습니다. FG/BG color fill은 각각 전경 색과 배경 색으로 채워주며 Pattern fill은 패턴 패널에서 선택(여기서 직접 선택할 수도 있음)된 패턴을 적용합니다.

Affected Area 클릭 시 색상(패턴)이 적용되는 영역을 선택합니다. Fill whole selection은 선택영역에 색상을 적용하며 Fill similar colors는 클릭점의 색상과 같은 색상에 적용하는 방식입니다.

Finding Similar Colors 색상(패턴)이 적용된 영역에 대한 조건을 설정합니다. Fill transparent areas를 체크하면 투명한 영역도 색상이 적용되며 Sample merged를 체크하면 상위 레이어가 투명할 때 하위 레이어의 영역에 색상이 적용됩니다.

Maximum color difference(Threshold) 색상(패턴)이 적용되는 유사 범위를 설정합니다. 수치가 높을수록 적용되는 범위가 넓어집니다.

Fill by 각 색상 채널별도 색상이 채워지게 할 때 사용합니다. 보통 일반적인 합성인 Composite를 사용합니다.

06 이번엔 제대로 된 그림을 한번 그려보기 위해 이미지 폴더에서 고양이.jpg 파일을 불러옵니다. 고양이 이미지의 해상도가 너무 낮아 사용하기엔 문제가 있기 때문에 다시 깨끗하게 그려보겠습니다. Create a new layer 버튼을 눌러 선이란 이름의 투명한 레이어를 만들고 펜슬(연필) 툴을 선택합니다. 펜슬 툴 옵션의 Size를 8 정도로 작게 설정합니다.

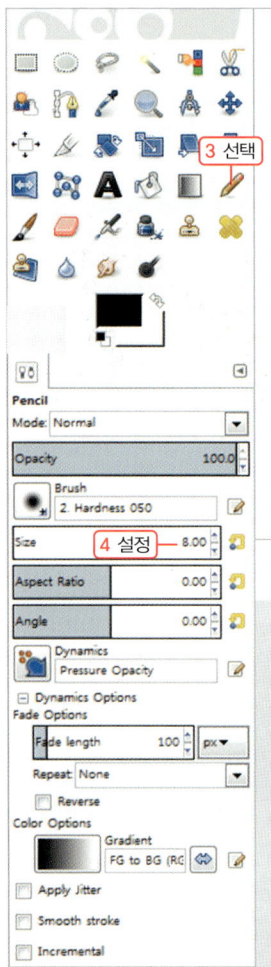

펜슬/페인트 브러시 툴 옵션 살펴보기

펜슬과 페인트 브러시 툴 옵션은 같기 때문에 아래 내용을 참고하여 사용하면 됩니다. 그렇다고 에어브러시나 잉크 툴이 이 두 브러시 툴 옵션과 판이하게 다른 것은 아닙니다.

Mode 하위 레이어의 색상, 채도, 밝기를 연산하여 합성할 수 있습니다. 레이어 블렌드 모드에 대한 학습을 참고하세요.

Opacity 브러시의 불투명도를 설정합니다. 수치가 낮을수록 투명해 집니다.

Brush 브러시 모양(스타일)을 선택할 수 있습니다. 브러시 모양은 우측의 브러시 패널에서도 선택이 가능합니다.

Size 브러시 크기를 조절할 수 있습니다.

Aspect Ratio 브러시의 비율을 설정할 수 있습니다.

Angle 브러시를 회전할 수 있습니다. Aspect Ratio를 통해 브러시의 비율을 다르게 했을 때 효과적입니다.

Dynamics 브러시 강도에 따라 그려지는 선의 모습을 다양하게 표현할 수 있습니다. 이것은 타블렛을 사용할 때 효과적입니다.

Dynamics Options 브러시의 시작이나 끝나는 부분 그리고 전체 선의 느낌을 자연스럽게 흐려지게 하거나 크기, 색상을 설정할 수 있습니다. 가령 Dynamics를 Fade Tapering으로 선택하고 Fade Options의 Fade length를 설정한 후 선을 그어보면 아래 그림처럼 선이 흐린 상태에서 시작됩니다.

Repeat 브러시 선이 반복되도록 해 줍니다. 이것은 Fade length 길이에 의해 결정되는데 None은 아무 변화가 없으며 Sawtooth wave는 한 방향으로 반복 그려지며 Triangular wave는 시작과 끝을 흐리게 하여 반복됩니다.

Reverse 이 옵션을 체크하면 브러시의 시작이 아닌 끝을 흐리게 해 줍니다. 붓글씨를 쓸 때처럼 느낌을 살릴 수 있습니다.

Color Options 다양한 그래디언트 색상을 브러시로 사용할 수 있습니다.

Apply Jitter 이 옵션을 체크하면 브러시를 선이 아닌 흩뿌림 형태로 그릴 수 있습니다.

Smooth stroke 이 옵션을 체크하면 브러시의 선을 보다 부드럽게 표현할 수 있습니다.

Incremental 이 옵션을 체크하면 브러시의 시작 혹은 끝의 흐름을 보다 진하게 해 줍니다.

07 이제 얇게 설정된 펜슬 툴을 사용하여 배경의 고양이를 그려봅니다. 고양이를 보면 직선과 곡선이 반복되는 것을 알 수 있습니다. 그림이 비교적 단순하기 때문에 패스 툴을 사용하여 선을 그려주면 좋겠지만 브러시 사용에 대한 학습 시간이므로 브러시가 손에 익도록 그려보는 것입니다. 필자는 그림의 시작을 꼬리부터 하였는데 꼬리 끝에서 클릭 그리고 꼬리 아래쪽 직선은 Shift 키를 누른 상태로 그려주면 보다 쉽게 직선을 그려줄 수 있습니다. 한번에 끝내려 하지 말며 한 방향으로만 그리려 하지도 말고 그리기 편한 방향으로 그려주면 됩니다.

브러시 툴로 직선을 그리는 과정

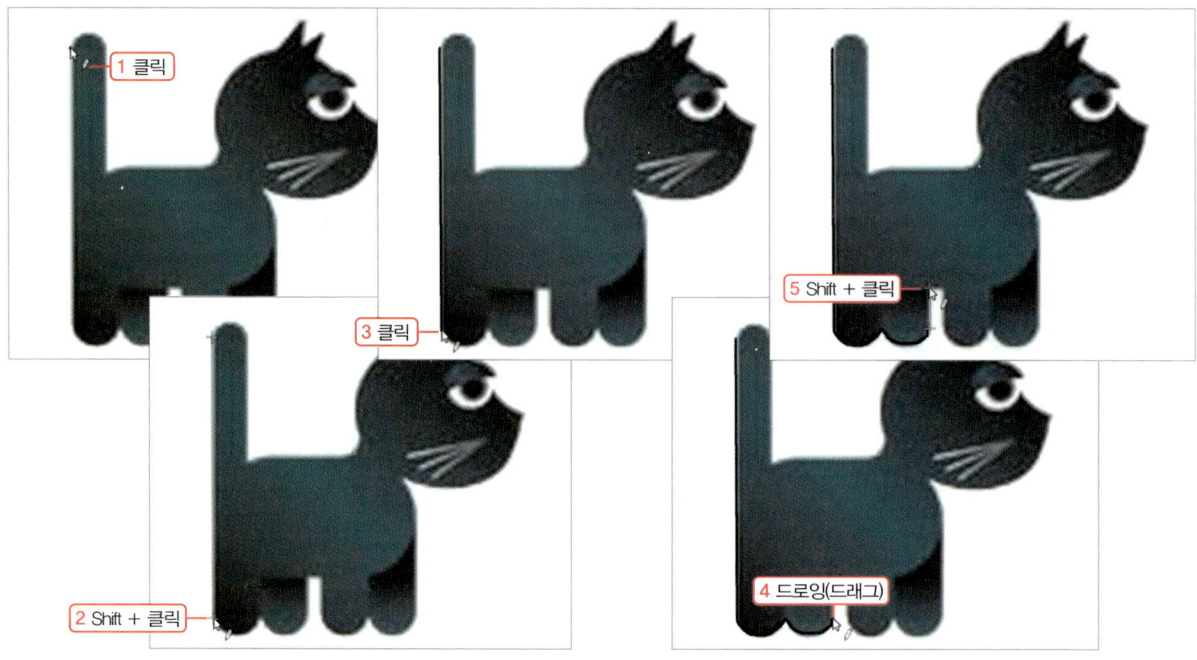

08 Create a new layer 버튼을 클릭하여 몸통이란 이름의 투명 레이어를 만들고 선 레이어 아래쪽에 배치합니다. 선 레이어를 선택하고 툴 박스에서 퍼지 실렉션 툴을 선택하고 고양이 몸통 부분을 클릭하여 선택 영역으로 만들어줍니다.

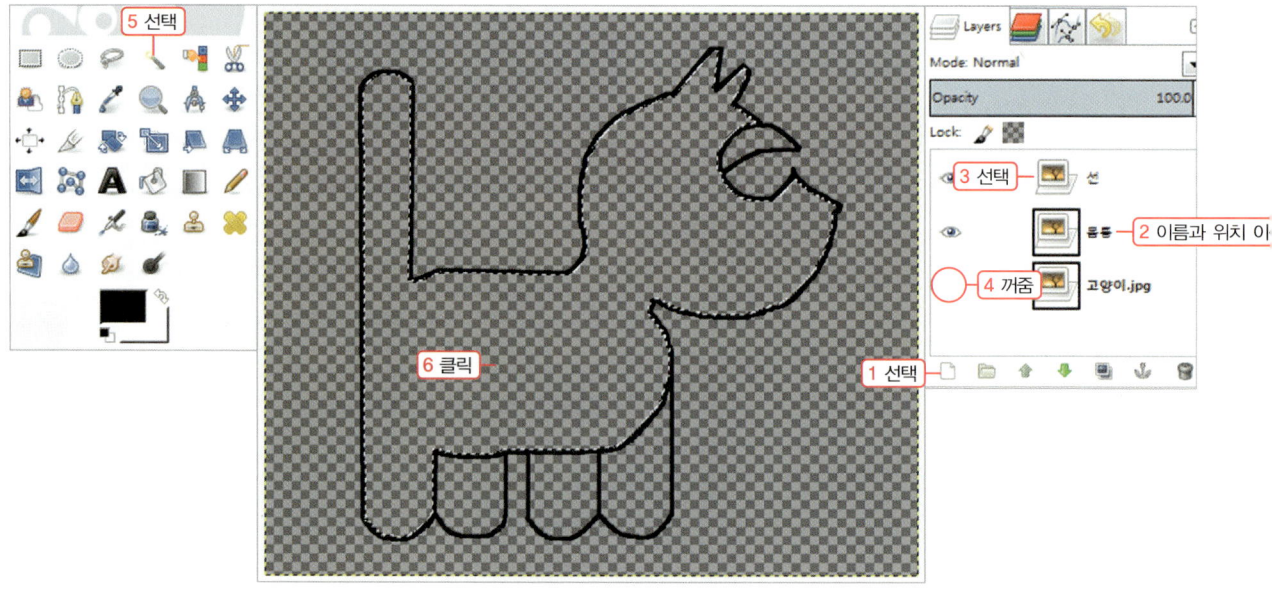

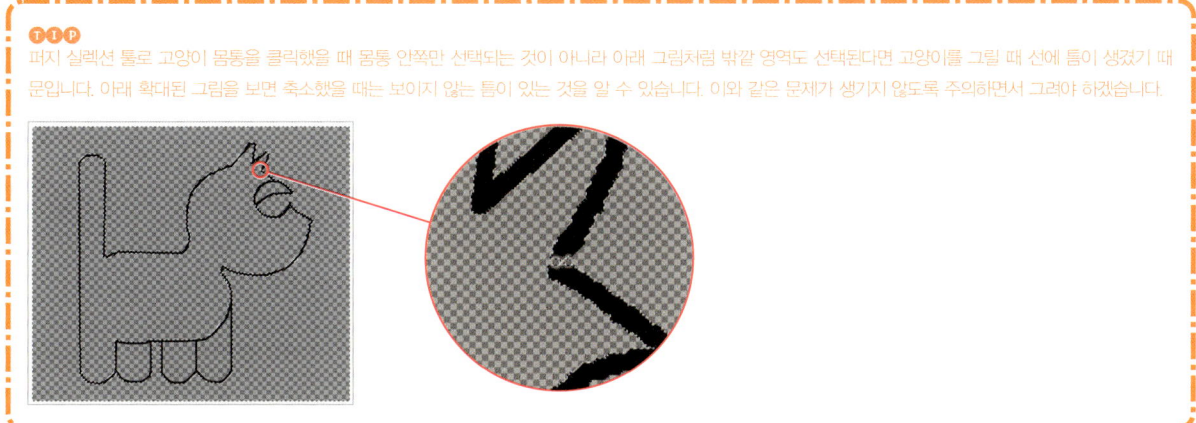

09 선택영역에 색상 입히기 위해 몸통 레이어를 선택합니다. 툴 박스에서 블렌드 툴을 선택하고 전경과 배경 색을 그림처럼 설정합니다. 여러분은 필자와 같은 색을 사용하지 않아도 됩니다. 블렌드 툴 옵션에서 Repeat를 Triangular wave로 설정한 후 이미지 윈도우의 고양이 목 부분에서 클릭 & 드래그하여 그래디언트 색상을 적용합니다.

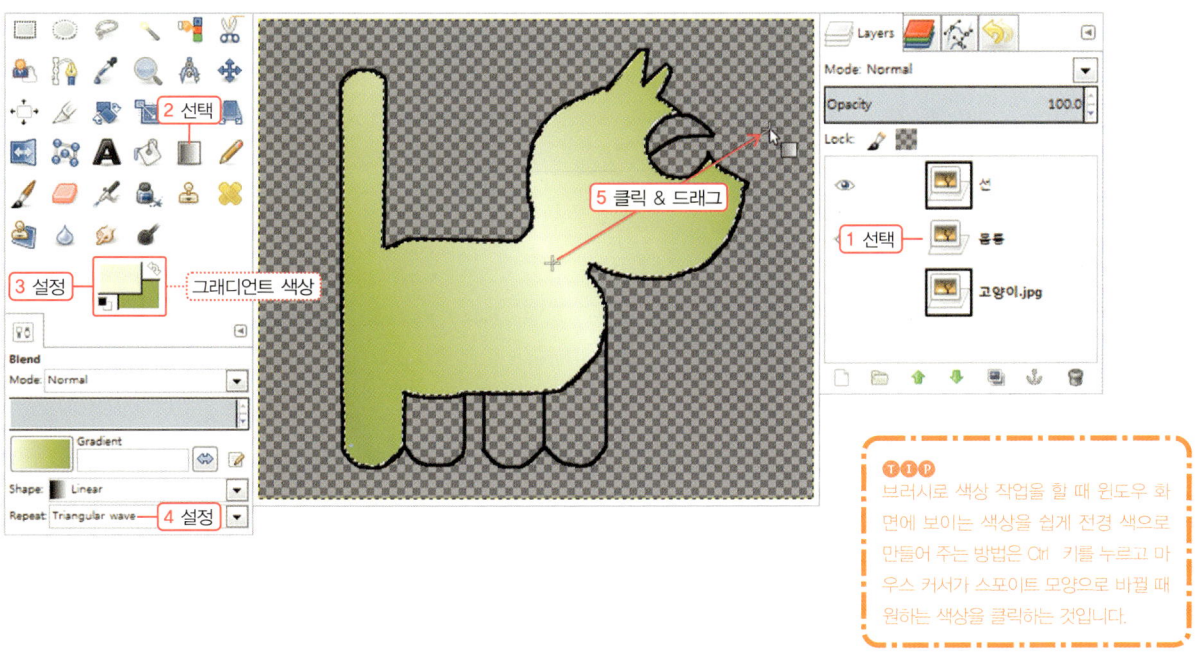

TIP
브러시로 색상 작업을 할 때 윈도우 화면에 보이는 색상을 쉽게 전경 색으로 만들어 주는 방법은 Ctrl 키를 누르고 마우스 커서가 스포이트 모양으로 바뀔 때 원하는 색상을 클릭하는 것입니다.

10 이번엔 다리 부분을 선택하기 위해 선 레이어를 선택한 후 퍼지 실렉션 툴을 사용하여 앞에서 두 번째 다리를 선택영역으로 만들어줍니다.

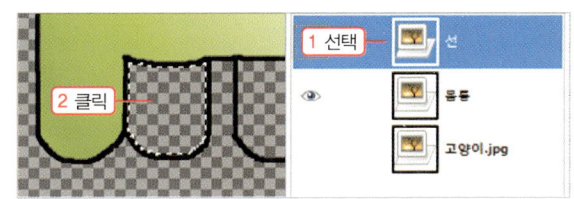

11 Select 〉 Grow를 선택한 후 9 정도로 설정한 후 적용합니다. 선택영역이 설정 값에 따라 확대된 것을 알 수 있습니다.

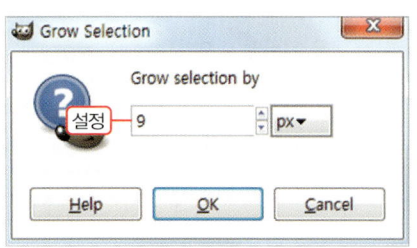

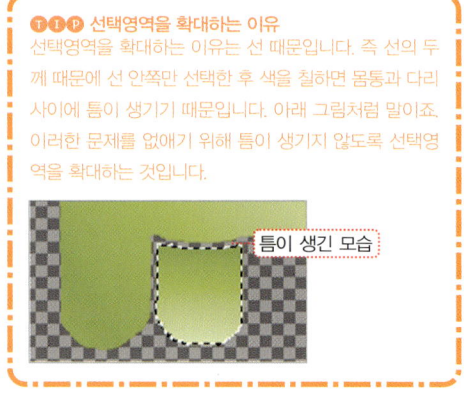

12 선택영역에 색을 칠하기 위해 몸통 레이어를 선택합니다. 툴 박스에서 블렌드 툴을 선택하고 선택된 다리 부분에서 클릭 & 드래그하여 그래디언트 색상을 적용합니다.

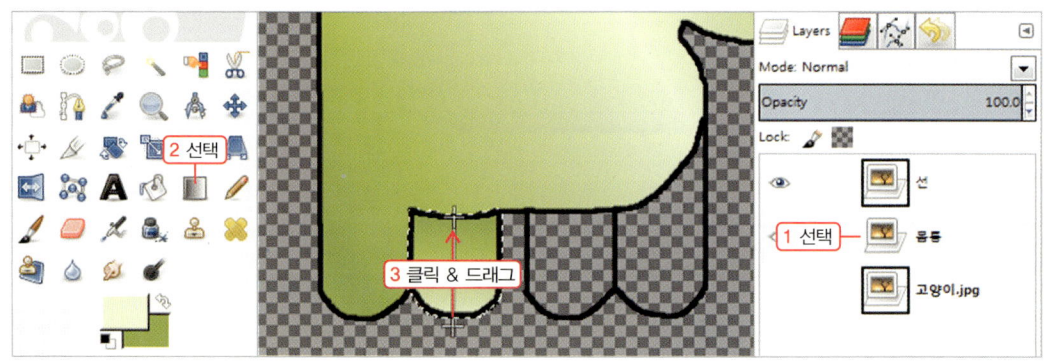

13 계속해서 같은 방법으로 세 번째, 네 번째 다리와 눈꺼풀에 색을 적용합니다. 작업 시 선 레이어에서 선택 및 선택영역을 확장하고 몸통 레이어에서 색을 칠하는 것 잊지 말아야 할 것입니다. 작업이 끝나면 잠시 선의 모습을 숨겨서 어떻게 색칠해졌는지 확인해 봅니다.

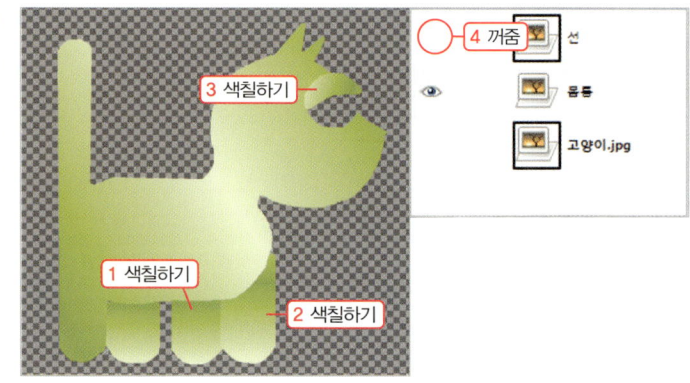

13 이번엔 눈을 표현하기 위해 눈이란 이름의 투명 레이어를 만들고 눈이 눈꺼풀 밑에 가려져야 하기 때문에 몸통 레이어 아래로 이동합니다. 툴 박스에서 엘립스(원형 선택) 셀렉션 툴을 사용하여 그림과 같은 원형 선택영역을 만듭니다. 원을 만들 때 Shift 키를 누르면 정원이 되며 Ctrl 키를 같이 사용하면 원을 처음 그릴 때의 지점이 중심점이 되어 그리기 편리합니다.

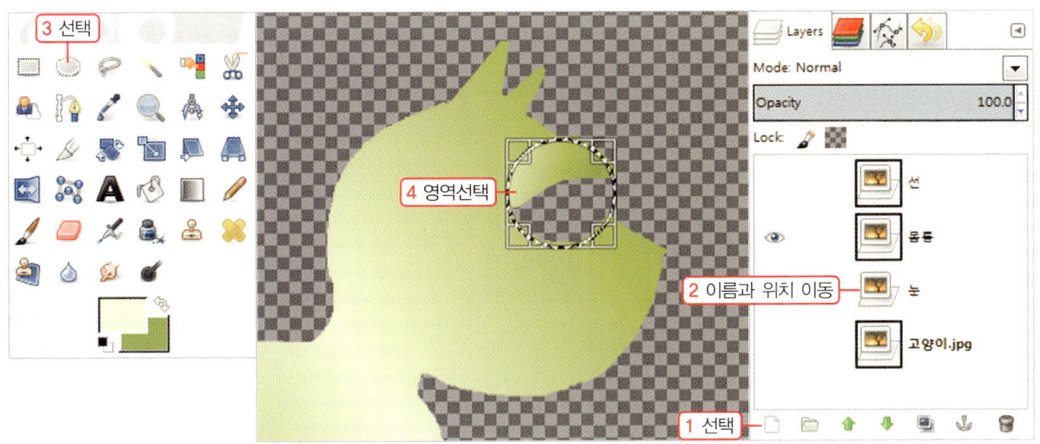

14 전경(포그라운드) 색을 흰색으로 설정하고 Edit 〉 Fill with FG Color를 선택하거나 Ctrl + ,(쉼표)를 눌러 전경색을 적용합니다.

15 Ctrl + Shift + A 키를 눌러 선택영역을 해제하고 이번엔 전경 색을 검은색으로 설정합니다. 페인트 브러시 툴을 선택하고 툴 옵션에서 브러시 크기(Size)를 눈동자 크기만큼 90 정도로 설정하고 Fade length를 17 정도로 낮춰 경계의 부드러움을 적게 해 줍니다. 흰색 눈 위에서 점을 찍듯 클릭하여 눈동자를 만들어줍니다. 계속 클릭하면 색 상 점점 진해집니다.

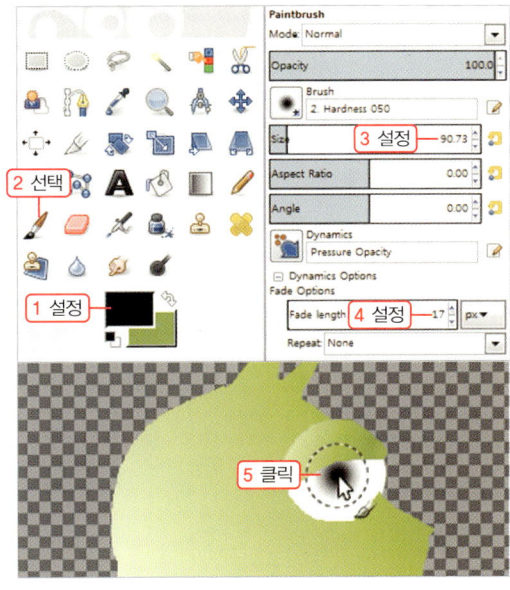

브러시 툴을 이용한 그림 그리기

16 이번엔 고양이 수염을 그려주기 위해 펜슬(연필) 툴을 선택하고 툴 옵션에서 Size를 5 정도로 설정하여 얇은 수염을 그릴 수 있도록 해 줍니다. 전경 색은 흰색으로 설정하고 Create a new layer 버튼을 클릭하여 수염이라는 이름의 투명 레이어를 만들어줍니다. 그림처럼 Shift 키를 이용하여 직선 수염을 세 가닥만 그려줍니다.

17 이제 마무리 작업을 할 차례입니다. 고양이 외곽으로 입체감이 들 수 있도록 리터칭 작업을 해 보겠습니다. 선 레이어를 선택한 후 퍼지(영역으로 선택) 실렉션 툴을 사용하여 고양이 몸통을 클릭(선택)합니다. 현재는 선 레이어의 모습이 보이지 않지만 그려진 선은 그대로 인식되고 있기 때문에 몸통 부분이 선택영역으로 만들어집니다.

18 에어브러시 툴을 선택하고 툴 옵션에서 Opacity를 20 정도로 낮춰줍니다. Size는 리터칭하기 좋은 크기로 설정하고 전경 색을 짙은 연두색(음영을 느낄만한 색)으로 설정하고 몸통 레이어를 선택한 후 리터칭을 시작합니다. 클릭(드로잉), 클릭하면서 칠해주면 되는데 불투명도 값이 낮기 때문에 한번 터치(클릭)할 때 색상은 옅게 칠해지므로 짙게 칠하기 위해서는 반복적으로 터치를 해야 합니다. 이렇게 하는 이유는 한번에 짙게 칠해지는 문제를 해결할 수 있기 때문입니다.

에어브러시 툴 옵션 살펴보기

에어브러시 툴의 옵션은 펜슬 및 페인트 브러시 툴 옵션과 대부분 같지만 맨 아래쪽에 있는 Motion only 하나만 다릅니다. 모션 온니는 브러시의 속도에 따라 선의 짙고 엷음을 설정할 수 있습니다. Rate는 속력을 설정하고 Flow는 짙고 엷음을 설정하는데 가령 Rate가 높게 설정해 놓고 브러시를 사용할 때 브러시 속도가 빠를수록 색상이 더욱 짙어집니다. 여기서 Flow는 단순히 색상의 짙고 엷음만을 설정합니다.

Dynamics Options 살펴보기(브러시 감도를 다양하게 설정)

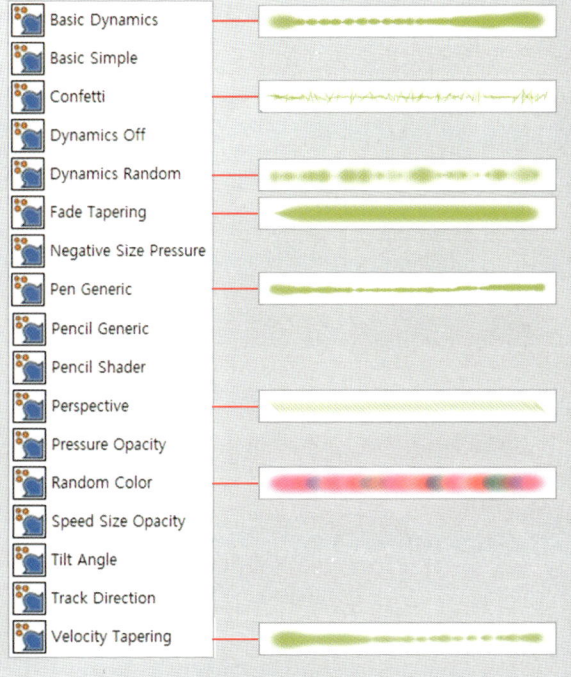

다이내믹 옵션은 브러시 감도에 따라 달라지는 브러시 모습을 설정할 수 있습니다. 이 옵션의 모든 브러시에서 공통으로 사용되며 완벽하게 재현하기 위해서는 타블렛이란 펜 마우스를 사용해야 합니다. 그러나 대부분 마우스를 사용하기 때문에 일부 옵션만을 사용할 수 밖에 없습니다. 그림을 그리거나 붓글씨를 쓰거나 하는 등의 다양한 작업 상황에 따라 효과적으로 브러시를 표현할 수 있기 때문에 한번씩 살펴보는 것이 필요합니다.

19 같은 방법으로 다리 부분도 입체감이 들도록 음영 처리를 해 줍니다. 이때 선 레이어에서 영역을 선택하고 Select > Grow를 통해 영역을 확장한 후 몸통 레이어에서 리터칭 작업을 하는 것 잊지 말아야 할 것입니다.

20 마지막으로 고양이 수염에 그림자를 살짝 보이게 해 줍니다. 수염이라는 이름의 투명 레이어를 만들고 선 레이어 바로 밑으로 이동합니다. Filters > Light and Shadow > Drop Shadow를 선택하고 설정 창에서 Offset XY를 각각 1, 2로 설정하여 그림자의 위치를 수염과 거의 같은 위치로 해 주고 Blur radius 11, Opacity를 38 정도로 설정하여 그림자를 흐리게 하여 살짝만 보이도록 해 줍니다.

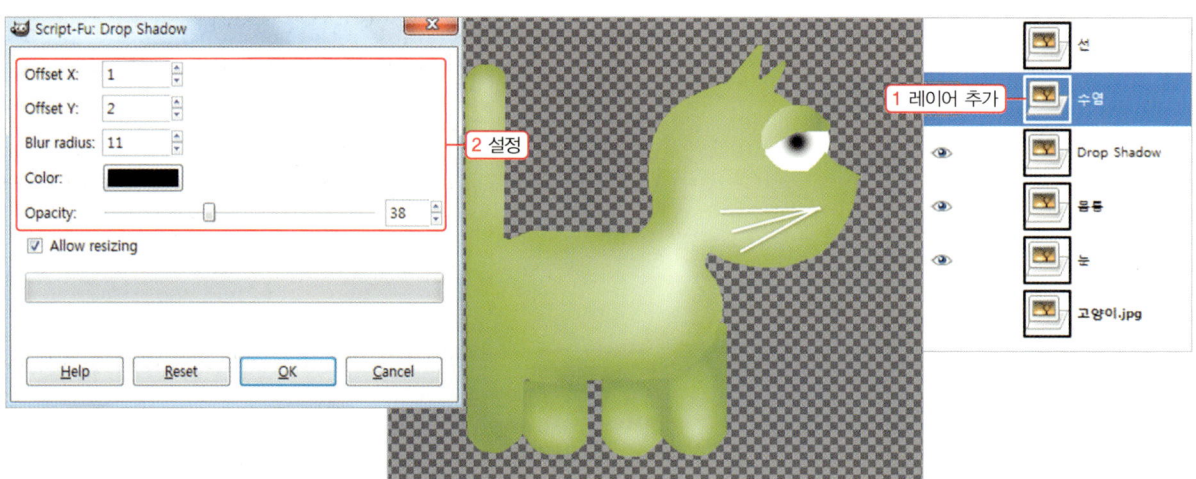

TIP

고양이 가슴과 앞다리 부분을 보면 선택영역이 지정되지 않아 색상 및 리터칭 작업이 이뤄지지 않은 것을 볼 수 있습니다. 이와 같은 작업을 하다 보면 선택영역의 폭이 좁은 곳에서 이러한 상황이 생겨납니다. 이럴 때 그 부분만 프리실렉션 툴과 같은 선택 툴을 이용하여 영역으로 선택한 후 작업을 하면 됩니다. 또한 위의 작업에서 선을 브러시로 그렸지만 섬세한 작업을 위해서는 패스 툴을 이용하여 선을 만들어주는 것이 좋습니다.

새로운 브러시 스타일 만들기

김프에서도 브러시를 직접 만들어 쓰거나 브러시 스타일 소스를 제작된 것을 설치하여 사용할 수 있습니다. 먼저 브러시 스타일 소스를 등록해서 사용하는 방법에 대해 알아보며 다음으로 김프에서 직접 만들어 사용하는 방법에 대해 알아 보겠습니다.

01 본 도서 학습자료 폴더를 보면 브러시 폴더가 있습니다. 이 폴더로 들어가면 나무를 그릴 때 사용하는 브러시, 물방울, 철망, 눈 등 다양한 브러시 소스가 있습니다. 물론 실제로는 이것보다 훨씬 다양한 브러시 소스들이 있지요. 이제 이 브러시 소스 중 하나를 김프 브러시 패널에 등록하여 사용해 보도록 하겠습니다. 압축이 풀려있는 폴더 중 Animated Snow Brushes for GIMP 폴더를 Ctrl + C 키를 눌러 복사합니다. 압축 파일을 압축을 푼 후 설명한 것처럼 사용하면 됩니다.

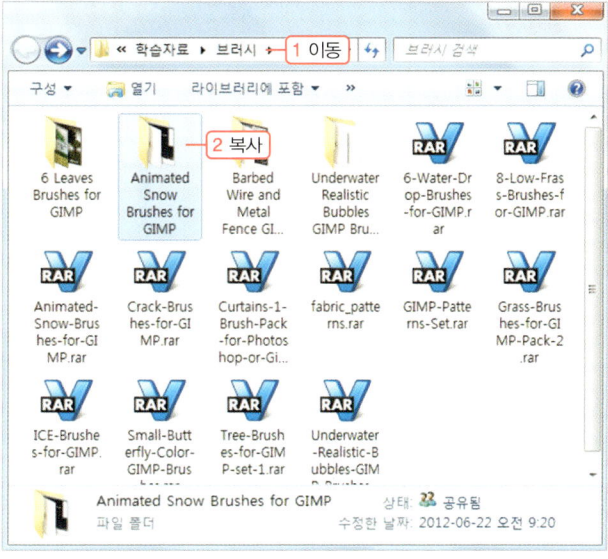

02 앞서 복사된 브러시 소스를 C:\Program Files\GIMP 2\share\gimp\2.0\brushes 폴더로 들어가서 Ctrl + V 키를 눌러 붙여 넣습니다. 이것으로 이제 붙여 넣기 된 브러시 소스를 김프에서 사용할 수 있게 되었습니다. 참 쉽지요.

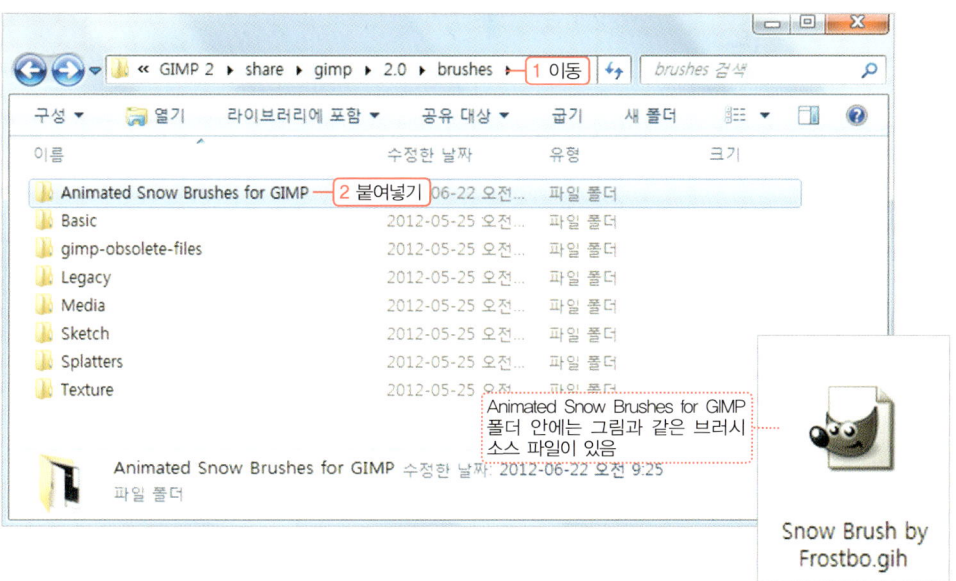

03 김프로 돌아와서 먼저 브러시로 사용할 이미지를 불러옵니다. Ctrl + O 키를 눌러 이미지 폴더에서 우리ZIP.jpg 파일을 불러옵니다. 브러시 패널 하단에 있는 Refresh brushes 버튼을 클릭하면 앞서 붙여 넣기 된 Snow Brush by Frostbo.gih 브러시 소스가 등록되는 것을 알 수 있습니다. 브러시나 패턴과 같은 소스는 김프를 재시동하지 않고도 사용할 수 있습니다.

04 이제 새로 등록된 Snow 브러시를 선택하고 툴 박스에서 페인트 브러시를 선택합니다. 전경 색은 흰색으로 하고 브러시 툴 옵션에서 브러시 크기를 크게 설정합니다. 이미지 윈도우에서 눈을 그려줍니다. 이미지의 아래 땅 부분을 눈이 수북이 쌓이도록 클릭, 클릭하여 표현해 줍니다.

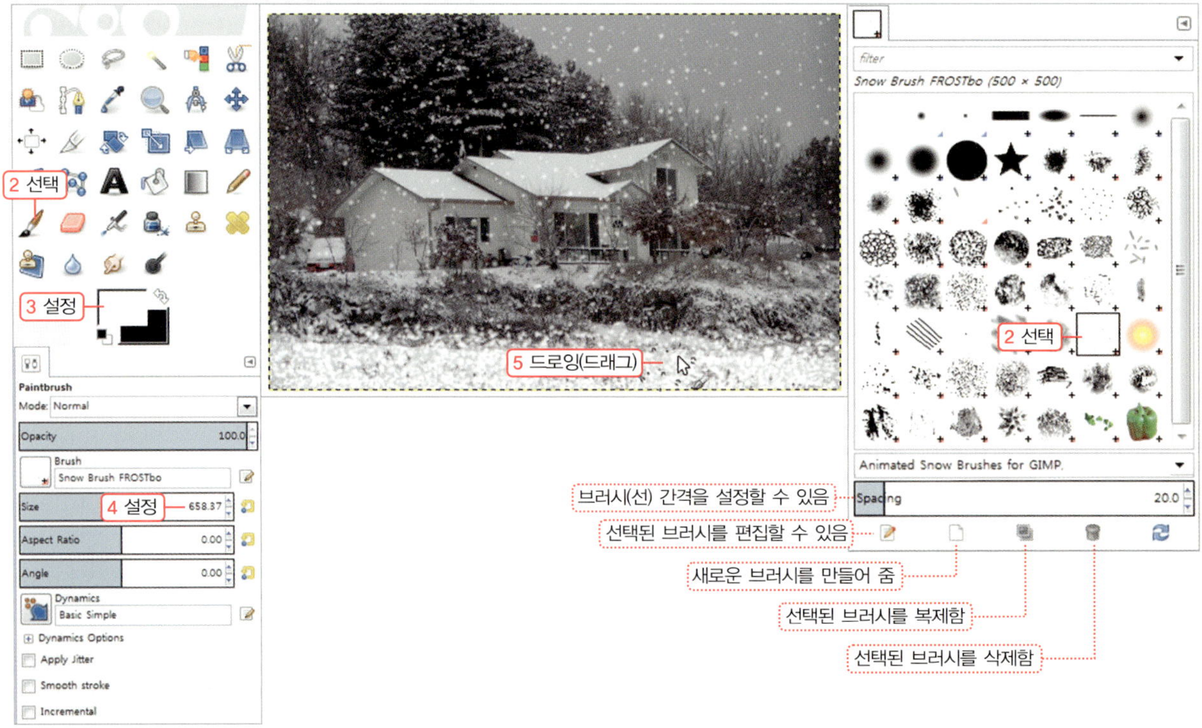

05 계속해서 이번엔 브러시를 직접 만들어보기 위해 Ctrl + N 키를 눌러 그림과 같이 투명한 배경 이미지를 만들어줍니다. 이미지의 크기는 세로가 가로보다 길게 해 줍니다.

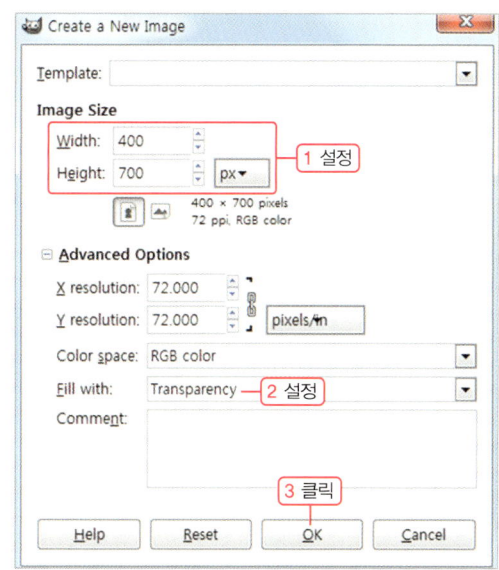

06 툴 박스에서 잉크 툴을 선택하고 툴 옵션에서 브러시 크기를 조절하고 Sensitivity에서 민감도를 설정합니다. Shape에서 붓의 모양을 원형으로 하고 그림처럼 타원(세워진 모습)으로 만들어줍니다. 이미지 윈도우에서 실제 붓으로 글자를 쓰듯 명작이란 글자를 씁니다. 물론 여러분은 필자와 같은 글자를 쓸 필요는 없습니다. 한번에 완성하려고 하지 말고 맘에 들 때까지 반복(Ctrl + Z)하여 글자를 완성합니다. 이 작업 역시 마우스보다는 타블렛을 이용하면 보다 효과적입니다.

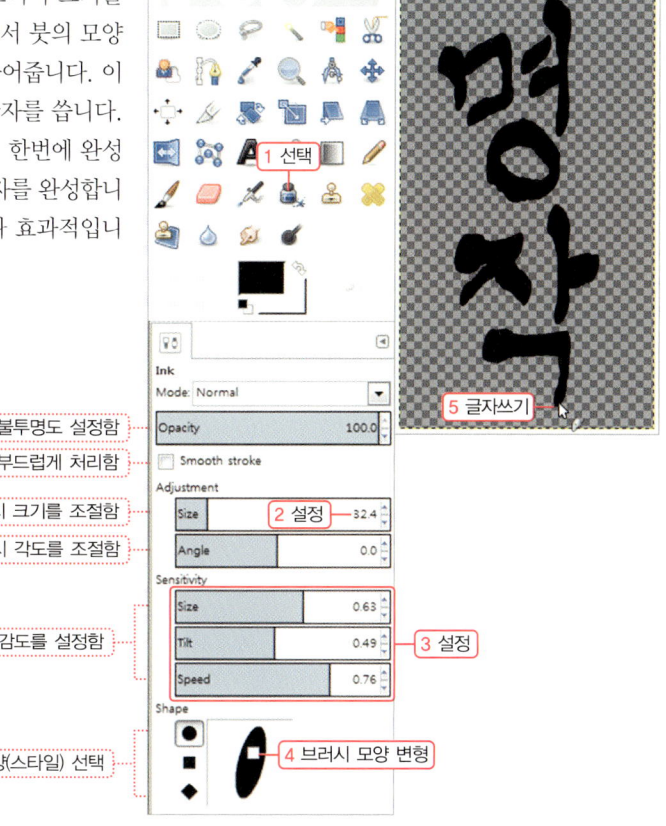

07 이제 입력된 글자를 브러시 소스로 만들기 위해 File > Export를 선택합니다. 설정 창에서 파일 형식을 GIMP brush (*.gbr)로 선택하고 파일명 입력(확장자 .gbr도 입력)합니다. 파일이 저장될 위치를 앞서 브러시 소스를 붙여 넣기 했던 C:₩Program Files₩GIMP 2₩share₩gimp₩2.0₩brushes 폴더로 지정한 후 Export 버튼을 눌러 저장합니다. Export Image as Brush 설정 창이 열리면 브러시(선) 기본 간격을 Spacing을 통해 설정한 후 Export 버튼을 누릅니다.

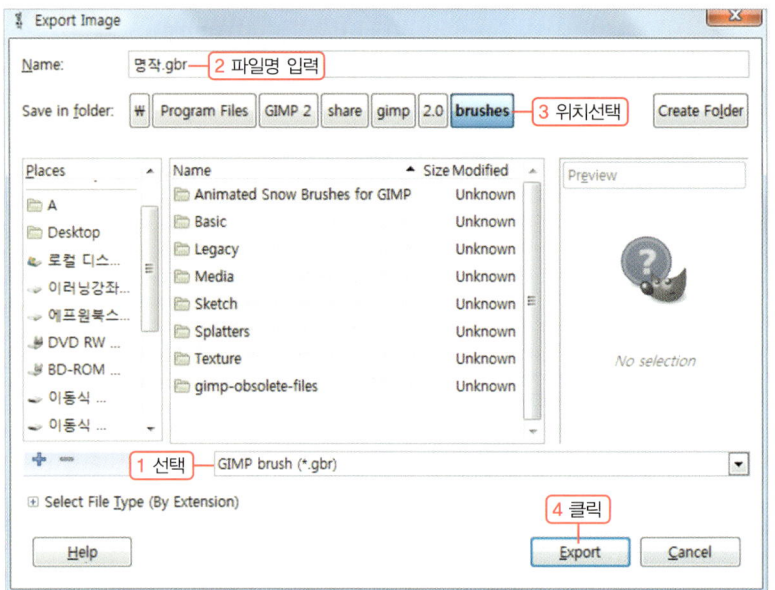

08 브러시 패널에서 Refresh brushes 버튼을 클릭합니다. 앞서 저장한 명작 브러시가 등록되면 선택해서 한번 사용해 봅니다. 이처럼 이미지 윈도우에서 작업한 이미지(글자)를 gbr 형식으로 저장하면 김프 브러시 소스로 사용할 수 있다는 것을 알 수 있었습니다.

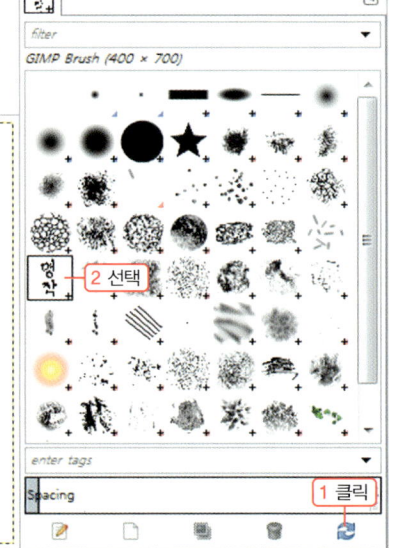

TIP 애니메이션 브러시 만들기

애니메이션 브러시는 실제 브러시가 움직이는 것이 아니라 브러시질을 할 때마다 모양이 바뀌는 브러시를 말합니다. 이와 같은 브러시를 만드는 것은 특별히 어려운 것은 아니구요, 앞서 만들어 보았던 것처럼 브러시 모양을 만든 후 저장하는 것은 동일합니다. 다만 다른 것이 있다면 변화되는 모양을 각 레이어별로 만든 후 파일 확장자를 GIMP brush (*.gbr)이 아닌 GIMP brush (animated) (*.gih) 형식으로 저장하면 됩니다.

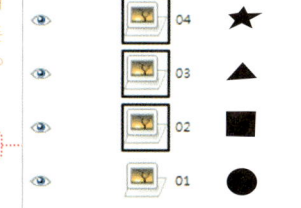

서로 모양이 다른 레이어로 애니메이션 브러시를 만듦

TIP 패턴 소스 만들기

패턴 또한 김프에서 직접 만들거나 패턴 소스 파일을 설치하여 사용할 수 있습니다. 방법은 앞서 배운 브러시와 유사합니다. 새로운 패턴 소스 파일은 C:\Program Files\GIMP 2\share\gimp\2.0\patterns 폴더에 저장하거나 설치(붙여 넣기)하여 사용할 수 있으며 확장자는 pat를 사용합니다. Export 사용 시 파일 형식을 GIMP pattern (*.pat)로 지정해 주면 되며 새로 만들어진 패턴은 패턴 패널 하단의 Refresh patterns 버튼을 클릭하여 등록할 수 있습니다. 이제 브러시와 패턴을 여러분이 원하는 다양한 스타일로 만들어 사용해 보기 바랍니다.

선택된 패턴을 삭제함

새로운 패턴을 등록함

선택한 패턴을 이미지로 사용함

14 상황에 맞는 최적의 이미지로 만들어 주는 방법에 대하여

이미지란 말 그대로 우리 눈에 보이는 형체를 말합니다. 김프와 같은 그래픽 툴에서의 이미지는 사진이나 그림과 같은 것을 뜻하지요. 이런 이미지를 어떻게 관리하느냐에 따라 좋은 이미지가 될 수 있으며 반대로 나쁜 이미지가 될 수도 있습니다. 또한 이미지가 쓰이는 상황에 따라 용량이나 크기도 달라져야 하기 때문에 이미지를 관리하는 것에 대해서도 익숙해져야 합니다.

01 앞서 작업했던 고양이 파일을 열어봅니다. 저장을 하지 않았다면 본 도서의 이미지 폴더에 있으니 열어보세요. 이제 확대(Ctrl + 마우스 휠)를 해서 이미지 경계가 뚜렷이 보이도록 합니다. 이미지 경계가 매우 거칠다는 것을 알 수 있는데 이것이 바로 품질, 즉 해상도가 낮기 때문인 것이죠. 현재 이미지의 해상도를 확인하기 위해 Image 〉 Scale Image를 선택합니다.

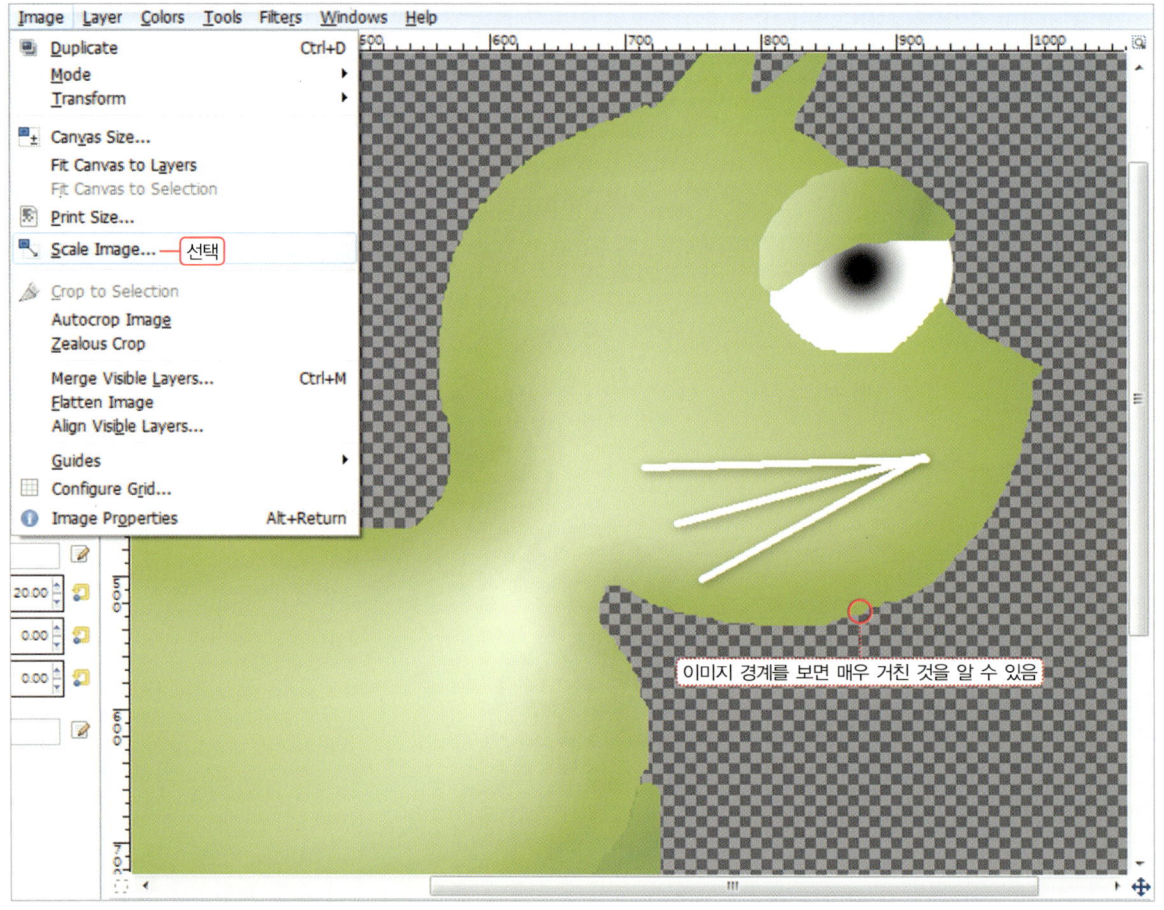

02 Scale Image 설정 창을 보면 Image Size와 Quality가 있습니다. 이미지 사이즈는 이미지 크기에 대한 설정을 할 수 있으며 퀄리티는 이미지 보관법, 즉 품질에 대한 설정을 할 수 있습니다. 가장 좋은 품질을 위해서는 Interpolation을 Cubic(작업 속도가 다소 느려짐)으로 설정해야 합니다. 여기서 이미지 크기를 보면 가로, 세로가 1150x1001로 되었으며 XY resolution이 72 pixels/in(DPI-1인치당 가로/세로에 사용되는 픽셀(도트)의 개수)로 되어있는 것을 알 수 있습니다. 가로, 세로의 크기는 작지는 않지만 리졸루션, 즉 픽셀의 개수가 너무 작아 이미지가 거칠게 보였던 것입니다. 지금의 72dpi는 웹용 이미지를 위한 픽셀이므로 사진이나 인쇄용으로 사용하기에 문제가 있습니다. 그렇다고 이제 와서 픽셀의 개수를 증가한 다고 거친 이미지를 부드럽게 할 수는 없습니다. 이것은 작은 이미지를 확대한 것과 다를 것이 없기 때문입니다. 그러므로 처음부터 이미지 설정을 한 후 작업을 해야 했던 것입니다.

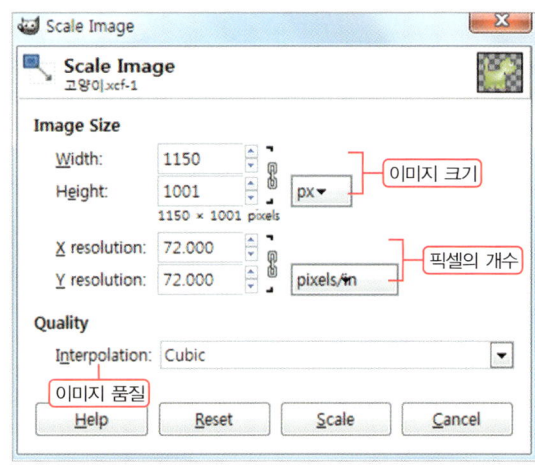

03 이번엔 쑥갓-고화질 파일을 불러와 가운데 꽃만 보이도록 확대를 해 봅니다. 그런데 확대를 해도 제법 깨끗하게 보이는 군요. 좌측의 전체 이미지와 별다른 차이가 없어 보입니다. 이것은 이 이미지의 해상도가 높기 때문입니다.

이미지 전체의 모습

100% 확대를 한 모습

> **TIP 해상도와 품질의 차이점**
> 우리는 자칫 이미지 해상도(Resolution-DPI)와 품질(Quality)에 대하여 같은 개념으로 생각할 수도 있습니다. 그러나 이 둘은 엄연히 다르게 이해해야 합니다. 해상도는 이미지를 구성하는 픽셀(망점)의 개수, 즉 밀도로 이해해야 하며 품질은 색상과 이미지 상태로 이해해야 할 것입니다. 물론 품질은 일반적으로 이미지의 전체에 대한 평가를 내릴 때도 사용하지만 작업 시 이 둘의 관계는 다르게 해석해야 한다는 것입니다. 해상도, 즉 픽셀의 개수가 높으면 이미지를 확대했을 때 깨짐 없이 보이지만 이것을 전체 품질로 평가해서는 안 된다는 것이죠. 아래 그림을 보면 픽셀의 개수와 색상 수에 따른 차이를 보여줍니다.
>
>
>
> 픽셀의 개수가 다를 때
> 색상의 수가 다를 때

04 현재 이미지는 2400만 화소급 카메라에서 Fine(좋은 품질)으로 찍은 사진입니다. 이 이미지의 품질을 보기 위해 다시 Image 〉 Scale Image를 선택합니다. 앞서 살펴보았던 고양이 이미지보다 훨씬 뛰어난 품질을 가지고 있는 것을 알 수 있습니다. 이미지 크기도 크고 1인치(DPI)당 리졸루션(픽셀)도 많이 사용하여 확대해도 깨지지 않았던 것입니다. 이제 이미지의 크기만 작게 조절해 봅니다. Width(가로)의 크기만 1000으로 줄여줍니다. 현재 쇠사슬 모양의 링크가 연결된 상태이기 때문에 세로(Height)로 같은 비율로 줄어듭니다. Scale 버튼을 눌러 적용합니다.

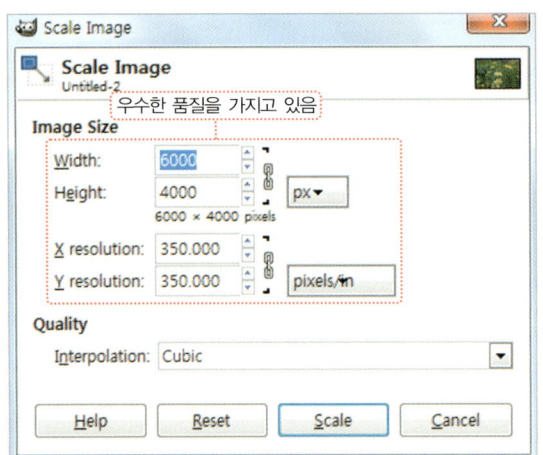 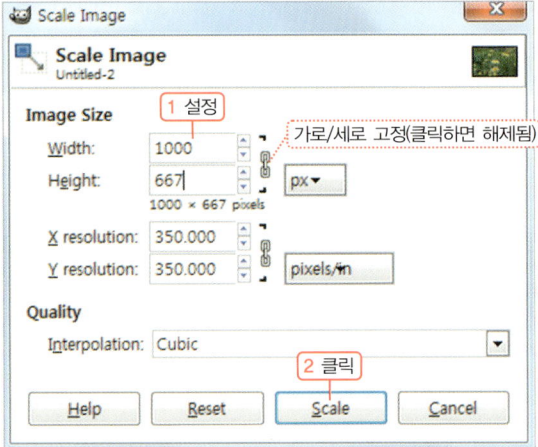

05 적용 후의 모습을 보면 크기가 눈에 띄게 줄어든 것을 볼 수 있습니다. 앞서 이미지 전체 크기를 줄였으니 당연하겠지요. 여기서 100%로 확대를 해 봅니다. 크기를 설정하기 전에도 100%로 확대했었는데 이미지의 크기만 달라졌을 뿐 이미지가 깨지지 않고 나타납니다. 이것은 이미지의 전체 크기에 대한 변화를 주어도 리졸루션(픽셀)를 낮추지 않으면 크게 확대하기 전에는 깨끗한 상태로 사용(인쇄)할 수 있다는 것을 의미합니다.

06 이제 이미지 크기를 줄여준 쑥갓-고화질 이미지를 다른 이름으로 저장하여 파일 용량을 비교해 보겠습니다. File 〉 Export를 선택하고 설정 창에서 쑥갓-저화질.jpg란 이름으로 저장합니다.

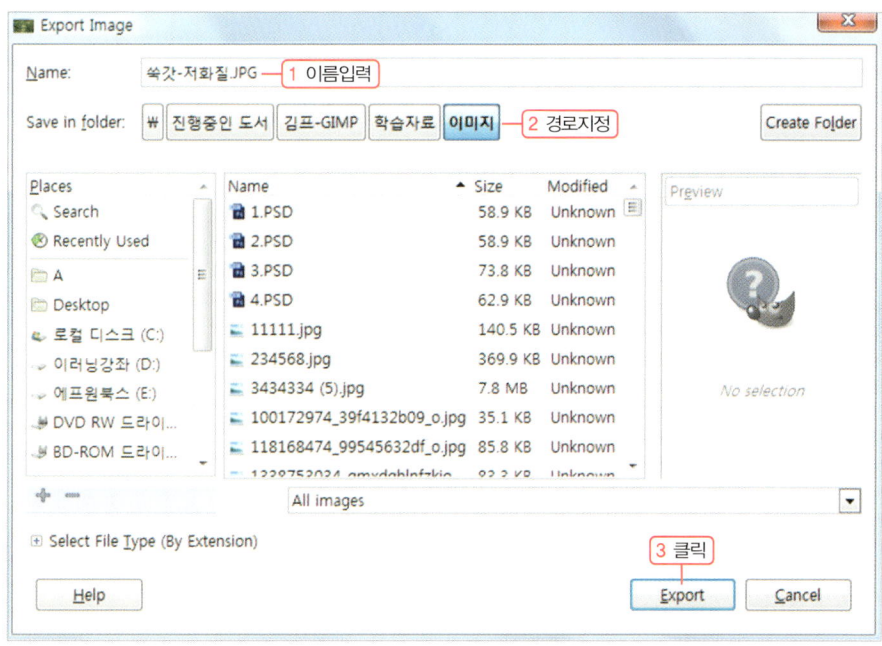

07 이제 파일이 저장된 폴더로 가 봅니다. 원본 쑥갓-고화질은 4.53MB의 용량을 가지고 있으며 앞서 저장한 쑥갓-저화질은 20배가 넘게 줄어든 186KB의 용량이 되었습니다. 실제 크기는 1/6로 줄었지만 파일의 크기는 그보다 훨씬 많이 줄어든 것이죠. 이것으로 이미지의 크기가 전체 품질이나 용량에 어떠한 영향을 주는지 알았습니다. 이제부터는 상황에 맞게 이미지의 설정을 하여 불필요하게 큰 이미지를 사용하는 일이 없도록 해야겠습니다.

> **TIP** Grayscale 모드와 Indexed 모드에 대하여
> 김프는 RGB(일반 컬러) 모드와 흑백으로 사용하는 Grayscale(그레이스케일) 모드 그리고 웹용 Indexed(인덱스) 모드를 제공합니다. 일반적으로 RGB(빨강, 초록, 파랑) 모드를 사용하지만 흑백의 작업을 하고자 했을 때는 Grayscale 모드로 전환하여 작업을 하는 것이 좋으며 웹용 저품질로 작업을 할 것이라면 최대 256 색상만 지원하는 Indexed 모드로 전환하는 것이 좋습니다. 색상 모드는 Image 메뉴의 Mode에서 선택할 수 있습니다.

Image(이미지) 메뉴 살펴보기

이미지 메뉴에서는 이미지를 복제, 변형, 크기 조절 등과 관련된 메뉴들로 구성되어 있습니다. 이것은 레이어 메뉴와는 별도로 순수하게 이미지에 대한 설정을 하는 것입니다.

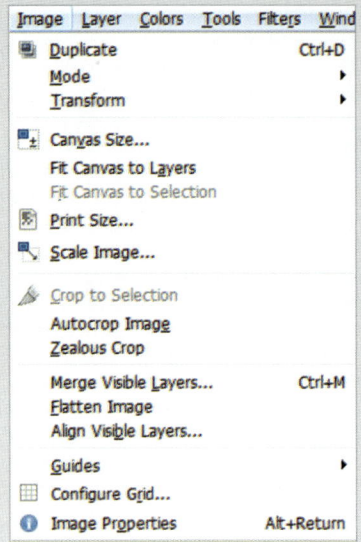

Duplicate 현재 이미지를 새로운 이미지로 복제해 줍니다. 이때 사용되는 모든 레이어도 같이 포함됩니다.

Mode 작업 색상 모드를 설정합니다.

Transform 이미지를 수평/수직으로 뒤집(Flip)어주거나 회전(Rotate)을 할 수 있으며 Guillotine을 사용하면 가이드 라인이 있는 지점을 잘라줍니다.

Canvas Size 현재 이미지 윈도우의 크기를 새롭게 설정할 수 있습니다. 이것은 이미지의 크기와는 무관합니다.

Fit Canvas to Layers 이미지 윈도우의 크기를 레이어의 크기에 자동으로 맞춰줍니다.

Fit Canvas to Selection 이미지 윈도우의 크기를 선택영역에 맞게 자동으로 맞추어줍니다.

Print Size 프린터를 통해 출력할 크기를 설정합니다.

Scale Image 이미지의 크기와 해상도를 설정합니다.

Crop to Selection 선택영역의 크기에 맞게 이미지를 잘라줍니다.

Autocrop Image 사용되는 모든 레이어의 불필요한 부분을 자동을 잘라줍니다.

Zealous Crop 사용되는 모든 레이어의 크기에 맞게 이미지 윈도우의 크기를 맞춰줍니다.

Merge Visible Layers 보이는 모든 레이어를 하나의 레이어로 합쳐줍니다.

Flatten Image 사용되는 모든 레이어를 배경 이미지(레이어)로 합쳐줍니다.

Align Visible Layers 선택된 레이어의 위치를 기준으로 나머지 레이어를 정렬할 수 있습니다.

Guides 새로운 가이드 라인을 추가합니다. 위치 값을 통해 가이드 라인을 배치하거나 선택영역에 가이드 라인을 추가할 수 있습니다.

Configure Grid 가이드 라인의 색상, 간격, 스타일 등을 설정할 수 있습니다.

Image Properties 현재 이미지의 세부 속성 정보를 확인할 수 있습니다.

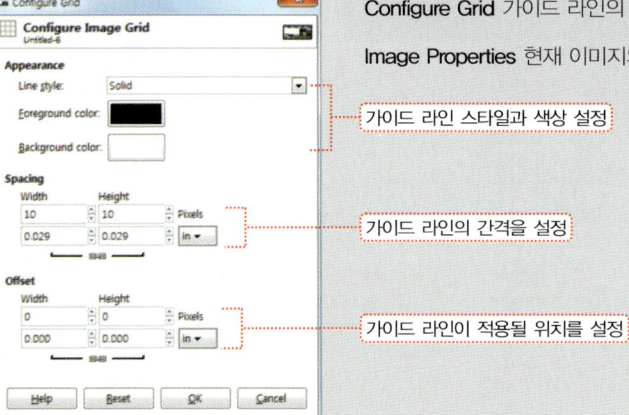

15 복제를 위한 클론 툴과 복원을 위한 힐링 툴 제대로 다루기

클론 툴은 복제 힐링 툴은 치유(복원)하는 툴이라고는 하지만 서로 비슷하면서도 다르고 다르면서도 비슷한 특징을 가지고 있습니다. 그것은 이 툴들은 둘 다 이미지를 보수하는데 사용한다는 것이 같기 때문입니다. 어떻게 보면 이 툴들은 서로 병행하여 사용했을 때 가장 큰 효과를 볼 수 있으므로 같은 조직의 툴이라고 할 수 있습니다.

01 먼저 복제를 위한 클론 툴을 사용해 보기 위해 Ctrl + O 키를 눌러 하늘02.jpg 파일을 불러옵니다. 하늘을 보면 좌측에 한 점의 구름 이외엔 깨끗한 하늘입니다. 여기서 구름을 다른 곳에 복제하여 구름이 더욱 풍성한 하늘을 표현할 것인지 아니면 한 점의 구름마저 지워 구름 한 점 없는 깨끗한 하늘을 표현할 것인지에 따라 클론 툴의 용도가 달라지게 됩니다. 물론 특정 영역을 복제하여 원하는 표현을 하는 것은 같습니다.

02 구름을 다른 하늘로 복제하여 풍성한 구름을 표현해 보겠습니다. 툴 박스에서 클론(복제) 툴을 선택하고 클론 툴 옵션에서 Size를 구름을 복제하기 좋은 크기로 설정합니다. 이미지 윈도우에서 복제될 샘플 영역을 지정하기 위해 Ctrl 키를 누른 상태로 구름(가운데)을 클릭합니다. 이제 이 영역이 다른 영역으로 복제될 샘플 영역으로 지정됐습니다.

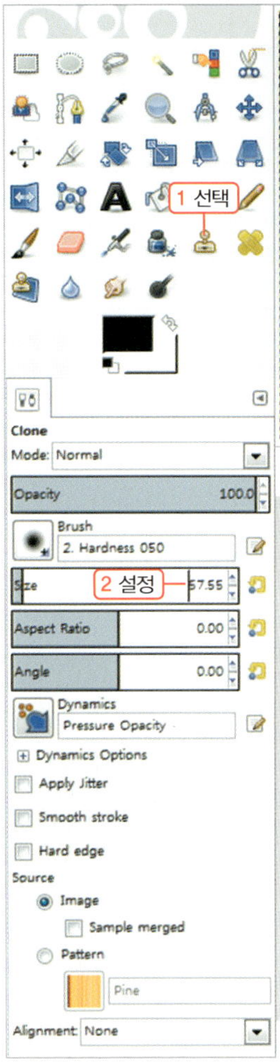

클론 툴 옵션 살펴보기

클론 툴과 힐링 툴은 앞서 살펴보았던 브러시 툴들과 유사한 툴 옵션의 기능을 제공합니다. 여기서는 중복되는 것에 대해서는 차치하고 클론 툴 옵션에서 사용되는 것에 대해서만 살펴봅니다.

Hard edge 이 옵션을 체크하면 복제되는 이미지의 경계를 뚜렷하게 해 줍니다. 일반적으로 경계를 부드럽게 처리하기 위해 해제한 상태로 사용합니다.

Source 복제되는 소스를 이미지로 할 것인지 아니면 패턴으로 할 것인지 선택할 수 있습니다.

Alignment 복제되는 샘플 영역에 대한 방식을 설정할 수 있습니다. None은 앞서 작업한 Ctrl 키를 눌러 샘플 영역을 만들어 주는 방식이며 Aligned는 지정된 샘플 영역이 항상 일정한 간격으로 이동됩니다. Registered는 단순히 클릭하여 샘플 영역을 지정하며 Fixed는 지정된 샘플 영역만을 복제하는 방식합니다.

03 이제 우측의 빈 하늘에서 클릭 & 드래그(드로잉)하여 샘플 영역의 구름을 복제해 줍니다. 복제할 때 샘플 영역의 구름에서 영역 표시가 움직이기 때문에 어떤 영역이 복제되는지 확인할 수 있습니다. 복제 작업을 한번에 끝내려 하지 말고 여러 번 반복하여 정확하게 복제할 수 있도록 해 줍니다.

클론 툴의 복제 과정

04 이번엔 반대로 구름 한 점 없는 하늘을 표현하기 위해 앞서 복제한 작업을 원상 복귀시킵니다. File 〉 Revert를 선택하면 한번에 원래 상태로 되돌아 갈 수 있습니다. 이제 우측의 깨끗한 하늘을 Ctrl + 클릭하여 샘플 영역을 만들어준 후 구름 위에서 클릭 & 드로잉(드래그)하여 구름을 지워(구름 없는 하늘 복제) 나갑니다.

TIP

앞서 살펴본 클론 툴은 단순히 구름의 복제뿐만 아니라 부족한 머리카락, 눈썹, 수염에서 부족한 털을 풍성하게 하거나 꽃밭의 부족한 꽃, 듬성듬성 자란 잔디, 숲의 나무나 풀 등을 풍성하게 할 때도 유용하게 사용됩니다. 또한 잡티가 있는 사진을 깨끗하게 보정할 때도 사용됩니다. 물론 사진 보정은 다음에 살펴볼 힐링 툴을 사용하지만 클론 툴과 병행하면 보다 좋은 결과를 얻을 수 있습니다. 클론(힐링) 툴은 하나의 이미지(레이어)에서만 사용할 수 있는 것이 아니라 샘플 복제 영역으로 지정된 레이어의 이미지를 다른 레이어의 이미지에서 복제할 수 있으며 다른 이미지 윈도우에서도 복제가 가능합니다. 다만 다른 레이어나 이미지 윈도우에서 복제를 할 때는 클론(힐링) 툴 옵션의 Sample merged가 해제되어있어야 한다는 것을 잊지 말아야 할 것입니다.

05 이번엔 힐링(복원) 툴을 사용하여 낡거나 지저분해진 사진을 깨끗하게 복원하는 방법에 대해 알아보겠습니다. Ctrl + O 키를 눌러 낡은 사진01.jpg 파일을 불러옵니다. 사진을 보면 구겨진 자국, 얼룩진 흔적, 사인펜으로 쓴 글자 때문에 사진이 아주 지저분한 것을 알 수 있습니다.

06 힐링 툴은 복원하고자 하는 지점의 주변 영역을 가져다 덮어씌우는 것은 클론 툴과 유사하지만 복원 지점의 색상, 밝기가 혼합되어 원래 모습처럼 자연스럽게 처리해 줍니다. 그러므로 복원할 지점과 덮어주는 샘플 영역의 색상, 밝기가 같거나 비슷해야 합니다. 일단 사진의 좌측 상단에 있는 구겨진 자국을 없애보기 위해 그 주변에서 Ctrl + 클릭하여 샘플 영역을 지정해 줍니다. 그다음 구겨진 곳에서 문지르듯 드래그해 보면 구겨진 자국이 사라진 것을 알 수 있습니다. 이런 방법으로 구겨진 자국을 없애줍니다.

 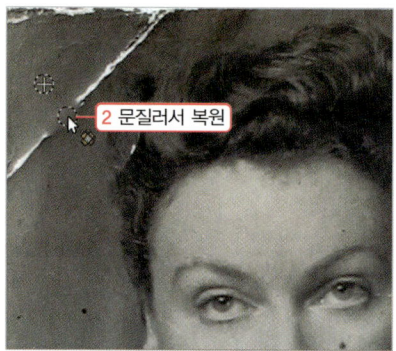 

07 계속해서 얼굴의 점을 빼봅니다. 역시 Ctrl + 클릭하여 점 주변의 샘플 영역을 지정합니다. 점 위에서 클릭, 클릭하여 점을 제거합니다. 이것은 증명사진 같은 인물사진을 깨끗하게 할 때도 유용하게 사용됩니다.

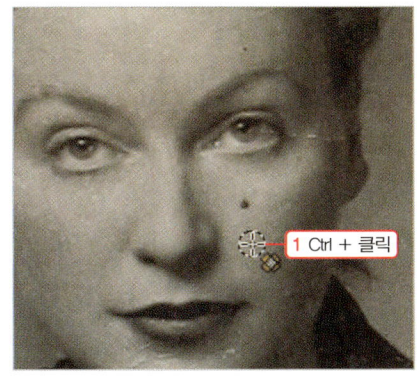 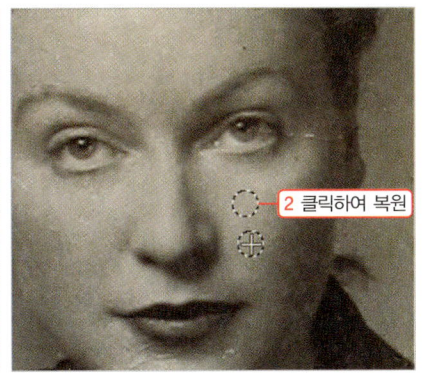

08 사진 우측 상단 모서리를 보면 아예 잘라져 나간 것을 볼 수 있습니다. 이와 같은 것은 힐링 툴로 복원하기가 어렵습니다. 일단 한번 힐링 툴을 사용해서 복원해 보면 검정색이 두두러져 더욱 보기가 좋지 않게 됩니다. Ctrl + Z 키를 눌러 원상복귀합니다. 이런 경우엔 힐링 툴보다 앞서 살펴본 클론 툴을 이용하는 것이 효과적입니다. 클론 툴을 선택하고 복원할 지점 바로 아래쪽을 샘플 영역으로 지정하여 문지르듯 복원해 봅니다. 제법 깨끗하게 복원된 것을 알 수 있습니다. 이렇듯 사진을 복원할 때는 힐링 툴과 클론 툴을 병행하면 보다 만족스런 결과를 얻을 수 있습니다.

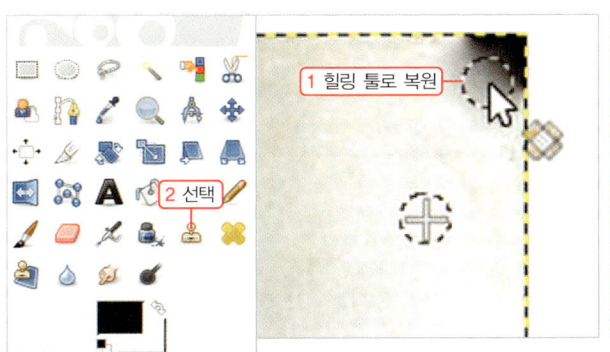 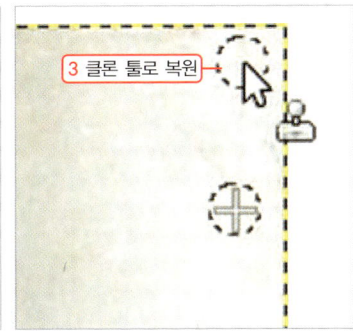

09 지금의 사진에서 가장 복원하기 어려운 부분이 사인펜으로 써놓은 글자일 것입니다. 이 부분은 힐링 툴과 클론 툴을 병행해가면서 복원하면 생각보다 쉽게 복원할 수 있습니다. 먼저 힐링 툴로 사인펜 글자를 문지르듯 복원합니다. 사인펜의 파란색 때문에 얼룩이 남게 될 것입니다. 이때 클론 툴로 주변 영역을 복제해 준 후 다시 힐링 툴로 자연스럽게 복원해 주면 됩니다.

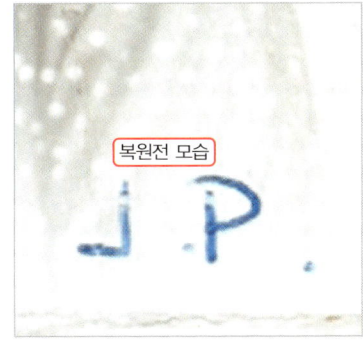 

10 사진 하단부를 보면 구겨진 자국, 얼룩이 있으면 빛이 바래서 복원하기엔 문제가 많습니다. 이 부분은 차라리 크롭 툴을 사용하여 잘라주는 것이 더 좋을 듯 합니다.

TIP iResizer를 이용한 불필요한 물체 제거 및 사진 크기 조절

사진 작업을 하다 보면 필요 없는 물체를 제거하거나 사진의 필요 없는 영역이 너무 많아 중요한 것은 훼손하지 않고 크기를 줄여야 할 경우가 있습니다. 이럴 땐 Tearex에서 개발한 iResizer를 이용하면 아주 효과적으로 위와 같은 작업을 수행할 수 있습니다. iResizer에서 이미지를 불러온 후 남겨두어야 할 영역은 초록색으로 칠하고 제거할 부분은 빨간색으로 칠한 후 Resize를 실행하면 감쪽같이 작업을 수행합니다. 아래 그림은 우측에서 두 번째 남자만 제거하고 나머지는 보존한 상태로 이미지의 가로 크기를 축소한 결과입니다. 이처럼 김프 이외에 유용한 툴을 이용하면 보다 간편하게 원하는 작업을 할 수 있기 때문에 이와 같은 툴에 대해서도 알아두면 좋습니다.

16 색상 보정에 대한 모든 것

색상 보정은 흔히 색보정이라고 합니다. 이것은 말 그대로 색상에 대한 변화를 통해 다양한 결과물을 만들어 준다는 것을 의미합니다. 가령, 컬러 이미지를 고전적인 느낌의 흑백 이미지로 바꿔준다거나 화이트밸런스가 맞지 않아 푸른빛 혹은 누런빛으로 촬영된 이미지를 실제 색상으로 바꿔주는 등의 작업이 색보정 작업의 대표적인 예입니다.

채도 값을 이용한 흑백사진 만들기

01 색보정에 관한 효과는 컬러 메뉴에서 사용할 수 있습니다. Ctrl + O 키를 눌러 이미지 폴더에서 코스모스.jpg 파일을 불러옵니다. 분홍색과 흰색의 코스모스가 활짝 핀 이미지입니다. 김프에서 컬러를 흑백으로 만들 수 있는 방법은 다양합니다. 앞서 이미지 메뉴의 Grayscale 모드로 전환하거나 지금 살펴볼 컬러 메뉴의 몇 가지 메뉴를 통해 흑백으로 만들어 줄 수 있습니다. 먼저 Colors 〉 Hue-Saturation 메뉴를 선택해 봅니다. 휴-새츄레이션은 색조를 변화하는데 주로 사용하지만 지금처럼 컬러를 흑백으로 만들어줄 수도 있습니다. Saturation의 수치를 -100을 설정해 봅니다. 컬러 이미지가 흑백으로 바뀐 것을 알 수 있습니다.

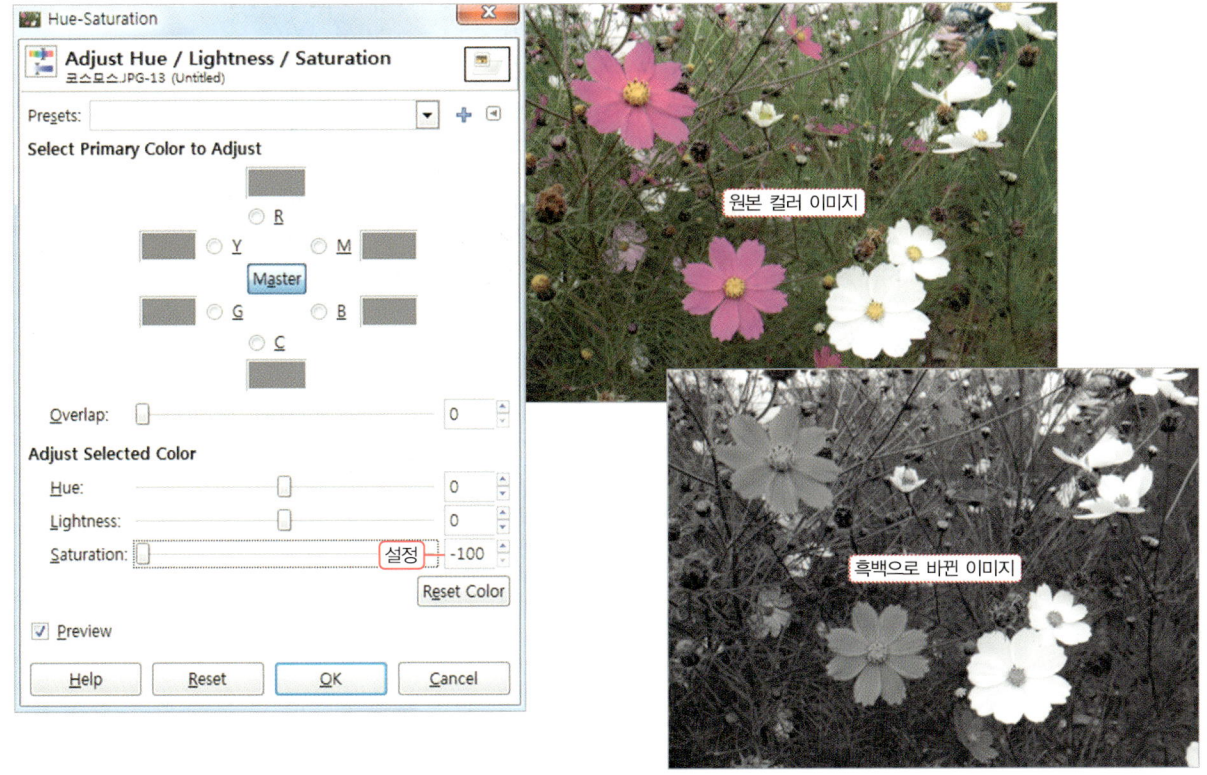

02 확인이 됐다면 Hue-Saturation 설정 창에서 Cancel 버튼을 눌러 취소하고 이번엔 Colors 〉 Colorize를 선택합니다. 컬러라이즈는 흑백 이미지에 색조를 부여하는 효과입니다. 무채색을 컬러로 만들어주기 때문에 흑백사진을 컬러로 복원할 때 많이 사용합니다. 역시 설정 창이 열리면 Saturation을 0으로 설정하여 흑백으로 바꿔봅니다. 다음으로 Desaturate를 살펴보기 위해 Cancel 버튼을 누르고 나옵니다.

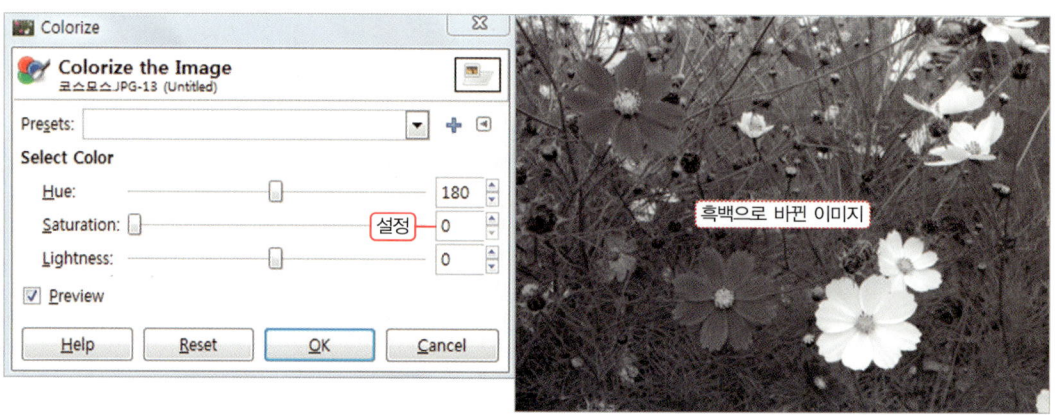

03 Colors 〉 Desatutate를 선택합니다. 디새츄레이트는 앞선 효과와는 다르게 메뉴를 적용하는 순간 흑백으로 바뀌는 것을 알 수 있습니다. 이 효과야말로 컬러를 흑백으로 만들어주는 표준 메뉴입니다. 설정 창을 보면 이미지의 각 톤(Lightness-밝음, Luminosity-광휘, Average-평균) 별로 흑백 톤을 설정할 수 있습니다.

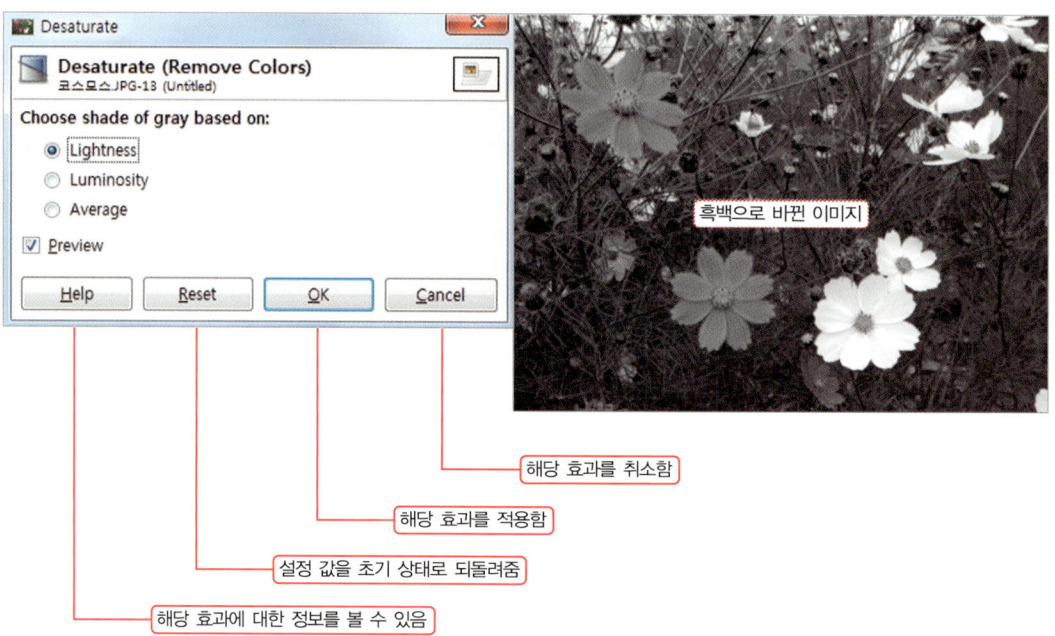

밝기 조절에 관한 기능들

01 촬영 시 조도가 낮아 어둡게 촬영되거나 반대로 너무 밝게 촬영된 이미지는 밝기에 관한 효과들을 이용하면 쉽게 보정을 할 수 있습니다. Ctrl + O 키를 눌러 이미지 폴더에서 비치볼 녀.jpg 파일을 불러옵니다. 언뜻 보면 괜찮아 보이지만 주변 조명이 너무 어두워 전체적으로 이미지가 어둡게 표현됐습니다. 이제 이 이미지에 밝기 효과를 사용하여 밝고 뚜렷한 이미지로 바꿔보겠습니다. Colors 〉 Brightness-Contrast를 선택합니다.

02 Brightness-Contrast 설정 창에서 먼저 Brightness(밝기) 값을 100 정도로 증가해 봅니다. 이미지가 밝아졌기는 하나 전체적으로 흐려진 느낌이 듭니다. 이번엔 아래쪽 Contrast(대비) 값을 50 정도로 증가합니다. 이미지가 뚜렷해진 것을 볼 수 있습니다. 이처럼 브라이트니스-콘트라스트 효과를 사용하면 어두운 이미지의 밝기를 조절할 수 있다는 것을 알 수 있습니다. 물론 반대로 너무 밝은 이미지는 수치를 낮춰 어둡게 할 수도 있습니다.

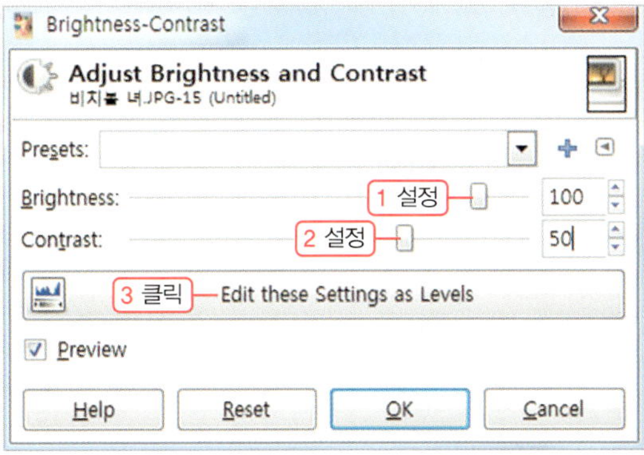

> **TIP**
> Brightness-Contrast 설정 창에서 Edit these Settings as Levels 버튼이 있는데 이것은 밝기 효과를 보다 세밀하게 하기 위한 배려로 레벨 효과로 한번에 이동(적용)하기 위한 버튼으로 사용됩니다. 또한 레벨 설정 창에서는 같은 개념으로 Curves 버튼이 있는데 이 역시 레벨 설정 후 커브로 이동하여 세밀한 설정을 할 수 있게 해 줍니다. 이 세 개의 효과는 밝기 조절에 대한 연속성을 제시하여 단계별로 세밀하게 밝기 조절을 할 수 있게 해 주는 것입니다.

03 레벨 설정 창으로 이동되면 Input/Output Levels의 삼각형 슬라이더를 이동하거나 수치를 입력하여 원하는 모습이 나오도록 설정합니다. 인풋 레벨의 검은색 슬라이더는 어두운 영역을 더욱 어둡게 하고 흰색 슬라이더는 밝은 영역을 더욱 밝게 해 줍니다. 그리고 아웃풋 레벨의 검은색과 흰색 슬라이더는 단순히 밝고 어두움에 대한 설정을 할 때 사용합니다. 살펴본 것처럼 레벨은 전 단계의 브라트니스-콘트라스트보다 세밀한 설정을 할 수 있습니다. 다음 설정 단계로 이동하기 위해 Edit these Settings as Curves 버튼을 클릭합니다.

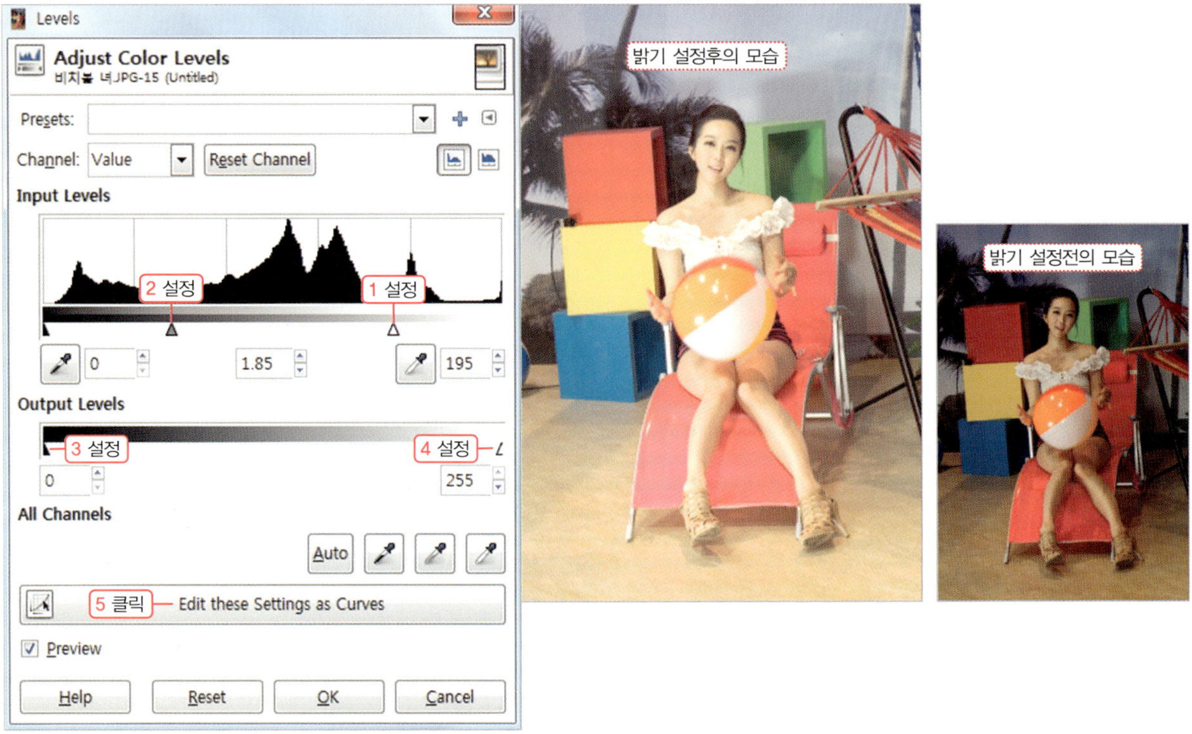

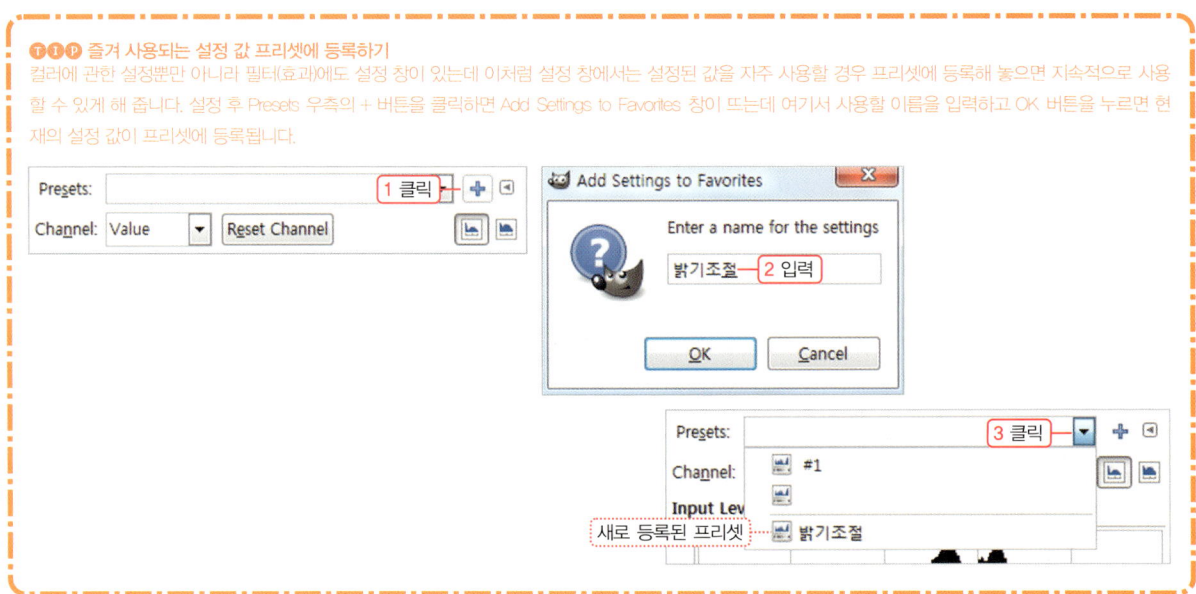

TIP 즐겨 사용되는 설정 값 프리셋에 등록하기

컬러에 관한 설정뿐만 아니라 필터(효과에도 설정 창이 있는데 이처럼 설정 창에서는 설정된 값을 자주 사용할 경우 프리셋에 등록해 놓으면 지속적으로 사용할 수 있게 해 줍니다. 설정 후 Presets 우측의 + 버튼을 클릭하면 Add Settings to Favorites 창이 뜨는데 여기서 사용할 이름을 입력하고 OK 버튼을 누르면 현재의 설정 값이 프리셋에 등록됩니다.

04 커브 설정 창에서는 커브 곡선의 모양을 변형하여 밝기, 색조에 대한 설정을 할 수 있습니다. 지금의 상태는 앞서 레벨까지 설정한 상태이므로 곡선에 점들이 있고 모양의 변화가 생긴 것을 알 수 있습니다. 커브를 처음 적용하면 점이 없고 직선으로 된 상태에서 시작됩니다. 커브에 대해서는 착색(필름톤 느낌) 효과에 대한 학습에서 자세히 다루기로 하고 일단 OK 버튼을 눌러 밝기에 대한 설정을 끝냅니다. 살펴본 것처럼 밝기에 대한 설정도 그렇게 복잡하지 않다는 것을 알 수 있었습니다.

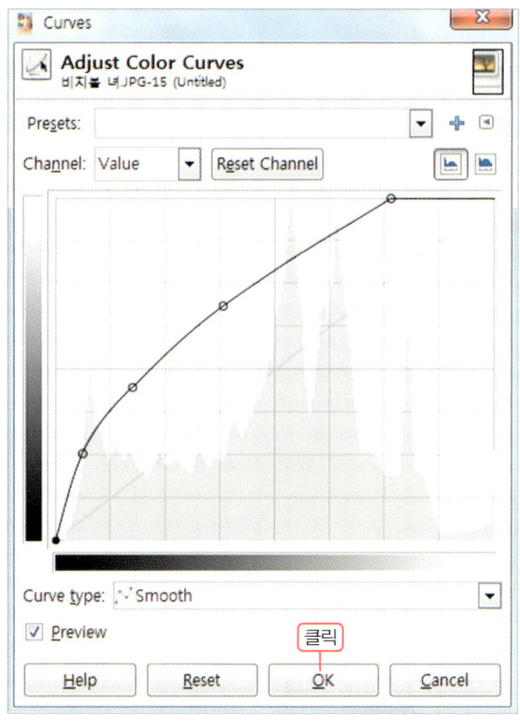

자동화 기능을 이용한 색보정

01 색보정이라 함은 엄밀히 말해서 색상에 대한 보정을 말하는 것이지요. 최근엔 촬영 시 자동으로 화이트밸런스를 맞춰주지만 이 기능을 너무 믿다가는 원치 않는 결과가 나타나기 때문에 원칙적으론 촬영 전에 꼼꼼히 살펴서 문제가 없도록 하는 것이 중요합니다. 여하튼 아무리 준비를 해도 문제는 생기는 법, 이미지 폴더에서 주성준 화백(토끼호랑이와 십장생-Happy Hoya).jpg 파일을 불러와 확인해 보면 이미지 전체가 누렇게 보이는 것을 알 수 있습니다. 이런 경우가 바로 화이트밸런스가 맞지 않은 상태에서 촬영된 대표적인 예입니다. 이제 이 사진의 색보정을 통해 실제 색상으로 보정해 보겠습니다. 김프에서는 이와 같은 문제를 자동화 기능을 통해 쉽게 보정할 수 있습니다. Colors 〉 Auto 〉 White Balance를 선택합니다. 자동으로 색보정이 된 것을 볼 수 있습니다.

색보정 전의 모습

색보정 자동화가 적용된 후의 모습

02 이제 Colors 〉 Levels를 적용한 후 설정 창에서 Input/Output Levels를 설정하여 밝기를 설정합니다. 앞서 적용한 색보정 자동화(White Valance) 하나만으로는 색보정이 완전히 끝났다 할 수 없기 때문에 상황에 맞게 효과를 적용하여 세밀한 색보정을 해야 할 것입니다.

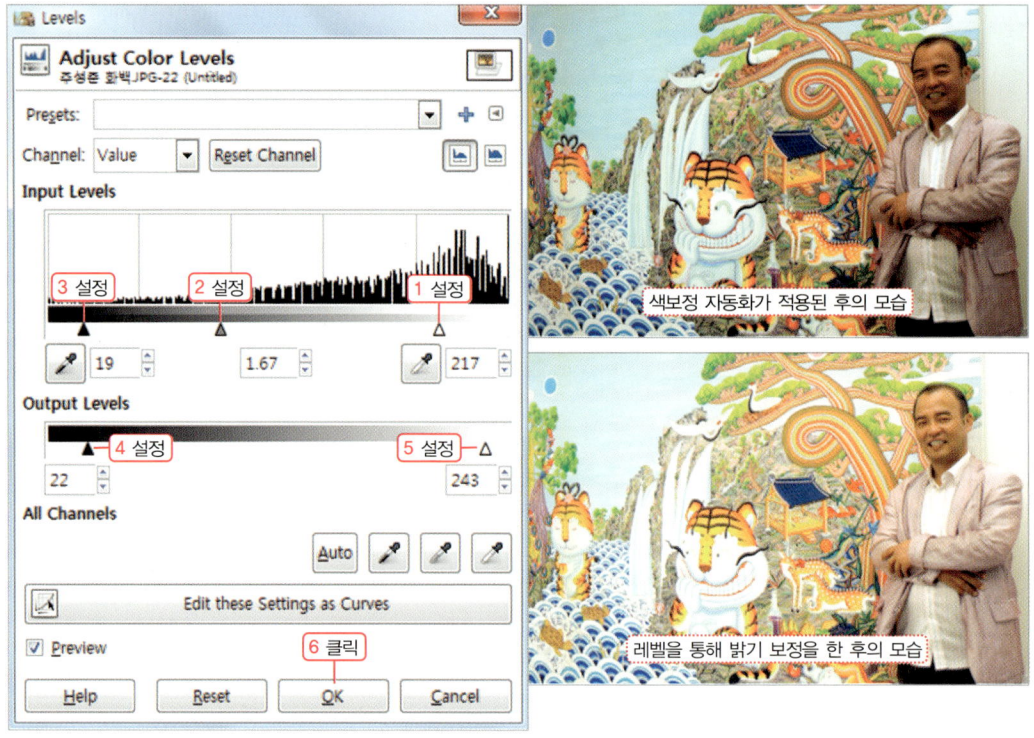

이미지 색상화를 이용한 세피아(듀오톤) 효과

01 컬러에 익숙해진 현대인들은 오히려 흑백이나 듀오톤의 세피아(서양화에 쓰이는 채색의 하나) 효과에 신선함을 느끼게 되는 경우도 많습니다. 이러한 컬러 이미지를 그레이스케일(흑백)로 변환한 후 컬러라이즈를 사용하면 쉽게 세피아 효과를 표현할 수 있습니다. 이미지 폴더에서 여자09.jpg 파일을 불러옵니다. 불러온 여자09.jpg는 평범한 컬러 이미지라는 것을 알 수 있습니다.

02 세피아 효과를 적용하기 위해서는 먼저 이미지를 그레이스케일(흑백)으로 변환한 후 적용하는 것이 훨씬 보기 좋기 때문에 Colors 〉 Desaturate를 적용합니다.

03 이제 세피아 효과를 적용하기 위해 Colors 〉 Colorize를 선택합니다. 설정 창에서 Hue를 30, Saturation을 37 정도로 설정하여 엷은 갈색톤으로 표현합니다. 이처럼 간단하게 고풍스런 세피아 효과를 만들 수 있습니다.

커브를 이용한 착색(필름톤 느낌) 효과

01 색보정 효과 중 커브는 색보정을 하는데 가장 많이 이용하는 메뉴입니다. 커브를 통한 색보정은 밝기도 가능하지만 대부분 이미지의 색상톤을 보정하는 착색 효과를 표현하는데 사용됩니다. 착색 효과는 원래 색상의 색 채널을 증감하여 독특한 색감으로 만들어 줄 수 있어 영화의 필름 느낌이나 계절(온도)에 대한 표현할 수 있습니다. Ctrl + O 키를 눌러 여자02.jpg 파일을 불러옵니다.

02 커브 설정 창에서 Channel을 Red로 선택합니다. 기본 Value는 이미지의 밝기를 설정하는 것이므로 이 작업은 마지막에 이뤄지는 것이 좋습니다. Red는 붉은 기운이 들기 때문에 따뜻한 느낌을 표현할 때 사용됩니다. 일단 아래 그래프의 직선을 클릭하여 조절 포인트를 추가한 후 드래그하여 좌측 상단으로 조금 이동합니다. 그래프의 상단부는 밝은 영역에 대한 설정을 합니다. 그다음 조절 포인트를 하나 더 추가한 후 이번엔 우측 하단으로 조금 이동합니다. 그래프의 하단부는 어두운 영역을 설정합니다. 그러므로 지금 설정한 결과 밝은 영역의 색상은 붉은 색이 증가되고 어두운 영역은 붉은 색이 감소됩니다.

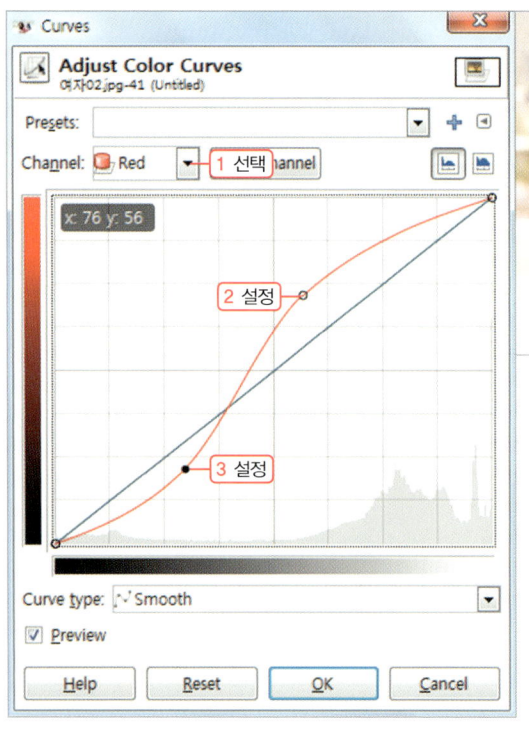

커브 곡선 만들어 주는 과정

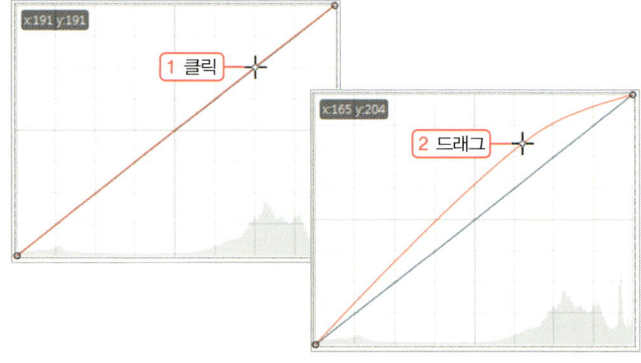

03 Channel을 Green으로 바꿔주고 그래프 곡선에 앞서 Red처럼 두 개의 조절 포인트를 만들어 그림처럼 설정합니다. 밝은 영역은 초록색이 증가되고 어두운 영역은 감소됩니다. 초록색 채널은 신선하고 산뜻한 느낌을 주며 계절적으론 봄을 표현합니다.

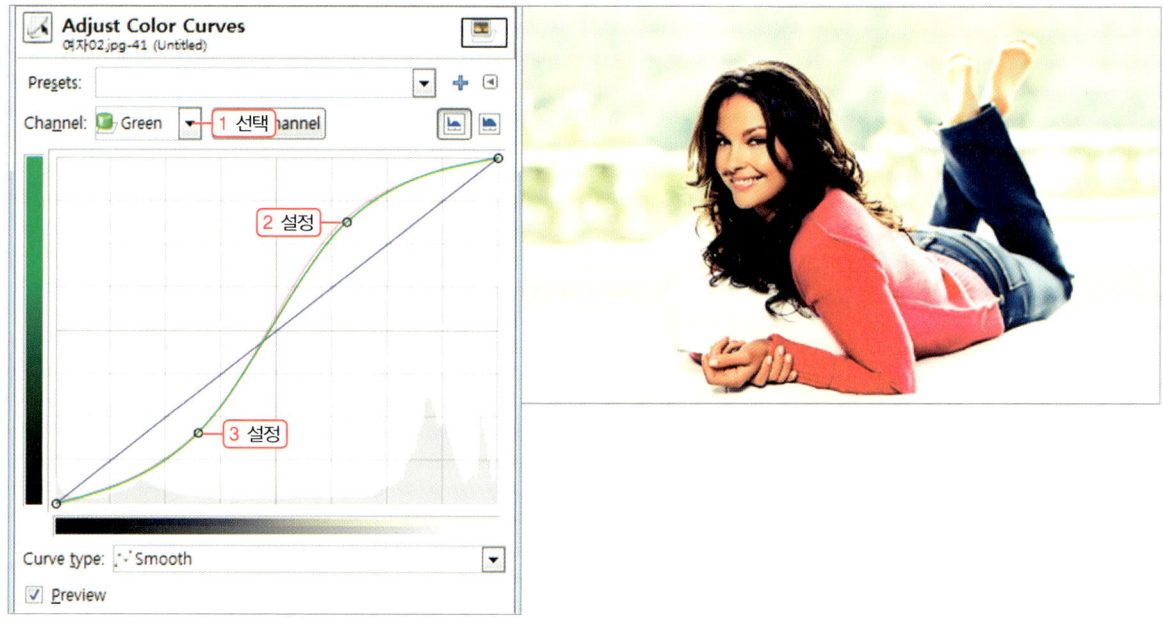

04 계속해서 Blur 채널로 선택하고 그래프 곡선에 두 개의 조절 포인트를 추가한 후 그림처럼 설정합니다. 푸른 색 채널은 차가움을 표현하여 계절적으론 겨울을 표현합니다.

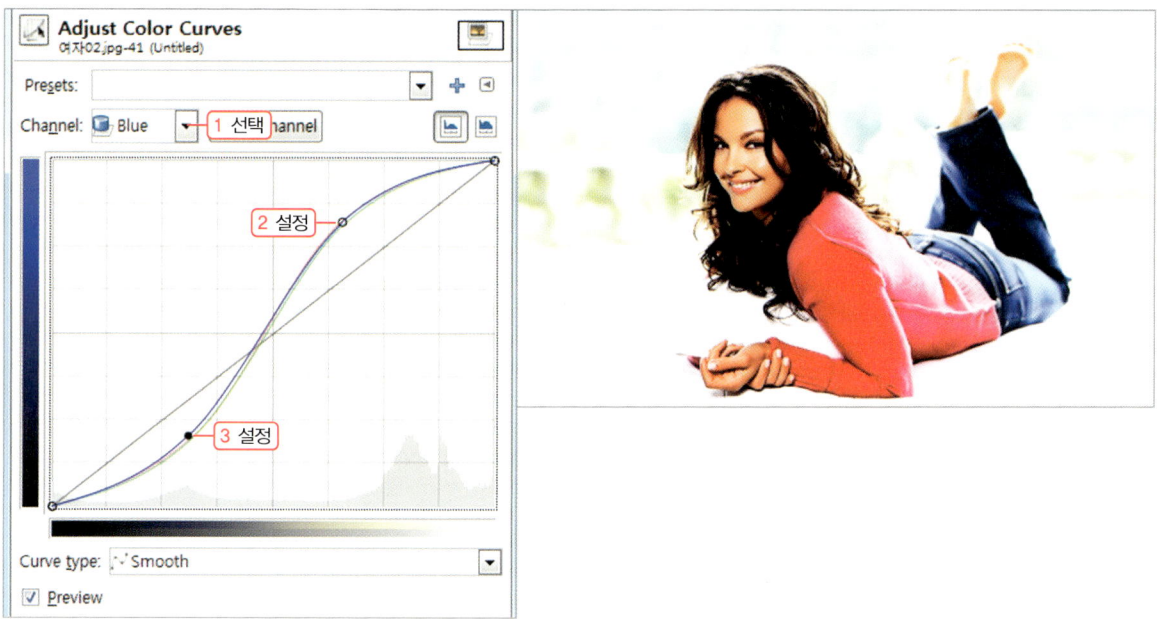

05 커브의 마지막으로 Value 채널을 선택하고 아래쪽에 조절 포인트를 하나 추가하여 그림처럼 좌측으로 이동합니다. 이미지의 어두운 영역이 밝아져 머리카락과 그림자가 생긴 부분도 잘 표현되는 것을 알 수 있습니다. 설정이 끝나면 OK 버튼을 눌러 적용합니다.

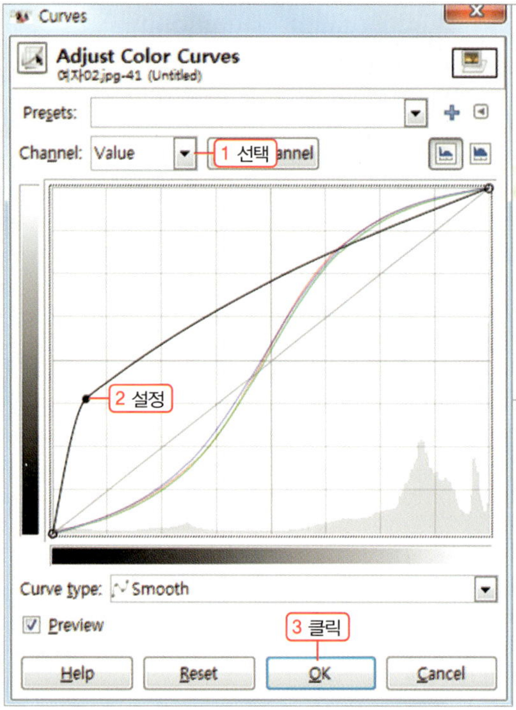

TIP 커브 곡선에 사용된 조절 포인트를 삭제하기 위해서는 해당 포인트를 이동하여 그래프 영역의 좌측이나 우측 밖으로 빼내면 됩니다.

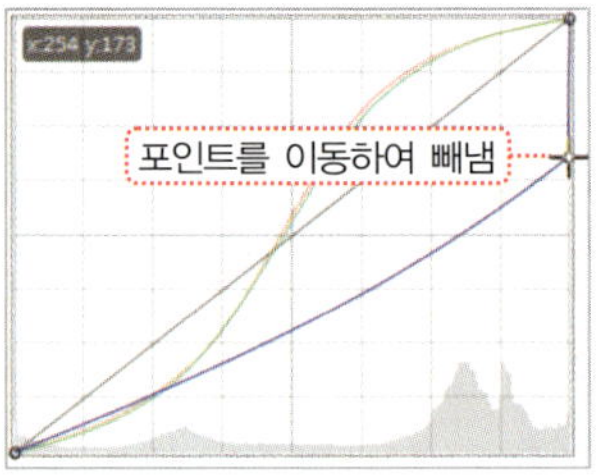

06 여기서 끝내기 말고 이 이미지에 비네트 효과를 만들어봅니다. 비네트 효과를 만들다 보면 프레임(액자 느낌)에 대한 아이디어가 떠오르게 될 것입니다. Create a new layer 버튼을 클릭하여 비네팅이란 이름의 투명 레이어를 추가한 후 렉탱글 실렉션(사각형 선택) 툴을 선택합니다. 툴 옵션에서 Feather edges를 체크하고 Radius를 100, Rounded corners를 체크, Radius를 100으로 설정합니다. 이미지 윈도우에서 그림처럼 라운드 사각 선택영역을 만들어줍니다.

07 앞서 선택한 영역을 반전시키기 위해 Select 〉 Invert를 선택합니다. 이제 선택영역이 이미지 외곽으로 옮겨졌으므로 비네팅 효과를 만들 수 있게 되었습니다.

08 이제 선택영역에 색상을 적용하기 위해 Edit 〉 Fill with FG Color를 선택하거나 Ctrl + ,(쉼표)를 눌러 전경(포그라운드) 색상을 적용합니다. 적용된 것을 보면 선택영역 안쪽이 부드럽게 표현된 것을 알 수 있습니다. 지금의 방법은 비네트 효과뿐만 아니라 다양한 프레임, 즉 액자 효과를 표현할 수 있습니다.

TIP 비네팅(Vinetting) 이란?
사진을 촬영하다가 위의 이미지처럼 이미지의 주변이 어둡게 가려지는 현상을 한두 번 정도는 경험해 보게 됩니다. 이와 같이 주변부의 광량 저하로 이미지의 모서리나 외곽 부분이 어두워지거나 검게 가려지는 현상을 비네팅(Vignetting)이라고 합니다. 보통 이와 같은 현상이 문제가 되지만 앞선 작업처럼 의도적으로 연출하기도 합니다.

Colors(컬러) 메뉴 살펴보기

컬러 메뉴는 김프에서 필터(효과)와 함께 가장 즐겨 사용되는 메뉴일 것입니다. 사진(이미지) 편집 시 색상, 밝기, 채도 그밖에 이미지의 색상 변화에 관한 모든 메뉴가 포함되어있기 때문에 다채로운 색상 편집 작업을 할 수 있게 해 줍니다.

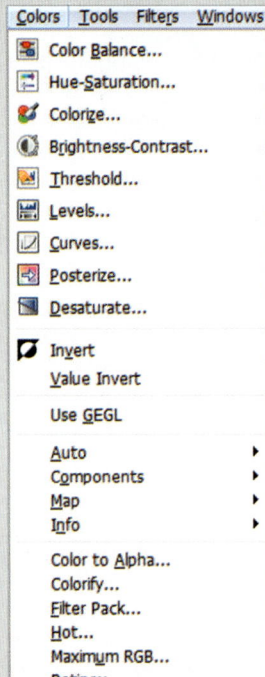

Color Balance 이미지의 색상 균형을 설정합니다.

Hue-Saturation 이미지의 색조, 채도, 명도에 대한 설정을 합니다.

Colorize 그레이스케일(흑백) 이미지를 색상화로 만들 때 사용합니다.

Brightness-Contrast 이미지의 밝고 어둠 그리고 대비에 대한 설정을 합니다.

Threshold 흰색과 검은색의 임계 값을 통해 이미지를 판화로 찍어낸 듯한 심플한 이미지로 만들어줍니다.

Levels 이미지의 밝고 어둠을 단계별로 세밀하게 설정할 수 있습니다. 밝고 어둠의 극대비 효과, 즉 그림자와 하이라이트를 표현할 때 유용합니다.

Curves 이미지의 색상, 밝기, 대비에 대한 설정을 합니다. 레벨보다 정교하여 어떤 색조 범위에서도 원하는 표현을 할 수 있습니다.

Posterize 이미지의 색상 수를 줄여 일러스트적이고 심플한 이미지로 만들어 줍니다.

Desaturate 컬러 이미지를 그레이스케일(흑백) 이미지로 변환해 줍니다.

Invert 이미지의 색상과 밝기를 반전시켜줍니다. 마치 네거티브 필름과 같은 느낌을 표현해 줍니다.

Value Invert 위의 인버트와 유사한 효과이지만 필터는 밝기와 색상에 영향을 받지 않고 색조와 채도에 대해서만 반전됩니다.

Use GEGL GEGL(일반 그래픽 라이브러리)는 모든 김프-3.0에서 사용될 그래프 기반의 이미지 프로세싱 프레임 워크입니다. 이 메뉴를 체크하여 컬러 작업에 GEGL의 사용을 설정할 수 있습니다.

Auto 이미지의 색상, 밝기, 채도 값을 기본 값으로 자동으로 맞춰줍니다. White Balance를 통해 색 보정 작업을 쉽게 수행할 수 있습니다.

Components 이미지의 구성 요소인 각 색상 채널을 설정하여 색상의 변화를 주는 메뉴들로 구성되어 있습니다.

Map 이미지에 다른 색상과 혼합을 하거나 특정 색상을 다른 색상으로 바꿔주는 메뉴들로 구성되어 있습니다.

Info 이미지의 색상(분포)을 분석하는 다양한 메뉴를 제공합니다.

Colorify 컬러 셀로판지를 통해 보는 것처럼 착색된 이미지 효과를 얻을 수 있습니다. 여기서 표현되는 이미지는 지정된 색상에 의해 단순화됩니다.

Color to Alpha 이미지의 특정 색상을 지정하여 알파채널(투명)로 만들어줍니다.

Filter Pack 이미지를 색조, 채도, 밝기를 윈도우를 통해 직관적으로 설정을 할 수 있습니다. 초보자에게 유용한 색보정 도구입니다.

Hot 이 메뉴는 동영상 PAL 또는 NTSC TV 화면에 표시되면 문제가 발생할 경우 픽셀을 식별하고 수정합니다.

Maximum RGB 이미지를 RGB(빨강, 초록, 파랑) 색상과 순수 회색을 가진 이미지 채널로만 표현합니다. 이미지의 각 픽셀의 최소/최대의 강도를 가진 채널을 통계로 채널을 인식하여 표현합니다.

Retinex 조명 조건이 좋지 않은 이미지를 물리적 메커니즘을 통해 시각적으로 조도를 향상시켜줍니다.

컬러 메뉴의 주요 효과들

색상 보정에 대한 모든 것

17 그밖에 유용하게 사용되는 툴들

툴 박스에서 제공되는 툴들은 김프에서 가장 많이 쓰이는 작업 도구입니다. 어떤 것은 정말 많이 쓰고 어떤 것은 가끔 한번 정도 사용하는 경우도 있지요. 작업하는 사람에 따라 또한 작업 상황에 따라 툴들의 사용 빈도가 달라지지만 그래도 어떤 기능을 가지고 있는지 알아야 나중에라도 활용할 수 있을 것입니다. 이번 학습에서는 그동안 살피지 않았던 것 중에 유용하게 사용할 수 있는 툴들에 대해 살펴보겠습니다.

컬러 픽커 툴

01 컬러 픽커 툴은 이미지 윈도우 상에 나타나는 색상을 포그라운드(전경)와 백그라운드(배경) 색상을 만들어줄 때 사용됩니다. 먼저 아무 이미지나 하나 불러옵니다. 필자는 월 페인팅01.jpg 파일을 불어왔습니다. 툴 박스에서 컬러 픽커 툴을 선택한 후 이미지 좌측 중앙의 빨간색 부분을 클릭합니다. 전경(포그라운드) 색이 지금 지정된 색상으로 바뀐 것을 알 수 있습니다.

02 계속해서 이번엔 Ctrl 키를 누른 상태에서 우측 상단의 벽 부분을 클릭합니다. 이번엔 배경(백그라운드) 색상이 바뀐 것을 알 수 있습니다. 이렇듯 컬러 픽커 툴을 사용하면 전경과 배경 색상을 쉽게 바꿔줄 수 있다는 것을 알 수 있습니다. 컬러 픽커는 지금처럼 툴에서 뿐만 아니라 각 색상 설정 창에서 사용되는 스포이트 아이콘도 같은 방법으로 컬러를 추출합니다.

03 컬러 픽커 툴 옵션에서 Sample average를 체크하고 아래 Radius를 170 정도로 증가합니다. 그다음 이미지 윈도우에서 특정 컬러를 클릭(추출)하여 이동해 보면 주위에 사각형 박스가 보입니다. 이 영역이 Sample average 영역으로 이 영역의 모든 색상이 혼합되어진 (평균)색상이 컬러로 지정됩니다.

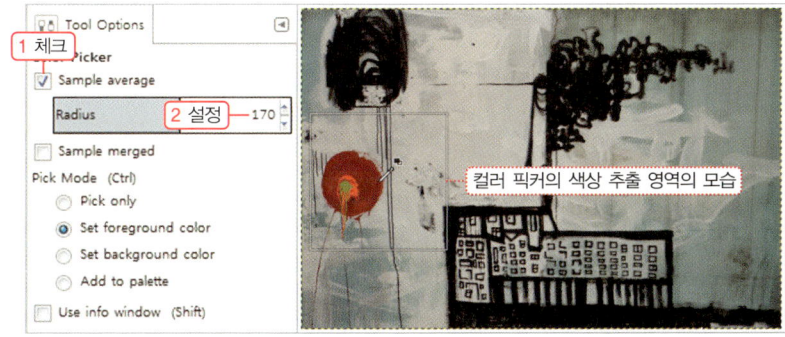

04 이번엔 Add to palette를 선택한 후 이미지 윈도우의 아무 곳이나 클릭해 봅니다. 우측 상단의 레이어 패널이 있는 곳에 색상 팔레트가 적용되어 나타난 것을 알 수 있습니다. 이제 이 팔레트의 색상을 선택하여 사용할 수 있습니다.

05 마지막으로 Use info window (Shift)를 체크한 후 역시 이미지 윈도우의 특정 색상을 클릭합니다. Color Picker 정보 창이 열립니다. 이 정보 창에서 방금 지정한 색상의 정보를 확인할 수 있습니다.

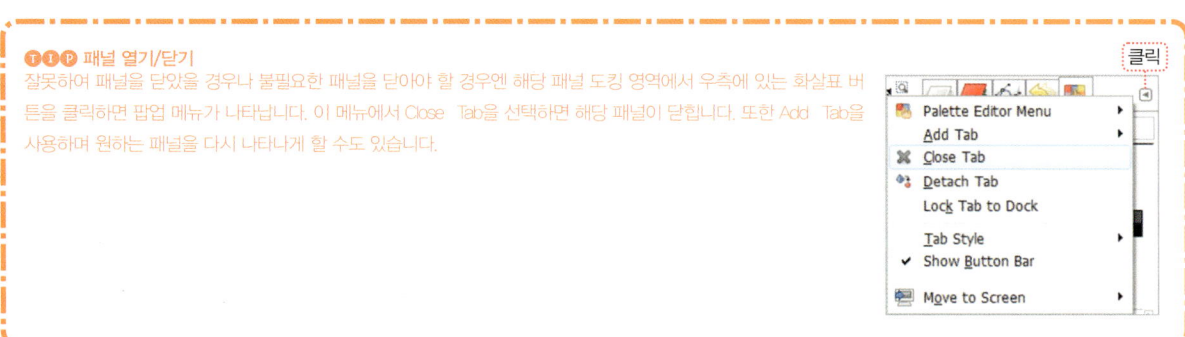

TIP 패널 열기/닫기
잘못하여 패널을 닫았을 경우나 불필요한 패널을 닫아야 할 경우엔 해당 패널 도킹 영역에서 우측에 있는 화살표 버튼을 클릭하면 팝업 메뉴가 나타납니다. 이 메뉴에서 Close Tab을 선택하면 해당 패널이 닫힙니다. 또한 Add Tab을 사용하며 원하는 패널을 다시 나타나게 할 수도 있습니다.

퍼스펙티브 클론 툴

01 퍼스펙티브 클론 툴은 이미지를 원근감이 느껴지도록 변형한 후 그 변형된 이미지에 대해 복제를 할 때 사용됩니다. 클론 툴의 단순히 이미지 모습 그대로를 복제하는 것 보다 한 단계 진화된 복제 툴이라고 할 수 있습니다. 퍼스펙티브 클론 툴을 선택한 후 툴 옵션에서 Modify Perspective를 선택하고 이미지 윈도우에서 클릭하여 조절 포인트가 나타나게 한 후 상단 두 개의 포인트를 이동하여 그림처럼 해 줍니다. 이제 지금의 모습은 조절 영역인 원근 형태로 변형된 모양대로 변형되어 복제됩니다.

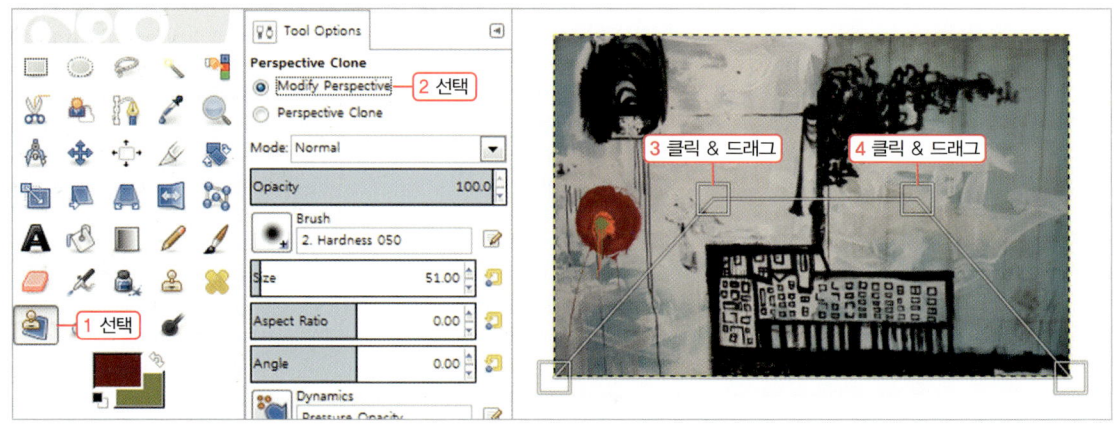

02 계속해서 Perspective Clone를 선택하고 이미지 윈도우에서 복제할 샘플 영역을 Ctrl + 클릭하여 지정해 줍니다. 지금부터의 방법은 클론 툴과 동일하게 사용됩니다.

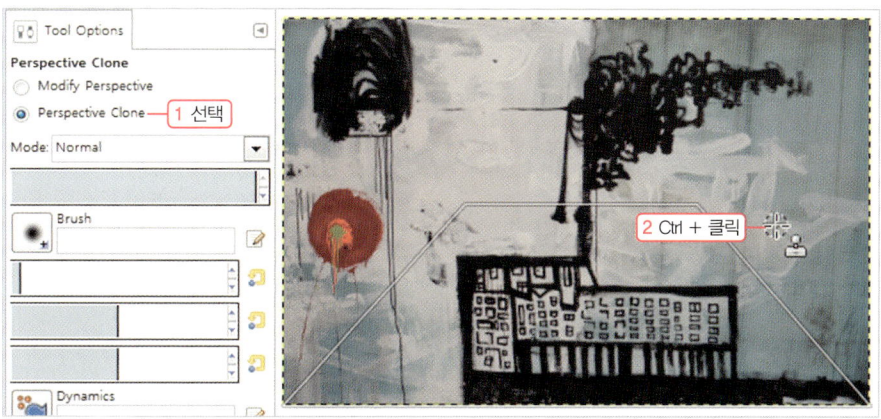

03 이제 복제될 지점에서 문지르듯 드래그하며 지정된 샘플 영역을 기준으로 원근 형태로 복제가 됩니다. 지금의 그림은 지극히 평면적이라 왜곡되어 보이지만 도로나 건물을 촬영한 이미지라면 실제로 원근감이 느껴지기 때문에 지금의 툴을 보다 효과적으로 사용됩니다. 퍼스펙티브 클론 툴의 옵션은 앞서 살펴본 옵션을 제외하고는 클론 툴의 옵션과 동일하기 때문에 자세한 옵션들에 대해서는 클론 툴에 대한 학습을 참고하십시오.

> **TIP 퍼스펙티브 클론 툴의 사용예**
> 우측의 그림은 도로의 한 장면으로 퍼스펙티브 클론 툴로 원근감이 느껴지도록 변형(좌측그림)을 준 후 도로의 중앙선을 복새(우측그림)한 모습입니다. 이처럼 퍼스펙티브 클론 툴을 사용하면 원근 효과로 복제할 수 있습니다.

블러 툴과 샤픈 툴

01 화면에 적나라게 나타나서는 안 되는 장면이나 카메라 포커서 아웃 효과를 표현할 때 그리고 이미지를 의도적으로 흐리게 할 때 블러 툴을 사용하며 반대로 이미지를 뚜렷하게 만들어 줄 때는 샤픈 툴을 사용합니다. 먼저 블러 툴에 대해 알아보기 위해 목마를 탄 술병.jpg 파일을 불러와 작업하기 좋게 확대(Ctrl + 마우스 휠)를 해 줍니다. 블러/샤픈 툴을 선택하고 이미지 윈도우에서 우측 첫 번째 술병의 라벨을 문지르듯 드래그합니다. 라벨의 글자가 흐려지는 것을 알 수 있습니다.

02 이미지의 전체 모습이 보이도록 축소한 후 목마 뒤쪽의 잔디와 뒤쪽의 나뭇잎을 블러 툴로 흐리게 해 줍니다. 이것은 촬영할 때 메인 피사체 뒤쪽에 있는 피사체가 흐리게 보이는 카메라 포커스 아웃 효과를 연출하기 위해서입니다.

03 이번엔 이미지를 뚜렷하게 해 주는 샤픈 툴을 사용하기 위해 이미지를 확대하여 목마의 머리 부분을 보이게 해 줍니다. 그다음 툴 옵션 하단의 Rate(임계값)를 증가하여 샤픈의 강도를 높여준 후 머리 부분을 Ctrl 키를 누른 상태로 문지르듯 드래그 합니다. 문지른 부분이 뚜렷해지는 것을 볼 수 있습니다. 이렇듯 블러와 샤픈은 서로 상반된 효과를 표현합니다.

스머지 툴

스머지 툴은 얼룩이란 말처럼 이미지를 지저분하게 왜곡시킵니다. 앞서 사용했던 목마의 갈기머리에서 손으로 꾹 눌러 문지르듯 드래그해 봅니다. 갈기머리 부분이 문지는 방향대로 늘어지며 뭉게지는 것을 알 수 있습니다.

닷지 툴과 번 툴

01 닷지 툴은 이미지의 어두운 부분을 밝고 깨끗하게 만들어주는 툴이며 번 툴은 닷지와 반대로 이미지를 어둡게 하거나 심하게 탄듯한 느낌을 표현해 주는 툴입니다. 작업에 사용할 이미지를 불러옵니다. 필자는 13년 후가 기대되는 소녀.jpg 파일을 불러왔습니다. 먼저 닷지 툴을 선택해 봅니다. 닷지 툴과 번 툴의 옵션은 Range 옵션을 제외하면 앞서 살펴보았던 블러/샤픈 툴과 동일합니다. 이미지를 적당히 확대하고 소녀의 얼굴이 나타나도록 이동한 상태에서 얼굴과 목 부분을 색칠하듯 드로잉하면 분을 바른 듯 하얗게 바뀌는 것을 알 수 있습니다. 이때 마우스 버튼을 떼지 말고 한번에 칠해야 같은 톤을 유지할 수 있습니다. 만약 여러 번 반복하여 칠하면 덧칠한 효과가 되기 때문에 너무 하얗게 됩니다. 실제 작업에서는 작업 시간이 오래 걸리더라도, 즉 리터칭 횟수가 많아지더라도 세밀한 작업을 원한다면 툴 옵션 하단의 Exposure 값을 낮춰준 후 칠하는 것이 좋습니다.

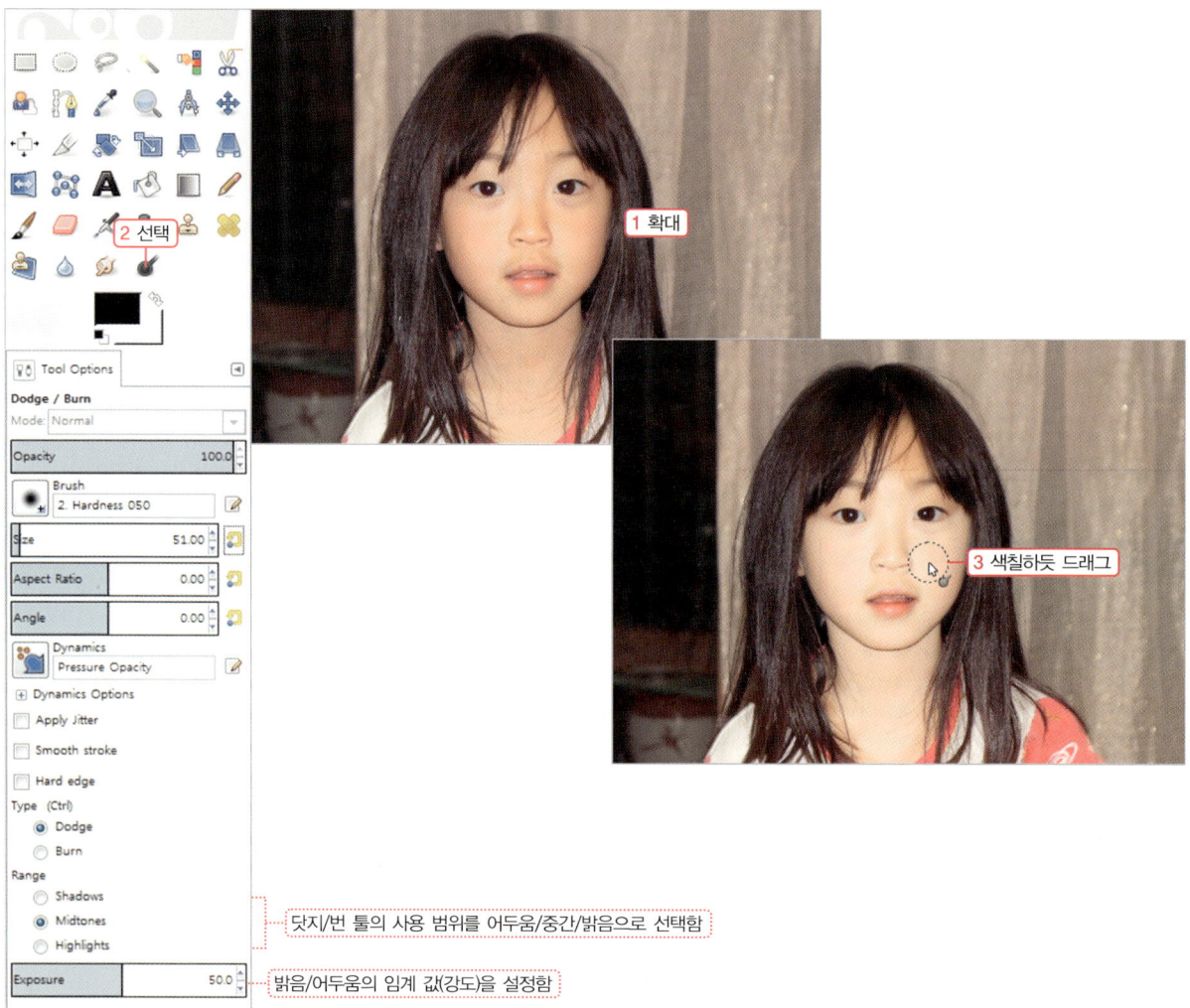

02 이번엔 이미지를 어둡게 해 주는 번 툴에 대해 알아보기 위해 Ctrl + Z 키를 눌러 이전 상태로 되돌아갑니다. 이미지 윈도우에서 Ctrl 키를 누른 상태에서 소녀의 얼굴과 목 부분을 색칠하듯 드로잉해 줍니다. 앞서 닷지 툴과는 다르게 이미지가 어두

워지는 것을 볼 수 있습니다. 마치 여름날에 썬탠을 한 것처럼 말이죠. 이렇듯 번 툴은 이미지를 어둡게 하며 계속 반복 덧칠하면 불에 타거나 그을린 것 같은 표현도 가능합니다. 닷지 툴과 번 툴은 살펴본 것처럼 서로 상반된 효과를 얻을 수 있습니다.

어둡게 변한 피부의 모습

> **TIP** 이미지 윈도우 쉽게 이동하기
> 앞서서도 한번 언급을 했듯 이미지를 확대하면 이미지의 전체 모습이 보이지 않기 때문에 작업을 할 지점으로 이동해야 합니다. 위에서도 설명했듯 김프에서는 스페이스 바를 눌러 원하는 이미지 영역으로 이동할 수 있습니다. 그러나 이 방법은 다른 툴을 사용하고 있을 때는 효과적이지 못 하므로 마우스 중앙의 휠 버튼을 이용하는 것이 보다 효과적입니다. 마우스 휠 버튼을 누르면 아무 때나 상관없이 이미지 이동 기능으로 사용할 수 있는 장점을 가지고 있습니다.

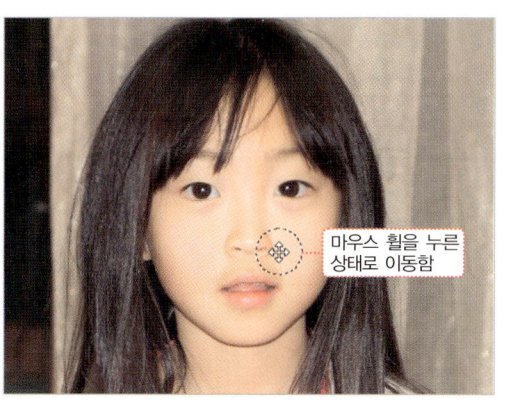

마우스 휠을 누른 상태로 이동함

18 필터(효과)들의 화려한 향연

필터는 이미지에 변화를 주는 효과(이펙트)라고 이해하면 되는데 김프와 같은 이미지 편집 툴에서 없어서는 안 될 중요한 기능입니다. 이미지를 흐리게 하기, 잡티 없애기, 왜곡하기, 빛과 그림자 적용하기, 회화적인 느낌 표현하기, 버튼 만들기, 애니메이션 만들기 등 김프에서 제공하는 다양한 필터들은 우리가 상상하는 것을 표현해 주는 아주 특별한 도구입니다.

Filters(필터) 메뉴 살펴보기

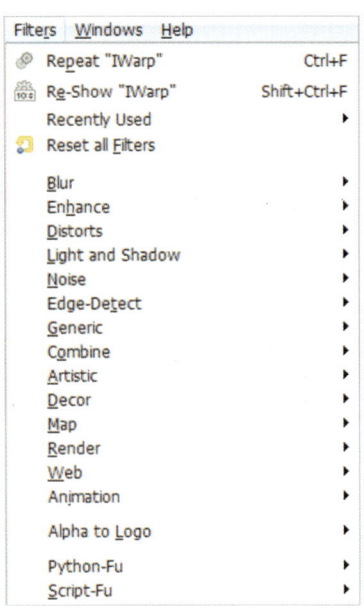

Repeat 앞서 적용했던 필터를 한번에 다시 적용할 수 있게 해 줍니다. 이때 해당 효과의 설정 창을 띄우지 않고 앞서 적용된 설정 값을 그대로 적용합니다.

Re-Show 앞서 적용했던 필터를 한번에 다시 적용할 수 있게 해 줍니다. 이때 해당 효과의 설정 창을 띄워 새롭게 설정을 할 수 있게 해 줍니다.

Recently Used 앞서 적용한 효과의 목록들을 보여줍니다. 여기서 다시 적용하고자 하는 필터가 있을 경우 해당 효과를 선택하여 적용할 수 있습니다.

Reset all Filters 앞서 적용한 필터의 목록(Recently Used)들을 모두 지워줍니다.

Blur 이미지를 흐리게 해 주는 다양한 효과들로 구성되어 있습니다. 단순히 이미지를 흐려지게 하거나 아웃 포커스 효과, 속도감을 느끼게 해 주는 효과 등을 표현할 수 있습니다.

Enhance 이미지를 선명하게 하거나 잡티 없애기, 적목현상 없애기, 주사선 없애기 등의 이미지의 결함을 보정시켜주는 효과로 구성되어 있습니다.

Distorts 이미지를 구부리거나 모자이크 처리, 엠보스, 물결 등의 왜곡 효과를 만들어 주는 필터로 구성되어 있습니다.

Light and Shadow 이미지에 렌즈 플레어 효과, 빛 효과, 그림자 효과 등을 만들어주는 필터로 구성되어 있습니다.

Noise 이미지에 잡티를 만들어주는 다양한 효과들로 구성되어 있습니다. 흑백 또는 컬러 노이즈를 생성하거나 이미지를 거칠게 하는 등을 표현할 수 있습니다.

Edge-Detect 이미지의 경계를 추출하는 효과들로 구성되어 있습니다. 단순히 흰색의 경계를 만들거나 네온싸인과 같은 느낌을 표현할 수 있습니다.

Generic 이미지를 수치로 변화를 주거나 밝고 어두운 영역을 증강하는 효과로 구성되어 있습니다.

Combine 이미지를 다른 레이어의 이미지와 합성하거나 필름 슬라이드에 나타나는 효과를 제공합니다.

Artistic 이미지를 수채화나 만화 등과 같은 회화적인 느낌의 예술적 효과를 표현할 수 있는 필터들로 구성되어 있습니다.

Decor 이미지에 다양한 장식 효과를 만들어주는 필터들로 구성되어 있습니다. 테두리를 만들거나 얼룩 효과, 오일 포토 효과 등을 표현할 수 있습니다.

Map 이미지를 매핑하는 효과들로서 이미지의 밝은(양각) 영역을 돌출시키거나 환영 효과, 타일 효과, 프랙탈 효과 등을 사용할 수 있습니다.

Render 이미지에 구름을 생성하거나 패턴, 회로, 선 등을 만들어주는 효과로 구성되어 있습니다.

Web 이미지를 여러 개로 잘라주거나 이미지 맵(클릭하면 웹 페이지가 연결되는 이미지 버튼) 등의 웹 이미지를 위한 효과로 구성되어 있습니다.

Animation 사용되는 레이어(이미지)들을 움직이는 GIF 애니메이션으로 만들어주는 효과들로 구성되어 있습니다.

Alpha to Logo 알파채널이 있는 레이어(이미지)의 경계에 테두리를 만들거나 입체 버튼을 만드는 등의 알파채널 효과로 구성되어 있습니다. 이 효과를 사용하기 위해서는 반드시 레이어를 알채널이 있는 레이어로 변환해야 하며 글자 레이어에 사용하여 다양한 글자 스타일을 만들어 줄 수도 있습니다. 이것은 어도비 포토샵의 액션(Action) 스타일과 유사합니다.

Python-Fu 김프의 언어인 파이썬을 사용(입력)하여 다양한 효과를 표현해 줍니다.

Script-Fu 이 필터는 자동화 작업을 위한 필터로 김프 데이터베이스에 의해 동작됩니다. 새로운 스크립트가 등록되면 Refresh Scripts 메뉴를 선택하여 새로운 스크립트를 사용할 수 있게 해 줍니다. 매뉴얼의 Script-Fu 스크립트 사용하기를 참고하십시오.

Filters(필터) 설정 창의 공통적인 것들

필터를 적용한 후 나타나는 설정 창은 모든 필터에서 사용되는 것은 아니지만 김프의 거의 모든 필터엔 설정 창을 제공하여 세밀한 설정을 할 수 있도록 해 줍니다. 그 중 설정 창에서 공통적으로 사용되는 것들은 효과를 설정 한 후의 결과를 미리 볼 수 있는 미리보기 창입니다. 이것은 Preview 체크박스를 통해 사용 유무가 결정됩니다. 가끔은 미리보기 창이 없는 효과가 있는데 이런 효과는 대부분 이미지 윈도우(캔버스)에서 효과가 적용된 실제 이미지를 통해 볼 수 있습니다. 아래쪽 Help 버튼은 해당 효과(필터)에 대한 설명을 헬프 문서를 통해 볼 수 있으며 OK 버튼은 효과 적용을 Cancel 버튼은 효과를 취소할 때 사용합니다.

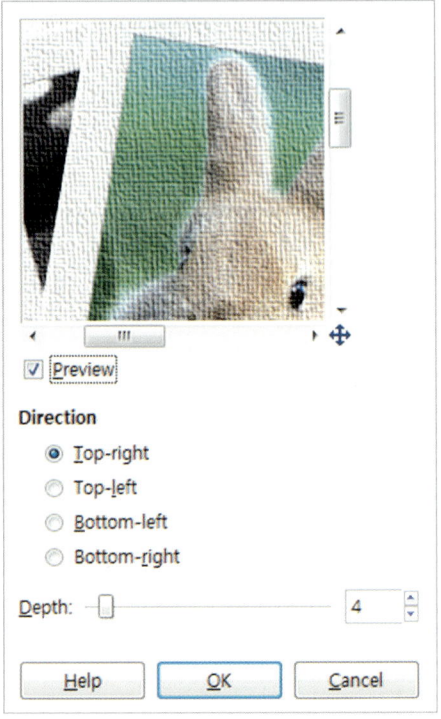

Bulr(블러) 효과

Blur 이미지를 흐리게 해 주는 효과입니다. 이 효과는 별도의 설정 창을 제공하지 않으며 메뉴 선택 시 블러의 최소 값만 적용됩니다.

Gaussian Blur 이미지를 흐리게 해 주는 효과로서 설정 창에서 가로(Hrozontal)와 세로(Vertical) 값을 통해 흐림 정도를 설정할 수 있습니다.

원본 이미지   효과 적용 후의 이미지

Motion Blur 속도감을 느끼게 해 주는 흐림 효과입니다. 설정 창에서 직선(Linear), 원형(Radial), 카메라 줌(Zoom) 세 가지 방식으로 흐리게 할 수 있습니다.

Pixelize 이미지에 픽셀화, 즉 모자이크 처리를 해 줍니다. 설정 창에서 가로(Pixel width)와 세로(Pixel height)의 크기를 조절할 수 있습니다.

Selective Blur 이미지의 서로 유사한 색상, 밝기, 채도 영역에만 블러가 적용됩니다. 블러가 적용되는 영역은 설정창의 Blur radius 값에 의해 결정됩니다.

Tileable Blur 스크립트-Fu 타입의 블러로서 가우시안 블러처럼 이미지를 흐리게 해 줍니다. 설정 창에서 Radius 값을 통해 블러의 양을 결정하며 Blur type에서 블러의 형태를 결정합니다.

Enhance(인핸스) 효과

원본 이미지   효과 적용 후의 이미지

Antialias 비트맵 방식의 이미지를 부드럽게 처리해 줍니다. 이미지 경계를 흐리게 하여 전체 이미지를 자연스럽게 보이도록 합니다.

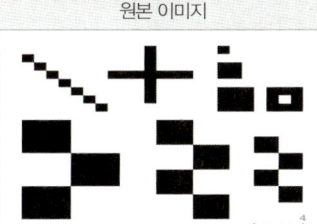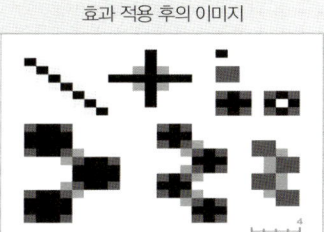

원본 이미지 　　　　　효과 적용 후의 이미지

Deinterlace 동영상에서 캡처된 이미지의 주사선(인터레이스)를 이동하여 사진과 같은 주사선이 없는 이미지로 만들어줍니다. 상황에 따라 odd 방식과 even 방식을 사용합니다.

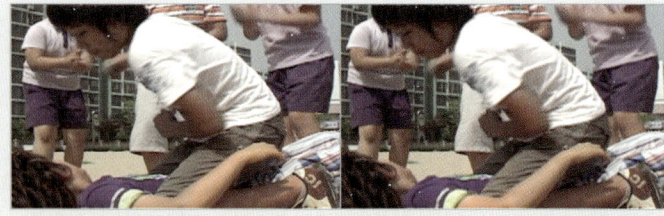

Despeckle 스캔을 통해 얻어진 이미지의 먼지 또는 긁힘으로 인해 생긴 결함을 제거하기 위해 사용됩니다. 이것은 이미지를 뭉개거나 대패로 밀어 이미지를 깨끗하게 처리하는 방식을 이용한 것입니다.

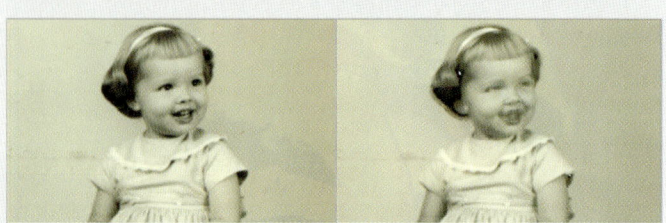

Destripe 이미지를 품질이 형편없는 스캐너를 통해 스캔되어 긁힌듯한 자국이 생기게 해 줍니다. Width 값을 증가하여 자국의 너비를 더욱 증가할 수 있으며 Create histogram을 체크하여 이미지 반전 효과를 얻을 수 있습니다.

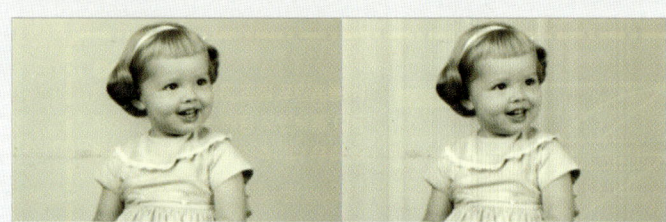

NL Filter NL은 Non Linear(비선형)이란 뜻으로 이미지의 각 픽셀의 주변 화소를 일정하게 하여 깨끗하고 선명한 이미지로 만들어줍니다.

Red Eye Removal 레이아이, 즉 적목현상은 야간 촬영 시 라이트에 의해 생기는 빨간 눈동자 현상을 말하는데 이와 같은 현상을 제거해 줍니다.

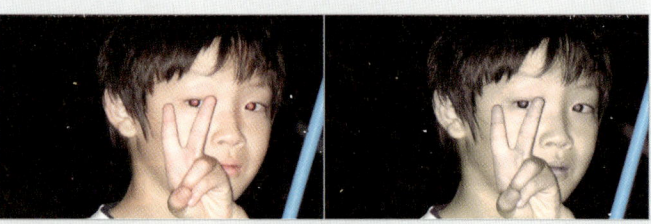

Sharpen 샤픈은 블러와 반대되는 효과로 이미지를 선명하게 만들어줍니다. 또한 이 효과의 Sharpness 값을 지나치게 높게 설정하면 노이즈 효과를 얻을 수도 있습니다.

Unsharp Mask 샤픈과 다르게 이미지의 지나치게 선명한 부분을 거칠고 단순한 색상으로 만들어줍니다. Radius, Amount, Threshold 값에 의해 다양한 변화를 줄 수 있습니다.

원본 이미지   효과 적용 후의 이미지

Distorts(디스토트) 효과

Apply Lens 이미지를 볼록 렌즈를 통해 본 것처럼 해 줍니다. Keep original surroundings는 볼록 효과 외곽을 원래 이미지로 표현하고 Set surroundings to background color는 효과 외곽을 배경 색상으로 채워줍니다.

Blinds 블라인드 창에서 이미지를 본 것처럼 여러 갈래로 분리를 해 줍니다. Orientation에서 블라인드 방향을 설정하며 Displacement와 Number of segments를 통해 블라인드의 개수와 간격을 설정합니다.

Curve Bend 커브 곡선을 이용하여 이미지를 자유롭게 왜곡할 수 있게 해 줍니다. 컬러의 커브처럼 곡선에 조절 포인트를 만들어 다양한 변화를 줄 수 있습니다.

Emboss 이미지에 올록볼록한 엠보싱 효과를 적용합니다. 이 효과를 적용하면 마치 평면의 이미지를 입체적인 부조물로 표현할 수 있습니다.

원본 이미지 효과 적용 후의 이미지

Engrave 조각칼을 사용하여 이미지를 조작한 듯 이미지를 새겨줍니다. Height를 설정하여 새겨지는 세로 간격을 조절합니다. 이 효과는 알파채널 레이어에서만 사용할 수 있습니다.

Erase Every Other Row 이미지를 반투명하게 해줍니다. Rows/cols와 Even/odd를 통해 투명 처리되는 방향을 설정하고 Erase/fill을 통해 투명 처리된 후 배경 상태를 결정합니다.

Iwarp 스머지 툴처럼 이미지의 특정 영역을 문질러 왜곡시켜줄 수 있습니다. 요즘 유행되고 있는 S라인이나 V라인을 표현할 때 유용하며 그밖에 글자의 모양이나 작은 영역을 세부적으로 왜곡하여 원하는 모양을 만들어줍니다.

Lens Distortion 카메라 렌즈를 통해 왜곡되는 모습을 표현해 줍니다. Main을 설정하여 렌즈 왜곡율을 설정할 수 있으며 Edge를 통해 경계를 설정합니다. Zoom으로 앞뒤 간격을 조절하며 Brighten으로 밝기를 조절합니다.

Mosaic 퍼즐 조각처럼 이미지를 조각냅니다. Tiling Primitives로 조각의 모양을 설정하며 Tile size로 조각의 크기를 조절합니다. Tile spacing으로 조각간의 간격을 조절하여 테두리 두께를 조절할 수 있습니다.

Newsprint 이미지를 인쇄물의 망점을 적용하여 마치 해상도가 떨어지는 프린터로 인쇄한 것처럼 표현해 줍니다. Cell size를 통해 망점의 크기를 조절하며 Spot function으로 망점의 모양을 설정할 수 있습니다.

원본 이미지   효과 적용 후의 이미지

Pagecurl 페이지가 넘어가듯 이미지가 둥글게 말려 올라간 모습을 표현해 줍니다. Curl Location을 통해 효과의 방향을 설정할 수 있으며 이미지 뒷면의 색상과 투명도를 조절할 수 있습니다.

Polar Coordinates 이미지를 둥근 회전체로 만들어 줍니다. 구를 표현하거나 수평선을 그린 후 링을 만들 때도 사용합니다. Circle depth in percent로 회전 값을 설정합니다.

Ripple 이미지에 잔물결을 만들어줍니다. Edges에서 물결되어 왜곡된 영역의 상태를 설정하며 Period로 물결의 횟수, Amplitude로 물결의 진폭을 설정할 수 있습니다.

Shift 픽셀의 위치를 이동하여 마치 붓 같은 것에 쓸리거나 가늘게 녹아 내려간 것 같은 느낌을 표현해 줍니다. Shift horizontally/vertically를 통해 효과의 방향을 설정할 수 있습니다.

Value Propagate 컬러 이미지의 테두리에 변화를 주어 픽셀을 분산시킵니다. 약간의 회화적인 느낌과 밝고 깔끔한 느낌이 들게 해 줍니다. Mode를 통해 변화되는 합성 방식을 설정합니다.

Video 다소 과장된 비디오 효과를 표현해 줍니다. 실제 비디오처럼 주사선도 표현되며 Video Pattern을 통해 주사선의 모양을 설정할 수 있습니다.

원본 이미지   효과 적용 후의 이미지

Waves 호수에 돌멩이를 던져 동그란 물결이 생기는 모습을 표현할 수 있습니다. Reflective를 체크하면 물결이 반사되게 할 수 있으며 Amplitude로 물결의 진폭, Wavelength로 물결의 너비를 설정할 수 있습니다.

Whirl and Pinch 블랙홀이나 소용돌이에 빠져들어 가는 듯한 느낌을 표현해 줍니다. Whirl angle로 효과의 방향을 설정하며 Pinch amount로 왜곡되는 정도를 설정합니다.

Wind 강한 바람이 불어 픽셀이 깎이듯 흩어지는 효과를 표현해 줍니다. Direction으로 바람의 방향을 설정하며 Strength로 바람의 세기를 설정할 수 있습니다.

Light and Shadow(빛과 그림자) 효과

Gradient Flare 이미지 주변에 후광이 비춰 눈부신 광원의 사진을 얻을 때 사용합니다. 비슷한 효과로 렌즈 플레어가 있는데 이 효과보다 과장된 이미지를 얻을 수 있습니다.

Lens Flare 그래디언트 플레어와 비슷한 효과로서 그 효과보다는 자연스럽고 은은한 빛을 생성합니다. Center of Flare Effect를 통해 빛의 위치를 설정합니다.

원본 이미지   효과 적용 후의 이미지

Lighting Effects 이미지 위에 스튜디오에서 사용하는 조명이 비춰지는 효과를 표현해 줍니다. 조명의 위치, 색상 등을 설정할 수 있으며 최대 6개의 조명을 사용할 수 있습니다. 또한 Bump Map 탭을 이용하면 빛에 의한 부조물을 표현할 수도 있습니다.

Sparkle 이미지의 하이라이트 부분에 불꽃이 피어나는 듯한 효과를 표현해 줍니다. Luminosity threshold로 효과가 나타나는 범위를 설정하며 Spike lenght/points로 효과의 길이와 개수를 설정합니다.

Supernova 이미지 위에 초신성이 빛나는 효과를 표현해 줍니다. Color로 효과의 색상, Radius로 크기, Random hue로 효과의 색상을 랜덤에서 표현해 줍니다.

Drop Shadow 이미지 주위에 그림자를 생성해 줍니다. Offset X/Y로 그림자의 위치를 설정하며 Blur radius로 그림자의 부드러움 정도를 설정합니다. Color로 그림자 색상, Opacity로 그림자의 불투명도를 설정합니다.

Perspective 드롭 쉐도우와 비슷하게 이미지에 그림자를 생성해 주지만 이 효과는 이미지가 원근감이 들도록 그림자를 생성합니다. Angle을 통해 그림자의 각도를 조절하며 Relative distance of horizon으로 이미지와 그림자간에 거리를 설정합니다.

Xach-Effect 스크립트-Fu 방식의 효과로 이미지가 조명에 의해 밝아지며 그림자까지 생성되는데 선택 영역을 만든 후 이 효과를 적용하면 새로운 레이어를 통해 이미지가 적용됩니다. 배경 위에 이미지를 띄어줄 때 사용됩니다.

Noise(노이즈) 효과

원본 이미지　　　효과 적용 후의 이미지

HSV Noise 이미지의 색상, 채도, 밝기 값을 산출하여 노이즈를 생성합니다. 이 노이즈 효과는 일반적인 노이즈와 다르게 노이즈 입자를 흩뿌리듯 표현해 줍니다.

Hurl 임의의 색상으로 랜덤한 노이즈를 생성합니다. 색상 채널에 관계 없이 모든 채널에 무작위로 노이즈를 생성합니다.

Pick 천에 물감을 묻혀 찍어내듯 그림을 그린 것처럼 노이즈를 생성합니다. 이 노이즈 또한 모든 색상 채널에 무작위로 생성합니다.

RGB Noise 빨강, 초록, 파랑의 3가지 색상 채널을 설정하여 노이즈를 생성합니다. Independent RGB를 해제하면 3가지 색상 채널이 각각 독립된 형태로 노이즈가 생성됩니다.

Slur 이미지가 녹아 아래쪽으로 내려가는 효과를 만들어줍니다. 이 효과 또한 모든 색상 채널에 무작위로 생성합니다.

Spread 컬러 스프레이를 뿌려 색상 입자들이 흩어져 이미지에 착상되는 듯한 노이즈를 생성합니다. Horizontal과 Vertical을 통해 입자의 개수를 설정합니다.

Edge-Detect(엣지-디텍트) 효과

원본 이미지   효과 적용 후의 이미지

Difference of Gaussians 이미지의 경계를 선으로 표현해 줍니다. 기본적으로 밝은 영역은 어둡게 표현되고 어두운 영역은 밝게 표현되는데 Inver를 해제하면 반전 효과를 얻을 수 있습니다.

Edge 이미지의 밝은 영역은 선으로 표현되고 어두운 영역은 검은색으로 처리됩니다. Algorithm에서 효과의 연산 방식을 설정하고 Amount로 선의 두께(강도)를 설정합니다.

Laplace 얇고 정교한 테두리를 검출합니다. 지나치게 어두운 이미지에서는 검은색으로 처리되어 표현되지 않습니다.

Neon 이미지 경계 부분에 네온사인이 켜진 것처럼 표현해 줍니다. Radius로 네온의 두께를 설정하며 Amount로 밝기를 설정합니다.

Sobel 이미지를 전체적으로 어둡게 하여 선을 검출합니다. Sobel horizontally만 체크하면 음각의 부조물로 표현되며 Sobel vertically만 체크하면 양각의 부조물로 표현됩니다.

Generic(제너릭) 효과

원본 이미지   효과 적용 후의 이미지

Convolution Matrix 매트릭스 연산 입력란에 수치를 입력하여 밝기, 노이즈, 블러, 엣지 등의 다양한 효과를 표현해 줍니다. 이 효과는 연산 값에 대한 이해를 확실히 알고 있어야 하며 그림은 맨 윗줄 세 번째 입력란에 4라로 입력한 효과입니다.

Dilate 이미지의 어두운 영역의 픽셀을 넓게 확장합니다. 이 효과는 별도의 설정 창 없이 이미지에 따라 자동으로 연산하여 처리됩니다.

Erode 위의 다일레이트 효과와는 반대로 이미지의 밝은 영역의 픽셀을 넓게 확장합니다. 이 효과는 별도의 설정 창 없이 이미지에 따라 자동으로 연산하여 처리됩니다.

Combine(콤바인) 효과

Depth Merge 두 개의 레이어를 합성할 때 사용합니다. Source 1과 2에 각각 서로 다른 이미지(레이어)를 선택한 후 Overlap으로 교차되는 투명도를 설정합니다.

Filmstrip 이미지를 필름 슬라이드에 촬영된 것처럼 합쳐줍니다. 이 효과는 새로운 이미지 윈도우에 적용됩니다. 설정 창에서 슬라이드의 색상과 개수를 설정할 수 있으며 개수는 레이어(이미지) 개수보다 많으면 안 됩니다.

Artistic(아티스틱) 효과

원본 이미지 효과 적용 후의 이미지

Apply Canvas 캔버스에 그림을 그리는 것처럼 이미지를 캔버스 재질이 표현되도록 해 줍니다. Depth 값을 통해 재질의 깊이를 설정합니다.

Cartoon 이미지를 만화로 그린듯한 카툰 효과를 만들어줍니다. Mask radius로 선의 두께를 설정하고 Percent black으로 검은색 비율을 조절합니다.

Cubism 반투명 사각형 종이를 찍어 붙이는 큐비즘 기법을 이미지에 적용합니다. Tile size로 종이의 크기를 설정하고 Tile saturation으로 채도 값을 설정합니다.

GIMPressionist 김프에서 제공되는 다양한 아트 필터를 한 자리에서 사용할 수 있으며 재질 및 브러시 종류로 선택할 수 있습니다. 이 필터 하나로 아트 효과를 모두 표현할 수 있을 만큼 우수한 필터입니다.

Glass Tile 타일 모양의 울퉁불퉁한 유리를 통해 그림을 보는 듯한 느낌으로 만들어줍니다. Tile width/height를 통해 가로/세로의 타일의 크기를 조절할 수 있습니다.

Oilify 이미지를 유화로 그린듯한 느낌으로 만들어줍니다. Mask size로 붓의 크기를 설정하며 Use mask-size map을 통해 다른 레이어와 합성할 수 있습니다.

원본 이미지  효과 적용 후의 이미지

Photocopy 흑백 토너로 이미지를 인쇄한 것처럼 흰색(종이) 바탕과 검은색 선으로 이미지를 표현합니다. Mask radius로 선의 두께를 설정하고 Sharpness로 뚜렷함 정도를 설정합니다.

Softglow 이미지에 부드러운 발광(글로우) 효과를 적용하여 화사하고 신비스럽고 몽환적인 느낌을 만들어줍니다. Glow radius로 발광되는 넓이를 설정하고 Bright ness로 밝기를 조절합니다.

Van Gogh (LIC) 빈센트 반 고흐의 작품처럼 이미지를 추상적으로 보이게 해 줍니다. Effect Channel에서 색조, 채도, 밝기에 대한 설정을 하고 Convolve에서 With white noise를 선택하여 이미지에 노이즈를 적용할 수 있습니다.

Clothify 천 위에서 그림을 그린 효과로서 담벼락 같은 거친 배경에 그림을 그린 것 같은 월 페인팅 효과를 만들어줍니다. Depth로 자국의 깊이를 설정합니다.

Predator 프레데터란 영화에서 프레데터가 사물을 열에 의해 감지하는 것처럼 이미지를 기본 색상으로 단순하게 표현해 줍니다. Edge amount로 경계의 두께를 설정하고 Pixel amount로 픽셀의 크기를 조절합니다. 픽셀의 크기를 많이 키우면 기판의 회로처럼 표현할 수도 있습니다.

Weave 넓고 긴 나뭇잎을 엮어서 돗자리를 만들 듯 이미지를 표현합니다. 이 효과는 새로운 레이어를 통해 만들어지기 때문에 원본 이미지에 영향을 주지 않습니다.

Decor(장식) 효과

원본 이미지　　　　효과 적용 후의 이미지

Add Bevel 선택영역을 만들어준 후 이 효과를 적용하면 선택영역을 입체 버튼으로 만들어집니다. 이 효과는 새로운 이미지 윈도우에 적용됩니다. Thickness로 버튼의 모서리(높이) 모양을 설정합니다. 선택영역이 없으면 이미지 전체에 적용됩니다.

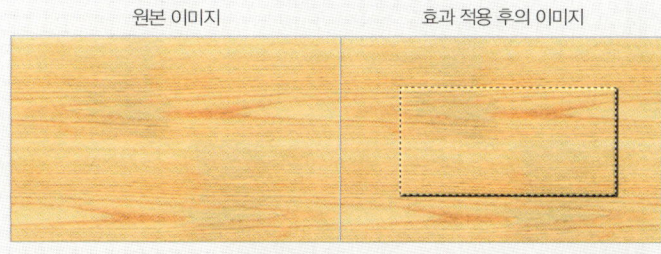

Add Border 이미지 가장자리에 테두리(프레임)를 만들어줍니다. Border X/Y size로 테두리의 크기를 설정하고 Border color로 테두리의 색상을 설정합니다.

Stencil Carve 판형을 뜨는 스텐실을 통해 얻어진 이미지처럼 표현해 줍니다. 이 효과는 Image 〉 Mode 〉 Grayscale 모드로 전환한 후 사용해야 하며 다른 레이어(이미지)로 합성할 수 있습니다.

Stencil Chrome 위의 스텐실 카브와 유사한 효과로 결과물은 크롬 도금을 한 재질감을 얻을 수 있습니다. 이 효과 역시 그레이스케일 모드에서만 사용 가능합니다.

Coffee Stain 이미지 위에 커피와 같은 유색 액체가 떨어져 얼룩이진 듯한 표현을 해 줍니다. Stains로 얼룩의 개수를 설정하며 결과는 새로운 레이어를 통해 적용됩니다.

Fuzzy Border 이미지 가장자리에 테두리를 만들어 줍니다. 이 효과의 테두리는 위에서 설명한 애드 보더와는 다르게 테두리 안쪽을 솜처럼 부드럽고 들쭉날쭉한 모양을 만들어줍니다. 색상와 Add shadow를 체크하여 그림자도 만들어줄 수 있습니다.

원본 이미지   효과 적용 후의 이미지

Old Photo 기름종이에 그림을 그린 듯 이미지를 흐리고 갈색의 듀오톤으로 하여 오래된 사진처럼 만들어줍니다. Border size로 두께를 설정하며 Sepia를 해제하면 원본 색상을 그대로 유지된 채 들쭉날쭉한 테두리만 적용됩니다.

Round Corners 이미지 모서리를 둥근 라운드형 모서리로 만들어줍니다. Edge radius로 라운드 크기를 설정하여 Add drop-shadow를 체크하여 그림자를 생성합니다.

Slide 이미지를 한 장의 슬라이드 필름으로 만들어줍니다. 이 효과는 단 한 장의 이미지로만 사용되며 필름에 새겨질 글자와 번호 그리고 글자 색상을 설정할 수 있습니다.

Map(맵) 효과

Bump Map 이미지(레이어)의 명암의 차이를 연산하여 올록볼록한 요철을 표현해 줍니다. Bumb map을 통해 효과로 사용될 레이어(이미지)를 선택합니다. 이 효과를 통해 월 페인팅 효과를 얻을 수 있습니다.

Displace 이미지의 명암의 차이를 연산하여 픽셀의 위치를 이동하여 변형을 줍니다. 일종의 픽셀의 공간이동 효과라고 보면 됩니다. X/Y displacement로 픽셀의 이동 거리를 설정합니다.

원본 이미지   효과 적용 후의 이미지

Fractal Trace 이미지를 프랙탈(분열도형)로 매핑을 해 줍니다. Transparent를 선택하면 프랙탈 맵 이외의 영역을 투명하게 처리해 줍니다.

Illusion 이미지를 조각내듯 복제하여 환각을 느끼게 해 줍니다. Divisions로 조각의 개수를 설정하고 Mode 1, 2로 효과의 형태를 선택합니다.

Make Seamless 이미지를 상하좌우로 조각낸 후 복제하여 원본 이미지에 오버랩되어 비춰지도록 해 줍니다. 이 효과는 설정 창 없이 자동으로 적용됩니다.

Map Object 이미지를 평면, 구, 박스, 실린더의 오브젝트로 변형해 줍니다. 오브젝트에 조명을 비출 수 있고 조명의 색상 및 회전, 위치 설정도 가능합니다.

Paper Tile 네모난 종이 타일을 붙여 이미지를 완성하는 효과를 만들어줍니다. Division의 X/Y로 조각의 개수를 설정하며 Width/Height를 타일의 크기를 설정합니다.

Small Tiles 이미지를 여러 개의 멀티 이미지로 만들어줍니다. Flip의 Horizontal과 Vertical로 이미지를 수평/수직으로 뒤집어주며 Number of Segments로 멀티 이미지의 개수를 설정합니다.

Tile 이미지를 단순히 복제하여 새로운 이미지 윈도우에 적용합니다. 설정 창에서 Tile to New Size를 원본 크기보다 크게 하면 커진 만큼 원본 이미지를 멀티 이미지로 해 주고 원본보다 작으면 원본의 가운데를 기준으로 복제됩니다. 우측 이미지는 원본보다 약간 크게 복제한 상태입니다.

원본 이미지   효과 적용 후의 이미지

Warp 이미지를 휘게 하거나 왜곡합니다. Basic Options의 Step size의 수치를 증가하여 효과를 보다 극대화할 수 있으며 얼어붙은 이미지 효과 등 다양한 왜곡 효과를 표현할 수 있습니다.

Render(렌더) 효과
Clouds

Difference Clouds 흰색과 검은색으로 구름을 만들어 이미지와 합성을 해 줍니다. X/Y size를 통해 구름의 크기를 설정할 수 있습니다.

Fog 이미지에 안개를 깔아줍니다. Fog color로 안개의 색상을 설정하고 Turbulence로 안개의 분포를 설정합니다. Opacity로 안개의 불투명도를 설정합니다.

Plasma 이미지를 플라즈마처럼 여러 색상이 혼합되어 자욱하게 나타나게 해 줍니다. Turbulence로 효과의 분포를 설정합니다.

원본 이미지   효과 적용 후의 이미지

Solid Noise 이미지와는 상관없이 흰색과 검은색의 구름을 만들어줍니다. X/Y size를 통해 구름의 크기를 설정합니다.

Nature

Flame 이미지 위에 불꽃을 표현해 줍니다. 불꽃의 색상은 전경(포그라운드) 색이며 설정 창에서 Edit를 통해 불꽃의 모양을 선택할 수 있으며 Open을 통해 외부의 불꽃 이미지를 불러올 수도 있습니다. Brightness로 불꽃의 밝기를 조절합니다.

IFS Fractal 프랙탈 기반의 필터로 반복함수(IFS)를 통해 다양한 기하학적 모양을 만들어줍니다. 설정 창에서 이동, 회전, 늘리기 등을 통해 다양한 모양을 만들 수 있으며 Save를 통해 설정된 것을 저장할 수 있습니다.

Pattern

CML Explorer 줄무늬 텍스처를 만들어주는 효과입니다. 이미지와는 상관없이 수학적 연산을 통해 아주 복잡한 텍스처를 만들어줍니다.

Checkerboard 이미지와 상관없이 체크보드 무늬를 만들어줍니다. 체크무늬의 색상은 전경(포그라운드) 색이며 설정 창에서 Size를 통해 체크무늬의 크기를 조절할 수 있습니다.

필터(효과)들의 화려한 향연

원본 이미지 효과 적용 후의 이미지

Diffraction Patterns 이미지와 상관없이 일종의 주파수 같은 파형 모양의 텍스처를 만들어줍니다. 빨강, 초록, 파랑의 각 색상 채널별로 설정이 가능하고 밝기, 흩어짐 정도를 설정할 수 있습니다.

Jigsaw 이미지를 퍼즐 조각처럼 잘라줍니다. Number of Tiles를 통해 가로/세로의 퍼즐 개수를 설정하고 Bevel Edges를 통해 퍼즐의 높이를 설정합니다.

Maze 이미지를 미로 찾기의 길로 만들어줍니다. Maze Size의 Width/Height로 선의 두께를 설정하고 Pieces로 미로의 크기(개수)를 설정합니다.

 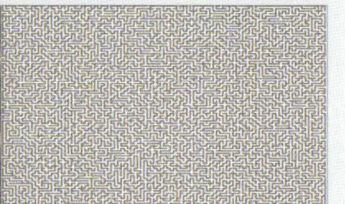

Qbist 이미지에 기하학적 모양의 그래디언트 텍스처를 만들어줍니다. 설정 창에서 기본적인 9개의 스타일을 사용할 수 있으며 외부에서 샘플 소스를 불러올 수도 있습니다.

Sinus 이미지를 그래디언트 텍스처를 만들어줍니다. 설정 창에서 2개의 그래디언트 색상을 설정할 수 있으며 그래디언트 넓이와 방식을 설정할 수 있습니다.

Circuit 이미지를 회로가 순환하듯 엉켜있는 효과를 만들어줍니다. Oilify mask size로 회로의 크기를 설정합니다.

원본 이미지 효과 적용 후의 이미지

Fractal Explorer 이미지를 프랙탈(분열도형)으로 만들어줍니다. 설정 창에서 제공하는 다양한 프랙탈 목록을 사용할 수 있으며 색상과 그밖에 프랙탈 텍스처를 만들 수 있는 모든 것을 설정할 수 있습니다.

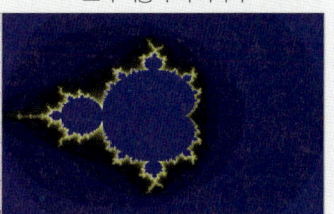

Gfig 이 필터는 선이나 사각형, 원형 등의 다양한 도형을 그려줄 수 있는 툴로 사용됩니다. 이미지에 간단한 도형을 그리는데 가장 쓸모가 있는 필터입니다.

Lava 용암이 흘러내려 켜켜이 쌓인 모습처럼 이미지를 만들어줍니다. Size로 효과의 크기를 설정하며 Roughness로 효과의 모습을 랜덤하게 만들어주며 Gradient로 색상을 설정합니다.

Line Nova 이미지 위에 직선을 연속해서 만들어줍니다. 썬샤인 효과를 만들어줄 때 유용하게 사용됩니다. Number of line을 통해 연속되는 직선의 개수를 설정합니다.

Sphere Designer 이미지 위에 입체 구를 만들어줍니다. 설정 창에서 구의 색상을 설정할 수 있으며 구의 크기, 위치, 회전 및 빛의 방향을 설정할 수 있습니다.

Spyrogimp 이미지 위에 싸인 곡선을 그려줍니다. 설정 창에서 Type으로 싸인 곡선 타입을 선택하며 Shape로 모양을 설정할 수 있고 Tool로 곡선의 두께를 설정할 수 있습니다. Color와 Gradient로 색상을 설정할 수 있습니다.

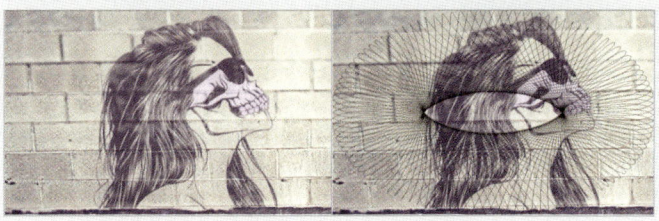

Web(웹) 효과

Image Map 홈페이지를 만들 때 이미지의 특정 영역을 다른 웹으로 연결하는 버튼으로 사용할 수 있게 해 줍니다. 이 필터는 별도의 이미지 맵 편집 창을 띄어주는데 여기서 원하는 지점에 원하는 모양의 링크 영역을 만들 수 있으며 영역이 지정된 후에서 실제 웹페이지로 연결될 주소를 입력할 수 있는 창이 열립니다. 이 필터는 홈페이지 디자이너에게 적합한 기능이지만 대부분 홈페이지 제작 툴에서 작업을 수행하게 됩니다.

Semi-Flatten 이 필터는 알파채널이 포함된 이미지(레이어)일 경우에만 사용할 수 있습니다. 투명한 이미지의 경계를 안티앨리어싱으로 아주 부드럽고 깨끗하게 처리해 줍니다. 단 이 효과를 사용하기 전에는 배경(백그라운드) 색상이 이미지 색상과 같아야 한다는 것을 명심해야 합니다. 만약 그렇지 않으면 우측의 그림처럼 이미지 경계에 배경 색이 묻어나오게 됩니다.

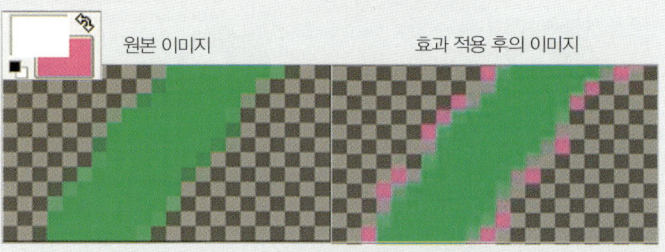

원본 이미지　　　　효과 적용 후의 이미지

Slice 이 필터는 이미지를 여러 개로 잘라줍니다. 웹페이지용 이미지를 사용할 경우 전체 이미지를 통째로 사용하게 되면 로딩 시간이 오래 걸리기 때문에 여러 개로 쪼개서 사용하는 것이 좋습니다. 이 필터를 사용하기 위해서는 먼저 잘라줄 지점을 가이드 라인으로 지정해 주어야 합니다. 이 필터는 별도의 설정 창을 제공해 주는데 여기에서는 이미지가 저장될 위치와 파일 형식 등을 설정합니다.

가이드 라인이 지정된 모습

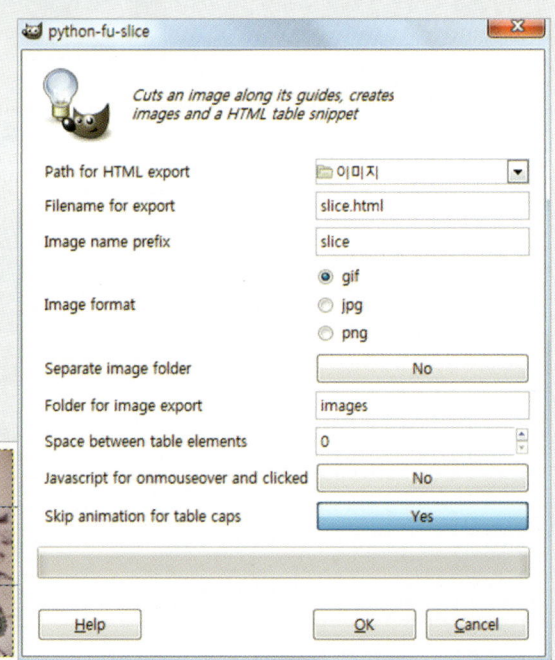

Animation(애니메이션) 효과

Blend 두 개 이상의 이미지(레이어)를 사용해야 하며 이 이미지들이 디졸브되면서 애니메이션되는 장면을 만들어줍니다. 설정 창에서 Intermediate frames로 한 디졸브(교차)되는 시간을 프레임 단위로 설정하며 Looped를 체크하면 파일을 만든 후 재생할 때 무한반복 재생이 됩니다. 이 필터를 적용한 후 재생하기 위해서는 같은 메뉴의 Playback을 실행하면 됩니다.

Burn-In 두 개의 알파채널이 포함된 이미지만 사용할 수 있으며 이미지 위로 빛이 지나가는 라이트 스위프 효과를 얻을 수 있습니다. Glow color를 통해 빛의 색상을 설정하며 Fadeout width와 Corona width로 빛의 너비를 설정합니다. 이 필터를 적용한 후 재생하기 위해서는 같은 메뉴의 Playback을 실행하면 됩니다.

Rippling 하나의 이미지를 사용하며 이미지를 물결이 치듯 흔들리게 해 줍니다. Rippling strength로 흔들리는 정도를 설정하며 Number of frames로 사용될 프레임 개수를 설정합니다. 이 필터를 적용한 후 재생하기 위해서는 같은 메뉴의 Playback을 실행하면 됩니다.

Spinning Globe 하나의 이미지만 필요로 하며 이미지를 구로 만들어 회전하도록 해 줍니다. Tuun from left to right의 체크 여부로 회전 방향을 설정하며 배경을 투명하게 하기 위해 Transparent background를 체크합니다. 이 필터를 적용한 후 재생하기 위해서는 같은 메뉴의 Playback을 실행하면 됩니다.

| 사용된 이미지(레이어) | 효과 적용 후의 이미지 |

Waves 하나의 이미지만 필요하며 둥근 물결 애니메이션을 만들어줍니다. Amplitude와 Wavelength로 물결의 너비와 파고를 설정하며 Number of frames로 프레임 개수를 설정합니다. Invert direction을 체크하면 물결이 밖에서 안쪽으로 움직입니다. 이 필터를 적용한 후 재생하기 위해서는 같은 메뉴의 Playback을 실행하면 됩니다.

Optimize (Difference) 이미지를 최적화해 줍니다. 이것은 이미지의 불필요한 흔적을 제거합니다. 최적화된 이미지는 파일의 크기를 줄일 수 있습니다.

Optimize (for GIF) 이미지를 최적화해 줍니다. 이것은 이미지의 불필요한 흔적을 제거하는데 GIF 이미지일 때 사용됩니다. 최적화된 이미지는 파일의 크기를 줄일 수 있습니다.

Playback 애니메이션 효과가 적용된 후 이를 확인(재생)하기 위해 사용됩니다. 메뉴의 Playback을 실행하면 됩니다.

Unoptimize 이미지 최적화를 사용하지 않습니다. 최적화된 이미지라면 다시 원래대로 되돌아가게 해 줍니다.

Alpha to Log(알파 투 로고) 효과

| 원본 이미지 | 효과 적용 후의 이미지 |

3D Outline 알파채널 이미지의 경계에 입체 테두리를 만들어줍니다. Pattern에서 테두리의 패턴 스타일을 선택합니다.

Alien Glow 알파채널 이미지의 경계에 빛이 확산되는 글로우 효과를 만들어줍니다. Glow size로 효과의 크기를 설정하고 Glow color로 효과의 색상을 설정합니다.

원본 이미지 효과 적용 후의 이미지

Alien Neon 알파채널 이미지의 경계에 네온사인과 같은 빛이 발산되도록 해 줍니다. Glow color로 빛의 색상을 설정하고 Background color로 배경 색상을 설정합니다. Number of bands로 빛이 발산되는 계층의 개수를 설정합니다.

Alien Glow 알파채널 이미지의 경계에 빛이 확산되는 글로우 효과를 만들어줍니다. Glow size로 효과의 크기를 설정하고 Glow color로 효과의 색상을 설정합니다.

Basic 1 알파채널 이미지의 불투명한 영역을 단일 컬러로 적용해 줍니다. Background color로 배경 색상을 설정하고 Text color로 불투명한 영역의 색상을 설정합니다. 이 효과는 문자나 로고 스타일을 만들 때 유용합니다.

Basic 2 알파채널 이미지의 불투명한 영역을 단일 컬러로 적용하는 것은 위의 베이직 1과 동일하지만 이 효과는 테두리를 입체적인 느낌이 들게 해 줍니다. Background color로 배경 색상을 설정하고 Text color로 불투명한 영역의 색상을 설정합니다.

Blended 알파채널 이미지의 불투명한 영역은 원본 상태가 보존되지만 배경은 지정된 색상에 의해 그래디언트가 적용됩니다.

원본 이미지 효과 적용 후의 이미지

Bovination 알파채널 이미지의 불투명한 영역에 얼룩말 무늬를 적용하며 테두리는 입체적인 느낌이 들도록 해 줍니다. Spots density X/Y로 무늬의 너비를 설정합니다.

Chalk 알파채널 이미지의 경계를 분필로 그린 선처럼 만들어줍니다. 여기서의 선은 울퉁불퉁하게 표현됩니다. 설정 창에서는 배경 색상만 설정할 수 있습니다.

Chip Away 알파채널 이미지의 경계를 쥐가 갉아먹은 듯 작은 흠집들을 만들어줍니다. Pattern에서 다양한 패턴을 사용할 수 있으며 Chip amount로 흠집의 개수를 설정합니다.

Chrome 크롬 느낌을 주는 필터로서 알파채널 이미지의 경계를 돌출시키고 안쪽 영역은 흰색으로 처리합니다. Offsets (pixels * 2)에서 이미지와 그림자 간격을 설정하며 Background에서 배경 색상을 설정합니다.

Comic Book 알파채널 이미지의 불투명한 영역을 만화나 카툰 느낌의 이미지로 만들어줍니다. Gradient에서 그래디언트 색상을 설정하며 Outline size에서 테두리 두께를 설정합니다.

원본 이미지   효과 적용 후의 이미지

Cool Metal 알파채널 이미지의 불투명한 영역을 금속 질감이 느껴지도록 해 줍니다. 이 효과는 원본 이외에 반사되는 이미지도 만들어줍니다. Gradient 에서 그래디언트 색상을 설정합니다.

Frosty 알파채널 이미지의 불투명한 영역에 구멍을 뚫고 그림자를 적용하여 입체적인 음각 효과로 표현해 줍니다. Effect size (pixels)로 효과의 크기를 설정하며 Background color로 배경 색상을 설정합니다.

Glossy 알파채널 이미지의 불투명한 영역을 반들반들한 광택이 있는 이미지로 만들어줍니다. Blend gradient (text)에서 이미지의 색상을 설정하며 그밖에 이미지에 패턴을 사용할 수도 있습니다.

Glowing Hot 에일리언 글로우 효과처럼 알파채널 이미지의 경계에 빛이 확산되도록 해 줍니다. 이 효과는 불에 타는 모습이나 촛불의 불꽃을 표현할 수 있습니다. 설정 창에서는 효과의 크기와 배경 색상만 설정할 수 있습니다.

원본 이미지   효과 적용 후의 이미지

Gradient Bevel 알파채널 이미지의 불투명한 영역을 입체 버튼처럼 만들어줍니다. Border size로 테두리의 두께를 설정하고 Bevel height로 높이를 설정합니다.

Neon 에일리언 네온 효과와 비슷하지만 이 효과는 실제 네온과 같은 느낌을 만들어줍니다. 알파채널 이미지의 경계 부분에 효과가 적용되며 빛의 크기와 색상 그리고 배경 색상을 설정할 수 있습니다.

Particle Trace 알파채널 이미지의 불투명한 영역에 파티클과 파티클이 지나간 경로를 화려하게 표현해줍니다. Border size로 파티클 경로의 두께를 설정하고 Edge width로 이미지의 테두리 두께를 설정합니다.

Textured 알파채널 이미지의 불투명한 영역은 지정된 Pattern이 적용되고 배경은 패턴과 지정된 색상에 의해 결정됩니다. 다소 복잡하고 혼잡한 텍스처 효과를 얻을 수 있습니다.

김프에서 필터(효과)를 적용하면 대부분 설정 창이 열리는데 이 설정 창을 닫지않고 다른 필터를 적용할 경우엔 우측 그림처럼 애러 메시지가 뜨게 됩니다.

19 김프 작업환경 설정하기

작업 상황이나 사용자 취향에 따라 작업 환경이 달라지게 됩니다. 이러한 것은 보다 효율적이고 신속한 결과물을 얻기 위해 매우 중요한 것이므로 김프의 기본기가 어느 정도 잡힌 지금에는 작업환경에 대한 설정법을 알아두어야 할 것입니다. 김프의 작업환경을 하기 위해서는 Edit 〉 Preferences 메뉴를 이용하는 것입니다. 여기에서는 매우 중요한 요소들에 대해서만 알아보기로 합니다.

작업 취소와 메모리 설정하기

Environment 항목에서는 작업도중 이전에 한 작업을 확인하거나 현재 작업을 취소할 때 사용하는 언두(Ctrl + Z)의 횟수를 설정하고 시스템 메모리 설정 그리고 이미지의 최대 용량 및 저장 시 확인 창의 사용 여부에 대한 옵션들로 구성되어 있습니다.

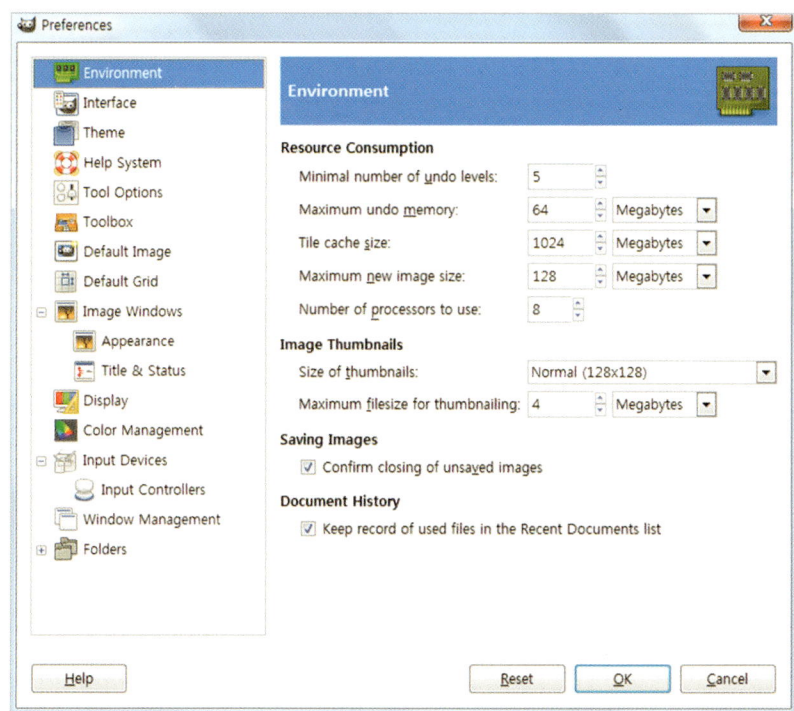

Minimal number of undo levels 작업 실행 취소를 보장할 최소한의 개수를 설정할 수 있습니다.

Maximum undo memory 작업 실행 취소를 보장할 최대한의 개수를 설정할 수 있습니다. 언두 히스토리(실행 취소 이력)의 메모리 크기가

이를 넘으면 오래된 기록부터 삭제됩니다.

Tile cache size 김프 이미지 데이터에 할당된 시스템 메모리 양을 설정합니다. 김프에서 이 이상의 메모리를 사용하면 디스크 스왑으로 대체하게 됩니다. 이럴 경우 일부 시스템에서는 순간적인 다운현상이 있을 수도 있습니다.

Maximum new image size 김프에서 사용할 수 있는 최대 이미지 크기를 설정할 수 있습니다.

Number of processors to use 김프에서 사용할 수 있는 프로세스의 개수를 설정합니다. 프로세스는 데이터 연산을 위해 사용되므로 많이 사용할수록 빠른 속도의 작업을 할 수 있지만 다른 프로그램을 같이 사용한다면 적절한 배분이 필요합니다.

Size of thumbnails 파일 열기 대화상자(섬네일)에 보여질 미리보기의 크기를 설정할 수 있습니다.

Maximum filesize for thumbnailing 이미지 파일의 크기가 설정한 값보다 크면 미리보기를 만들지 않습니다. 이는 지나치게 큰 이미지의 미리보기를 만들지 않음으로써 김프가 느려지는 것을 방지합니다.

Confirm closing of unsaved images 저장하지 않은 이미지를 닫을 경우 정말로 닫을 것인지 확인하는 창을 뜨게 할 것이지 그렇지 않을 것인지 선택할 수 있습니다.

Reset 모든 설정 옵션을 초기 상태로 되돌려줄 때 사용됩니다. (이 버튼은 모든 항목에서 공통적으로 사용됨)

OK 설정된 옵션을 김프 작업환경에 적용하기 위해 사용됩니다. (이 버튼은 모든 항목에서 공통적으로 사용됨)

Cancel 작업환경의 모든 설정을 취소하고 나올 때 사용됩니다. (이 버튼은 모든 항목에서 공통적으로 사용됨)

사용자 언어와 단축키 설정하기

Interface 항목에서는 김프의 사용자 언어와 레이어/채널 미리보기 그리고 키보드 단축키에 대해 설정할 수 있습니다.

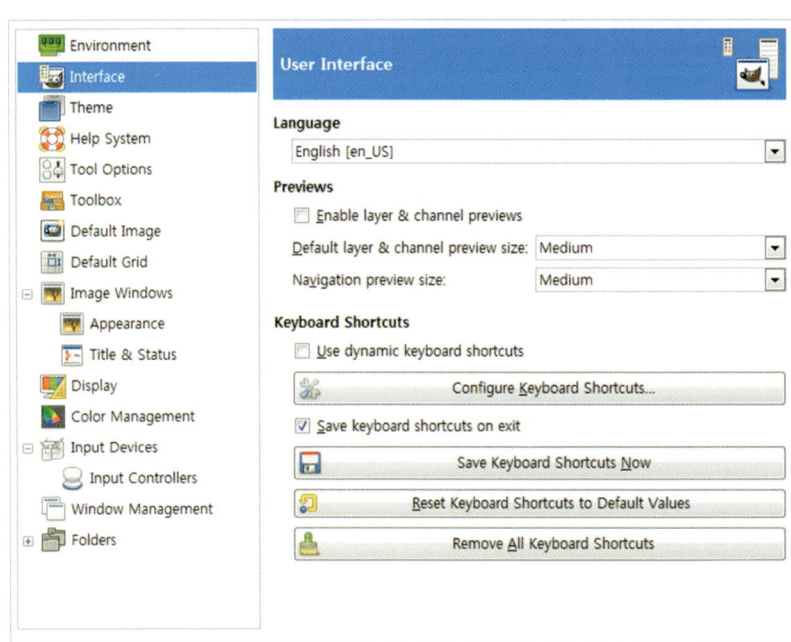

Language 김프의 사용자 언어를 설정합니다. 세계 주요 언어를 포함한 대부분의 언어를 사용할 수 있게 해 줍니다.

Enable layer & channel preview 이 옵션을 체크하면 레이어와 채널에 대한 미리보기를 할 수 있도록 해 줍니다.

Default layer & channel preview size 레이어와 채널의 미리보기의 기본 크기를 설정할 수 있습니다.

Navigation preview size 이미지 윈도우 우측 하단 모서리에 있는 네비게이션 미리보기의 크기를 설정할 수 있습니다.

Use dynamic keyboard shortcuts 이 옵션을 체크하면 다이내믹 키보드에서 단축키를 사용할 수 있도록 해 줍니다.

Configure Keyboard Shortcuts 현재 사용중인 단축키를 확인하거나 새로운 단축키를 추가 및 수정할 수 있습니다.

Save keyboard shortcuts on exit 이 옵션이 체크되면 작업환경 김프를 종료할 때 설정된 단축키가 저장됩니다.

Save Keyboard Shortcuts Now 새롭게 설정된 단축키를 지금 당장 저장하고자 할 때 사용합니다.

Reset Keyboard Shortcuts to Default Values 현재의 단축키를 김프 초기의 단축키로 되돌려줍니다.

Remove All Keyboard Shortcuts 모든 단축키를 제거합니다.

단축키 설정하기

새로운 단축키를 만들기 위해서는 작업환경 설정 창의 Interface 항목으로 들어가 Configure Keyboard Shortcuts 버튼을 클릭하여 단축키 설정 창을 열어줍니다.

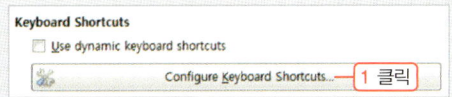

단축키 설정 창이 열리면 Action에서 단축키를 새롭게 설정할 풀다운 메뉴를 열고 단축키를 설정할 메뉴를 선택합니다. 그다음 선택된 메뉴의 단축키로 사용될 새로운 단축키를 키보드에서 눌러줍니다. 만약 새로운 단축키가 이미 다른 메뉴에서 사용되고 있다면 애러 메시지가 뜰 것이고 그렇지 않다면 누른 단축키가 입력될 것입니다. 이런 방법으로 단축키를 새롭게 등록할 수 있습니다.

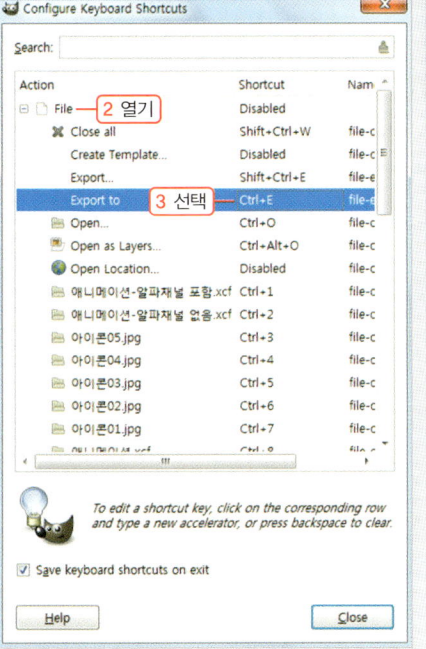 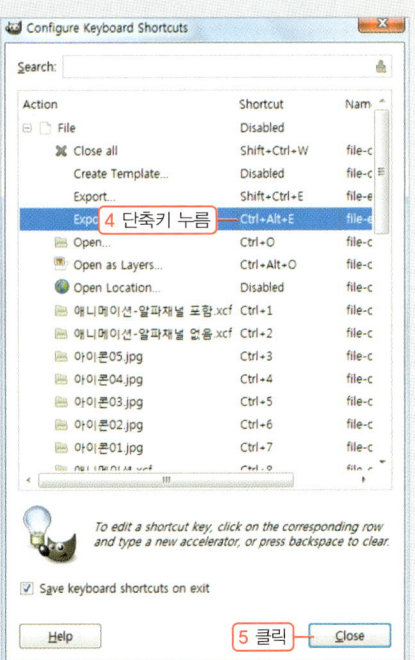

김프 테마 변경하기

Theme 항목에서는 김프의 아이콘 모음, 아이콘의 크기, 글꼴, 대화상자 등의 인터페이스 모양들을 포함하고 있는 테마를 변경할 수 있습니다. 김프 배포판에는 두 가지 테마가 내장되어 있습니다. 하나는 Default로 일반적으로 사용되는 테마이며 다른 하나는 Small로 작은 모양을 좋아하거나 낮은 해상도를 사용하는 사람들을 위한 것입니다. 목록에 있는 테마를 선택하면 즉시 적용이 되므로 손쉽게 원하는 테마를 선택할 수 있습니다. 인터넷에서 새 테마를 다운로드하거나 기존의 테마를 수정할 수도 있습니다. 새 테마를 김프 사용자 디렉토리의 themes 디렉토리에 저장을 하면 테마 설정 페이지의 목록에 표시됩니다. 각 테마는 ASCII 파일을 포함하고 있어 이를 수정해 테마를 변경할 수 있습니다. 하지만 이는 굉장히 복잡해서 다른 문서들을 참고해야 합니다. 하지만 잘못 되어도 Reload Current Theme를 통해 간단히 원래 테마로 복구할 수 있으므로 부담 없이 수정해봐도 됩니다.

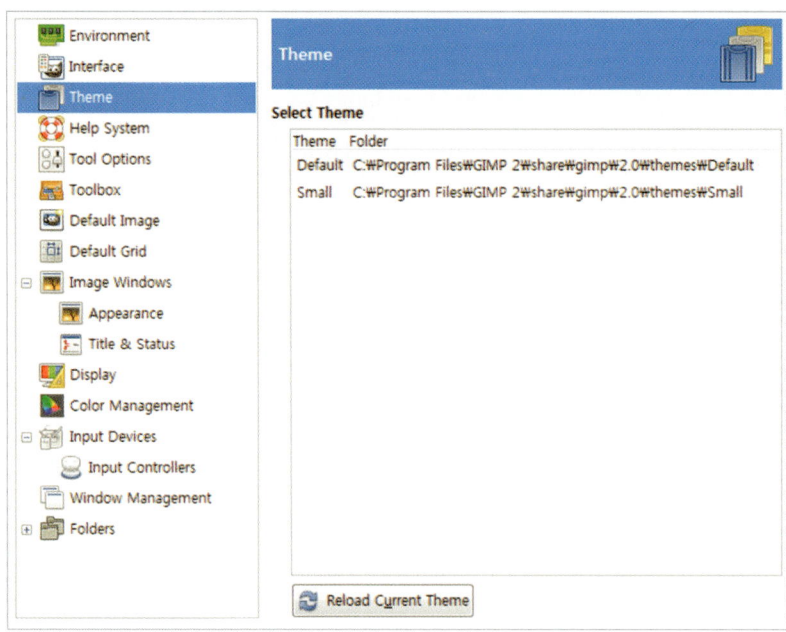

김프 도움말 시스템 살펴보기

Help System 항목에서는 김프 도움말 시스템에 대한 설정을 할 수 있습니다. 메뉴와 기능에 대한 툴팁 또는 헬프 버튼을 보거나 숨길 수 있습니다. User manual을 통해 온라인 상에 있는 매뉴얼을 이용할 것인지 아니면 설치된 매뉴얼을 이용할 것인지 선택할 수 있습니다. 김프 도움말은 웹페이지와 같은 HTML 파일로 되어 있습니다. 따라서 김프에 있는 도움말 전용 브라우저나 다른 일반 웹브라우저로 볼 수 있습니다. 하지만 일부 브라우저에서는 도움말이 잘 보이지 않을 수도 있으니 가급적이면 김프 브라우저로 설정하는 것이 좋습니다. 하지만 최근의 브라우저들은 특별한 문제가 없습니다.

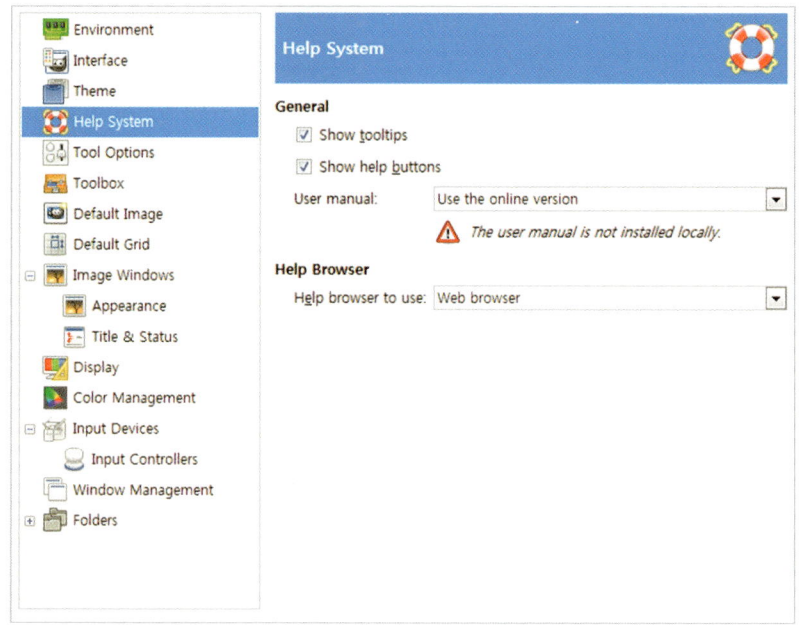

도구 설정하기

Tool Options 항목에서는 도구의 동작에 관한 설정들을 변경할 수 있습니다.

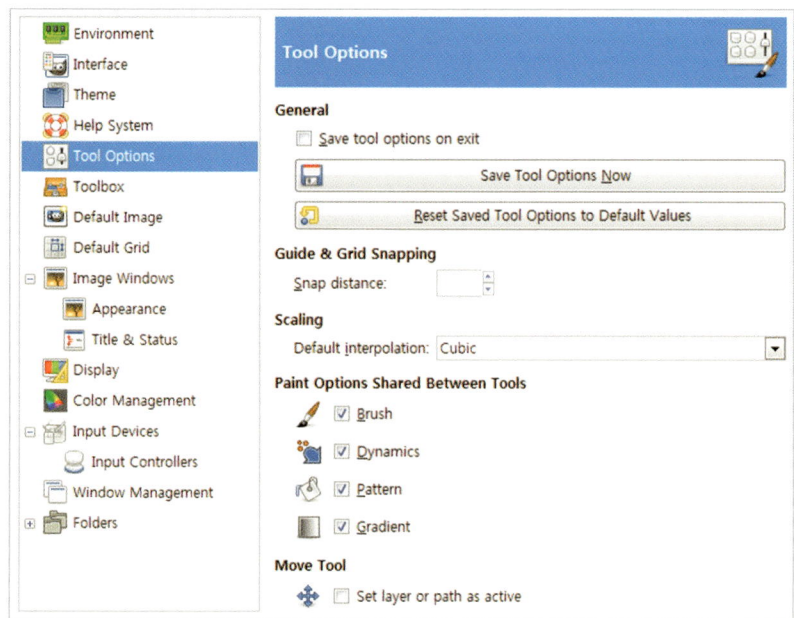

Save tool options on exit 이 옵션을 체크하면 김프를 종료할 때 도구 옵션의 설정을 저장합니다.

Guide & Grid Snapping 가이드 라인(안내선)과 그리드(격자)에 이미지를 당겨 맞출 때의 거리를 픽셀 단위로 설정할 수 있습니다. 무브 툴(이동 도구)로 이미지의 특정 지점을 클릭하면 마우스 포인터가 가까운 가이드 라인이나 그리드로 옮겨진다라는 말입니다. 가이드 라인에 맞추기는 View 〉 Snap to Guides 메뉴를 체크(켜기)하거나 해제(끄기)할 있으며 그리드에 맞추기는 그리드가 활성화되어 있을 경우 View 〉 Snap to Grid 메뉴를 체크하거나 해제할 수 있습니다.

Paint Options Shared Between Tools 이 옵션의 하위의 옵션을 체크하면 선택한 브러시나 다이내믹, 패턴, 그래디언트 등을 모든 도구에서 같이 사용하게 됩니다. 반대로 해제하면 각 도구들은 각기 마지막으로 사용한 항목들을 기억하여 각 도구별로 다른 브러시나 패턴, 그래디언트를 사용하게 됩니다.

Set layer or path as active 이 옵션을 체크하면 현재 레이어나 패스(경로)를 다른 키를 누르지 않고도 이동시킬 수 있도록 해 줍니다.

툴 박스 설정하기

Toolbox 항목에서는 각 툴들을 툴 박스에서 보이게 할 것인지 숨겨 놓을 것인지에 대한 설정을 할 수 있습니다.

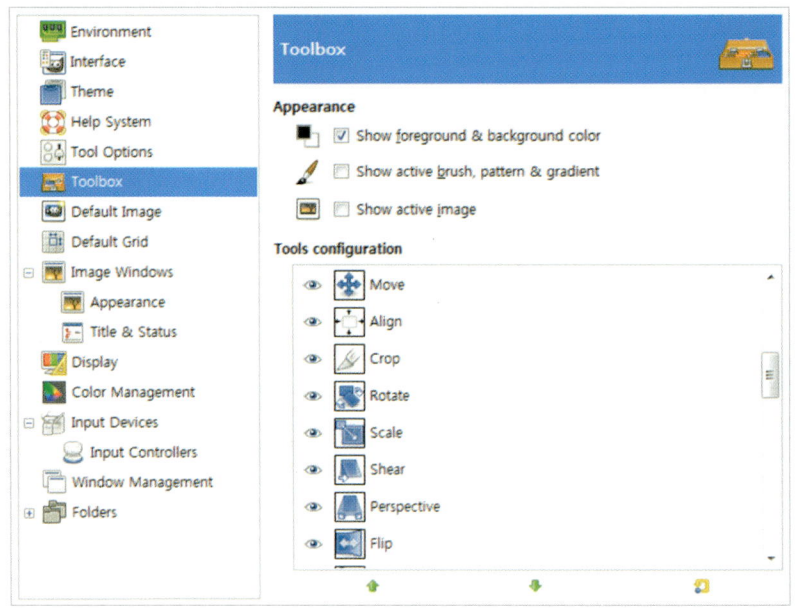

Show foreground & background color 이 옵션을 체크하면 툴 박스에 전경 색과 배경 색을 볼 수 있게 해 줍니다.

Show active brush, pattern & gradient 이 옵션을 체크하면 브러시, 패턴, 그래디언트를 툴 박스에서 볼 수 있게 해 줍니다.

Show active image 이 옵션을 체크하면 선택된 이미지(레이어)를 툴 박스에서 볼 수 있습니다.

Tools configuration 하위 툴들 중 눈 모양(Show & Hide)을 숨기면 툴 박스에서 해당 툴이 사라집니다. 만약 불필요한 툴일 경우 툴 박스에서 제거하고 필요한 툴인데 툴 박스에 없다면 보이게 하여 사용합니다.

기본 이미지 설정하기

Default New Image 항목에서는 새로운 이미지(도큐먼트)를 생성할 때의 크기와 해상도 등에 관한 기본 설정을 해 주는 것입니다. 그러나 김프에서의 작업 규격이 대부분 다르기 때문에 사용자가 직접 설정하는 경우가 많습니다.

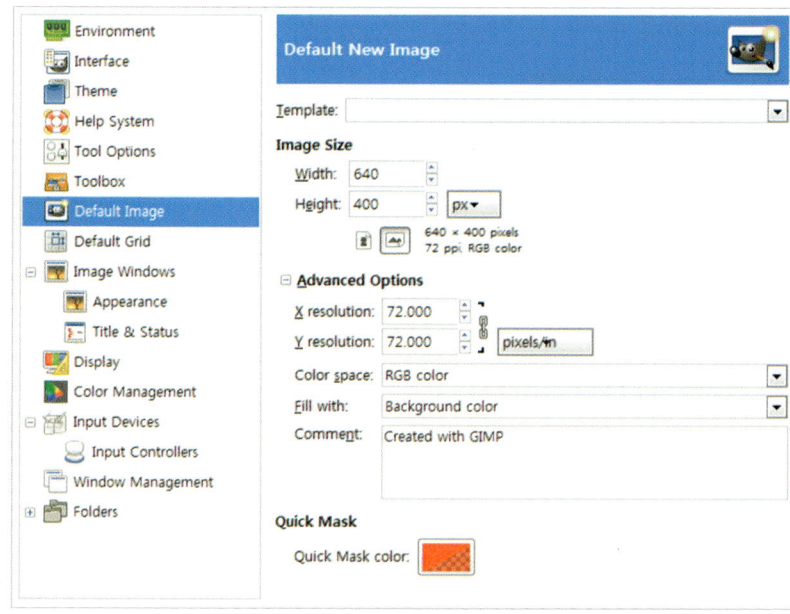

Quick Mask color 이 옵션은 퀵 마스크에 사용되는 색상을 설정할 수 있습니다.

기본 그리드 설정하기

Default Image Grid 항목에서는 김프 그리드(격자)의 색상이나 두께, 간격 등의 기본 속성을 변경할 수 있습니다. 그리드는 View > Show Grid 메뉴를 표시 여부를 결정할 수 있습니다. 여기서 설정한 것들은 Image > Configure Grid 메뉴를 통해 다시 변경할 수 있습니다. 그러나 Configure Grid 메뉴에서의 변경은 현재 이미지(작업)에만 적용이 됩니다.

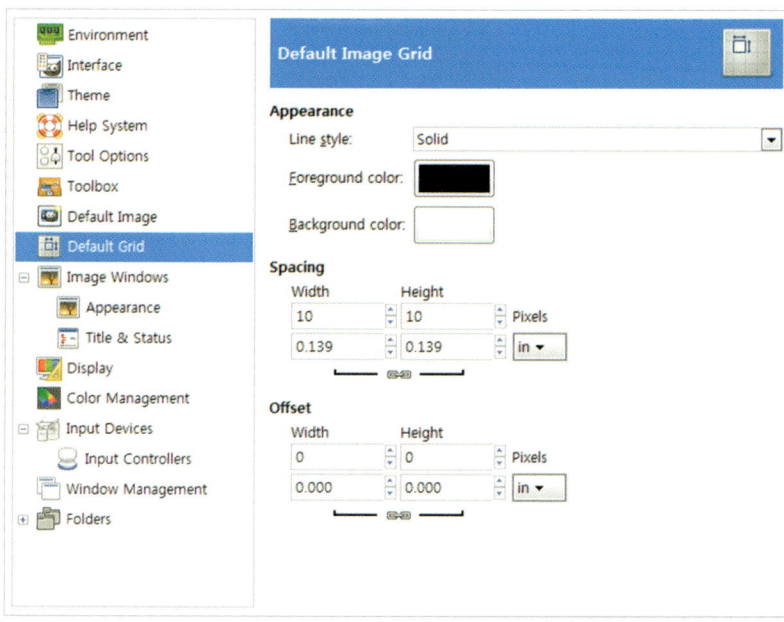

이미지 윈도우 설정하기

Image Window 항목에서는 이미지 윈도우의 동작과 모양에 관한 설정을 할 수 있습니다.

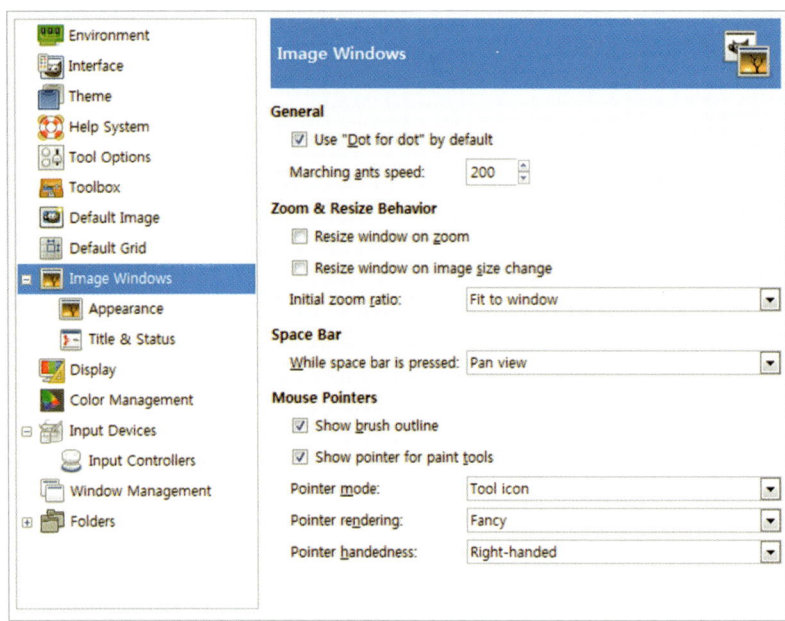

Use "Dot for dot" by default 이미지의 비율을 픽셀(도트) x 픽셀(도트)로 규정짓습니다. 만약 이 옵션을 해제하면 이미지 비율을 X와 Y로 규정됩니다.

Marching ants speed 선택영역의 표시인 점선이 움직이는 속도를 설정할 수 있습니다. 수치가 높아질수록 속도가 느려집니다.

Resize window on zoom 이 옵션을 체크하면 이미지를 확대/축소 할 때마다 이미지에 맞게 이미지 윈도우의 크기가 변경됩니다.

Resize window on image size change 이 옵션을 체크하면 잘라내기나 크기 조정으로 이미지의 크기를 변경할 경우 그 크기에 맞춰 윈도우의 크기가 조절됩니다.

While space bar is pressed 스페이스바를 누르고 있을 때의 동작(명령)을 설정합니다. Pan view는 화면 이동, Switch to Move tool은 이동 도구로 전환, No action은 아무 동작이 없습니다.

Show brush outline 이 옵션을 체크하면 그리기 도구를 사용할 때 이미지 위에 브러시의 윤곽이 보여집니다. 이는 컴퓨터 성능이 낮거나 브러시의 크기가 클 경우 김프 사용에 문제를 일으킬 수도 있기 때문에 꼭 필요한 경우가 아니라면 사용하지 않는 것이 좋습니다.

Show pointer for paint tools 이 옵션을 체크하면 커서(마우스 포인터)가 표시됩니다. 이는 브러시 윤곽에 추가되는 것으로 브러시 윤곽 표시가 활성화되어야 표시됩니다. 커서의 종류는 아래 옵션에서 설정됩니다.

Pointer mode 이 옵션은 위쪽 그리기 도구의 커서 표시 옵션이 체크되어야만 적용이 됩니다. 여기에는 세 가지 모드가 있습니다. Tool icon은 커서 옆에 현재 사용 중인 도구의 아이콘이 표시됩니다. Tool icon with crosshair는 중앙에 십자선이 표시되고 그 옆에 도구 아이콘이 표시됩니다. 그리고 Crosshair only는 중앙에 십자선만 표시됩니다.

Pointer rendering 커서의 모습(색상)을 설정합니다. Fancy는 커서가 회색으로 표시되고 Black & white는 단순 흑백으로 표시되어 속도감이 필요할 때 유용합니다.

Pointer handedness 이 옵션은 마우스 버튼의 기능 위치를 서로 바꿔줄 때 사용됩니다.

Appearance

Appearance 항목에서는 이미지 윈도우의 일반 모드와 전체 화면 모드에서의 기본 모양을 설정할 수 있습니다. 여기서 설정한 값들은 이미지 창의 보기 메뉴에서 각 창에 맞게 변경할 수 있습니다.

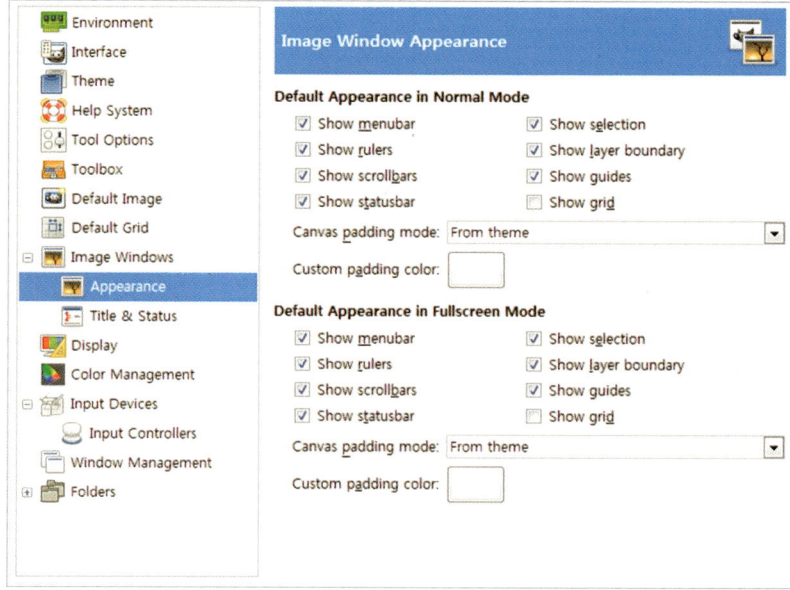

Title & Status

Title & Status 항목에서는 이미지 윈도우의 제목 표시줄과 상태 표시줄에 표시되는 정보의 종류를 설정할 수 있습니다. 제목 표시줄은 이미지 창의 상단에 표시되지만 창 관리자에 따라 다를 수 있습니다. 상태 표시줄은 이미지 창의 우측 아래쪽에 표시됩니다.

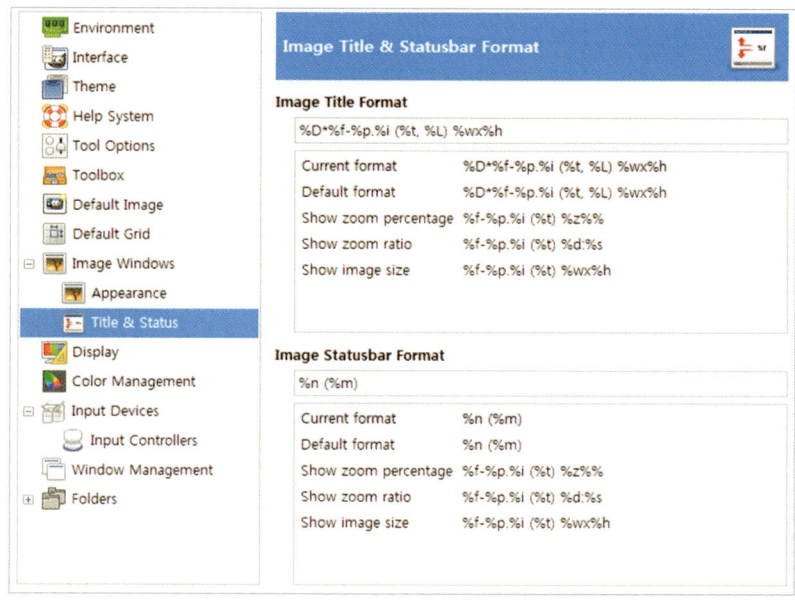

디스플레이 설정하기

Display 항목에서는 이미지의 투명부분을 표현하는 방법에 대한 설정을 할 수 있습니다. 그리고 모니터의 해상도를 재확인할 수 있습니다.

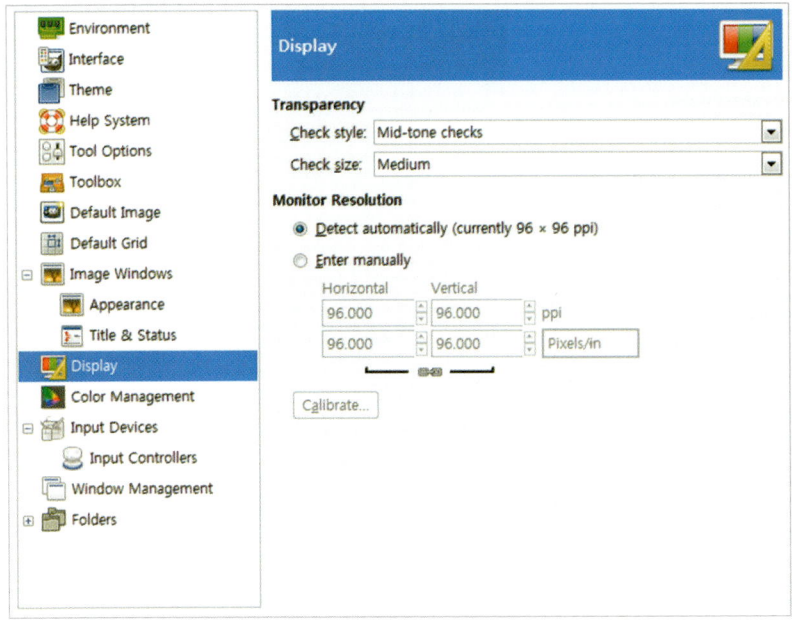

Check style 기본값으로 김프는 투명한 영역을 중간색의 격자무늬로 표현합니다. 하지만 이 설정을 다른 유형의 격자무늬나 색상(검정색, 흰색, 회색)으로 바꿀 수 있습니다.

Check size 투명한 영역을 표시하는 격자무늬의 사각형 크기를 설정할 수 있습니다.

Detect automatically (currently 96 x 96 ppi) 모니터 해상도는 가로와 세로별 인치당 픽셀 비율입니다. 이를 지정하는 방법은 세 가지가 있습니다. 첫 번째는 데스크탑 시스템의 해상도 가져오기(가장 쉽지만 부정확할 수도 있음) 두 번째는 수동으로 설정하기 세 번째는 측정 버튼 누르기가 있습니다.

Enter manually 모니터 해상도를 사용자 임의로 직접 설정할 수 있습니다. 이 옵션을 선택하면 맨 아래쪽 Calibrate(측정) 대화상자를 열어 확인 및 설정할 수 있는 버튼이 활성화됩니다.

색상 관리하기

Color Management 항목에에서는 김프 색상 관리에 대한 설정을 할 수 있습니다. 일부 옵션은 메뉴에서 색상 프로필을 선택할 수 있습니다. 메뉴에 원하는 프로필이 없을 경우에는 디스크에서 색상 프로필 선택... 항목을 클릭하여 원하는 프로필을 추가합니다. 색상 프로필 파일은 *.icc 확장자를 가지고 있습니다. 그리고 대부분은 특정 디렉토리에 저장되어 있습니다. MAC OS X 을 쓰고 있다면 /Library/ColorSync/Profiles/ 나 Library/Printers/[manufacturer]/Profiles안에 있을 것입니다.

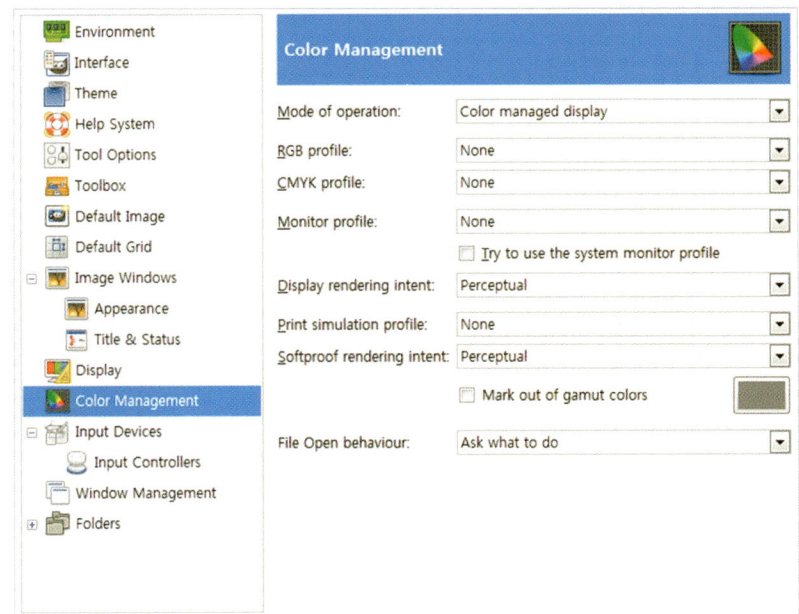

Mode of operation 이 옵션을 이용해 김프 색상 관리가 동작하는 방식을 결정할 수 있습니다. 여기에는 세 가지 모드가 있습니다. No color management 모드는 김프의 색상 관리를 사용하지 않습니다. Color managed display 모드는 김프 색상 관리를 사용하여 색상 프로필에 따라 이미지의 색상을 교정하여 화면에 표시합니다. Print simulation 모드는 색상 프로필을 화면과 선택한 프린터의 모의 인쇄에 적용을 합니다. 이를 통해 인쇄를 하기 전에 미리보기로 색상을 확인할 수 있습니다.

RGB profile 빨강, 초록, 파랑에 대한 색상 프로필을 설정합니다.

CMYK profile 청록색, 자주색, 노란색, 검은색에 대한 색상 프로필을 설정합니다.

Monitor profile 모니터 색상에 대한 프로필을 설정합니다.

Try to use the system monitor profile 시스템 모니터 프로필 사용 옵션을 체크하면 김프는 운영체제의 색상 관리 시스템에서 제공하는 색상 프로필을 사용합니다.

Display rendering intent 이 옵션에서 설정하게 되는 표현 방식(Rendering intent)은 Gamut 영역을 벗어나는 색상을 변환 대상 영역에서 표현할 수 없을 때 원본 영역에 어떻게 표현할 것인가에 대한 것입니다. 이러한 방식은 네 가지가 있습니다. Perceptual은 지각적, Relative colorimetric는 상대 비색계, Saturation은 채도, Absolute colorimetric은 절대 비색계로 표현됩니다.

Print simulation profile 이 옵션에서는 프린터 프로필을 선택합니다. 선택된 프로필은 모의 인쇄 모드에 사용됩니다.

Softproof rendering intent 이 옵션은 모의 인쇄를 위한 표현 방식을 선택합니다. 이는 모니터 표현 방식에서 설명한 것과 동일합니다.

Mark out of gamut colors 이 옵션(개멋-gamut)을 체크하면 인쇄할 수 없는 색상을 특수한 색상으로 표시합니다. 표시 색상은 확인 버튼 우측에 있는 색상 아이콘을 클릭해 직접 선택할 수 있습니다.

File Open behavior 이 옵션은 sRGB 색상 공간과 일치하지 않는 색상 프로필을 내장한 파일을 열 경우에 어떻게 할 것인지 결정하는 메뉴입니다. Ask what to do는 작업을 하기 전에 매번 확인하며 Keep embedded profile은 이미지에 첨부된 프로필을 유지하며 이미지를 색상공간으로 변환하지 않습니다. 이미지에 첨부된 프로필을 이용해 화면에 표시하기 때문에 이미지는 정확한 색상으로 표현됩니다. 그리고 Convert to RGB workspace는 이미지에 첨부된 색상 프로필을 이용해 자동으로 이미지를 작업공간으로 변환합니다.

입력 장치 설정하기

Input Devices 항목에서는 컴퓨터에 연결된 타블렛이나 미디 키보드 등의 추가 장치를 설정할 수 있습니다.

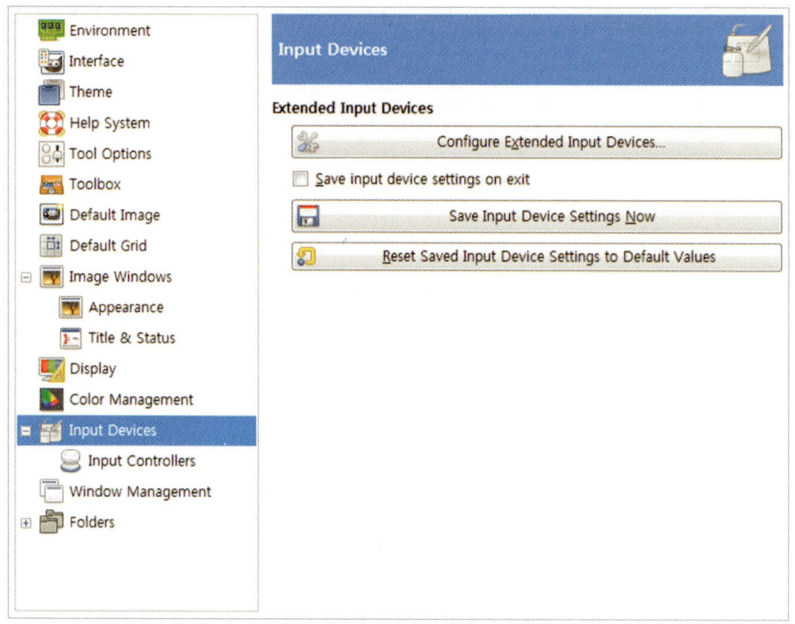

Configure Extended Input Devices 컴퓨터에 연결된 타블렛이나 미디 키보드 등을 추가하려면 이 옵션을 선택하면 됩니다.

Save input device settings on exit 이 옵션을 체크하면 김프를 종료할 때 사용했던 도구, 색상, 패턴, 브러시 등을 저장합니다.

Save Input Device Settings Now 입력 장치의 상태를 지금 저장하려면 이 옵션을 선택하면 됩니다.

Reset Saved Input Device Settings to Default Values 사용자가 저장한 설정을 삭제하고 기본 설정 값으로 복원해 줍니다.

Input Controllers

Input Controllers 항목에서는 컴퓨터에 연결된 장치 제어에 대한 설정을 할 수 있습니다. Additional Input Controllers 우측에 있는 컨트롤러를 좌측(화살표 버튼)으로 이동하면 사용할 수 있으며 반대로 우측 컨트롤러를 좌측(화살표 버튼)으로 이동하면 사용할 수 없게 됩니다. 이 설정 창에서는 추가 입력과 제거 컨트롤러 두 가지 목록을 가지고 있습니다. 원하는 항목을 클릭(선택)한 후 해당 화살표 키를 클릭하여 다른 하나의 목록에서 컨트롤러를 이동할 수 있습니다. 여러분이 사용 가능한 컨트롤러에 활성 컨트롤러 목록에서 컨트롤러를 이동하려고 하면 대화 상자가 나타나서 컨트롤러를 사용하거나 해제하는 중 하나를 선택할 수 있습니다. 또한 컨트롤러를 클릭하거나 목록의 맨 아래에 있는 편집 버튼을 클릭하면 대화 상자에서 이 컨트롤러를 구성할 수 있습니다. 마우스 휠과 동일한 방법으로 키보드의 화살표 키와 기능 키들을 조합하여 동작을 할당할 수 있습니다.

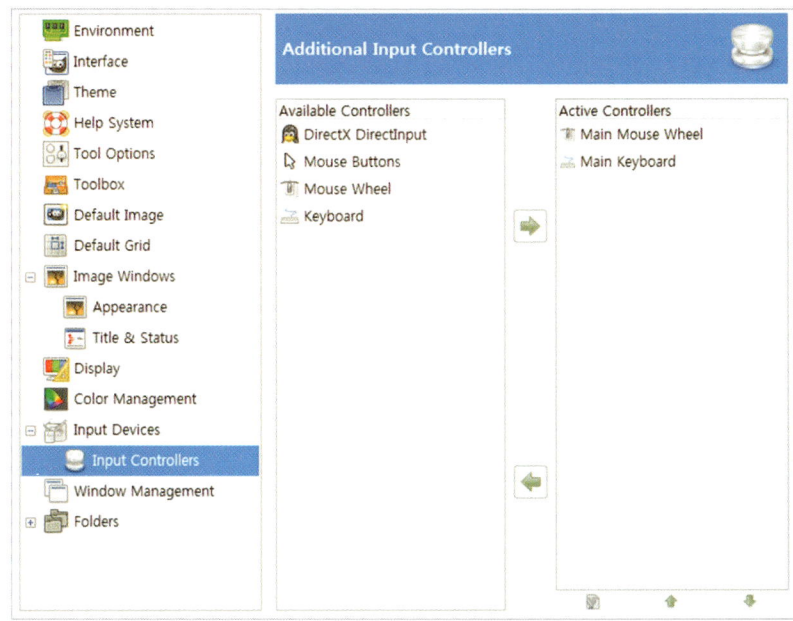

윈도우(패널) 관리하기

Window Management 항목에서는 김프의 윈도우(작업 창 – 패널)들을 관리하는 방법을 설정할 수 있습니다. 여기서 주의해야 할 점은 김프는 윈도우들을 직접 관리하지 않고 윈도우 관리자를 통해 한다라는 것입니다(예: MS Windows에서는 Windows, Linux 의 Gnome에서는 Metacity 등). 많은 윈도우 관리자가 존재하기 때문에 일부 윈도우 관리자에서는 여기서 설명한 기능들 중 일부가 동작하지 않을 수도 있습니다. 하지만 표준을 준수하는 최신 윈도우 관리자일 경우에는 대부분 동작을 합니다.

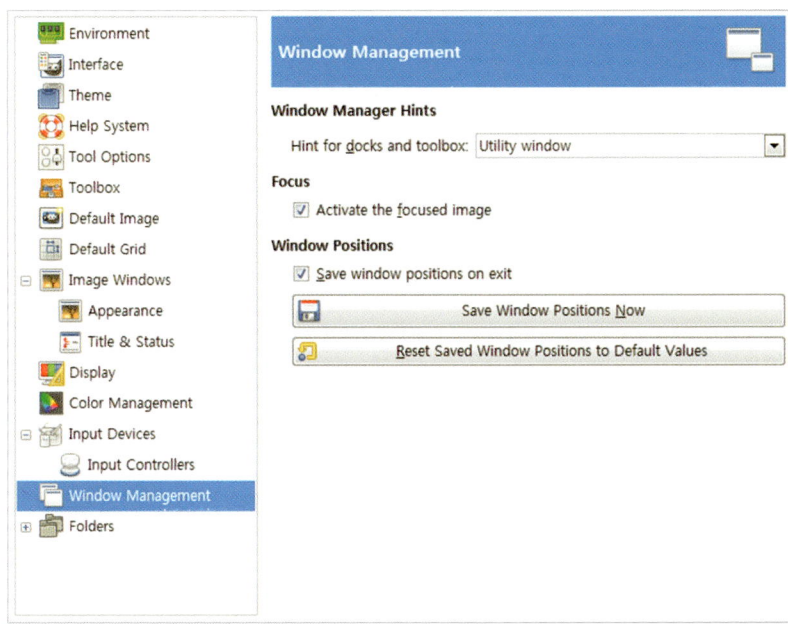

Hint for docks and toolbox 이 옵션은 윈도우 유형별 도구상자와 독(dock-한 패널에서 여러 개의 패널이 함께 포함된 것)을 설정합니다.

Activate the focused image 이 체크 옵션은 포커스된 이미지를 활성화시키기 위해 사용됩니다.

Save window positions on exit 이 옵션을 체크하면 김프 윈도우의 위치가 저장되어 김프를 재 시작해도 동일한 위치로 열립니다.

Save Window Positions Now 이 버튼 옵션은 위쪽의 Save window positions on exit 기능을 사용하지 않을 때 유용합니다. 김프 윈도우를 원하는 위치로 배치한 뒤 이 버튼을 눌러 위치를 저장하면 김프가 항상 그 자리로 실행됩니다.

Reset Saved Window Positions to Default Values 이 버튼 옵션은 저장한 윈도우의 위치가 마음에 들지 않을 경우 재조정하지 않고 이 버튼을 눌러 초기 위치로 되돌릴 수 있습니다.

기본 폴더 설정하기

Folders 항목에서는 김프 임시 파일을 저장하기 위한 두 개의 중요한 폴더의 위치를 설정할 수 있습니다. 그리고 브러시, 패턴과 같은 소스의 위치를 저장하는 폴더를 설정할 수 있는 하위 페이지들이 있습니다. 임시 파일 폴더는 직접 주소를 입력하거나 버튼을 눌러 파일 찾기 창을 이용해 지정할 수 있습니다.

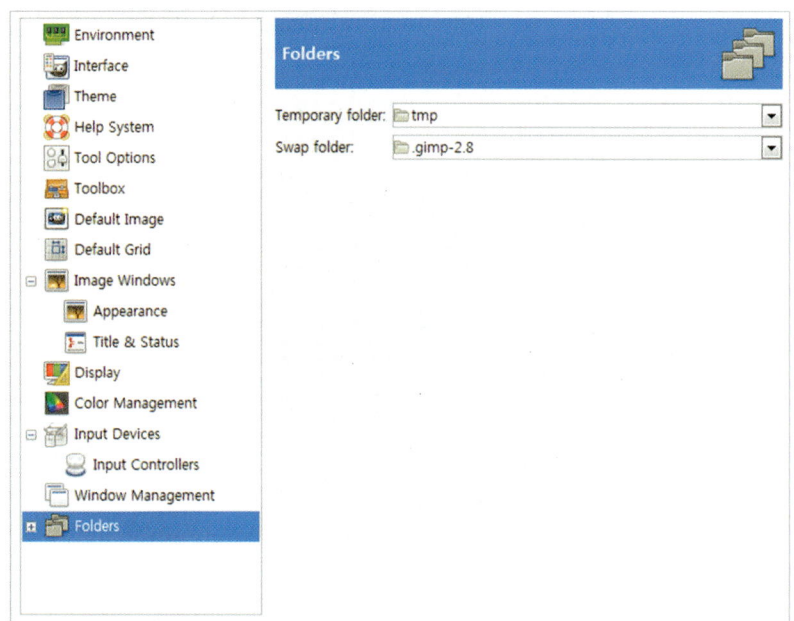

Temporary folder 이 폴더는 작업 데이터의 임시 저장을 위한 폴더입니다. 이 폴더의 파일들은 김프 세션이 종료되면 삭제됩니다. 이 폴더는 크기가 클 필요도 없고 고성능이 아니여도 상관없습니다. 기본 위치는 김프 사용자 디렉토리 아래에 tmp 폴더입니다. 만약 디스크가 상당히 작다면 다른 위치로 변경할 수도 있습니다. 하지만 해당 디렉토리(위치)는 반드시 있어야 하며 쓰기 가능해야 합니다.

Swap folder 이 폴더는 김프에서 열린 이미지 및 데이터의 총 크기가 사용 가능한 RAM을 초과하는 메모리 뱅크로 사용되는 폴더입니다. 여러 레이어로 된 매우 큰 이미지나 고해상도의 이미지 그밖에 여러 이미지가 열려있다면 김프는 잠재적으로 스왑 공간의 수백 MB(메가바이트)를 요구할 수 있으므로 사용 가능한 디스크 공간 및 성능이 필요합니다. 이 공간은 기본적으로 김프 디렉토리로 설정되어 있지만 더 많은 여유 공간 또는 실질적으로 더 나은 성능을 원한다면 해당 스왑 폴더를 이동하는 것이 보다 효과적입니다.

20 알아두면 좋은 그밖에 메뉴들

이번 학습은 김프의 기본적인 것들에 대한 마지막 시간입니다. 김프와 같은 이미지 편집 툴은 비교적 많은 메뉴를 가지고 있습니다. 여기에서는 앞선 학습에서 살펴본 메뉴를 제외한 나머지 메뉴에 대해 알아보는데 그 중 작업에 유용하게 사용될 만한 주요 메뉴에 대해서 알아볼 것입니다.

모든 이미지(윈도우) 한번에 닫기

여러 개의 이미지를 열어놓고 작업을 하다가 필요없는 이미지를 닫아야 할 경우가 있습니다. 이럴 때 일일이 닫기(x) 버튼을 눌러서 닫는다면 이미지 개수가 많을 경우 이것도 꽤 귀찮은 일거리가 될 것입니다. 만약 김프는 종료하지 않고 사용된 이미지만 모두 닫아야 할 경우라면 File > Close all(Shift + Ctrl + W) 메뉴를 사용하면 편리합니다.

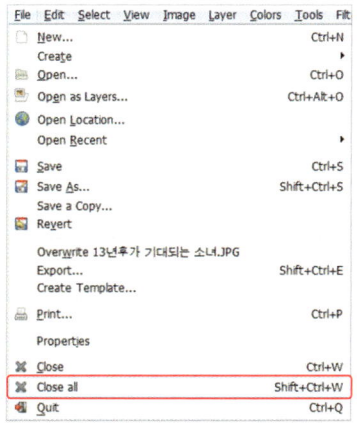

네비게이션으로 이미지 윈도우 쉽게 제어하기

네비게이션은 이미지 윈도우 우측 하단 모서리에도 있지만 레이어 패널이 있는 곳에 도킹(결합)해 놓으면 보다 편리하게 사용할 수 있습니다. View > Navigation Window를 선택하면 레이어 패널에 도킹됩니다. 도킹된 네비게이션은 확대, 축소, 이동 등을 손쉽게 수행할 수 있습니다.

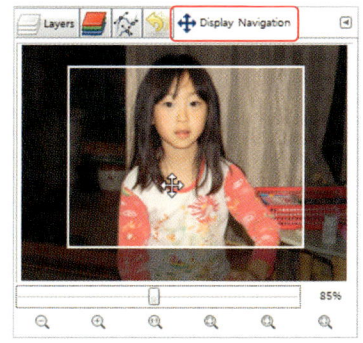

이미지의 속성 알아보기

현재 작업 중인 이미지의 속성을 확인해 보기 위해서는 Image 〉 Image Properties(Alt + Return)를 선택하면 됩니다. 이미지 프로퍼티스 창에서는 이미지의 크기, 해상도, 파일 크기 등의 이미지에 대한 모든 속성을 확인할 수 있습니다.

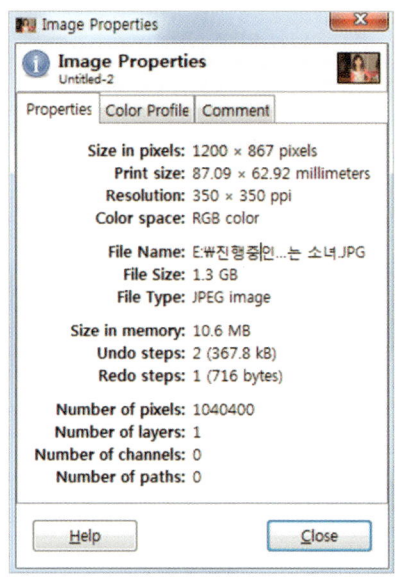

이미지 컬러 속성 알아보기

이미지에 대한 색상 보정을 해야 할 경우엔 컬러 속성, 즉 분포에 대해서 알아야 합니다. 물론 이미지 자체를 보면서 색보정을 할 수도 있지만 컬러 히스토그램을 보고 분석한 후 색보정을 하면 보다 완벽한 보정 작업을 할 수 있습니다. Image 〉 Info 〉 Histogram을 선택하면 레이어 패널이 있는 곳에 도킹되어 사용할 수 있습니다.

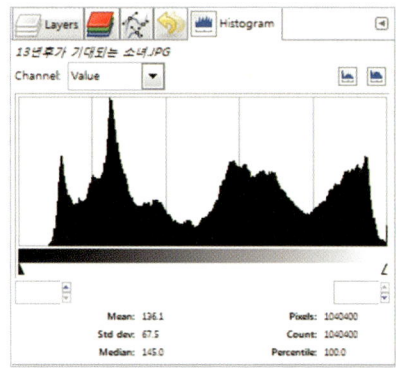

작업 패널 추가 및 제거하기

작업을 하다 보면 레이어, 채널, 패스 등의 작업 패널을 추가하거나 불필요한 패널을 제거하기도 합니다. 또한 이것저것 만지다 보면 자칫 패널을 자기도 모르게 닫아 찾지 못하는 상황도 생기게 됩니다. 이럴 땐 Window 〉 Dockable Dialogs 메뉴 하위를 보면 김프에서 사용되는 모든 작업 패널이 나타나는데 여기서 원하는 패널을 선택하면 레이어 패널이 있는 곳에 도킹됩니다.

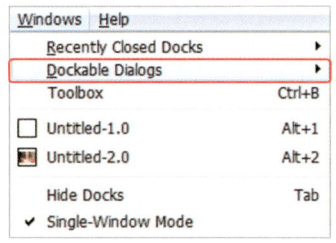

또한 패널 그룹에서 제거해야 하는 경우엔 패널 우측 상단의 검은색 화살표 버튼(팝업)을 클릭하면 나타나는 메뉴에서 Close Tab을 선택하는 것입니다. 이 메뉴에서는 Add Tab을 통해 새로운 패널을 추가할 수도 있습니다.

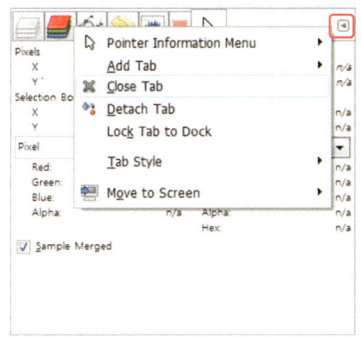

김프 윈도우 풀스크린으로 전환하기

이미지의 크기가 크거나 확대해서 세밀한 부분까지 작업을 해야 할 경우엔 모니터의 크기가 한계에 부딪치게 됩니다. 이럴 경우엔 단계별로 윈도우의 크기를 확장하여 사용할 수 있습니다. View > Fullscdreen을 사용하면 김프의 맨 위쪽에 있는 타이틀 바가 사라집니다. 그리고 Windows > Hide Docks 또는 Tab 키를 사용하면 김프의 모든 툴과 패널까지 사라져 이미지만 보이기 때문에 집중력 있게 작업을 할 수 있습니다. 물론 이와 같은 환경에서는 모든 기능을 단축키로 조작을 해야 합니다.

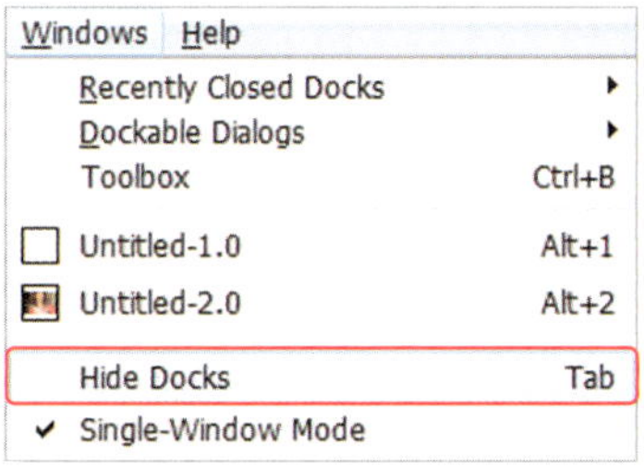

이 장에서는 김프의 기본기를 익힌 분들을 위한 공간으로 김프의 활용능력을 한 단계 끌어올리기 위한 다양한 예제를 다루고 있습니다. 이 장의 학습을 끝내고 나면 이미지 편집 능력이 눈에 띄게 향상될 것이며 또한 김프의 매력에도 푹 빠지게 될 것입니다.

SECTION 21 깨끗한 피부 만들기(리터칭 작업)
SECTION 22 미녀의 조건, V라인 턱선 만들기
SECTION 23 맵시 나는 S라인 허리 만들기
SECTION 24 다리가 예쁜 그녀, 롱다리 만들기
SECTION 25 페이스 오프, 얼굴을 합성하기
SECTION 26 여러 장의 사진을 합쳐 한 장의 사진처럼 표현하기
SECTION 27 흑백 사진 컬러로 보정하기(핸드 컬러링 기법)
SECTION 28 이미지 입자들의 공간이동
SECTION 29 단체사진에 유령(?)인간 합성하기
SECTION 30 폴라로이드 사진 만들기
SECTION 31 인물사진에 엣지 샤픈 효과 활용하기
SECTION 32 레이어 블렌딩 모드를 이용한 그런지 스타일 만들기
SECTION 33 강렬한 느낌의 흑백사진 표현하기
SECTION 34 블링블링한 글로시 버튼 만들기
SECTION 35 메탈 3D 텍스트 만들기
SECTION 36 담벼락에 그리는 월 페인팅
SECTION 37 얼음 느낌의 3D 텍스트 만들기
SECTION 38 보기만 해도 으시시한 호러 문자 만들기
SECTION 39 구름을 닮은 글자 만들기
SECTION 40 웹용 GIF 애니메이션 만들기
SECTION 41 화려한 무지개 빛깔 입술 만들기
SECTION 42 문자를 이용한 타이포그래피 페이스 만들기
SECTION 43 안경 너머로 보이는 세상 만들기
SECTION 44 스케치 후 색칠하는 장면 만들기
SECTION 45 쉐이프 콜라주를 이용한 모양 틀 안에 사진들 넣기

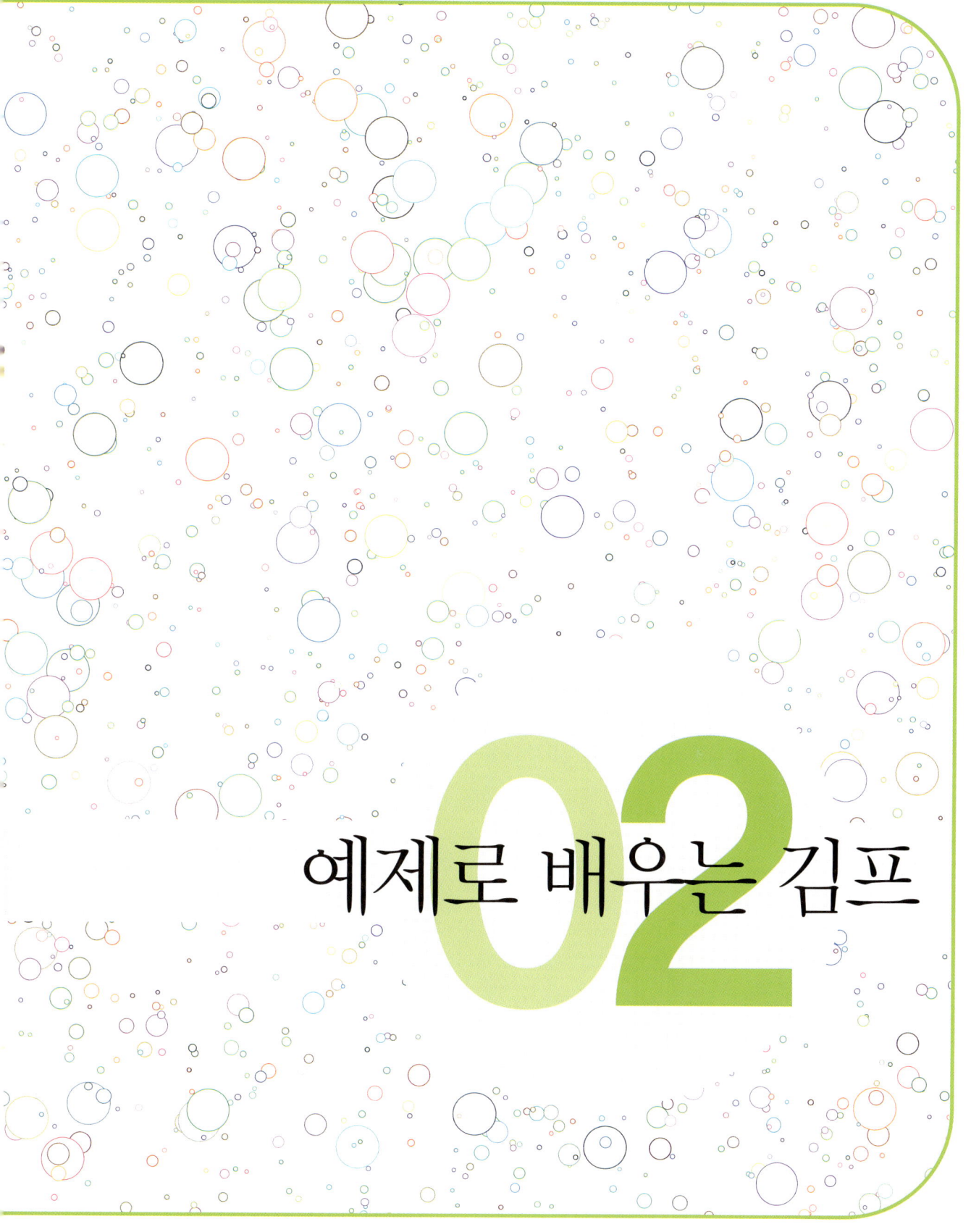

21 깨끗한 피부 만들기(리터칭 작업)

김프와 같은 이미지 편집 툴에서 가장 많이 하는 작업은 얼굴과 몸매를 보정하는 것과 피부를 깨끗하게 리터칭하는 것일 겁니다. 브러시, 퀵마스크, 레이어 모드 등을 이용하여 맑고 깨끗한 피부를 만들어봅니다.

01 이미지 폴더에서 7년 후가 기대되는 소녀.jpg 파일을 불러(Ctrl + O)옵니다. 사진 속의 소녀는 예쁜 얼굴이지만 피부가 좀 거칠고 지저분해 보입니다. 일단 힐링 툴을 사용하여 볼의 잡티와 눈 밑의 그늘(다크서클) 그밖에 지저분한 부분을 깨끗하게 정리합니다. 그리고 브러시 툴을 사용하여 전경 색을 얼굴의 밝은 부분의 톤과 같은 색상으로 지정한 후 전체적으로 화사하게 터치해 줍니다. 이때 브러시 툴 옵션에서 Opacity 값을 5.5 정도로 낮춰 반복 터치해 나가야 자연스럽게 리터칭 효과를 얻을 수 있습니다.

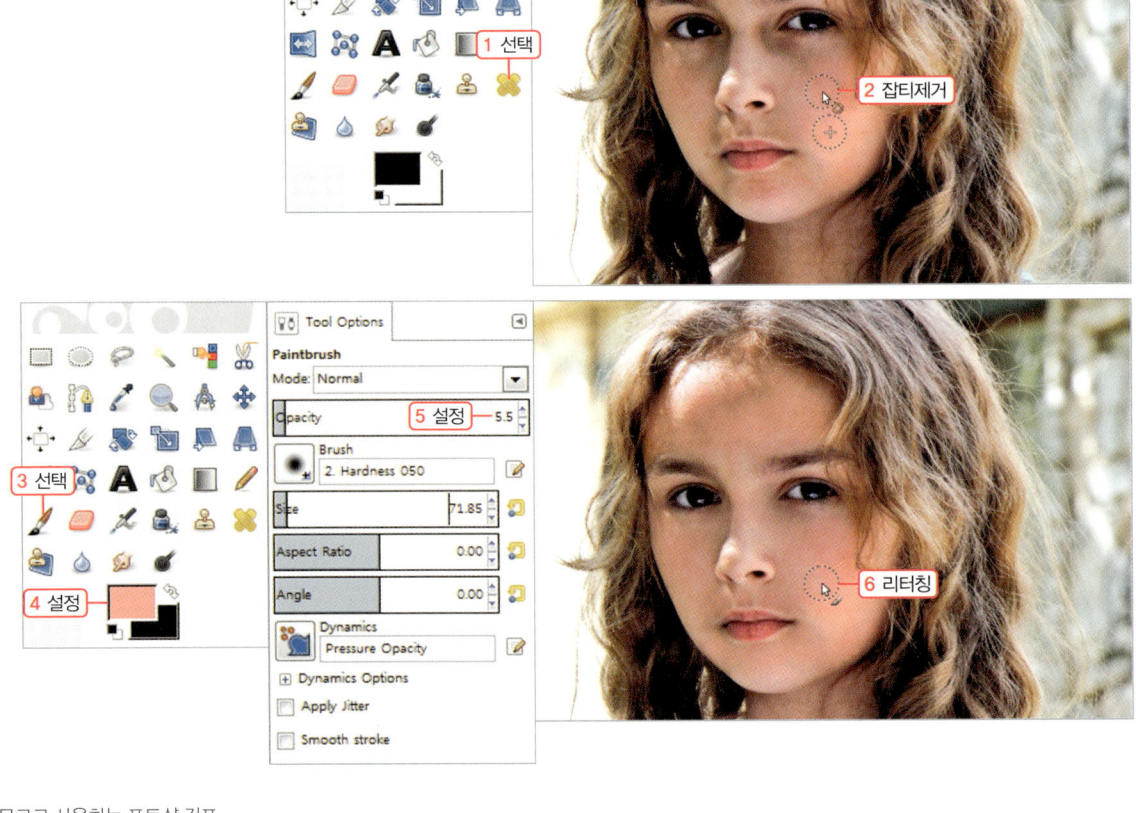

02 원본 레이어를 드래그하여 Create a duplicate 버튼에 갖다 놓아 복제를 해 줍니다. 복제된 레이어는 퀵 마스크를 통해 피부 보정을 위한 리터칭 레이어로 사용됩니다. 복제된 위쪽 레이어를 선택한 후 툴 박스에서 페인트 브러시 툴을 선택합니다. Select 〉 Toggle Quick Mask 메뉴를 선택하여 퀵 마스크 모드로 전환한 후 툴 옵션에서 브러시 크기를 조절해 가면서 그림처럼 소녀의 머리와 눈, 눈썹, 입술을 제외한 얼굴을 페인팅하여 지워줍니다. 이때 전경 색은 흰색으로 되어있어야 합니다.

03 퀵 마스크가 처리된 복제 레이어 위에서 우측 마우스 버튼 클릭 〉 Add Alpha Channel을 선택합니다. 마스크가 처리된 영역을 선택영역으로 남기고 나머지를 제거하기 위해서입니다. 알파채널이 없는 이미지는 투명하게 처리할 수 없기 때문입니다.

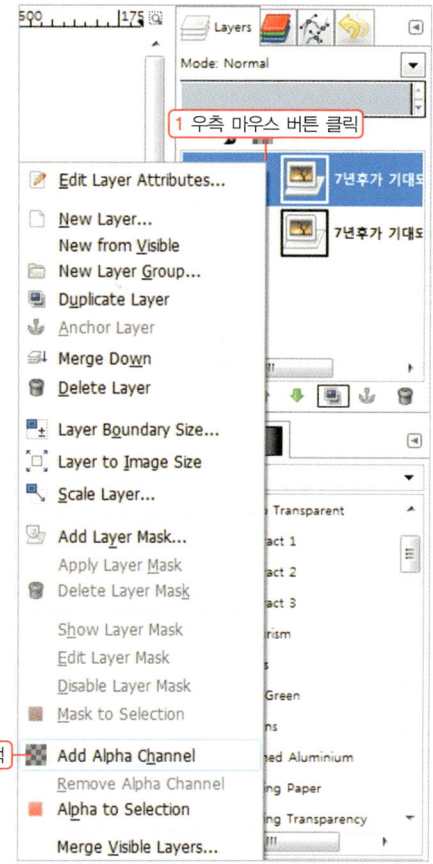

04 이제 Select 〉 Toggle Quick Mask 메뉴를 선택하여 퀵 마스크를 해제합니다. 방금 퀵 마스크 모드에서 지웠던 영역이 선택영역으로 바뀐 것을 알 수 있습니다.

선택영역으로 전환된 모습

05 Select 〉 Feather를 선택한 후 설정 창에서 패더 값을 10 정도로 설정합니다. 현재 선택된 영역의 경계를 부드럽게 해줄 필요가 있기 때문입니다.

06 Select 〉 Invert 메뉴나 Ctrl + I 키를 눌러 선택영역을 반전시킵니다. Delete 키를 눌러 반전된 선택영역을 삭제합니다. 현재는 아래쪽 원본 레이어의 모습이 그대로 보이는 상태이므로 삭제한 흔적이 나타나지 않습니다.

07 아래쪽 원본 레이어의 눈 모양 아이콘(Show/Hide)의 모습을 숨겨 보이지 않게 해 줍니다. 이제 위쪽 레이어의 모습만 보이기 때문에 얼굴만 남고 나머지는 투명한 상태로 보입니다.

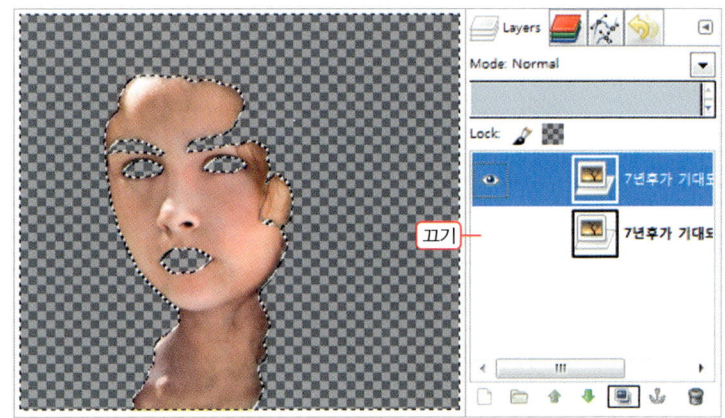

08 다시 Ctrl + I 키를 눌러 선택영역을 얼굴 부분으로 반전시키고 Colors 〉 Levels를 선택합니다. 설정 창에서 Input Levels의 가운데 회색 삼각형 슬라이더와 우측의 흰색 삼각형 조절 슬라이더를 그림처럼 설정하여 이미지를 밝게 조절합니다.

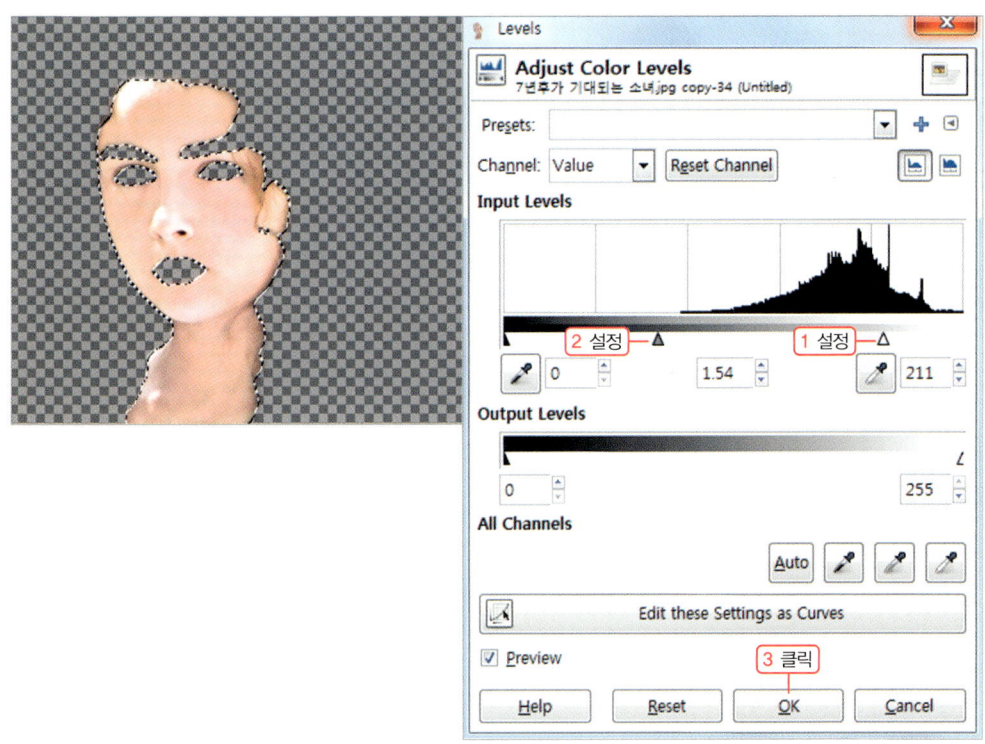

09 이미지를 화사하게 해 주기 위해 Filters 〉 Artistic 〉 Softglow를 선택합니다. 설정 창에서 Glow radius, Brightness, Sharpness 값을 설정하여 밝고 화사하게 해 줍니다.

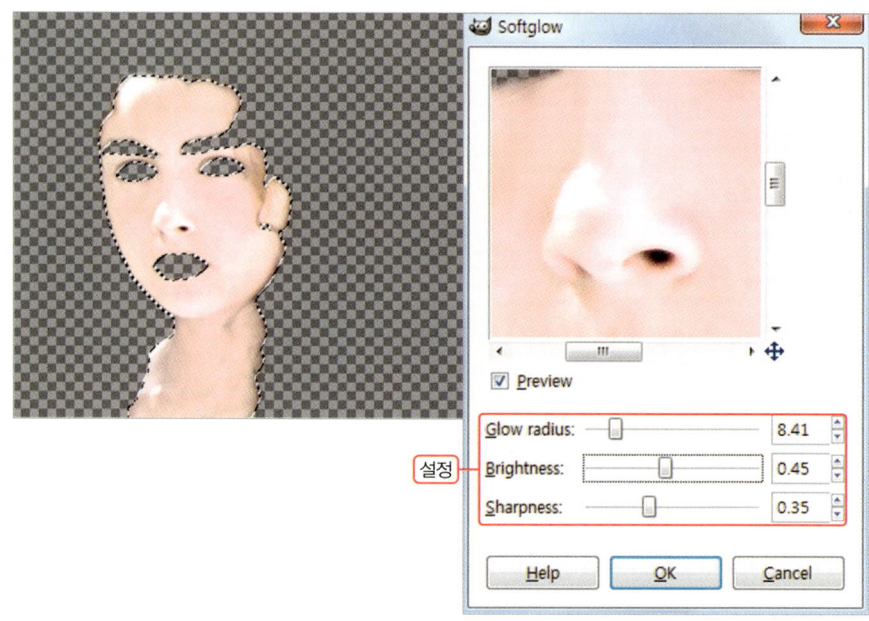

10 Filters 〉 Blur 〉 Selective Gaussian Blur를 적용합니다. Blur radius를 25, Max. delta를 173 정도로 설정하여 선택영역의 이미지를 흐리게 해 줍니다. 이미지를 흐리게 하면 피부의 잡티가 완전히 뭉개져 피부 트러블이 보이지 않게 됩니다.

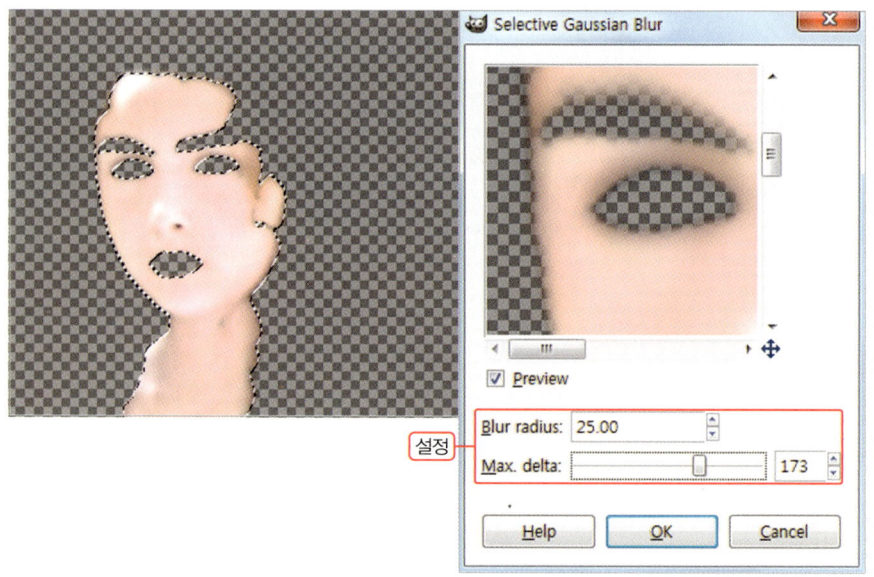

11 이제 Ctrl + Shift + A 키를 눌러 선택영역을 해제한 후 지금껏 사용했던 복제 레이어의 블렌딩 모드를 Screen으로 설정하여 아래쪽 레이어와 합성합니다. 이때 아래쪽 원본 레이어는 다시 보이도록 해 주어야 합니다. 또한 복제 레이어의 불투명도는

58 정도로 낮춰 자연스럽게 보이도록 해 줍니다. 이것으로 기본적인 피부 리터칭 작업이 끝났습니다. 지금의 작업에서는 합성된 모습이 지나치게 과장되어 보이지 않도록 각별히 신경을 써야 합니다.

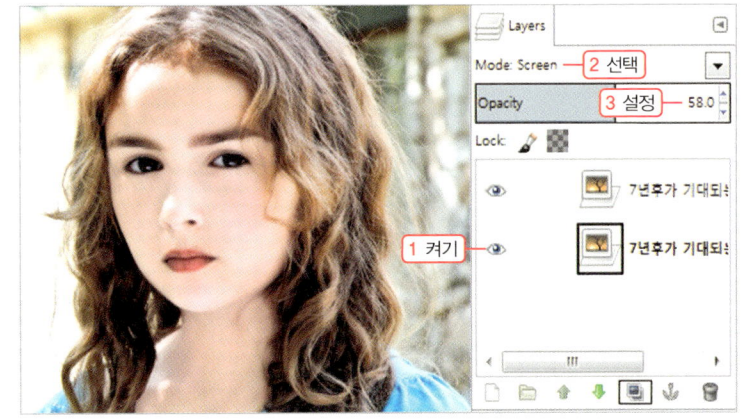

12 마지막으로 선택영역 경계가 부드러워서 생긴 부자연스런 부분을 이레이져(지우개) 툴을 사용하여 자연스럽게 보이도록 지워줍니다. 정교한 작업을 위해 이레이져 툴 옵션에서 불투명도 값을 낮추고 지우개 크기를 작게 하여 지웁니다.

작업 전의 모습 　　　　작업 후의 모습

깨끗한 피부 만들기(리터칭 작업) 219

22 미녀의 조건, V라인 턱선 만들기

이 시대를 외모 지상주의(Lookism)라고 말합니다. 외모가 모든 것이 되어서는 안 되겠지만 그래도 예쁘고 멋지면 그렇지 않은 것 보다 좋겠지요(뭐니뭐니해도 마음이 예뻐야 진짜로 미인이라는 것 잊지 마세요ㅎㅎ). 미녀의 기준은 날렵한 턱선과 커다란 눈, 앵두 같은 입술 그리고 오똑한 코일 것입니다. 그 중 턱선은 얼굴 전체의 윤곽을 좌우하기 때문에 아주 중요한 미의 요소입니다. 변형 필터인 IWarp 효과를 사용하여 V라인 턱선을 만들어봅니다.

01 이미지 폴더에서 여자04.jpg 파일을 불러옵니다. 언뜻 통통한 볼에 미소가 귀엽게 보이는 여자입니다. 이 사진의 얼굴에서 어떤 부분을 보정하면 더욱 예쁘게 보일까요? 그것은 당연히 턱선을 보정하는 것입니다. 그리고 눈을 살짝 키워주고 콧날을 조금만 높여준다면 완벽한 미녀로 바뀔 것 같네요. 이제부터 하나하나 보정해 가기로 하겠습니다.

02 이제 이 이미지에 Filters 〉 Distorts 〉 IWarp를 선택합니다. 설정 창에서 Deform Mode를 Move로 설정하여 이미지의 픽셀 위치가 보정되도록 해 줍니다. Deform radius(브러시 크기)/amount(변형 범위)를 각각 26과 0.3 정도로 설정합니다. 이미지가 보이는 창에서 먼저 왼쪽 광대 부분을 클릭 & 드래그하여 안쪽(좌측)으로 이동해 봅니다. 광대 부분이 안쪽으로 이동되는 것을 알 수 있습니다.

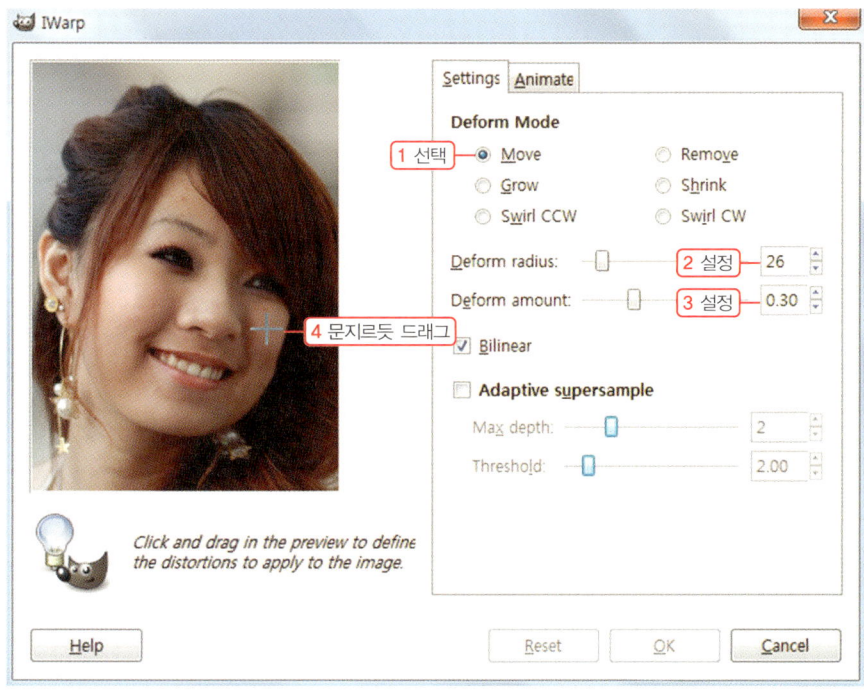

03 같은 방법으로 통통한 볼을 안쪽으로 집어넣고 오른쪽 볼도 갸름하게 집어넣습니다. 턱 부분은 아래로 조금만 내려 V라인이 되도록 해 줍니다. 작업 후 처음 불러왔던 사진과 비교해 보면 많은 차이가 있는 것을 알 수 있습니다.

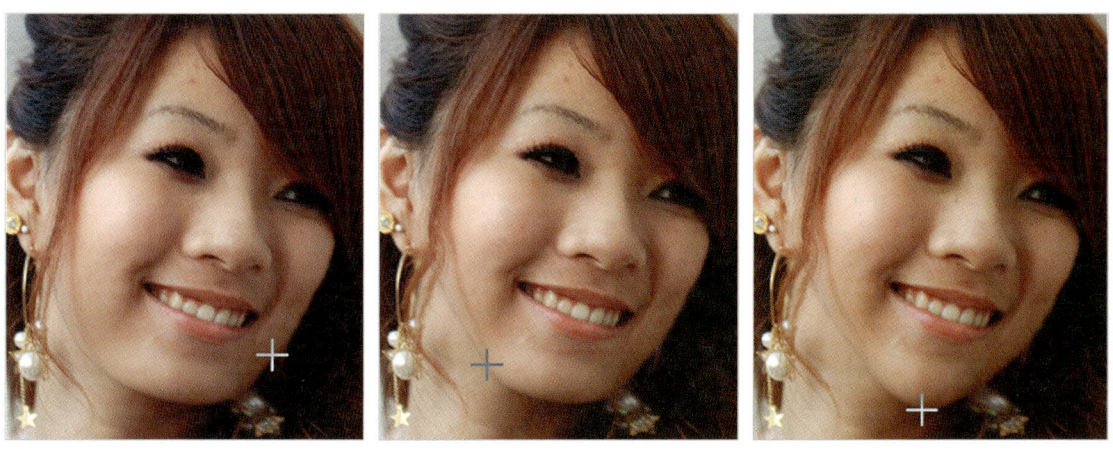

TIP
지금의 작업에서는 작업 실행 취소(언두)할 수 없기 때문에 처음부터 신중하게 보정을 해야 하며 이미지의 크기를 보다 크게 하려면 Warp 설정 창의 크기를 키우거나 보정할 지점만 선택영역으로 만든 후 작업을 하면 됩니다. 보정 중 잘 못 하여 원래 상태로 되돌아가고자 한다면 설정 창 아래쪽에 Reset 버튼을 클릭하면 됩니다.

미녀의 조건, V라인 턱선 만들기

04 이번엔 콧날을 오뚝하게 해 봅니다. 우선 콧방울을 안쪽으로 살짝 집어넣고 콧등이 높아 보이도록 보정해 줍니다.

05 마지막으로 눈을 조금만 키워봅니다. 매력적인 반달 눈이 되도록 눈 위쪽을 살짝 올려주고 눈꼬리를 살짝만 길게 늘어뜨려 줍니다. 눈은 양쪽 눈 모두 같은 크기로 변형합니다. 이것으로 V라인 턱선을 만들어 보았습니다. 참고로 레벨과 소프트 글로우 효과를 이용하여 이미지를 밝고 화사하게 하여 마조지합니다.

작업 전의 모습   작업 후의 모습

23 맵시 나는 S라인 허리 만들기

미녀의 조건 중 S라인 허리는 맵시 있는 모습을 위한 것뿐만 아니라 건강을 위해서도 중요합니다. 이번에도 역시 IWarp 효과를 이용하여 날씬한 허리를 표현해 보겠습니다.

01 이미지 폴더에서 S라인 보정 전.jpg 파일을 불러옵니다. 수영장에 앉아있는 여인의 뒤태입니다. 보통 여자 연예인들 사진을 보면 완벽한 S라인 허리를 가지고 있습니다. 그러나 실제론 대부분 지금의 사진과 비슷한 허리를 가졌을 것입니다. 이제부터 이 평범한 허리를 S라인으로 만들어 보겠습니다.

02 이번엔 보다 정교한 작업을 위해 허리 부분만 선택영역으로 만들어 놓고 보정을 해 봅니다. 툴 박스에서 렉탱글 실렉션(사각형 선택) 툴을 선택한 후 그림처럼 허리 부분만 선택합니다. 그다음 S라인 허리 보정을 위해 Filters 〉 Distort 〉 IWarp를 선택합니다.

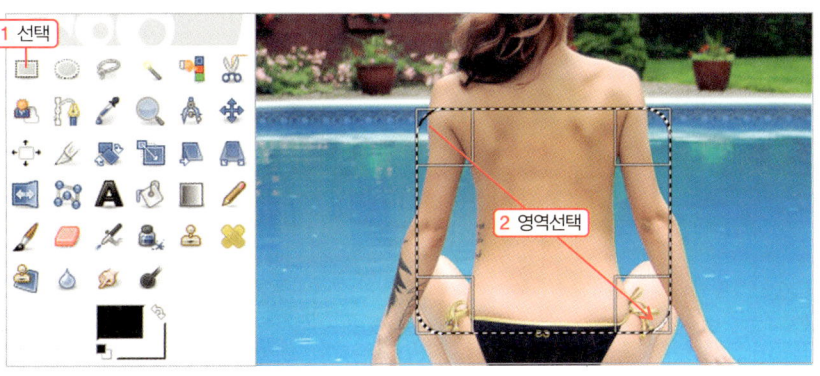

03 설정 창에서 이번엔 Deform Mode를 Shrink로 선택합니다. 이 옵션은 이미지를 직접 이동하는 방식이 아니라 살짝 문지르듯 드래그하면 오그라들듯 홀쭉해 집니다. 허리 부분에서 한번 시험해 봅니다. 시험이 끝나면 Reset 버튼을 클릭하여 처음으로 되돌아옵니다.

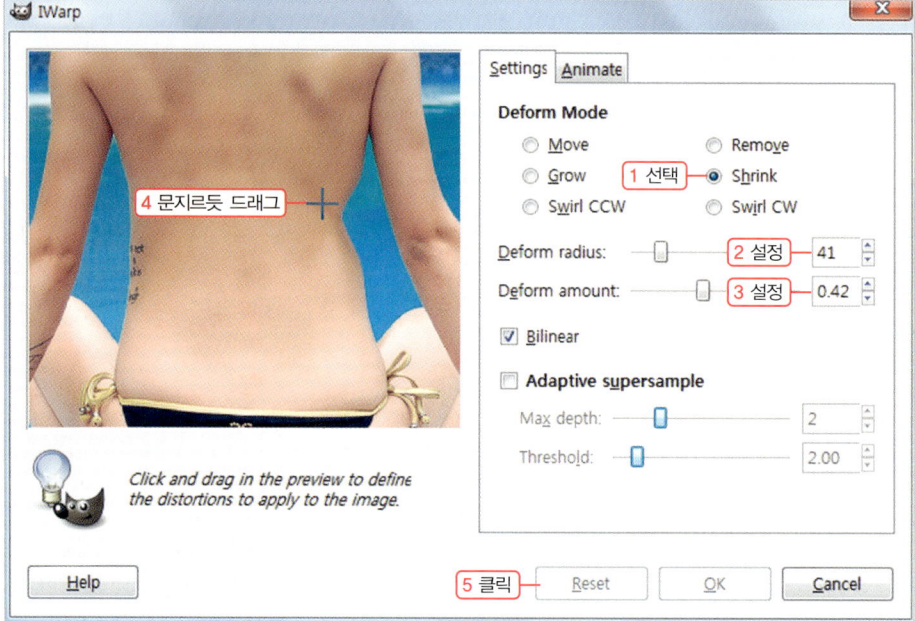

04 슈링크 방식은 아주 민감하기 때문에 신경을 써서 보정을 해야 합니다. 자칫 잘못하면 원치 않는 허리 모양이 될 수 있으니까 말이죠. 양쪽의 허리가 같도록 보정하여 마무리합니다.

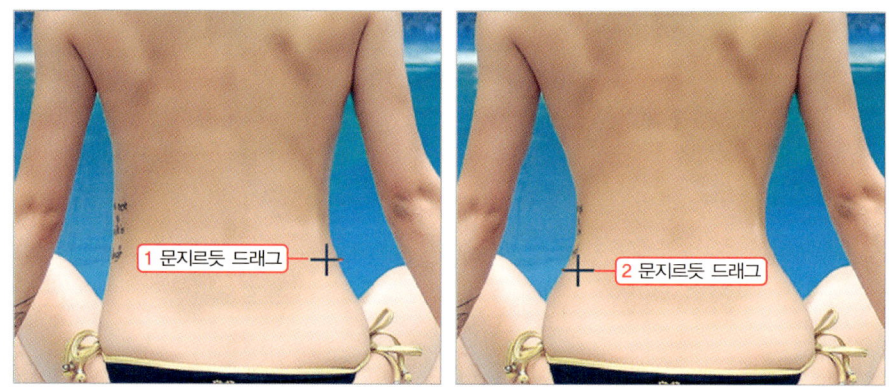

24 다리가 예쁜 그녀, 롱다리 만들기

서구화된 식생활 때문인지 요즘 아이들은 하체가 상체보다 긴 편입니다. 다리가 길면 옷을 입어도 맵시가 나지요. 다리를 길게 보정하는 방법은 선택 툴과 스케일 툴만으로도 가능합니다.

01 이미지 폴더에서 롱다리 보정 전.jpg 파일을 불러옵니다. 사진을 보니 모든 것이 완벽해 보이는 군요. 그런데 다리가 왠지 어색해 보이는데 그 이유는 바로 짧은 다리 때문입니다. 이제 이 짧은 다리를 롱다리로 보정해 보겠습니다.

02 다리를 늘려주기에 앞서 먼저 늘려주고 난 후의 이미지 크기를 대비하여 이미지 윈도우(캔버스-도큐먼트)의 크기를 늘려줍니다. Image > Canvas Size를 선택합니다.

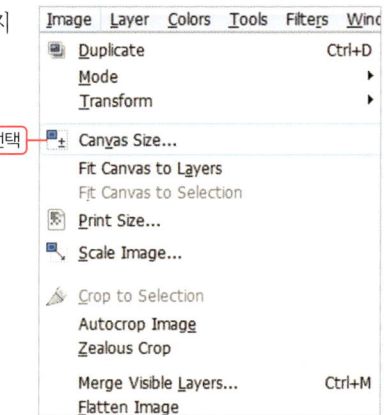

03 설정 창이 열리면 Canvas Size에서 Height 값만 970 정도로 늘려줍니다. 이때 우측의 쇠사슬 모양의 가로, 세로 비율 고정 아이콘은 분리되어있어야 합니다.

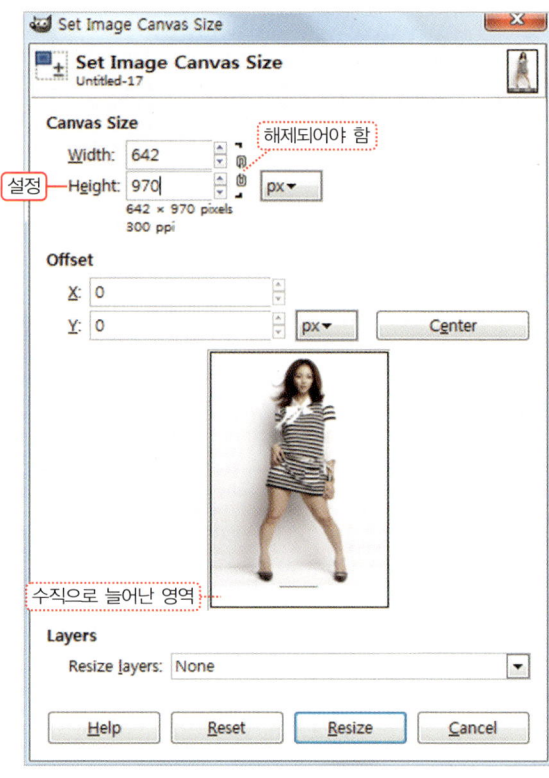

04 이제 툴 박스에서 렉탱글 실렉션(사각형 선택) 툴을 사용하여 그림처럼 다리 부분만 선택영역으로 만들어줍니다. 지금의 작업은 다리만 늘려주어야 하기 때문에 왼쪽 손은 선택영역에 포함되지 않도록 주의합니다.

05 툴 박스에서 스케일(크기) 툴을 선택하고 이미지 윈도우의 선택영역에서 아래쪽으로 끌어 내립니다. 다리가 윈도우 밖으로 나가지 않도록 주의합니다. 크기 조절이 됐으면 Scale 버튼을 눌러 적용합니다.

06 아직은 떠있는 플로팅 레이어 상태이기 때문에 늘려준 모습이 제대로 나타나지 않습니다. 레이어 패널에서 Create a new layer 버튼을 클릭하여 일반 레이어로 전환합니다. 이제 앞서 늘려준 롱다리의 모습이 나타납니다.

다리가 예쁜 그녀, 롱다리 만들기

25 페이스 오프, 얼굴을 합성하기

영화 페이스 오프에서처럼 안면 이식 수술이 현실화된 이 시대에 김프에서 이와 같은 작업은 식은죽 먹기라고 할 수 있습니다. 비슷한 느낌의 두 개의 사진을 사용하여 얼굴을 다른 사람의 얼굴로 합성해 보겠습니다.

01 이미지 폴더에서 여자06.jpg 파일을 불러옵니다. 얼굴 부분을 합성을 위해 삭제하기 위해 레이어 위에서 우측 마우스 버튼 클릭 > Add Alpha Channel을 선택합니다.

02 알파채널이 포함된 레이어가 되면 툴 박스에서 프리 실렉션(자유 선택) 툴을 선택합니다. 툴 옵션에서 Feather edges를 체크하고 Radius를 15 정도로 설정합니다. 이미지 윈도우에서 그림처럼 여자의 얼굴 부분을 선택영역으로 만들어줍니다. 얼굴 형은 그대로 사용할 것이므로 눈썹, 눈, 코, 입 부분만 들어오도록 선택합니다.

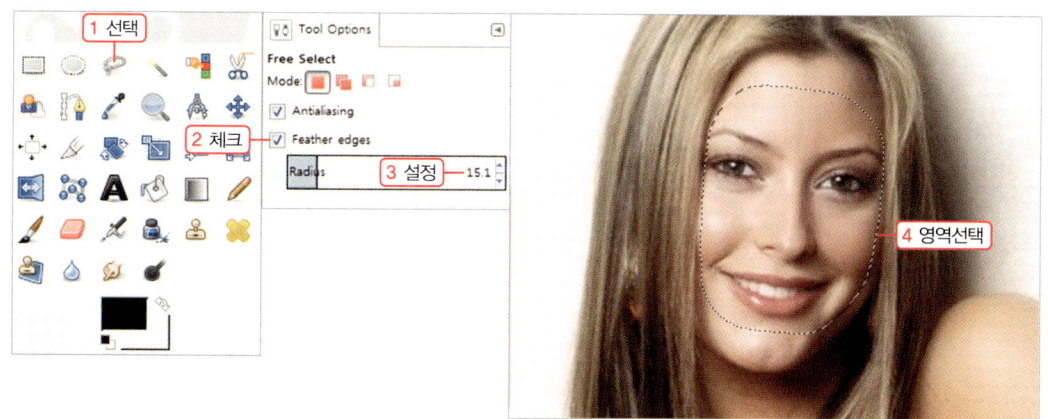

03 Delete 키를 눌러 선택영역을 삭제합니다. 삭제된 부분은 알파채널에 의해 투명한 상태가 되었고 삭제된 경계 부분은 패더 엣지에 의해 부드럽게 되었습니다.

04 이제 앞서 작업한 이미지에 합성할 이미지를 불러와봅니다. File 〉 Open as Layers를 선택합니다. 이 메뉴는 외부의 이미지를 현재 작업 윈도우(이미지 윈도우)의 새로운 레이어로 불러와지게 됩니다. 여자01.jpg 파일을 불러옵니다.

페이스 오프, 얼굴을 합성하기

05 두 번째로 불러온 여자01.jpg 레이어도 알파채널을 포함시키기 위해 레이어 위에서 우측 마우스 버튼 클릭 > Add Alpha Channel을 선택합니다. 일반 레이어에서 알파채널 레이어로 바뀌면 레이어 이름이 얇아집니다.

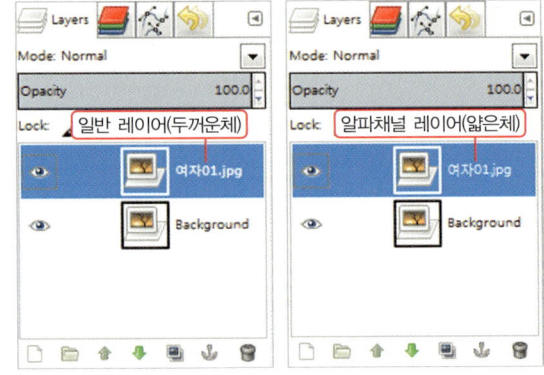

06 알파채널이 포함된 레이어가 되면 툴 박스에서 프리 실렉션(자유 선택) 툴을 선택합니다. 툴 옵션에서 Feather edges를 체크하고 Radius를 15 정도로 설정합니다. 이미지 윈도우에서 그림처럼 여자의 얼굴 부분은 선택영역으로 만들어줍니다. 얼굴 전체의 윤곽을 그대로 선택영역으로 만들어줍니다.

07 Ctrl + I 키를 눌러 선택영역을 반전시킨 후 Delete 키를 눌러 삭제합니다. 얼굴만 남고 나머지는 삭제가 됐습니다. 사실 이 과정 없이도 여자.01 레이어를 아래쪽으로 이동하여 맞춰주면 되지만 불필요한 부분을 아예 없애기 위해 얼굴만 남고 나머지는 삭제한 것입니다.

08 여자01 레이어를 아래로 내려준 후 툴 박스에서 무브(이동) 툴을 사용하여 그림처럼 위쪽 레이어의 구멍 뚫린 얼굴 부분으로 이동합니다. 얼굴은 보이지만 아직 얼굴의 크기와 회전각이 맞지 않으며 색상도 약간 차이가 납니다. 이제부터 이런 문제를 해결해 봅니다.

09 로테이트(회전) 툴을 사용하여 위쪽 구멍이 뚫린 레이어의 얼굴 각도와 같도록 회전합니다. 회전이 맞춰지면 Rotate 버튼을 클릭하여 적용합니다.

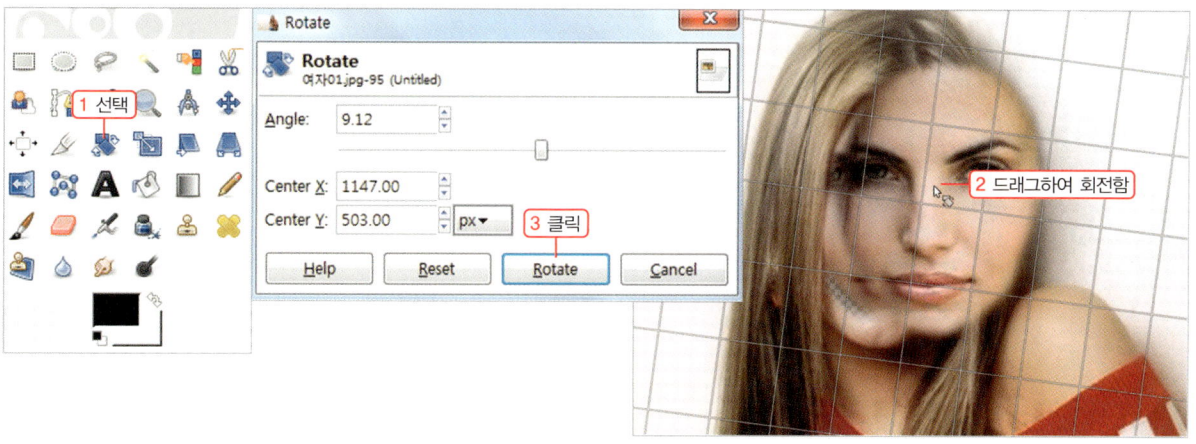

10 무브(이동) 툴을 사용하여 먼저 얼굴의 위치를 잡아준 후 스케일(크기) 툴을 사용하여 위쪽 레이어(여자06)의 얼굴 크기와 같게 줄여줍니다. 이 작업은 반복해야만 원하는 결과를 얻을 수 있습니다. 작업이 끝나면 여자06과 여자01의 경계 부분을 자연스럽게 처리해야 합니다. 계속해서 이 작업을 해 보겠습니다.

11 컬러 픽커 툴을 사용하여 얼굴 부분을 클릭합니다. 전경 색상이 적용되면 이제부터 이 색상을 통해 얼굴 경계의 공간을 메워 주겠습니다.

12 이제 앞서 지정된 색상를 가지로 색을 메우기 위해 툴 박스에서 페인트 브러시 툴을 선택하고 툴 옵션에서 불투명도를 11, 크기를 31 정도로 설정합니다. 그리고 투명한 부분에도 색이 칠해지도록 Incremental을 체크합니다. 지금의 페인팅 작업은 아래쪽 여자01 레이어에서 이뤄져야 합니다.

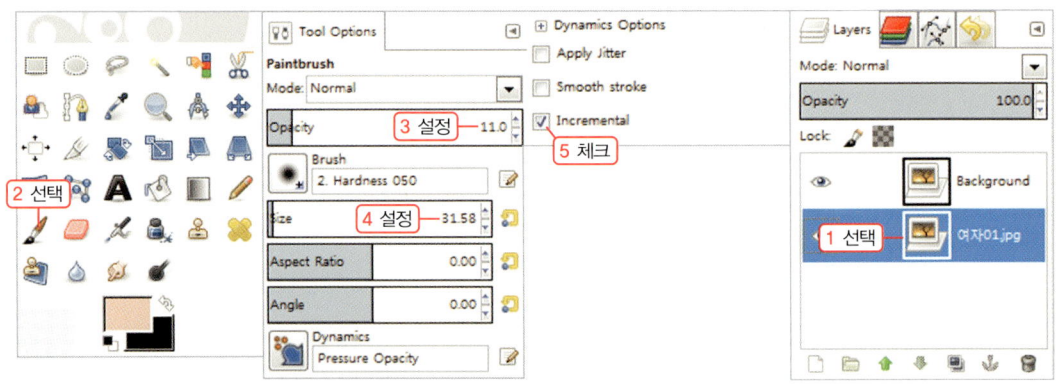

13 브러시 툴로 살짝 살짝 칠해가면서 틈을 메워줍니다. 한번에 모두 끝내려 하지 말고 경계의 바깥쪽부터 자연스럽게 메워줍니다. 필요하다면 칠하는 중간에 색상을 바꿔가면서 칠해 줍니다.

14 하나의 레이어로 합친 후 힐링 툴을 통해 보정 작업을 하기 위해 위쪽 레이어 위에서 우측 마우스 버튼 클릭 > Merge Down을 선택합니다. 위쪽 레이어가 아래쪽 여자01 레이어와 합쳐졌습니다.

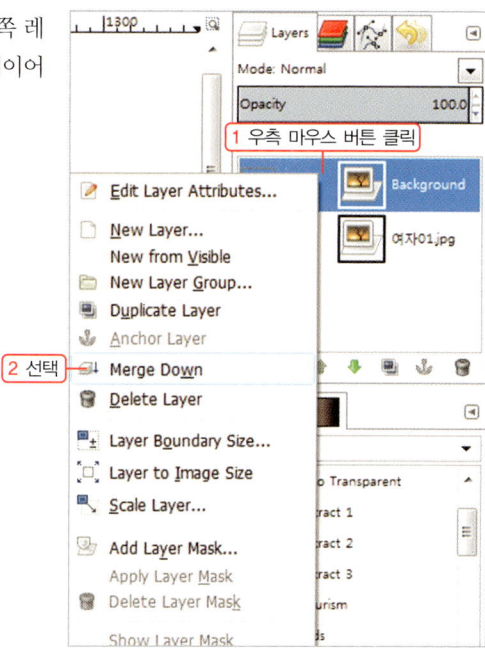

15 힐링 툴을 선택한 후 툴 옵션에서 불투명도와 크기를 적절하게 설정한 후 합성된 얼굴의 부자연스런 부분(이마, 턱)을 자연스럽게 보정합니다. 지금의 작업에서는 힐링 툴은 복원보다는 보정에 가까운 작업을 하는 것입니다. 이렇듯 때에 따라 툴의 용도가 달라지기 때문에 기능에 대한 응용력도 필요합니다.

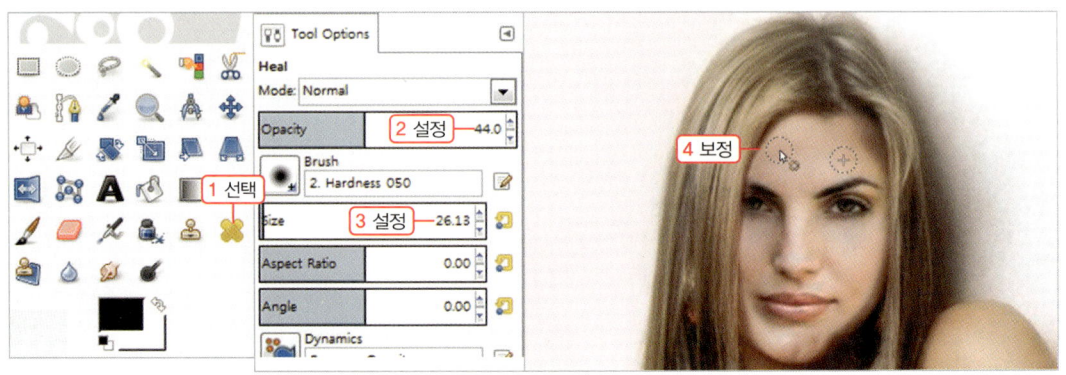

작업 전의 모습　　　　작업 후의 모습

26 여러 장의 사진을 합쳐 한 장의 사진처럼 표현하기

한 장의 사진을 이용하여 여러 개의 사진 틀을 겹쳐 놓아 마치 여러 개의 사진을 합쳐서 한 장의 사진을 표현한 것처럼 보이도록 할 수 있습니다. 이 기법은 선택영역과 레이어 마스크의 한 단계 진보된 스킬을 보여줍니다.

01 이미지 폴더에서 여자13.jpg 파일을 불러옵니다. 해변에서 비키니를 입고 포즈를 잡은 사진입니다. 보기만 해도 시원해 보입니다. 이제 이 한 장의 사진을 여러 개의 사진이 합쳐 완성된 사진처럼 표현해 보겠습니다.

02 여자13 레이어가 선택된 상태에서 툴 박스에서 프리 실렉션(자유 선택) 툴을 사용하여 그림처럼 이미지 윈도우에서 사진 비율의 선택영역을 만들어줍니다. 모양을 만들 때는 한번에 만들려고 하지 말고 만족스런 모양이 될 때까지 반복해서 만듭니다. 이제 이 영역은 작은 사진들이 배경(원본) 위에 배치되기 위해 사용됩니다.

03 선택영역을 복사하기 위해 Ctrl + C 키를 누르고 붙여 넣기 위해 Ctrl + V 키를 누릅니다. 붙여진 레이어는 아직 떠있는 플로팅 레이어이기 때문에 Create a new layer 버튼을 클릭하여 알파채널이 있는 일반 레이어로 만들어줍니다.

04 붙여진 레이어의 이미지를 선택영역으로 만들어주기 위해 Alt 키를 누른 상태에서 붙여진 레이어를 클릭합니다. 이렇게 하면 해당 레이어의 이미지(불투명한) 영역만 선택영역으로 만들어집니다.

05 선택영역에 테두리를 적용하기 위해 먼저 전경(포그라운드) 색상을 흰색으로 설정한 후 Edit 〉 Stroke Selection을 선택합니다. 앞으로 전경 색은 테두리 색상으로 사용됩니다.

06 설정 창에서 Solid color를 선택하여 전경 색을 테두리 색상으로 사용되도록 해 주고 Line width를 20 정도로 설정하여 테두리 두께를 조금 두껍게 해 줍니다. Line Style을 열고 Cap style을 세 번째인 모서리의 모양을 부드럽게 해 주는 것을 선택하고 Join style을 첫 번째로 하여 모서리의 각이 뚜렷하게 해 줍니다. Miter limit를 0으로 설정하여 각이 자연스럽게 나오도록 한 후 Stroke 버튼을 클릭하여 적용합니다.

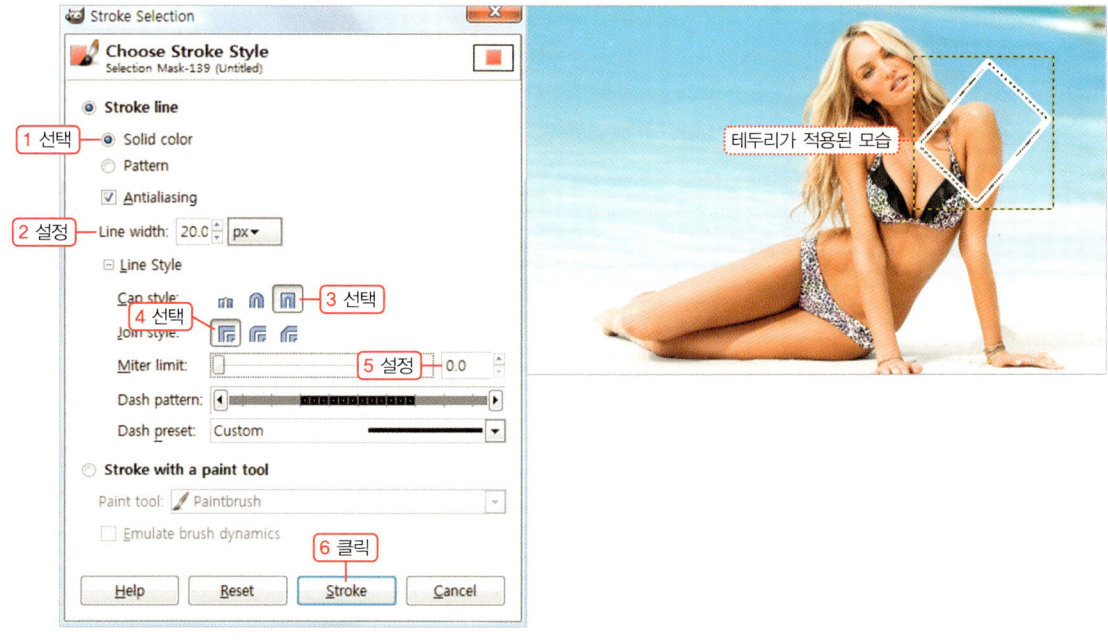

07 이제 그림자 효과를 적용하기 먼저 Ctrl + Shift + A 키를 눌러 선택영역을 해제합니다. 위해 Filters 〉 Light and Shadow 〉 Drop Shadow를 선택합니다. 설정 창에서 그림처럼 그림자가 우측 하단으로 살짝 그려지도록 설정한 후 OK 버튼을 눌러 적용합니다.

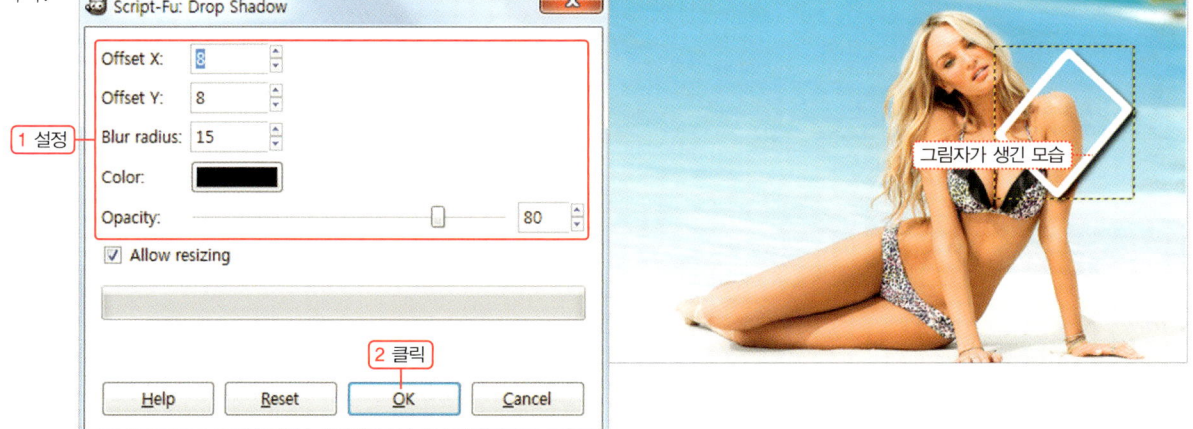

08 맨 위쪽의 붙여진 레이어 위에서 우측 마우스 버튼 클릭 > Merge Down 을 선택하여 아래쪽 그림자 레이어와 합쳐줍니다. 이렇듯 작업이 끝난 레이어를 하나로 합쳐 레이어의 공간을 여유 있게 사용할 수 있도록 합니다.

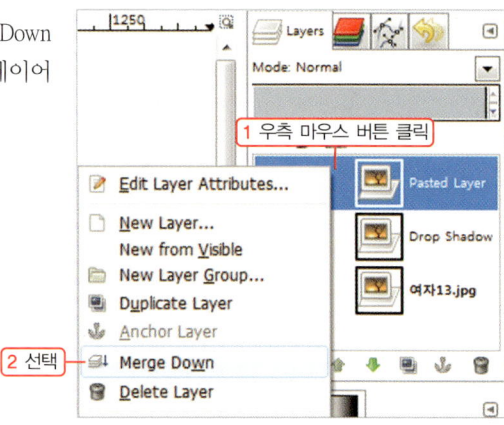

09 계속해서 다음 사진을 만들기 위해 아래쪽 여자13 레이어를 선택하고 프리 실렉션(자유 선택) 툴을 사용하여 그림처럼 앞서 만든 사진 옆에 선택영역을 만들어줍니다.

10 선택영역을 복사하기 위해 Ctrl + C 키를 누르고 붙여 넣기 위해 Ctrl + V 키를 누릅니다. 붙여진 레이어는 아직 떠있는 플로팅 레이어이기 때문에 Create a new layer 버튼을 클릭하여 알파채널이 있는 일반 레이어로 만들어줍니다.

11 붙여진 레이어의 이미지를 선택영역으로 만들어주기 위해 Alt 키를 누른 상태에서 붙여진 레이어를 클릭합니다. 이렇게 하면 해당 레이어의 이미지(불투명한) 영역만 선택영역으로 만들어집니다.

12 이번 설정 창에서는 앞서 이미 설정한 값이 있기 때문에 그대로 사용합니다. 그러므로 그냥 Stroke 버튼을 클릭하여 적용하면 됩니다.

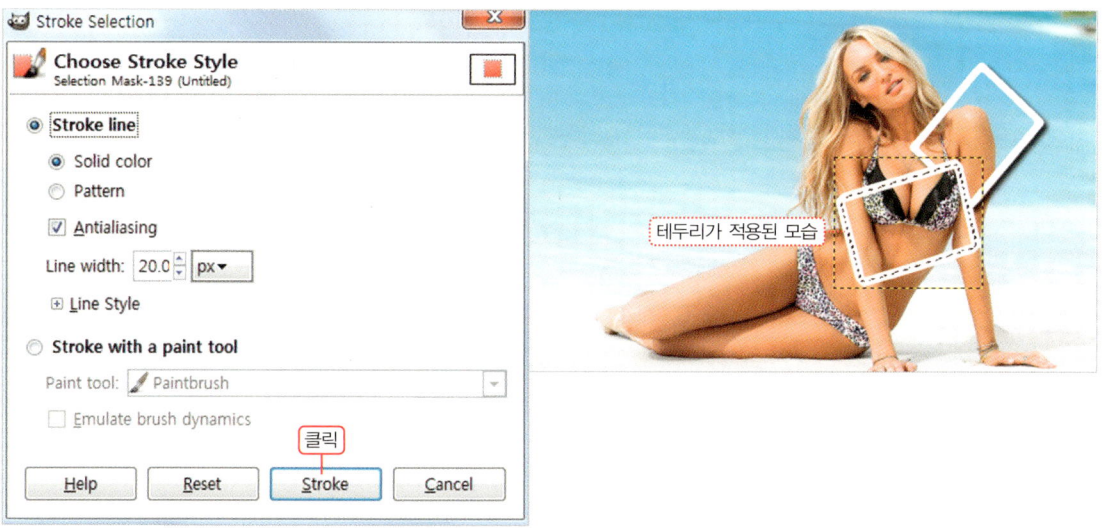

13 이번에도 역시 그림자를 적용하기 위해 먼저 Ctrl + Shift + A 키를 눌러 선택 영역을 해제합니다. 그다음 Filters 메뉴를 선택한 후 앞서 이미 그림자 효과가 적용된 적이 있기 때문에 Repeat "Drop Shadow"를 선택하여 설정 창 없이 한번에 적용합니다.

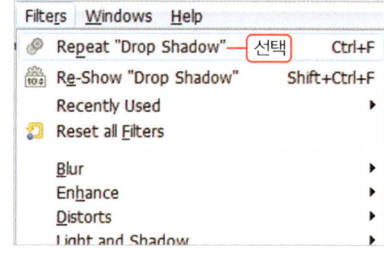

14 맨 위쪽의 붙여진 레이어 위에서 우측 마우스 버튼 클릭 > Merge Down을 선택하여 아래쪽 그림자 레이어와 합쳐줍니다. 이렇듯 작업이 끝난 레이어를 하나로 합쳐 레이어의 공간을 여유 있게 사용할 수 있도록 합니다. 계속해서 이와 같은 방법으로 몇 개의 사진을 더 만들어줍니다.

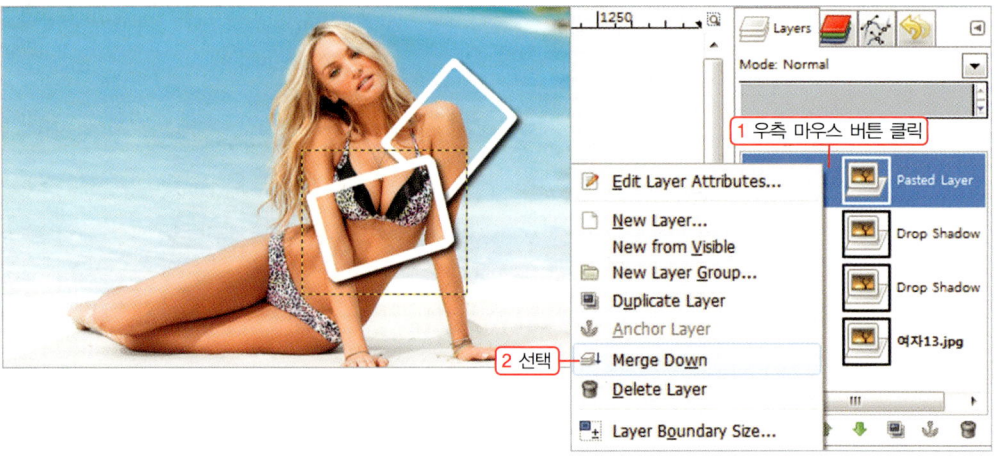

작업 전의 모습 / 작업 후의 모습

27 흑백 사진 컬러로 보정하기(핸드 컬러링 기법)

요즘은 색다른 느낌을 연출하고자 흑백으로 촬영하는 경우가 있지만 반대로 옛날에 찍은 흑백 사진을 컬러로 복원하고자 한다면 Colorize(색상화) 필터를 사용하면 됩니다.

01 이미지 폴더에서 컬러보정 전.jpg 파일을 불러옵니다. 불러온 사진을 보면 흑백으로 된 사진이라는 것을 알 수 있습니다. 이번 학습에서는 뒤쪽 배경이 복잡하기 때문에 앞쪽의 여자의 모습만 컬러로 복원해 볼 것입니다.

02 Select 〉 Toggle Quick Mask를 선택하여 퀵 마스크 모드로 전환한 후 툴 박스에서 브러시를 선택합니다. 브러시의 크기는 작업에 맞게 조절해 가면서 사용하면 됩니다. 전경 색을 흰색으로 하고 이미지의 얼굴 부분을 확대(Ctrl + 마우스 휠)해 놓고 얼굴 부분만 칠해(지워)줍니다.

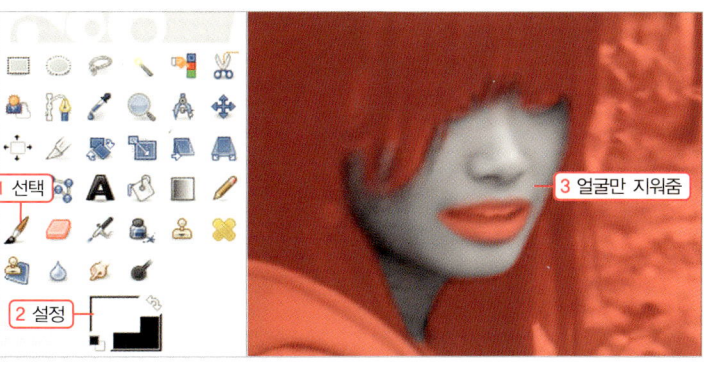

03 Select 〉 Toggle Quick Mask를 선택하여 퀵 마스크 모드를 해제하여 앞서 지워준 얼굴 부분을 선택영역으로 만들어줍니다. 이제 이 얼굴 부분을 컬러로 바꿔주기 위해 Colors 〉 Colorize를 선택합니다. Hue, Saturation, Lightness를 설정하여 실제 피부색과 동일하게 설정합니다. 지금 설정된 값을 프리셋에 등록합니다. 아래 필터(효과) 설정 값 프리셋에 등록하기 팁을 참고하세요.

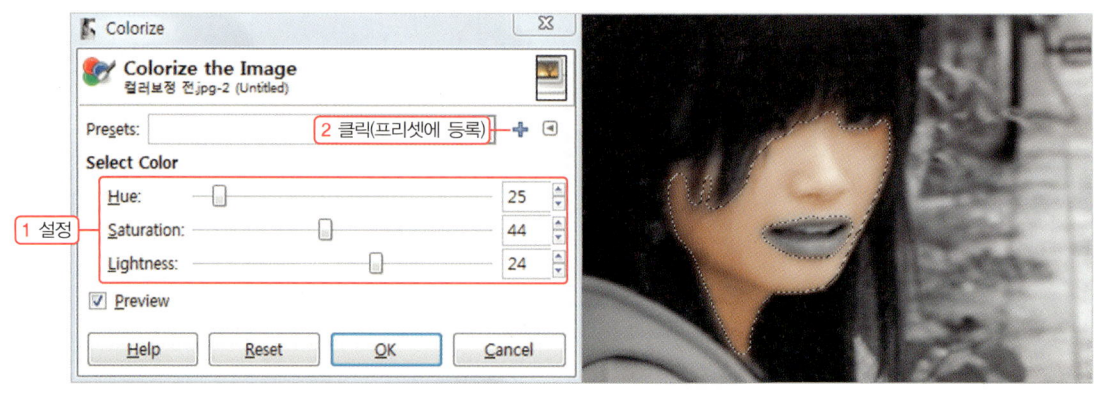

TIP 필터(효과) 설정 값 프리셋에 등록하기
필터나 컬러 설정 창에서 설정 된 값을 나중에도 계속 사용해야 할 경우엔 프리셋으로 등록해 놓는 것이 좋습니다. 설정 창에 있는 Presets 우측의 더하기(+) 표시 버튼인 Add settings to favorites을 클릭하여 현재 설정된 값의 이름을 입력한 후 OK 버튼을 누르면 새로운 프리셋 목록에 등록되어 나중에도 계속 사용할 수 있습니다.

04 이제 입술을 컬러로 복원하기 위해 먼저 Select 〉 Toggle Quick Mask를 선택하여 퀵 마스크 모드로 전환합니다. 입술 부분을 선택영역으로 만들어주기 위해 이 입술 부분만 지워줍니다. 이때 전경 색은 흰색으로 되어있어야 합니다.

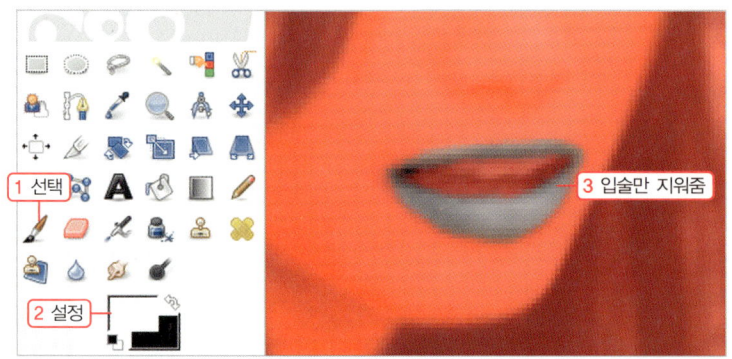

05 입술 부분을 선택영역으로 전환하기 위해 Select 〉 Toggle Quick Mask를 선택하여 퀵 마스크 모드를 해제합니다. 선택영역

의 경계 부분을 부드럽게 해 주기 위해 Select > Feather를 선택합니다. 설정 창에서 패더 값을 5로 설정하여 적용합니다. 지금처럼 선택영역의 경계를 부드럽게 하고자 한다면 패더를 사용하면 됩니다.

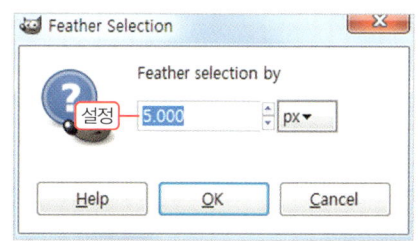

06 이제 이 입술 부분을 컬러로 바꿔주기 위해 Colors > Colorize를 선택합니다. Hue 값을 360으로 설정합니다. 붉은 입술이 만들어졌습니다.

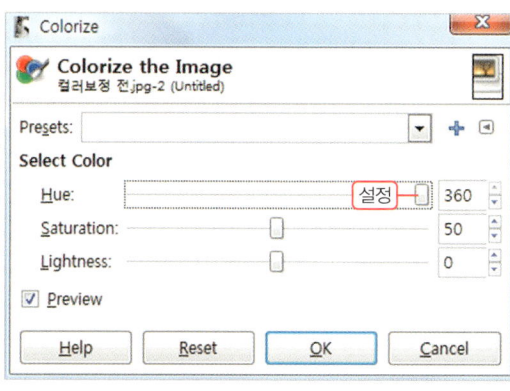

07 Select > Toggle Quick Mask를 선택하여 퀵 마스크 모드로 전환한 후 브러시 툴을 사용하여 그림처럼 노출된 다리 부분과 손가락(손톱 제외) 부분을 지워줍니다.

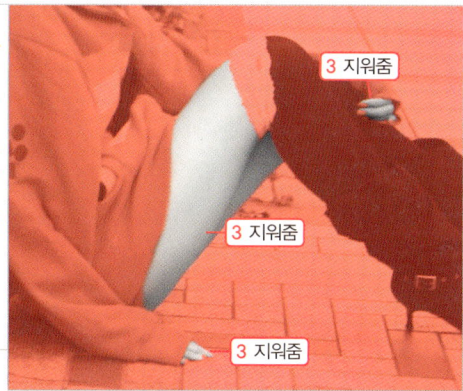

TIP 퀵 마스크 영역 복원하기
퀵 마스크 모드에서 예비 선택영역을 만들기 위해 지워나가다 보면 자칫 잘못하여 원치 않는 영역이 지워질 경우가 있습니다. 이럴 땐 전경 색을 검정으로 바꿔준 후 잘못 지워진 영역을 페인팅하면 다시 원래대로 빨간색으로 복원됩니다.

08 Select 〉 Toggle Quick Mask를 선택하여 퀵 마스크 모드를 해제하여 앞서 지워준 얼굴 부분을 선택영역으로 만들어줍니다. 이제 이 얼굴 부분을 컬러로 바꿔주기 위해 Colors 〉 Colorize를 선택합니다. 이번엔 앞서 등록해 놓은 프리셋을 이용해 봅니다. 프리셋에서 피부를 선택합니다.

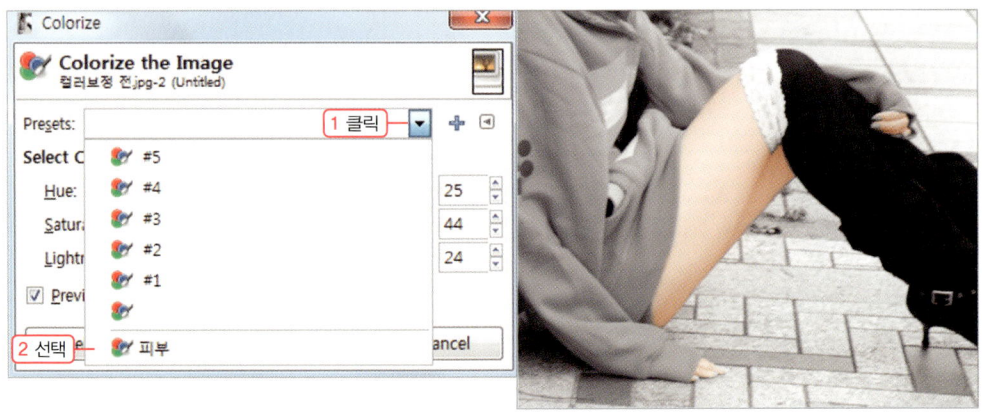

09 Select 〉 Toggle Quick Mask를 선택하여 퀵 마스크 모드로 전환한 후 툴 박스에서 브러시를 선택합니다. 브러시의 크기는 작업에 맞게 조절해 가면서 사용하면 됩니다. 그림처럼 옷의 무늬를 뺀 나머지 부분을 지워줍니다.

10 Select 〉 Toggle Quick Mask를 선택하여 퀵 마스크 모드를 해제하여 앞서 지워준 옷 부분을 선택영역으로 만들어줍니다. 이 옷 부분을 컬러로 바꿔주기 위해 Colors 〉 Colorize를 선택합니다. Hue 값을 88 정도로 설정하여 연두색 옷으로 만들어줍니다. 이와 같은 방법으로 옷의 무늬를 서로 다른 색으로 복원하고 손톱도 예쁜 색상으로 복원해 줍니다. 지금의 작업은 시간이 다소 오래 걸리는 작업이지만 완성을 해 놓고 보면 입가에 미소가 머금어지는 매력적인 작업이라는 것을 느낄 것입니다.

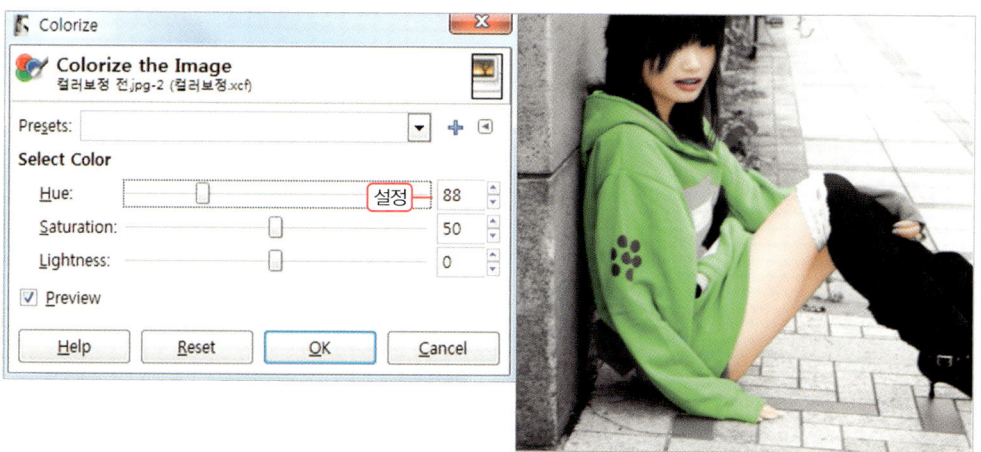

작업 전의 모습 　　　　　　　　작업 후의 모습

흑백 사진 컬러로 보정하기(핸드 컬러링 기법)

28 이미지 입자들의 공간이동

이미지의 입자들이 흩어져 날아가는 장면은 일종의 파티클 효과와 같습니다. 김프에서는 레이어 마스크와 이레이져(지우개) 툴을 이용하여 이와 같은 장면을 표현할 수 있습니다.

01 이미지 폴더에서 여자05.jpg 파일을 불러옵니다. 먼저 불러온 이미지의 흰색 배경을 투명하게 빼주기 위해 툴 박스에서 컬러 실렉션(색상으로 선택) 툴을 선택한 후 흰색 바탕을 클릭합니다. 이미지의 흰색이 모두 선택되었습니다. 알파채널이 포함된 레이어로 만들어주기 위해 레이어 위에서 우측 마우스 버튼 클릭 〉 Add Alpha Channel를 선택합니다.

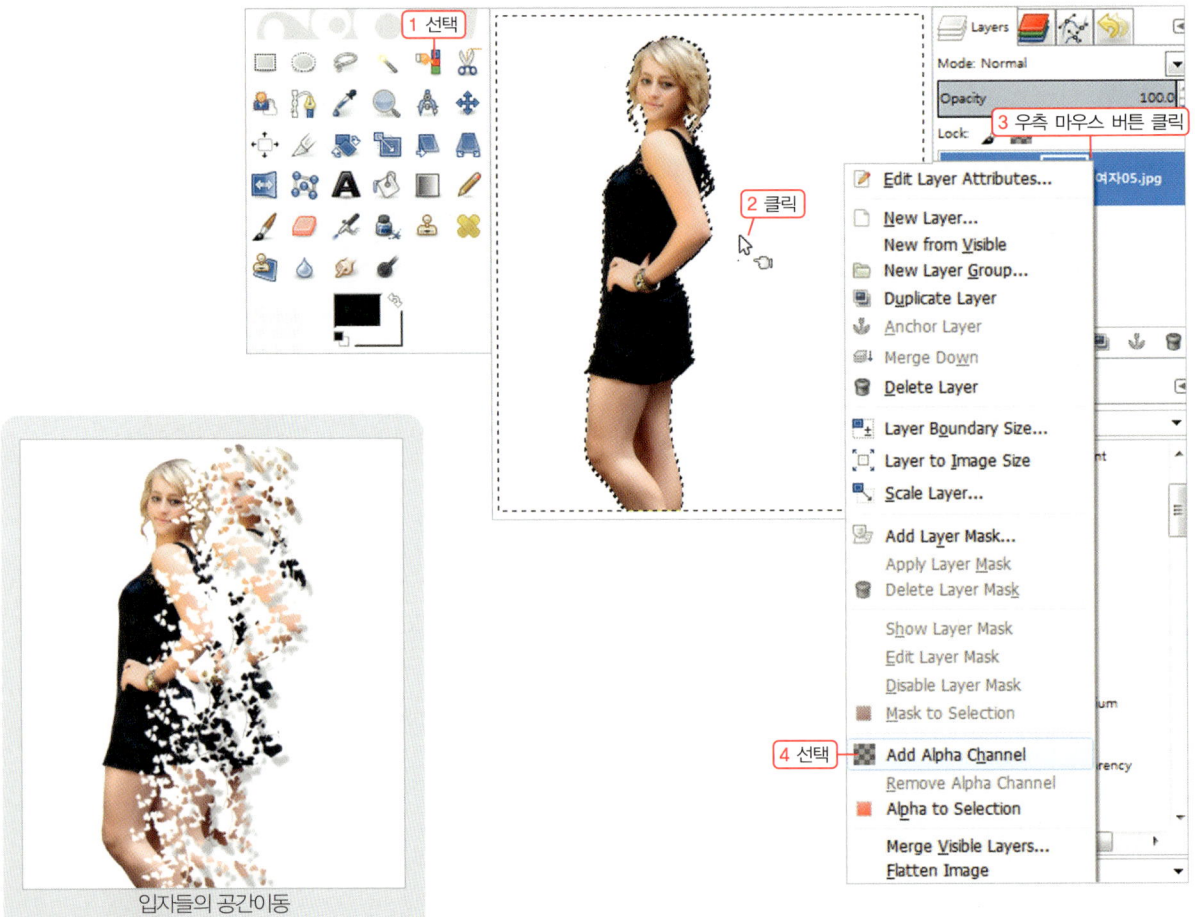

입자들의 공간이동

02 이제 Delete 키를 눌러 선택된 영역을 삭제해 줍니다. 앞서 알파채널이 적용됐기 때문에 선택영역이 투명한 상태가 되었습니다. Ctrl + Shift + A 키를 눌러 선택영역을 해제합니다. 여자05 레이어가 선택된 상태에서 Create a duplicate 버튼을 클릭하여 하나 복제해 줍니다. 복제된 레이어는 흩어지는 입자로 표현되는 레이어입니다.

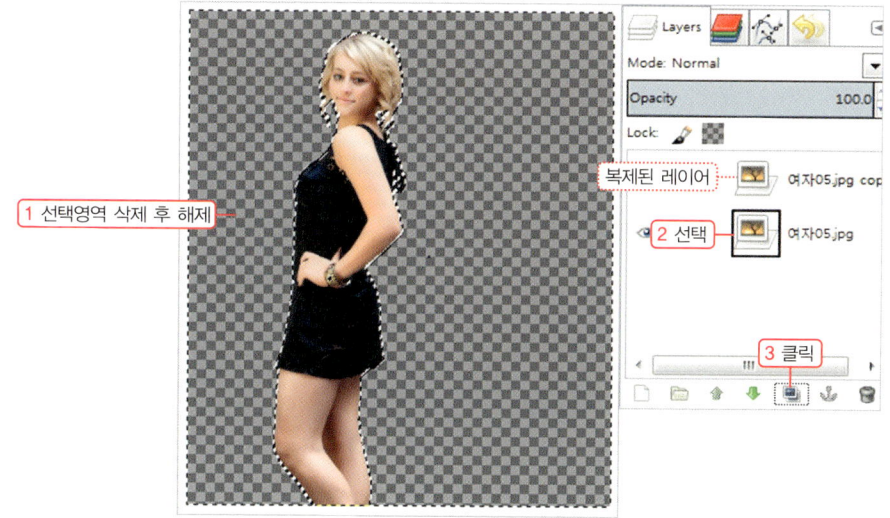

03 계속해서 Create a new layer 버튼을 클릭하여 흰색의 레이어를 만들어줍니다. 그다음 배경으로 사용하기 위해 맨 아래쪽으로 이동해 줍니다. 지금의 작업에서는 배경은 굳이 필요치 않지만 배경을 투명한 상태로 그냥 사용하면 이미지가 잘 표현되지 않기 때문에 흰색 배경을 만들어준 것입니다.

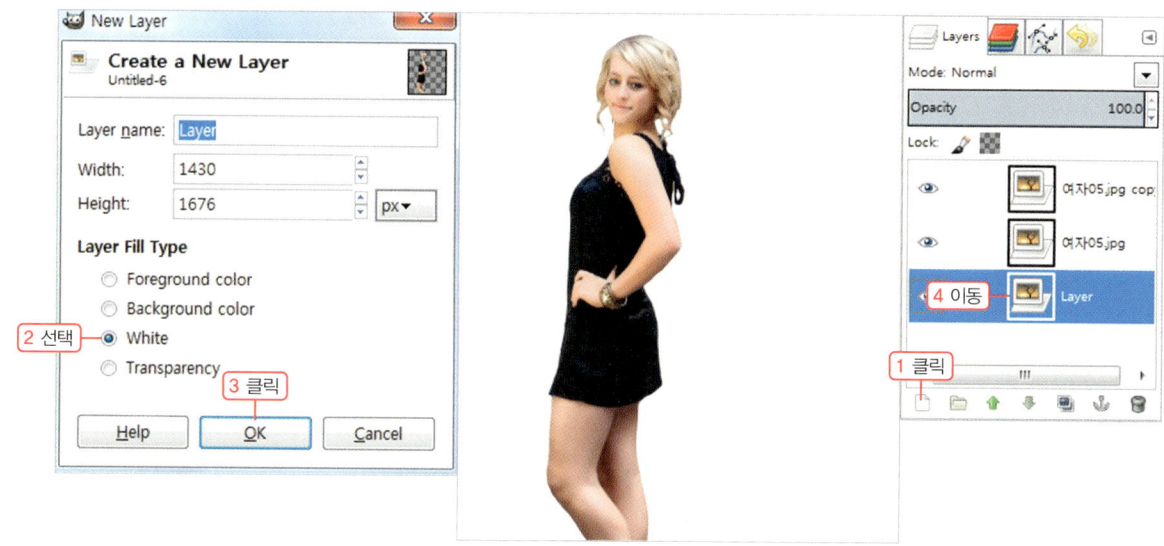

이미지 입자들의 공간이동 247

04 맨 위쪽 레이어가 선택된 상태에서 스케일(크기) 툴을 사용하여 이미지 윈도우에서 그림처럼 우측을 크기를 키워줍니다. 키워진 이미지는 흩어지는 입자로 표현됩니다.

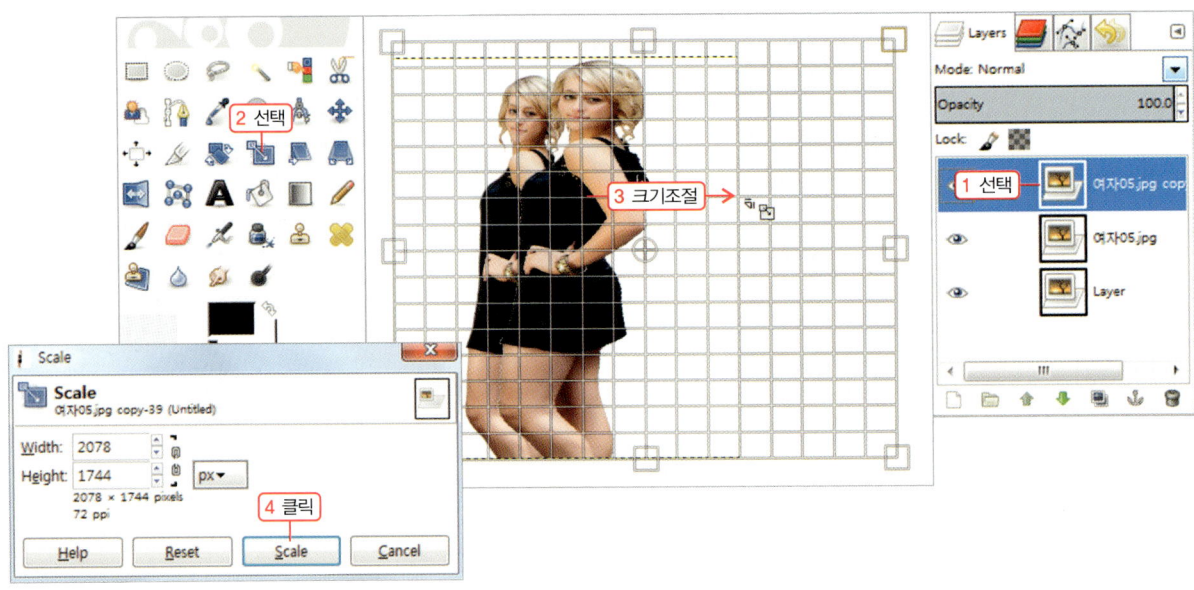

05 맨 위쪽 레이어 위에서 우측 마우스 버튼 클릭 〉 Add Layer Mask를 선택합니다. 설정 창에서 Black (full transparency)를 선택하여 레이어 마스크를 검은색으로 채워줍니다. 검은색 마스크를 해당 레이어의 모습을 완전한 투명한 상태로 만들어줍니다.

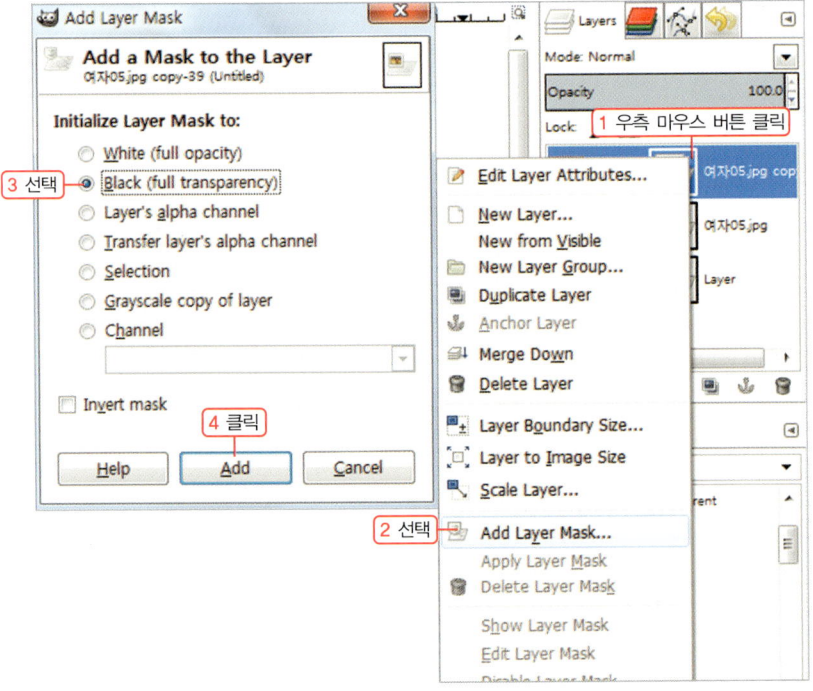

06 두 번째 레이어를 선택한 후 툴 박스에서 이레이져(지우개) 툴을 선택합니다. 브러시 스타일을 Vine으로 선택하고 크기를 208 정도로 조절합니다. 이미지 윈도우에서 그림처럼 브러시를 클릭, 클릭하면서 자연스럽게 지워나갑니다. 여기서 지우는 것은 이미지 입자가 흩어져 날아간 빈 자리입니다.

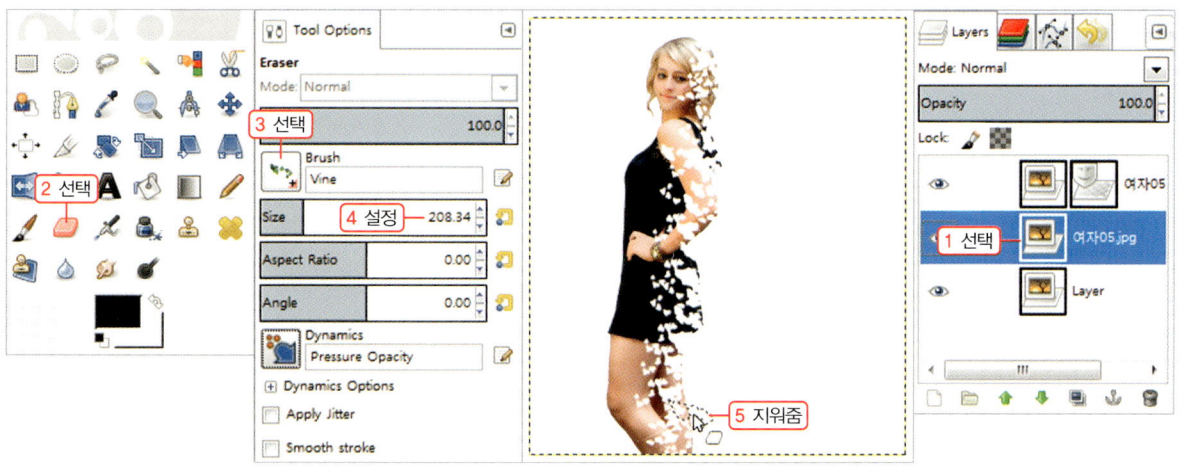

07 이제 이미지 입자들이 흩어지는 장면을 표현하기 위해 맨 위쪽 레이어의 레이어 마스크 아이콘을 선택합니다. 이미지 윈도우에서 그림처럼 앞서 사용했던 지우개 툴을 사용하여 자연스럽게 흩어지도록 지워나갑니다. 이때 전경 색은 검은색으로 되어있어야 합니다.

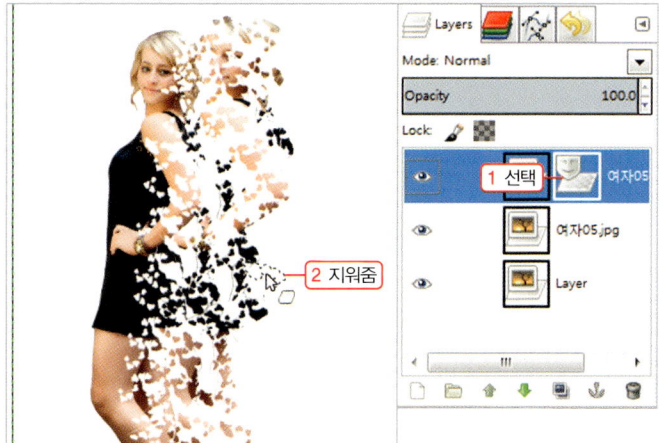

> **TIP**
> 지우개 툴을 사용하여 이미지를 지우다가 잘못 지웠거나 표현된 모습이 마음에 들지 않는다면 전경 색을 흰색으로 설정한 후 지워주면 다시 원래대로 복원됩니다.

이미지 입자들의 공간이동

08 이제 입자들에 그림자 효과를 적용하기 위해 레이어 마스크를 해당 레이어와 합쳐 주겠습니다. 레이어 위에서 우측 마우스 버튼 클릭 〉 Apply Layer Mask를 선택합니다. 레이어 마스크가 해당 레이어에 적용되어 없어졌습니다. 이렇듯 레이어 마스크를 사용할 경우 효과(필터)를 적용하고자 한다면 해당 레이어에 적용해야 합니다. 만약 그렇지 않고 독립적인 상태에서 효과를 적용하면 원치 않는 결과가 나타납니다.

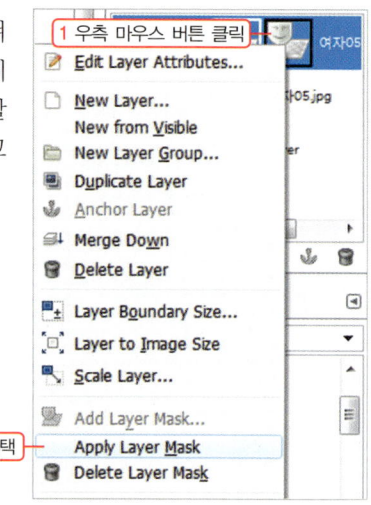

09 마지막으로 입자에 그림자 효과를 적용하기 위해 Filters 〉 Light and Shadow 〉 Drop Shadow를 선택합니다. 그림자 간격과 불투명도를 그림처럼 설정하여 적용합니다. 그림자는 가급적 얇게 표현되도록 해 줍니다.

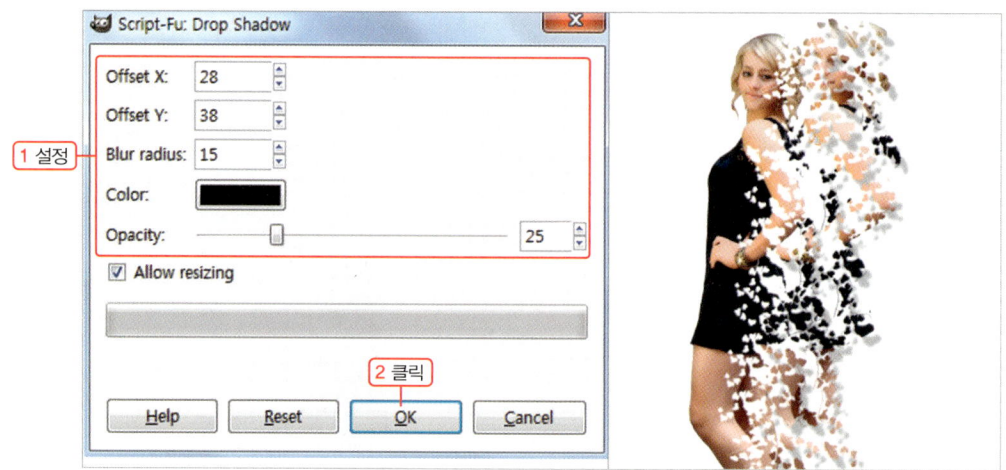

29 단체사진에 유령(?)인간 합성하기

Tv나 신문과 같은 매체에서 가끔 사진 속에 실제로는 없었던 사람이나 유령 같은 것이 찍힌 미스터리한 장면을 보여주곤 합니다. 이것은 모두 조작, 즉 합성했거나 빛과 같은 자연적인 현상에 의해 발생된 것이 찍힌 것입니다. 김프의 Paste Into(선택영역 안쪽에 붙여넣기)를 이용하면 이와 같은 장면을 쉽게 표현할 수 있습니다.

01 이미지 폴더에서 단체사진01.jpg 파일을 불러옵니다. 사진을 보면 남자 세, 여자 둘, 총 다섯 명이 찍힌 사진입니다. 이제 이 사진 속에 한 명의 남자(찍히지 않았는데 찍힌 것처럼 사진에 포함된 남자-이러한 사람을 유령이라고 함) 사진을 불러와 합성해 보도록 하겠습니다.

02 File > Open as Layers를 선택하여 단체사진02.jpg 파일을 불러옵니다. 위쪽 레이어에 적용되면 렉탱글 실렉션(사각형 선택) 툴을 사용하여 그림처럼 맨 우측의 남자를 제외한 좌측의 모든 사람들이 선택영역에 들어오도록 선택영역을 만들어줍니다. 그다음 Delete 키를 눌러 삭제합니다. 이 레이어는 알파채널이 아직 없기 때문에 삭제된 영역이 투명해지지 않고 흰색(배경 색)이 나타납니다.

03 위쪽 단체사진02 레이어 위에서 우측 마우스 버튼 클릭 〉 Add Alpha Channel를 선택하여 알파채널이 포함된 레이어로 만들어줍니다. 툴 박스에서 컬러 실렉션(색상으로 선택) 툴을 사용하여 흰색 배경을 클릭합니다. 모든 흰색이 선택되었습니다. 컬러 실렉션 툴로 인해 남자의 왼팔 안쪽 부분의 흰색도 선택되었습니다.

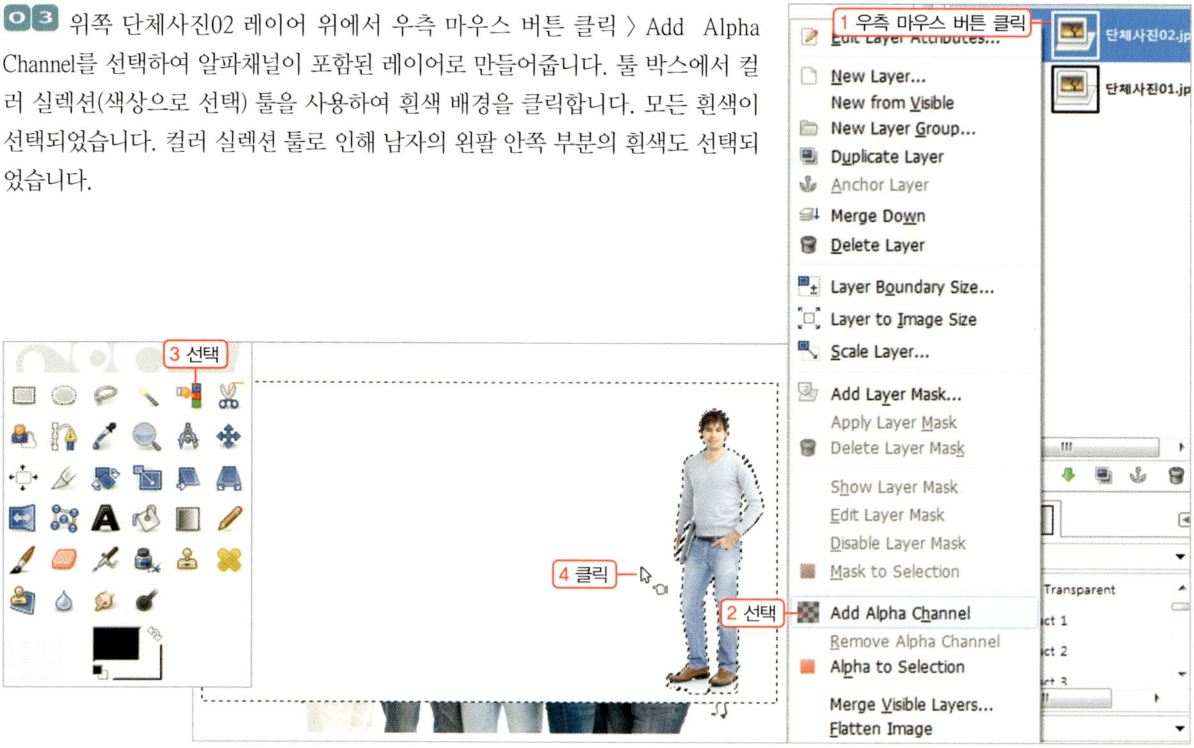

04 앞서 선택한 영역을 지우기 위해 Delete 키를 누릅니다. 선택된 모든 흰색이 삭제되어 투명하게 되었습니다. 그다음 툴 박스에서 스케일 툴을 사용하여 그림처럼 아래쪽 레이어의 사람들의 크기와 같게 조절합니다. 조절할 때 Ctrl 키를 누르고 있으면 같은 비율로 조절됩니다.

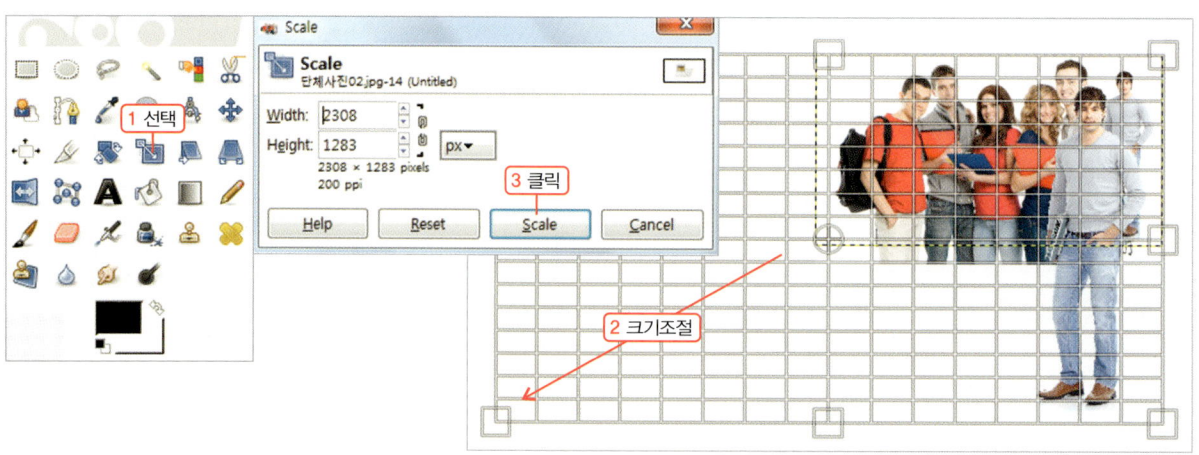

05 무브(이동) 툴을 사용하여 위쪽 레이어의 남자를 아래쪽 레이어의 여러 사람들과 같은 위치에서 촬영된 것처럼 이동해 줍니다. Alt 키를 누른 상태로 위쪽 레이어의 아이콘 부분을 클릭하여 남자(불투명한 영역) 이미지만 선택합니다. Ctrl + C 키를 눌러 선택한 영역을 복사합니다.

06 위쪽 레이어의 눈을 가려 보이지 않게 해 주고 아래쪽 레이어를 선택합니다. 툴 박스에서 프리 실렉션(자유 선택) 툴을 선택하고 툴 옵션에서 모드를 Add to the current selection을 선택한 후 그림처럼 앞서 복사된 사람이 적용될 위치를 선택영역으로 만들어줍니다. 이때 머리카락 부분도 세심하게 선택해 줍니다.

> **TIP**
> 사실 선택에 대한 툴의 사용은 정도가 없습니다. 상황에 따라 그리고 작업자의 취향에 따라 달라질 수 있으니까 말이죠. 위와 같은 작업일 경우 필자는 프리 실렉션 툴을 사용하여 선택했지만 패스 툴을 사용하는 것이 보다 정교한 작업을 할 수 있으며 또한 배경이 모두 흰색이기 때문에 컬러 실렉션 툴을 사용하는 것도 방법이 될 것입니다.

07 이제 Edit 〉 Paste Into를 선택하여 앞서 선택한 영역 안에 복사된 남자가 붙여 넣기 되도록 해 줍니다. 위치가 바르지 않기 때문에 무브 툴을 사용하여 두 여자 사이에 배치합니다.

08 현재는 아직 떠있는 레이어 상태이기 때문에 Anchor the floating layer 버튼을 클릭하여 맨 아래쪽 레이어와 합쳐(합성)줍니다. Ctrl + Shift + A 키를 눌러 선택영역을 해제해 보면 원래는 없었던 남자가 다른 사람들과 함께 사진에 찍힌 장면이 완벽하게 표현되었습니다.

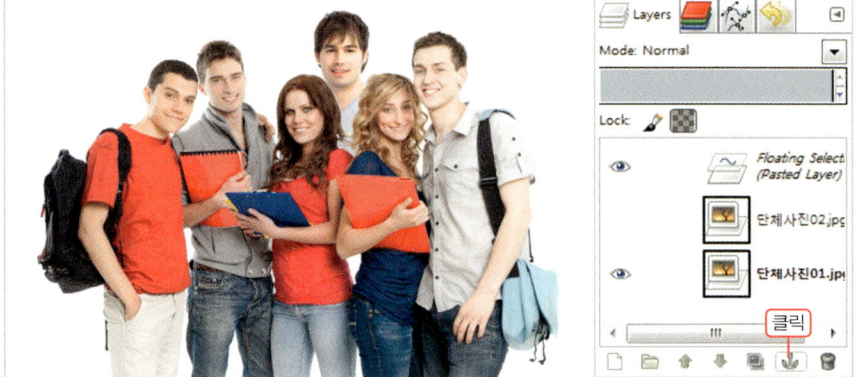

Paste Into를 이용하여 멀티 화면을 표현한 모습

30 폴라로이드 사진 만들기

한때 유행이 되기까지도 했던 즉석사진, 즉 폴라로이드 사진은 요즘은 디지털 카메라로 인해 거의 사라졌지만 그래도 이미지 편집 디자인 기법으로는 자주 사용됩니다. Add Bevel 효과로 입체적인 사진 틀을 표현해 봅니다.

01 새로운 이미지에서 작업을 시작해 봅니다. File 〉 New(Ctrl + N)를 선택하여 흰색 도화지와 같은 새로운 이미지를 만들어줍니다. 크기는 600x800, 해상도는 300dip, 배경은 흰색으로 설정합니다.

폴라로이드 사진

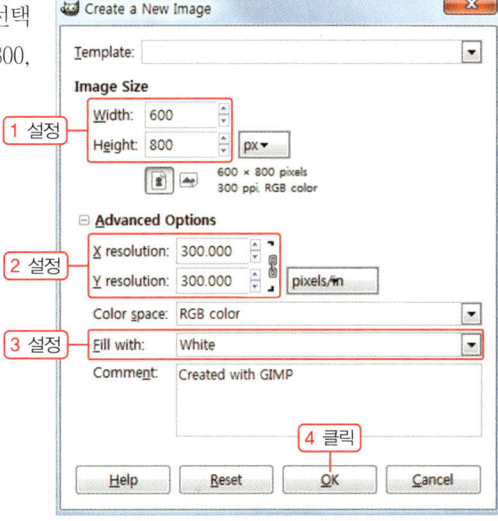

02 Create a new layer 버튼을 클릭하여 폴라로이드란 이름의 투명한 레이어를 하나 만들어줍니다.

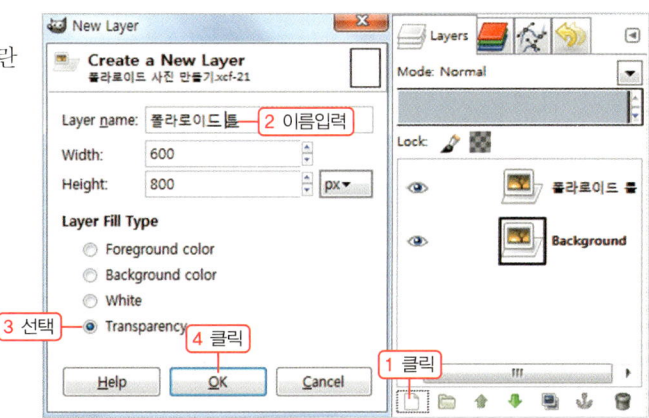

03 위쪽 레이어에 폴라로이드 틀을 만들기 위해 렉탱글 실렉션(사각형 선택) 툴을 선택한 후 먼저 외곽의 큰 틀을 선택영역으로 만들어줍니다. 그다음 Ctrl 키를 누른 상태에서 그림처럼 안쪽 영역에 작은 선택영역을 만들어줍니다. Ctrl 키는 선택 모드의 Subtract(빼기)와 같은 역할을 하기 때문에 큰 사각형 영역을 지금의 작은 사각형 영역이 빼는 것입니다. 이것으로 폴라로이드 모양이 선택영역을 만들어졌습니다.

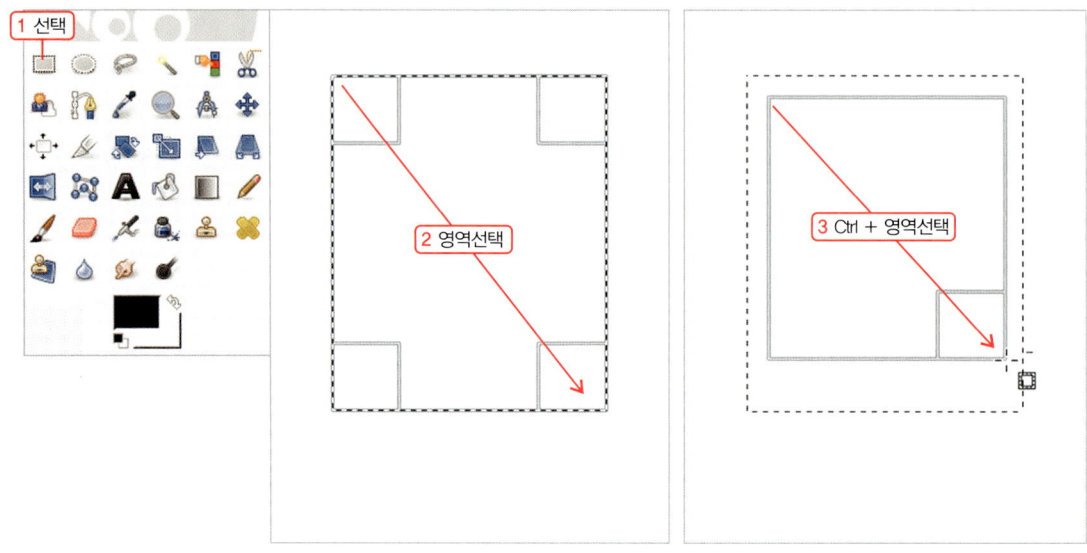

04 전경 색을 밝은 회색으로 설정하고 Ctrl + ,(쉼표) 클릭하여 전경 색을 선택영역에 적용합니다. 폴라로이드의 전체 색상이 엷은 회색으로 바뀌었습니다. 참고로 Ctrl + .(마침표)를 사용하면 배경 색이 적용됩니다.

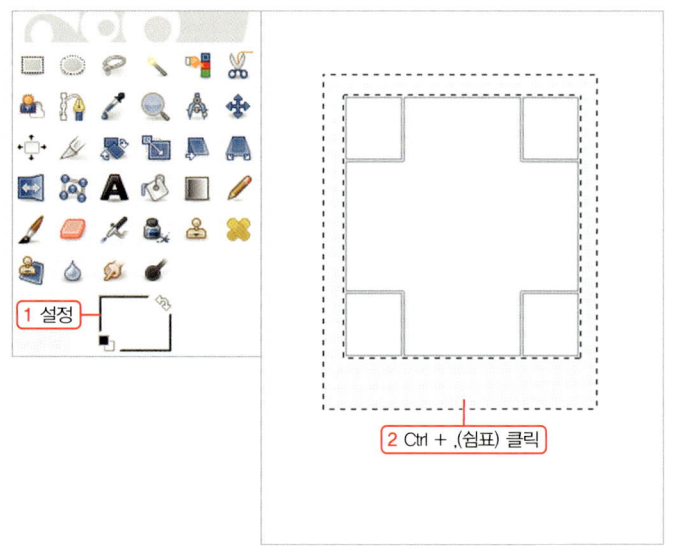

05 다시 렉탱글 실렉션 툴을 선택한 후 Ctrl 키를 누른 상태에서 그림처럼 폴라로이드 하단부를 선택영역에서 제외시킵니다. 위쪽 선택영역에 대한 색상을 바꾸기 위해서입니다.

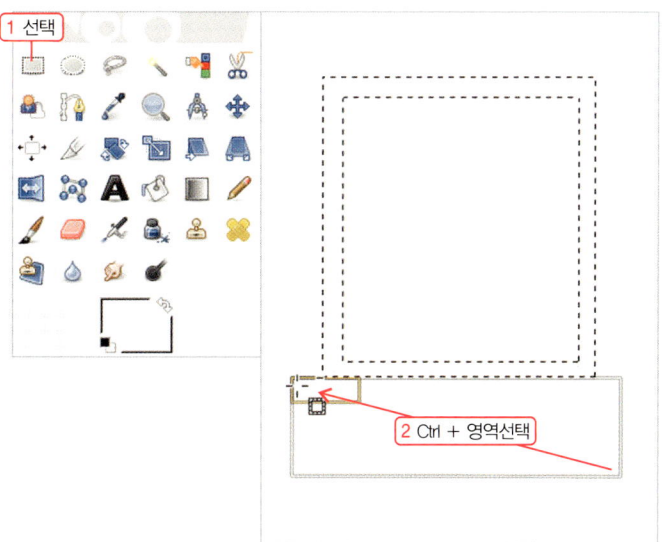

06 전경 색을 전보다 약간 어두운 회색으로 설정하여 Ctrl + ,(쉼표) 클릭하여 전경 색을 선택영역에 적용합니다. 폴라로이드의 위쪽 부분이 아래보다 약간 진한 회색으로 바뀌었습니다. 이제 Ctrl + Shift + A 키를 눌러 선택영역을 해제합니다.

07 이제 이 폴라로이드 틀을 입체적, 즉 약간의 두께가 있어 보이도록 하기 위해 Filters 〉 Decor 〉 Add Bevel을 선택합니다. 설정 창에서 Thickness 값을 3 정도로 설정한 후 OK 버튼을 클릭합니다. 폴라로이드 틀에 두께가 생겨 입체감이 드는 것을 알

수 있습니다. 이 효과는 새로운 이미지 윈도우에 적용되므로 이제부터는 새로 생긴 이미지 윈도우에서 작업을 합니다.

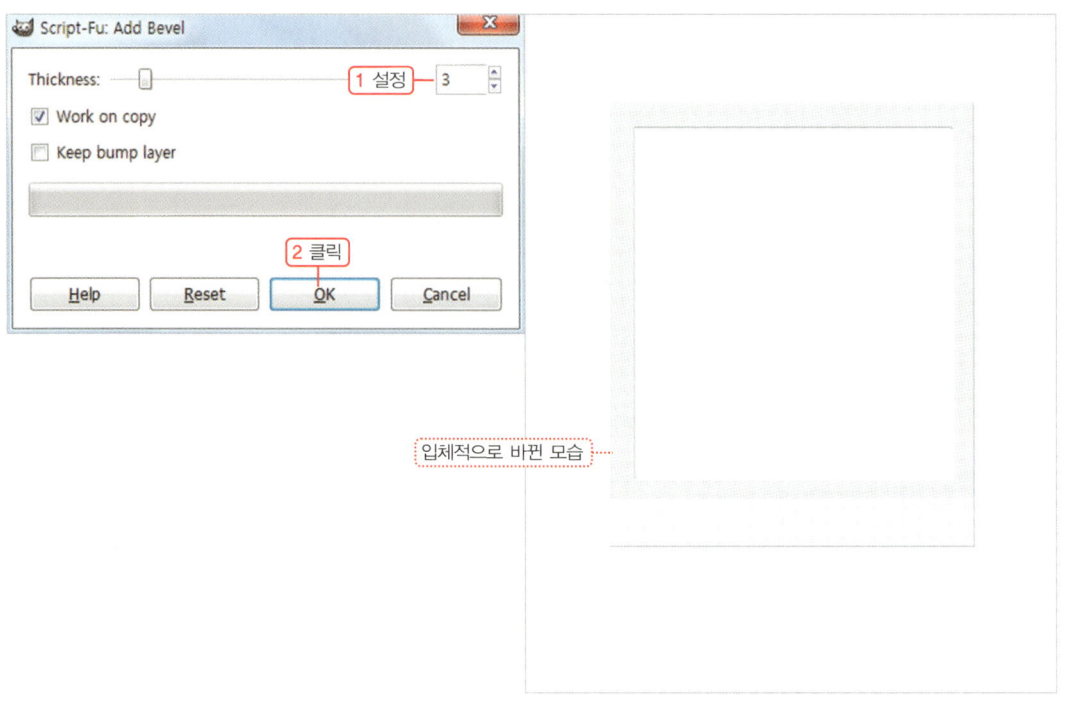

08 이제 이 폴라로이드 틀 안에 사진을 집어넣기 위해 File 〉 Open as Layers를 선택합니다. 이미지 폴더에서 자동차03.jpg 파일을 불러옵니다. 자동차03 레이어를 두 번째 자리로 이동하고 스케일 툴을 사용하여 그림처럼 폴라로이드 틀 안쪽에 들어올 정도로 줄여줍니다. 이때 크기조절 안쪽의 원을 이동하여 이미지의 위치를 이동할 수 있습니다.

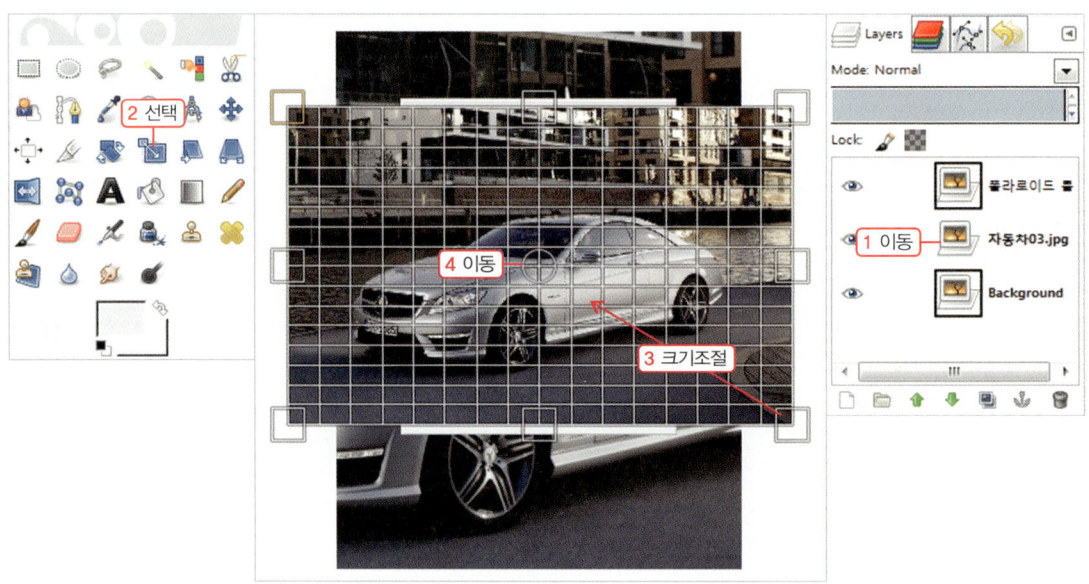

09 렉탱글 실렉션(사각형 선택) 툴을 사용하여 자동차03 레이어의 모습이 폴라로이드 틀 안쪽에만 나타나도록 하기 위해 선택영역으로 만들어줍니다. 이때 선택영역이 폴라로이드 틀 안쪽보다 약간 크게 해 줍니다. 그다음 Ctrl + I 키를 눌러 선택 영역을 반전합니다.

10 Delete 키를 눌러 반전된 선택영역을 삭제합니다. 이제 폴라로이드 틀 안쪽에만 자동차 이미지의 모습이 나타납니다. Ctrl + Shift + A 키를 눌러 선택영역을 해제합니다. 레이어 패널에서 Create a new layer group 버튼을 선택하여 폴더를 생성하고 앞서 작업했던 폴라로이드와 자동차03 레이어를 같은 순서대로 폴더 안에 집어넣습니다. 이것으로 하나의 폴더 안에 들어온 레이어들을 그룹(폴더)으로 관리할 수 있게 되었습니다.

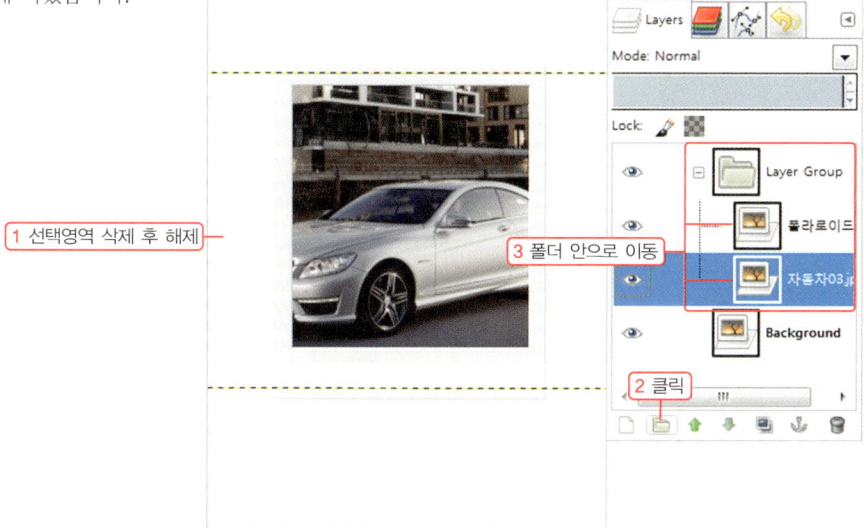

11 그룹 폴더의 빼기(-) 아이콘을 클릭하여 폴더를 닫고 Create a duplicate 버튼을 클릭하여 폴더 채로 복제해 줍니다. 복제된 위쪽 폴더는 안에 포함된 레이어가 보이도록 더하기(+) 아이콘을 클릭하여 열어줍니다.

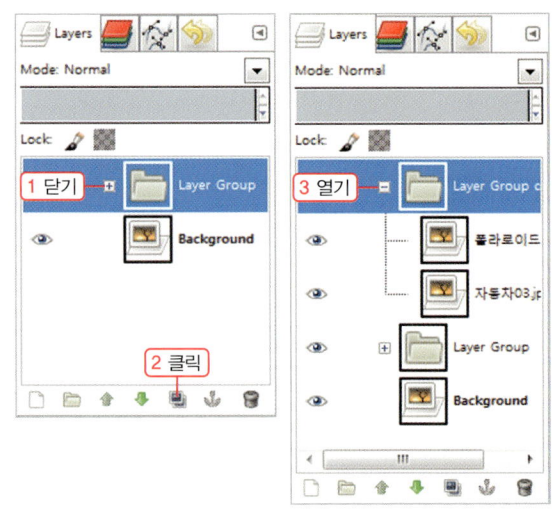

12 이번엔 다른 사진을 복제된 그룹 폴더의 폴라로이드 틀 안에 집어넣기 위해 File 〉 Open as Layers를 선택하여 주사위.jpg 파일을 불러옵니다. 주사위 레이어의 위치는 폴라로이드 틀 레이어 바로 밑으로 이동합니다. 현재 이미지가 너무 크기 때문에 스케일(크기) 툴을 사용하여 그림처럼 폴라로이드 틀 안쪽에서 보일 정도의 크기로 줄여줍니다.

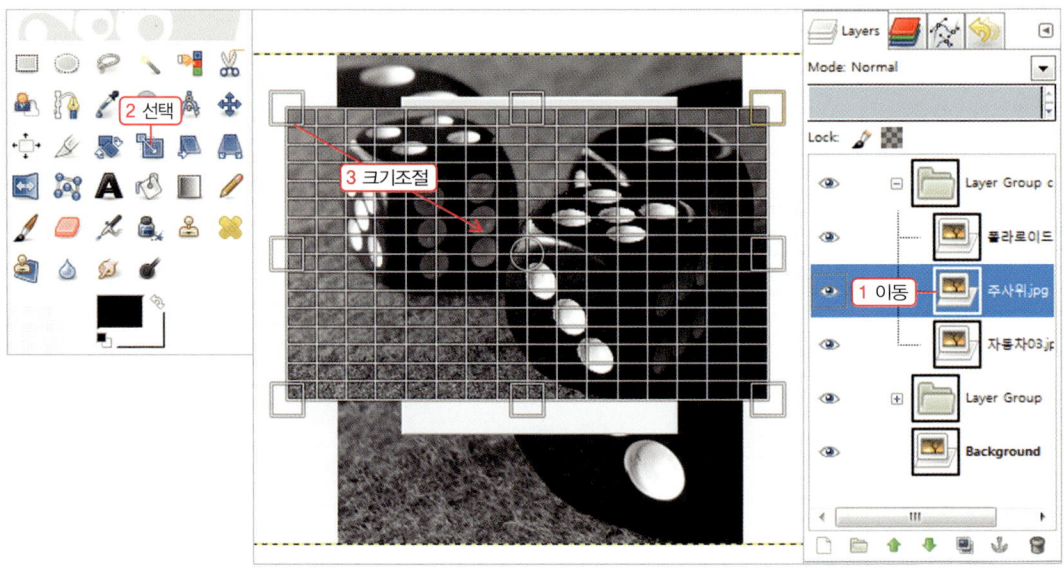

13 앞선 작업에서처럼 렉탱글 실렉션 툴을 사용하여 자동차03 레이어의 모습이 폴라로이드 틀 안쪽에만 나타나도록 하기 위해 선택영역으로 만들어줍니다. 이때 선택영역이 폴라로이드 틀 안쪽보다 약간 크게 해 줍니다. 그다음 Ctrl + I 키를 눌러 선택영역을 반전합니다. Delete 키를 눌러 반전된 선택영역을 삭제합니다.

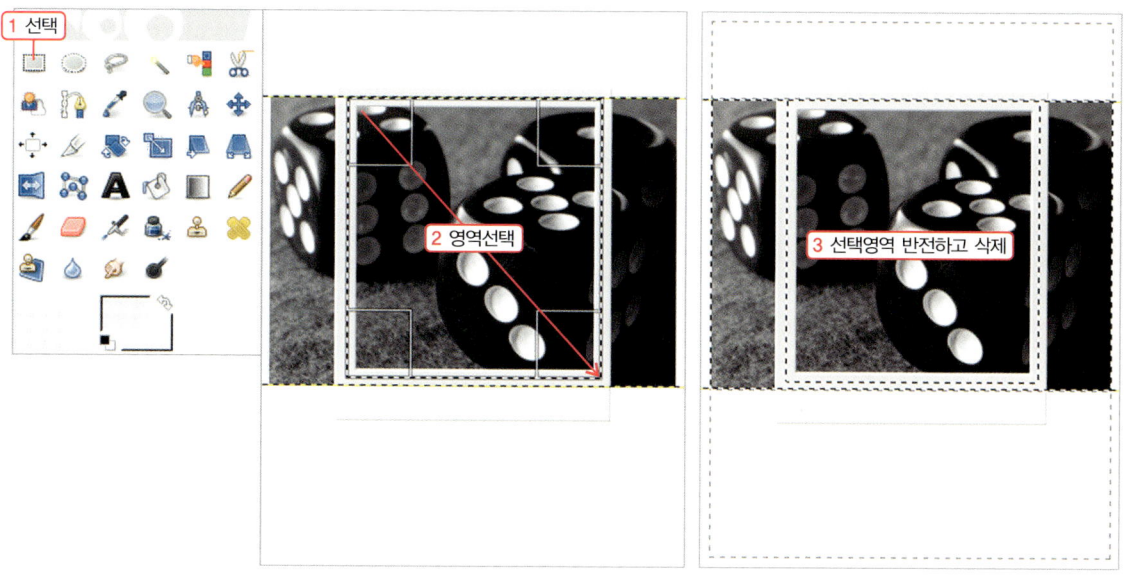

14 Ctrl + Shift + A 키를 눌러 선택영역을 해제하고 위쪽 그룹 폴더를 선택합니다. 툴 박스에서 로테이트(회전) 툴을 사용하여 그림처럼 약간 회전시켜주고 Rotate 버튼을 눌러 폴더(레이어)를 회전합니다. 폴더 내에 있는 모든 이미지들도 같이 회전됩니다.

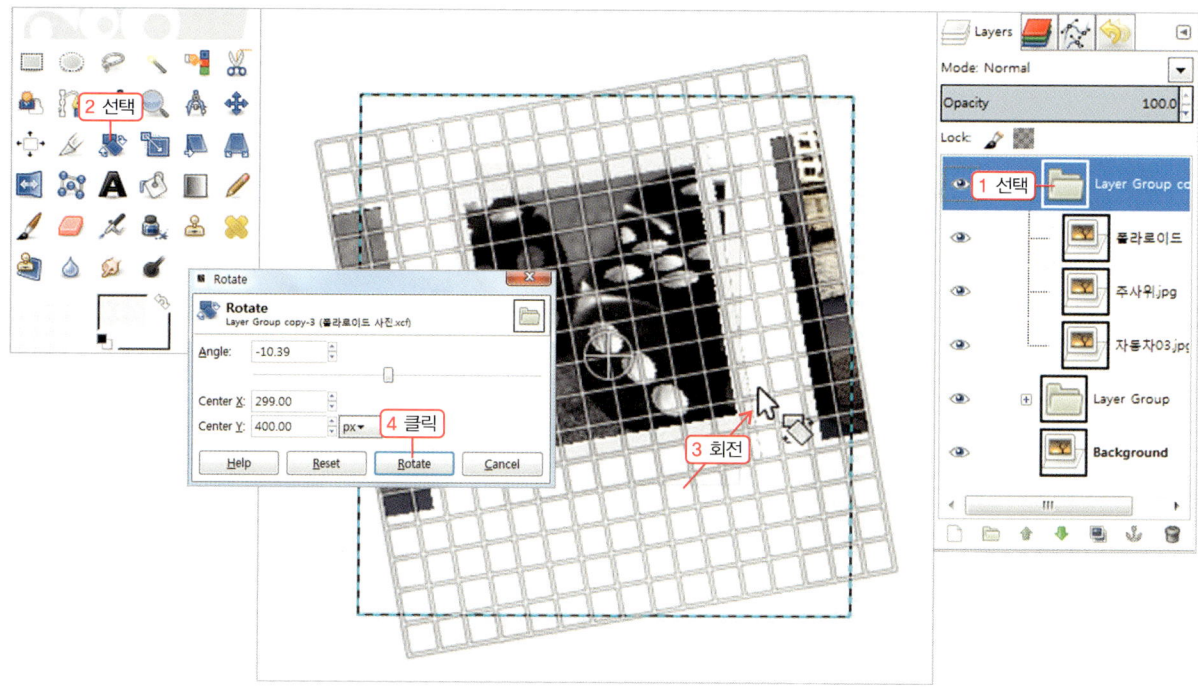

15 회전 후의 모습을 보니 주사위 이미지의 모습이 양쪽으로 나타나는 것을 볼 수 있습니다. 이것은 이전 작업에서 폴라로이드 틀 안쪽의 모습만 나타나게 하기 위해 바깥쪽 이미지를 잘랐을 때 주사위 이미지의 크기가 너무 커서 현재 이미지 윈도우(캔버스) 바깥에 있었기 때문에 잘려지지 않았던 이미지입니다. 렉탱글 실렉션(사각형 선택) 툴을 선택하고 Shift 키를 누른 상태에서 그림처럼 양쪽의 이미지를 선택영역으로 지정합니다. 이때 주사위 레이어가 선택되어있어야 합니다.

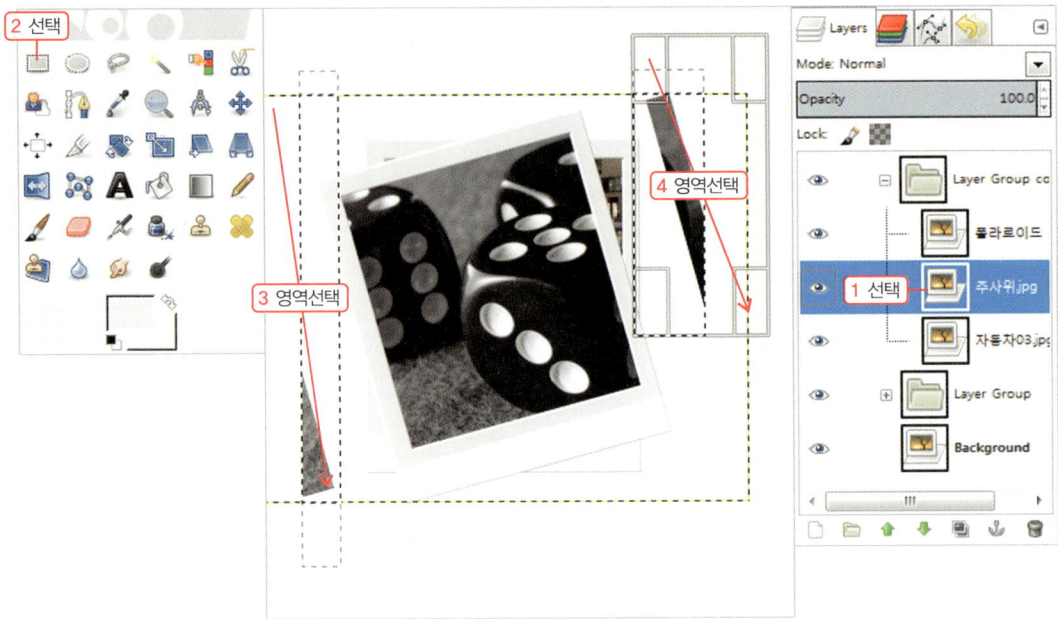

16 Delete 키를 눌러 앞서 선택한 영역을 삭제합니다. 이제 주사위 이미지가 깔끔하게 처리됐습니다. Ctrl + Shift + A 키를 눌러 선택영역을 해제합니다. 아래쪽 자동차 레이어는 필요 없으니 Delete this layer 버튼을 눌러 삭제합니다. 이와 같은 작업으로 하나의 폴라로이드 사진을 더 만들어봅니다.

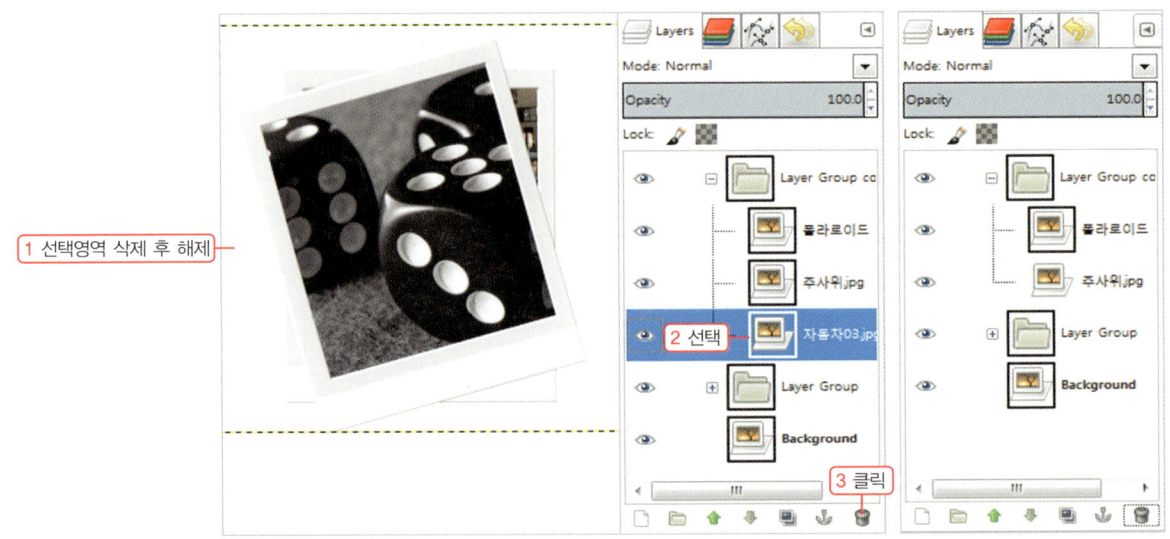

31 인물사진에 엣지 샤픈 효과 활용하기

인물사진에서 피부의 질감이 손상되거나 픽셀 입자가 두드러져 보이는 현상을 막기 위해 주로 사용해온 기법인 엣지 샤픈 기법을 인물의 전체적인 윤곽이나 눈 주위를 선명하게 해 주기 위해 사용해 봅니다.

01 이미지 폴더에서 여자08.jpg 파일을 불러옵니다. 보기에도 그냥 평범한 느낌의 사진이라는 것을 알 수 있습니다. 이 사진 속 여인의 눈 주위와 전체 윤곽을 엣지 샤픈을 이용하여 보다 강렬하게 해 준다면 지금과는 전혀 다른 느낌의 이미지가 될 것입니다. Create a duplicate 버튼을 클릭하여 여자08 레이어를 하나 복제해 줍니다. 이제부터는 복제된 위쪽 레이어를 가지고 작업을 할 것입니다.

02 이미지를 흑백으로 만들어주기 위해 Colors 〉 Desaturate를 선택합니다. 설정 창에서 Lightness로 선택하고 적용합니다. 이미지를 컬러로 사용하면 엣지의 경계를 정확하게 빼줄 수 없기 때문에 이미지를 흑백으로 만들어주는 과정이 절대적으로 필요합니다.

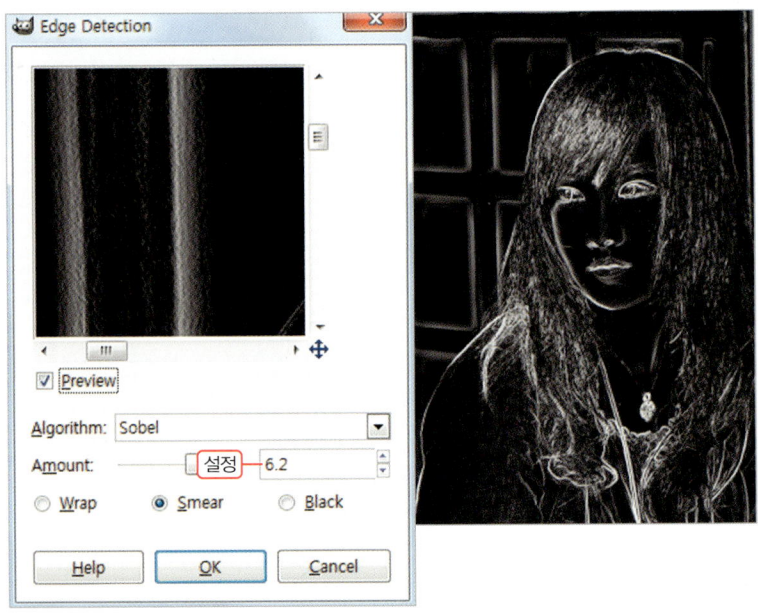

03 Filters 〉 Edge-Detect 〉 Edge를 선택합니다. 설정 창에서 Amount 값을 6.2 정도로 설정하고 적용합니다. 이미지의 경계가 흰색의 선으로 표현되고 나머지는 검은색으로 표현됩니다.

04 엣지 효과를 반전시키기 위해 Colors 〉 Invert를 선택합니다. 앞서 흰색이었던 선이 검은색으로 바뀌었고 검은색 바탕은 흰색으로 바뀌었습니다. 이미지 경계를 뚜렷하게 하기 위해서는 엣지의 선을 검은색으로 하는 것이 필요합니다.

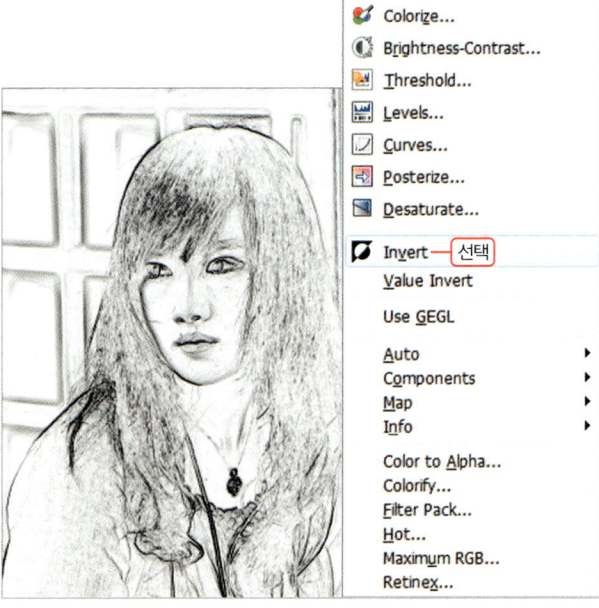

05 배경과 선을 완전하게 분리(대비)하기 위해 Colors 〉 Levels를 선택합니다. Input Levels에서 흰색(삼각형) 조절 슬라이더를 좌측으로 이동하여 밝은 영역을 완전한 흰색으로 해 주고 검은색 조절 슬라이더를 우측으로 이동하여 엣지를 더욱 살려줍니다.

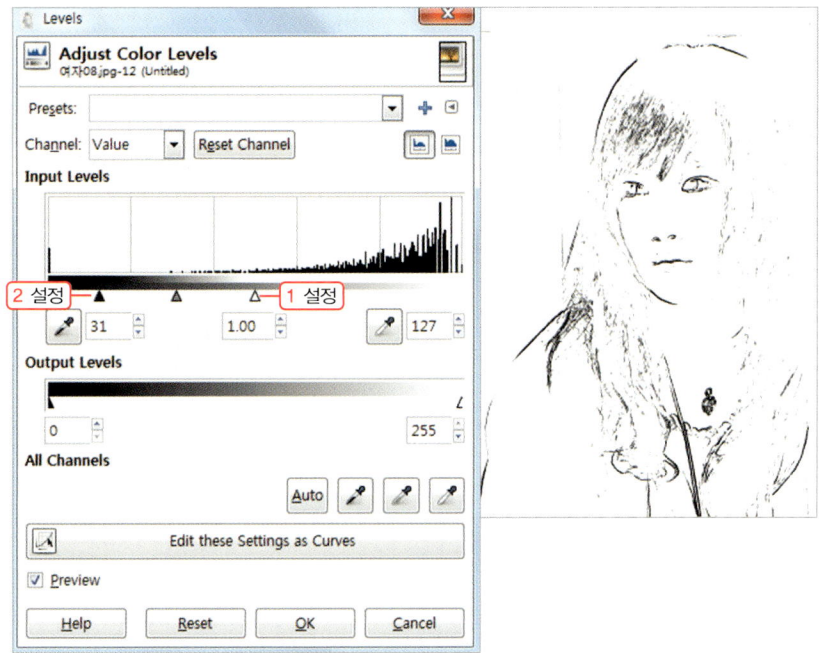

06 이 레이어에 알파채널을 포함시켜주기 위해 레이어 위에서 우측 마우스 버튼 클릭 > Add Alpha Channel을 선택합니다. 흰색 배경을 빼주기 위해 알파채널이 필요합니다.

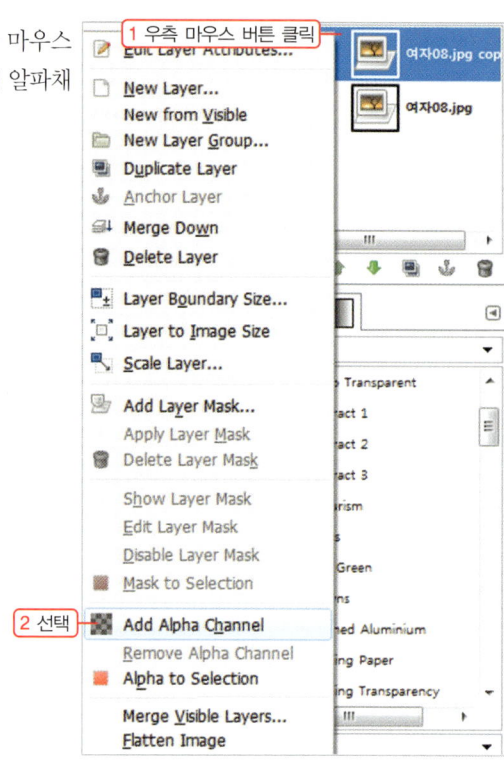

07 컬러 실렉션(색상으로 선택) 툴을 사용하여 흰색 부분을 선택영역으로 만들어줍니다. 그다음 Delete 키를 눌러 삭제합니다. 이제 엣지만 남고 나머지 부분은 투명한 상태가 되었습니다.

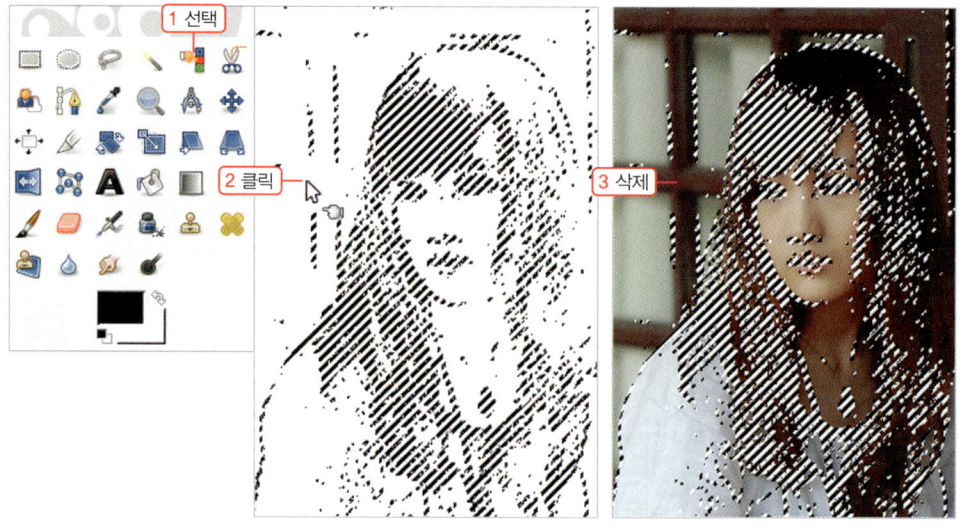

08 마지막으로 복제된 위쪽 레이어의 블렌딩 모드를 Darken only로 선택하고 Opacity(불투명도)를 50 정도로 낮춰줍니다. 여자의 전체 윤곽과 눈 주위가 엣지 효과에 의해 눈에 띄게 뚜렷해진 것을 알 수 있습니다. 불필요한 부분에 엣지 효과가 나타난다면 이레이져(지우개) 툴을 사용하여 지워줍니다.

작업 전의 모습   작업 후의 모습

32 레이어 블렌딩 모드를 이용한 그런지 스타일 만들기

그런지는 낡고 지저분한 느낌을 뜻합니다. 김프의 레이어 합성 모드를 이용하면 다른 평범한 이미지와 그런지 스타일 이미지를 독특한 느낌으로 합성할 수 있습니다. 아래 그림은 레이어 블렌딩 모드를 통해 합성되는 과정을 보여줍니다.

01 이미지 폴더에서 먼저 아기02.jpg 파일을 불러옵니다. 그다음 File 〉 Open as Layers를 선택하여 텍스처02.jpg 파일을 불러와 위치를 아기02 레이어 아래쪽으로 이동합니다.

02 여기서 먼저 위쪽 아기02 레이어의 블렌딩 모드를 Saturation으로 설정해 봅니다. 위쪽 아기02 레이어의 컬러(유채색) 부분은 아래쪽 텍스처 레이와 합성되어 표현되고 검은색과 흰색의 무채색 부분은 그레이스케일(흑백)로 합성되는 것을 알 수 있습니다. 이제 실제 작업을 위해 Ctrl + Z 키를 눌러 작업을 실행 취소합니다.

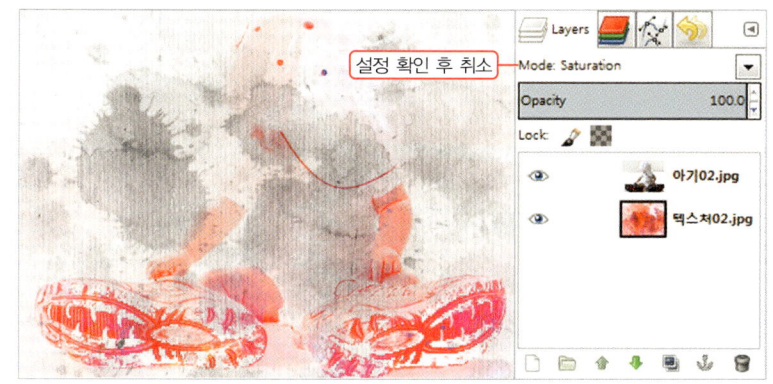

03 명도 극 대비 효과를 사용하기 위해 Colors 〉 Levels을 선택합니다. 설정 창에서 Input Levels의 우측 흰색(삼각형) 조절 슬라이더를 좌측으로 이동하여 아기02 이미지 배경이 완전한 흰색이 될 정도로만 설정합니다.

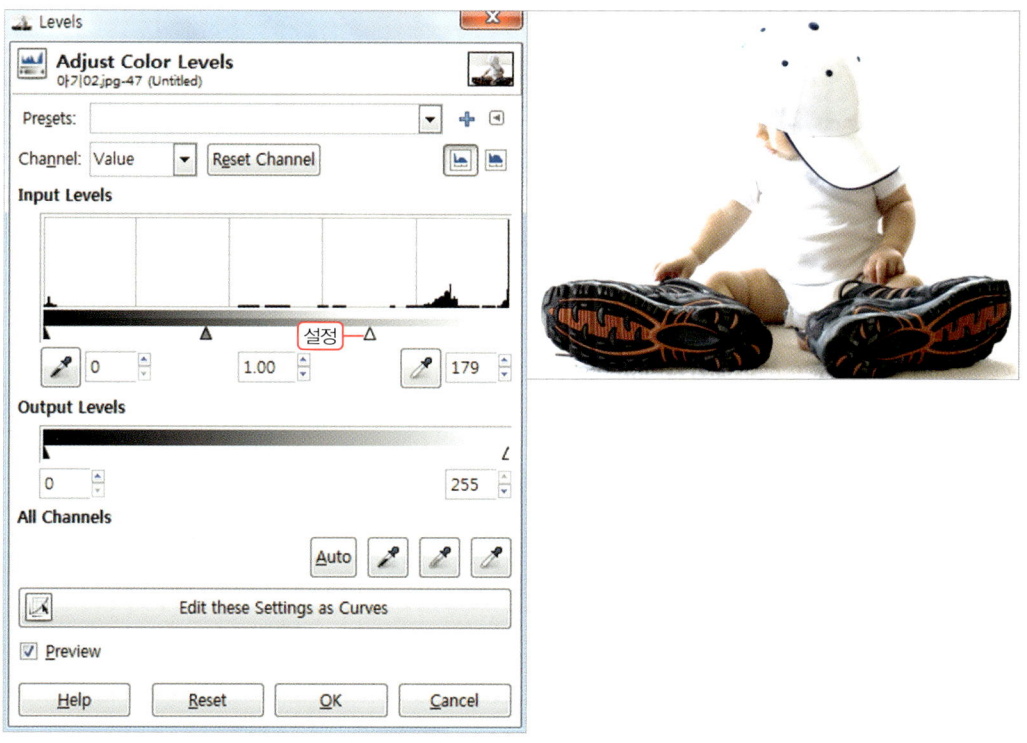

04 판화로 찍어낸 듯한 이미지 효과를 표현해 주기 위해 Colors 〉 Threshold를 선택합니다. 설정 창에서 우측 흰색(삼각형) 조절 슬라이더를 이동하여 254로 설정합니다. 흰색 배경이 검정색으로 전환됩니다.

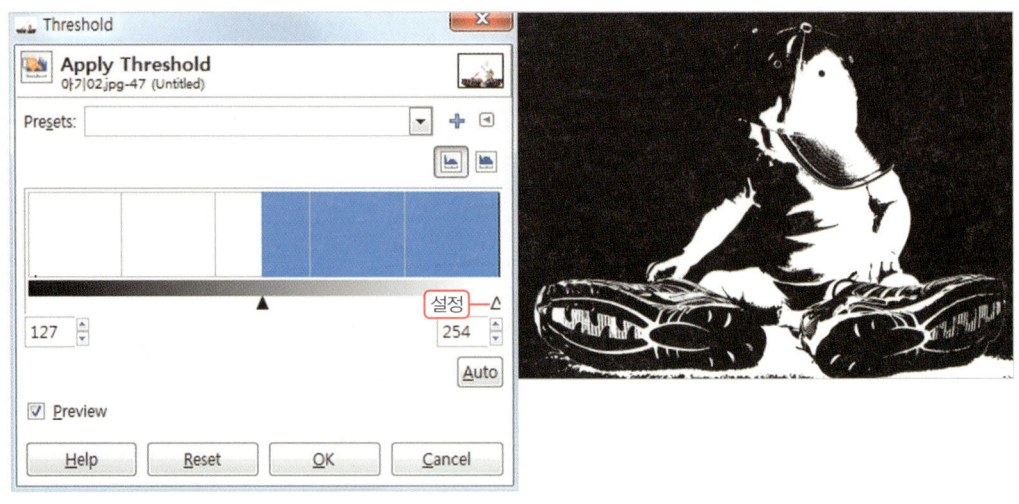

05 툴 박스에서 컬러 실렉션(색상으로 선택) 툴을 사용하여 이미지의 흰색 부분을 클릭하여 흰색만 선택되도록 해 줍니다.

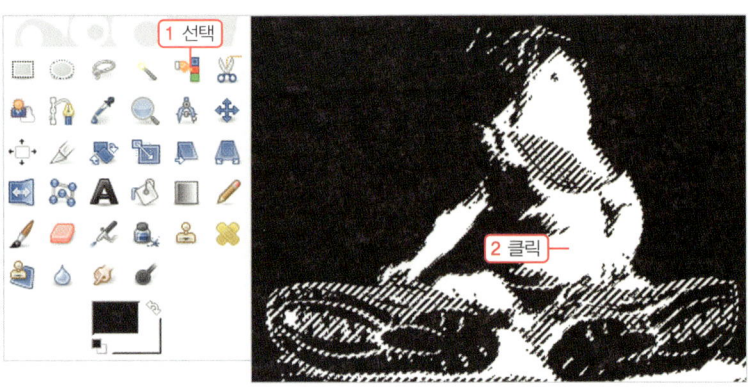

06 블렌드(그래디언트) 툴을 선택한 후 전경색을 노란색으로 설정합니다. 그다음 이미지 윈도우의 좌측부터 우측으로 연결되는 그래디언트를 적용합니다.

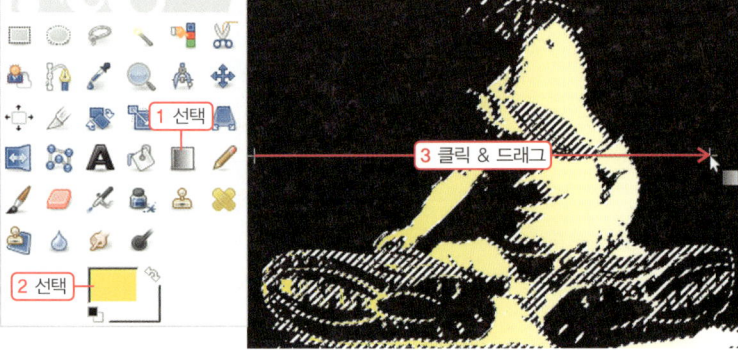

07 마지막으로 위쪽 아기02 레이어의 블렌딩 모드를 Saturation으로 설정해 줍니다. 앞서 블렌딩 툴에 의해 그래디언트 색상이 적용된 부분만 아래쪽 텍스처 레이어와 컬러로 합성되고 나머지는 그레이스케일로 표현되는 것을 알 수 있습니다.

33 강렬한 느낌의 흑백사진 표현하기

디지털 이미지에서 강렬한 느낌의 흑백사진을 만들기 위해서는 레벨이나 커브 등을 사용하지만 Retinex(리티넥스)를 사용하면 보다 간편하게 강렬한 느낌의 흑백사진을 만들 수 있습니다.

01 이미지 폴더에서 아이03.jpg 파일을 불러옵니다. 먼저 주밍 포커스 블러 효과를 만들어주기 위해 프리 실렉션(자유 선택) 툴을 선택하고 툴 옵션에서 Feather edges를 체크한 후 Radius 값을 100으로 설정합니다. 이미지 윈도우에서 아이의 모습대로 선택영역을 만들어줍니다. 이 영역은 주밍 포커스 블러 효과에 영향을 받지 않는 영역이 됩니다. 영역선택 후 Ctrl + I 키를 눌러 선택영역을 반전시킵니다.

02 Filters 〉 Blur 〉 Motion Blur를 선택합니다. 설정 창에서 Blur type을 Zoom으로 선택하고 Blur Parameters의 Length를 15 정도로 설정한 후 적용합니다.

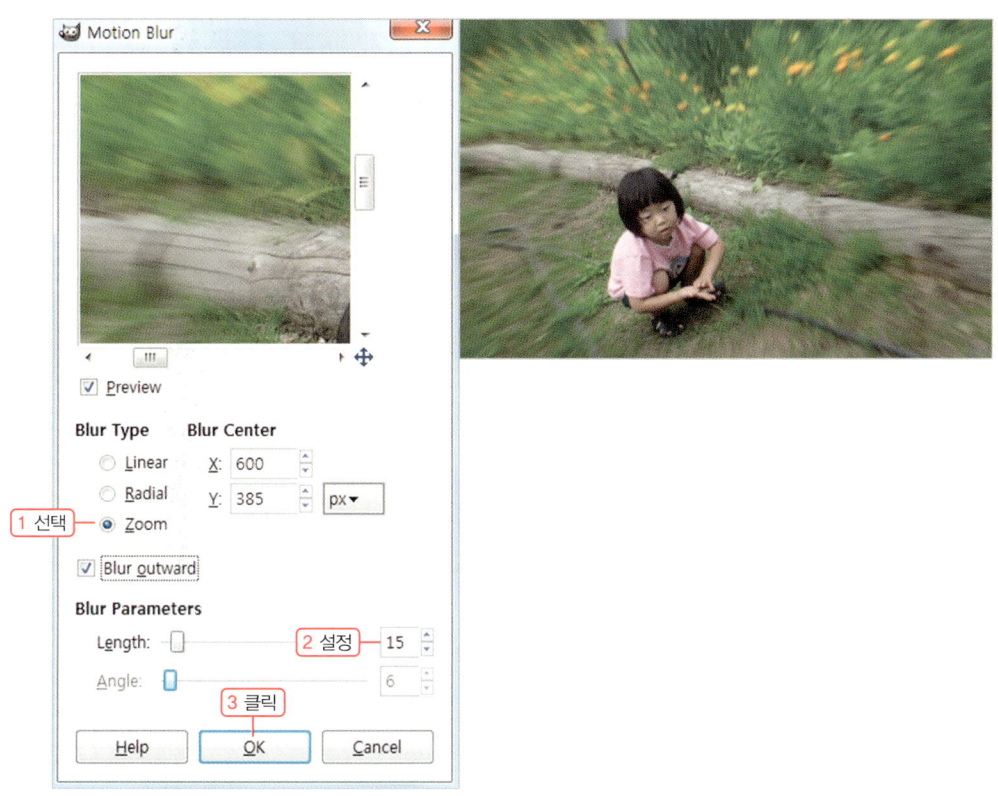

03 이제 컬러 이미지를 흑백(그레이스케일)으로 만들어주기 위해 Colors 〉 Desaturate를 선택합니다. Lightness를 선택하여 적용합니다.

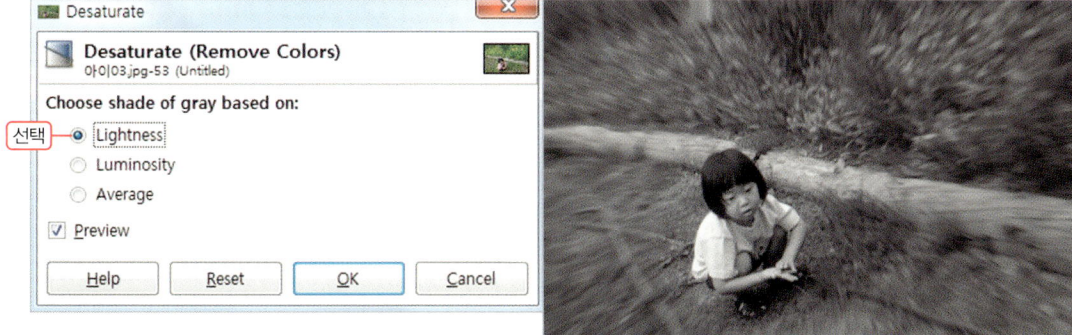

04 강렬한 흑백사진으로 만들어주기 위해 Colors 〉 Retinex를 선택합니다. Level을 High, Scale을 182, Scale division을 4, Dynamic을 1.5로 설정하여 적용합니다.

05 레이어 블렌딩 모드를 Hard light로 설정하여 이미지의 조도와 콘트라스트를 더욱 강렬하게 해 줍니다.

06 마지막으로 Filters 〉 Decor 〉 Fuzzy Border를 선택하고 Border size를 25로 설정한 후 적용합니다.

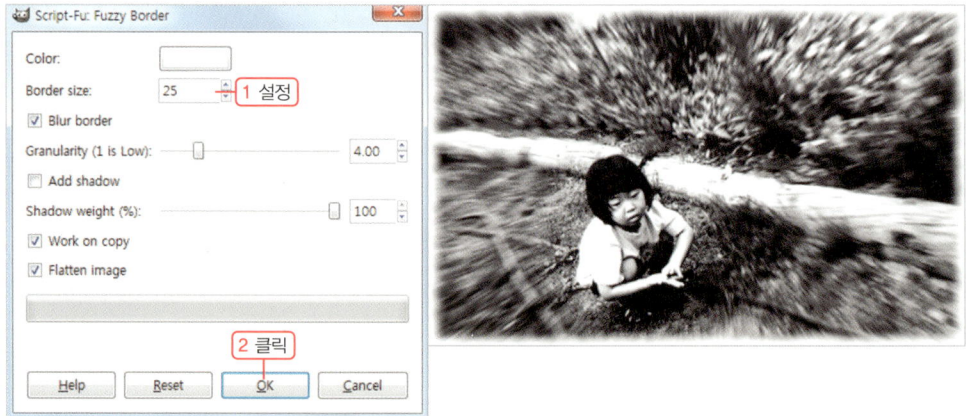

34 블링블링한 글로시 버튼 만들기

글로시 버튼은 입체적이면서도 광택이 있어 일반적인 버튼으로도 사용되지만 주로 홈페이지 버튼으로 사용됩니다. 렉탱글 실렉션(사각형 선택) 툴과 블렌드(그래디언트) 툴 등을 이용하여 만들어줍니다.

01 File 〉 New(Ctrl + N)를 선택하여 새로운 이미지를 생성합니다. 가로와 세로를 640x480으로 설정하고 해상도를 200dpi 정도로 설정합니다. 전경 색을 짙은 회색으로 설정한 후 Ctrl + ,(쉼표) 키를 눌러 이미지 배경에 적용합니다. 좌측 하단에 있는 글러시 버튼 최종 이미지를 참고하면서 만들어보겠습니다.

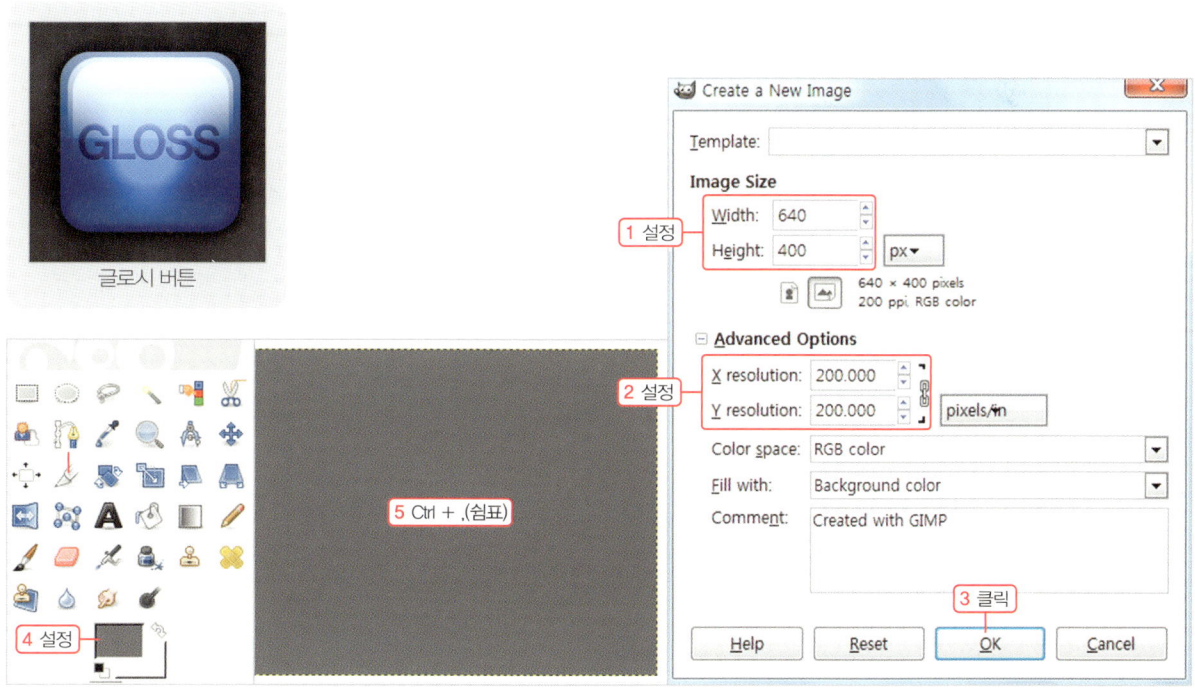

02 Create a new layer 버튼을 클릭하여 투명 레이어를 생성하고 툴 박스에서 렉탱글 실렉션(사각형 선택) 툴을 선택합니다. 툴 옵션에서 Rounded corners를 체크하고 Radius 값을 49 정도로 설정한 후 이미지 윈도우에서 그림처럼 정사각형 선택영역을 만들어줍니다. Shift 키를 누른 상태로 사각형을 만들면 정원이 만들어집니다.

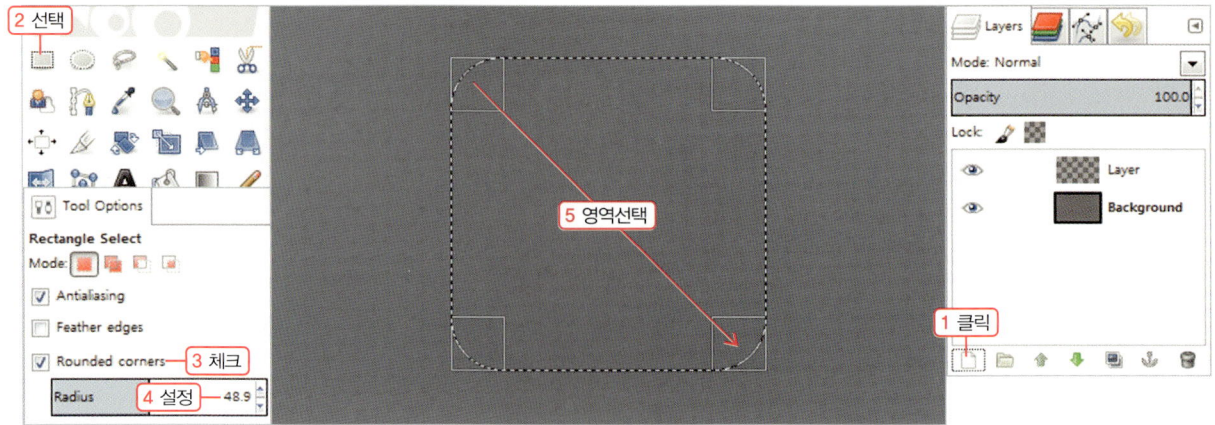

03 툴 박스에서 블렌드 툴을 선택하고 전경과 배경 색상을 그림처럼 파란색 계열로 설정합니다. 툴 옵션에서 그래디언트 타입을 FG to BG (RGB)로 설정하고 Shape를 Radial로 설정한 후 이미지 윈도우에서 그림처럼 그래디언트를 적용합니다.

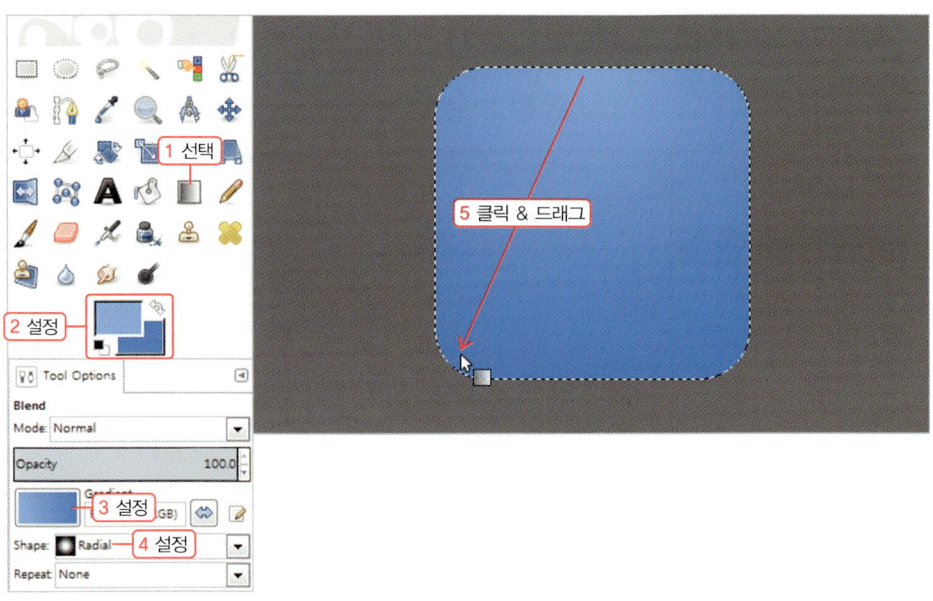

04 Create a new layer 버튼을 클릭하여 투명한 새로운 레이어를 만들어주고 사각형 선택 툴을 사용하여 그림처럼 이전 이미지 위쪽에 선택영역을 만들어줍니다.

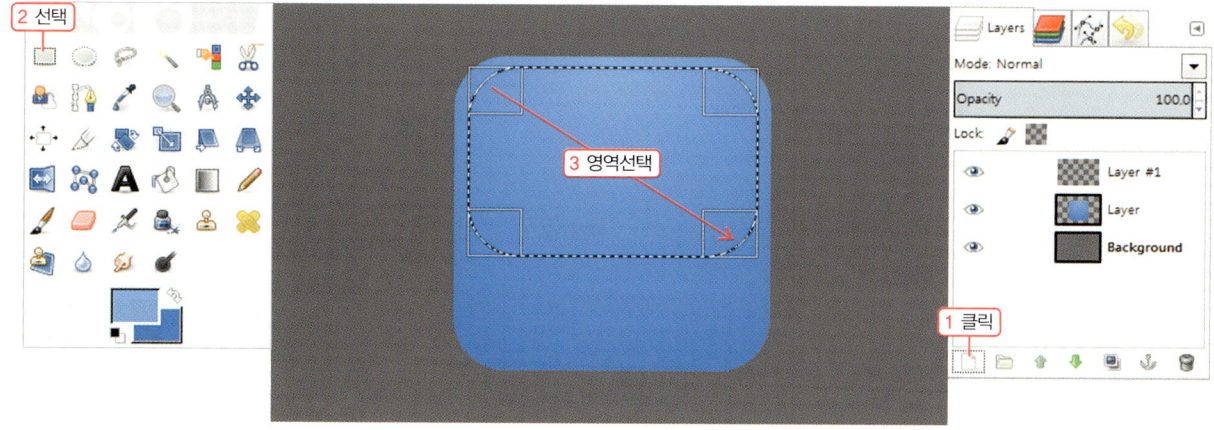

05 툴 박스에서 블렌드 툴을 선택하고 전경과 배경 색상을 흰색과 검은색(의미 없는 색)으로 설정합니다. 툴 옵션에서 그래디언트 타입을 FG to Transparent로 선택하고 Shape를 Linear로 설정한 후 이미지 윈도우에서 그림처럼 위에서 아래로 번지는 그래디언트를 적용합니다.

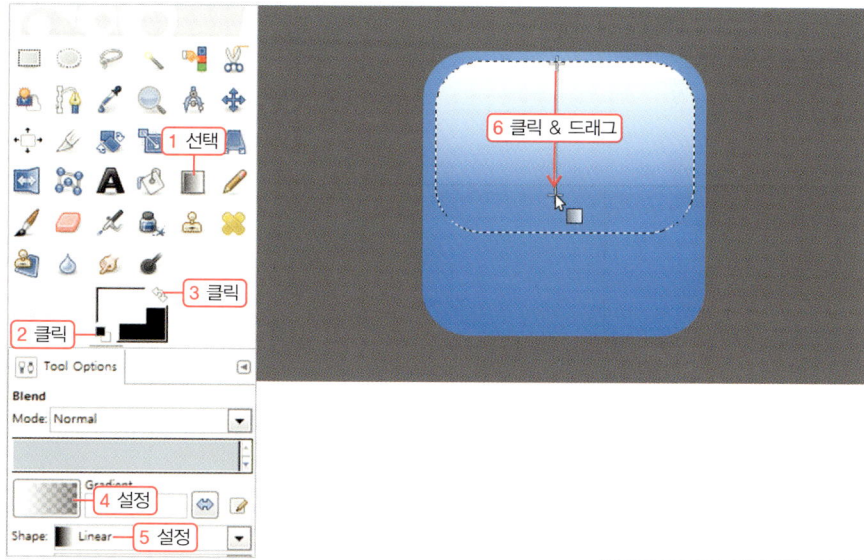

06 레이어 블렌딩 모드를 Addition으로 설정하여 흰색 그래디언트를 더욱 강렬하게 해주고 Opacity(불투명도) 값을 58 정도로 설정하여 반투명하게 해 줍니다.

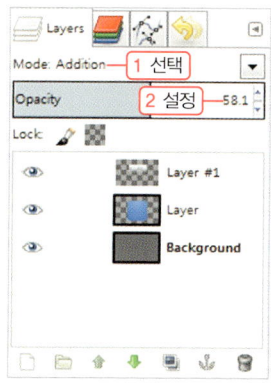

07 새로운 투명한 레이어를 만들어주고 사각형 선택 툴을 사용하여 그림처럼 위쪽에 앞서 작업한 그래디언트 크기보다 약간 작게 선택영역을 만들어줍니다.

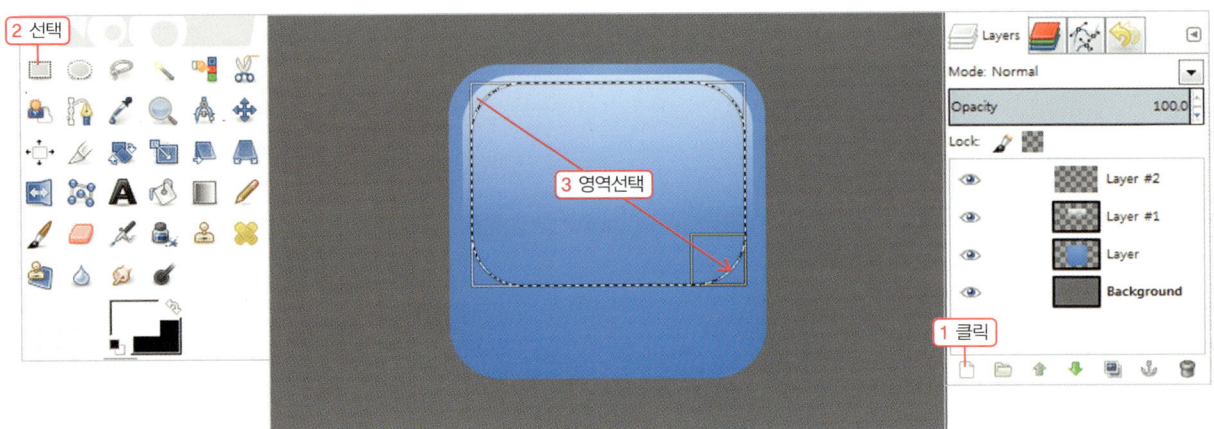

08 블렌드 툴을 사용하여 그림처럼 위에서 아래로 번지는 그래디언트를 적용합니다. 불투명도 값을 50 정도로 설정하여 반투명하게 해 줍니다.

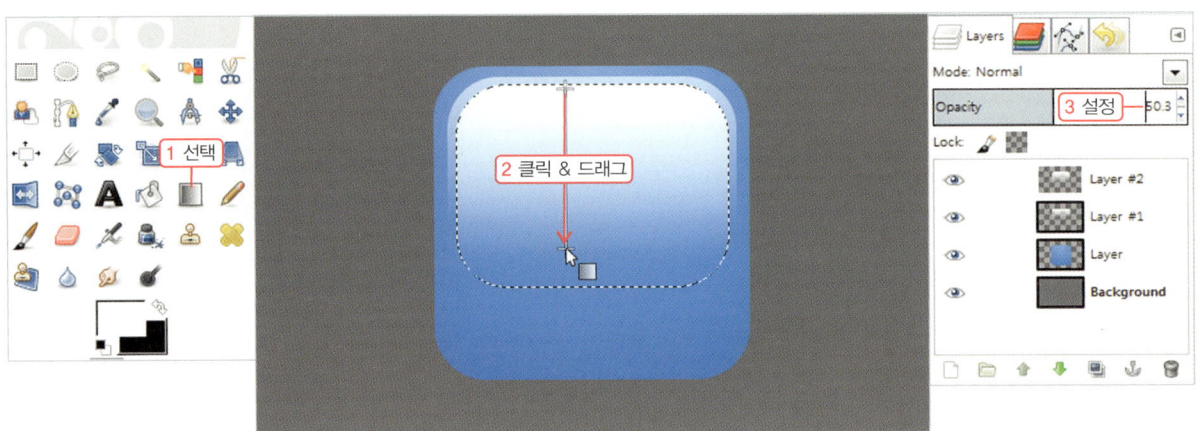

09 맨 위쪽에 새로운 투명 레이어를 만들어주고 Alt 키를 누른 상태에서 네 번째 레이어를 클릭하여 선택영역을 만들어줍니다. 그리고 다시 새로 추가된 맨 위쪽 레이어를 선택한 후 툴 박스에서 사각형 선택 툴을 선택합니다. Ctrl 키를 누른 상태에서 그림처럼 아래쪽 선택영역을 제거합니다.

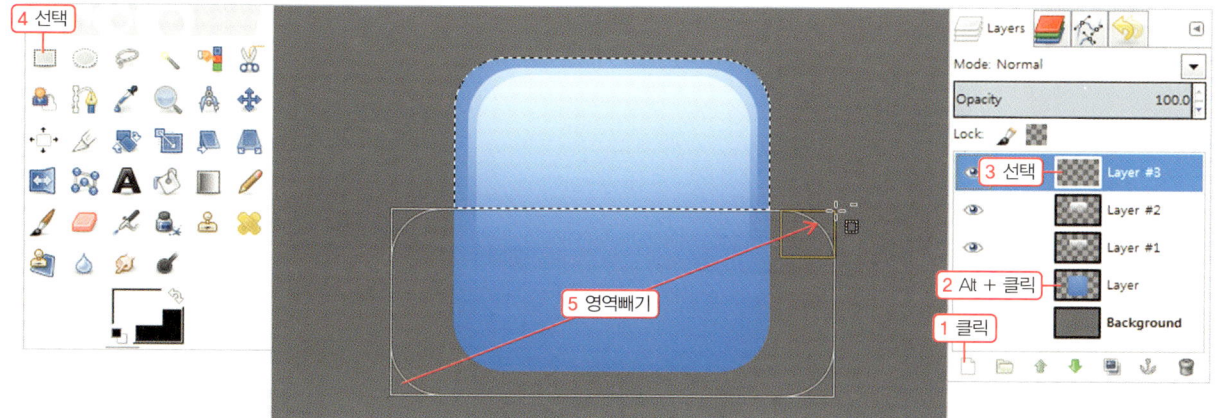

10 툴 박스에서 블렌드 툴을 선택하고 이미지 윈도우에서 그림처럼 위에서 아래로 번지는 그래디언트를 적용합니다. 그다음 레이어 불투명도를 49 정도로 설정합니다.

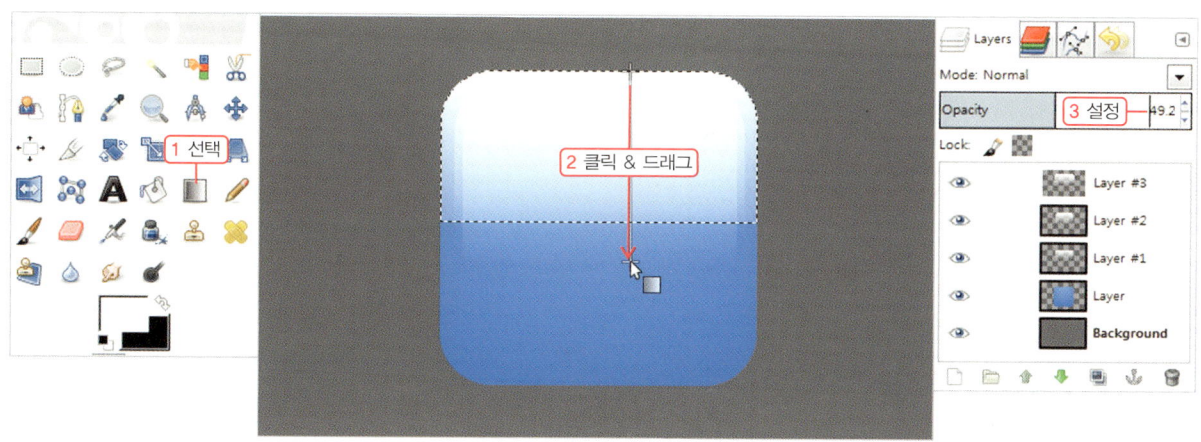

11 맨 아래 Background(배경) 레이어의 눈을 숨기고 Image 〉 Merge Visible Layers를 선택하여 배경 레이어를 제외한 보이는 레이어를 모두 하나로 합쳐줍니다.

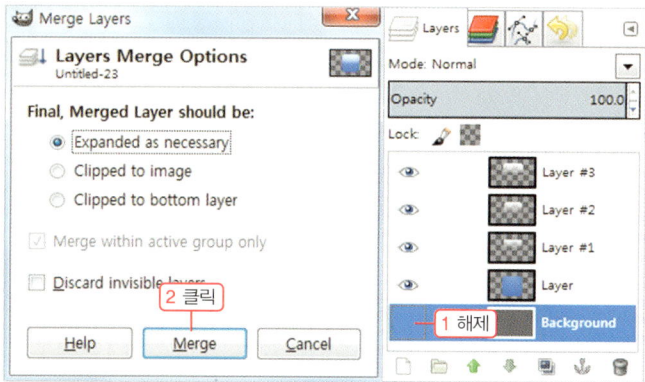

1 2 다시 새로운 투명한 레이어를 만들어주고 렉탱글 실렉션(사각형 선택) 툴을 사용하여 그림처럼 아래쪽에 작은 크기의 선택영역을 만들어줍니다.

1 3 블렌드 툴을 사용하여 그림처럼 아래서 위로 번지는 그래디언트를 적용합니다. 불투명도 값을 50 정도로 설정하여 반투명하게 해 줍니다. 레이어 불투명도를 19 정도로 낮춰 살짝만 비춰지도록 해 줍니다.

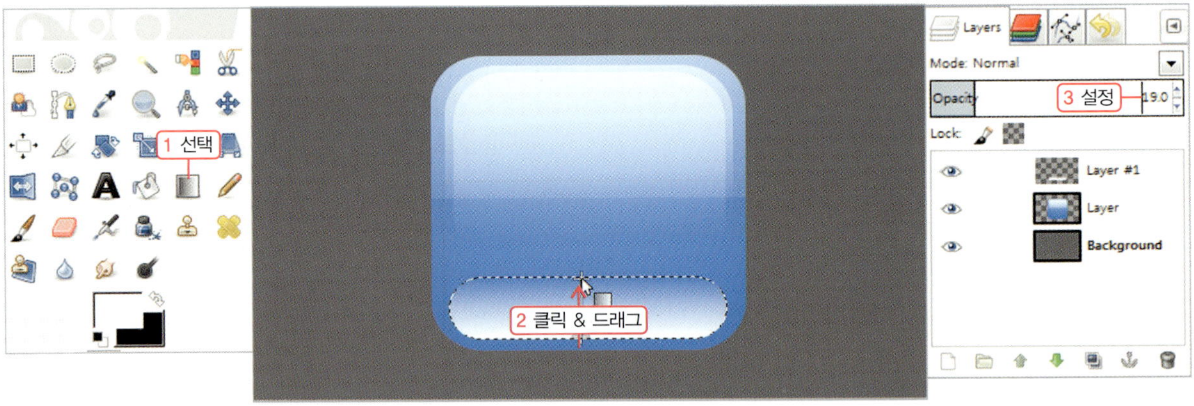

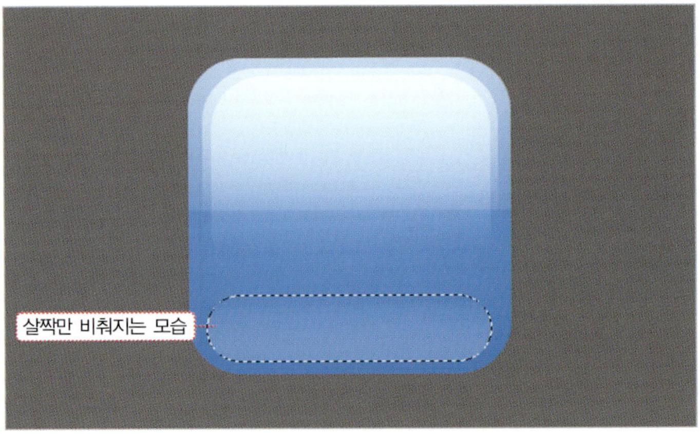

14 Ctrl + Shift + A 키를 눌러 선택영역을 해제하고 Filters 〉 Blur 〉 Gaussian Blur를 선택합니다. 가로와 세로의 블러 양을 11로 설정하여 적용합니다. 선택영역을 해제한 것은 블러가 이미지 크기의 한계를 벗어나도록 하기 위함입니다.

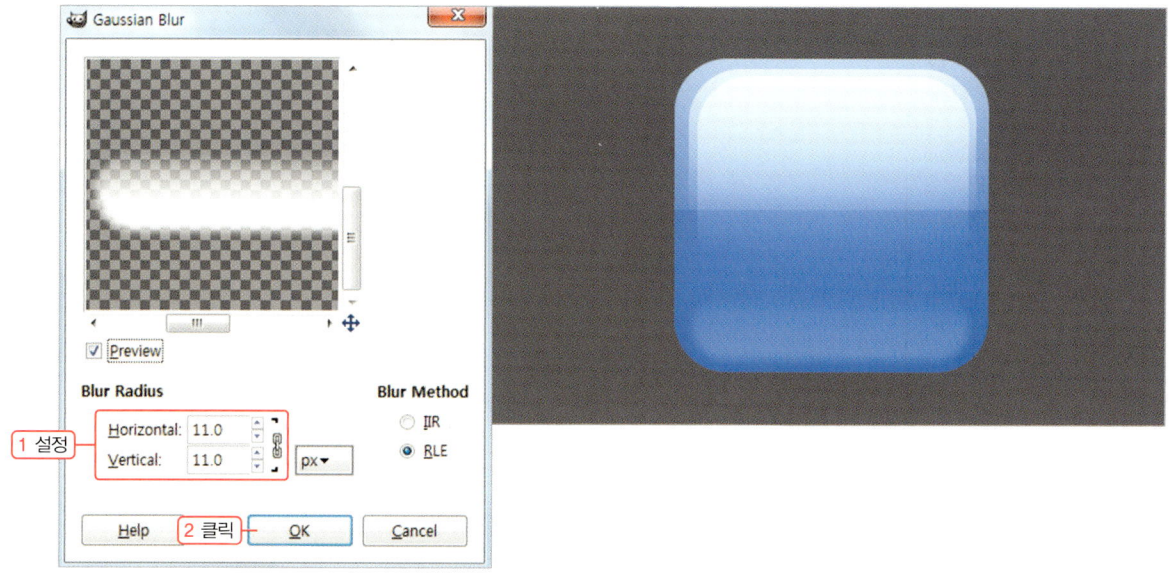

15 맨 위쪽 레이어가 선택된 상태에서 Layer 〉 Merge Down을 선택하여 아래쪽 레이어로 합쳐줍니다. 그다음 Create a duplicate 버튼을 눌러 합쳐진 레이어를 하나 복제해 줍니다.

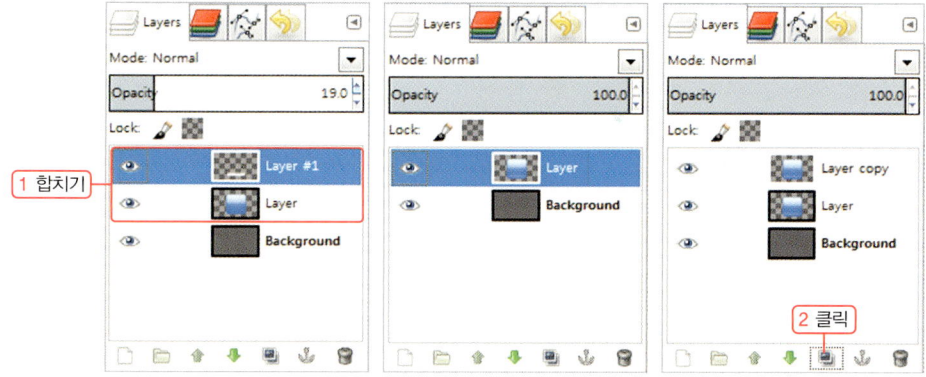

16 복제된 위쪽 레이어가 선택된 상태에서 Filters 〉 Light & Shadow 〉 Lighting Effects를 선택합니다. 설정 창에서 라이트의 위치를 가운데에서 약간 아래로 배치한 후 적용합니다.

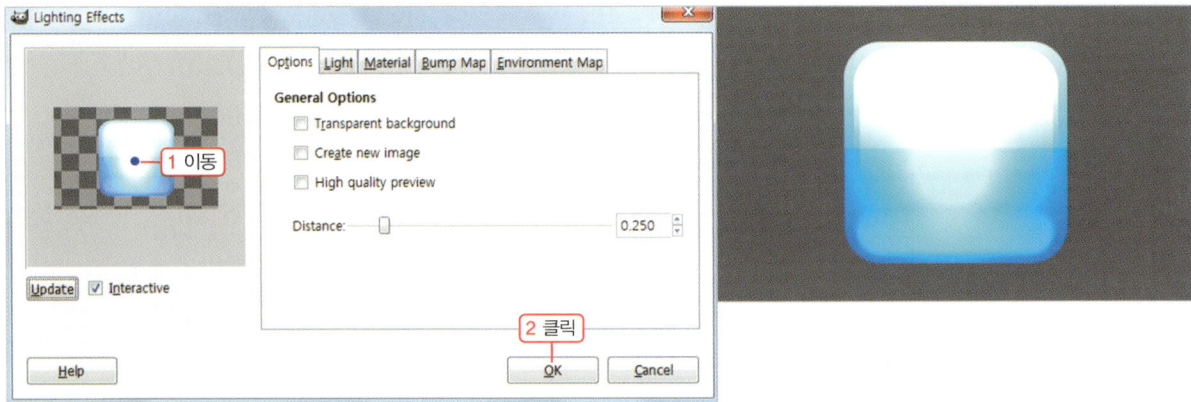

17 복제된 위쪽 레이어의 블렌딩 모드를 Grain merge로 설정하고 Colors 〉 Desaturate를 선택하여 레이어의 채도를 빼서 그레이스케일 이미지로 전환합니다.

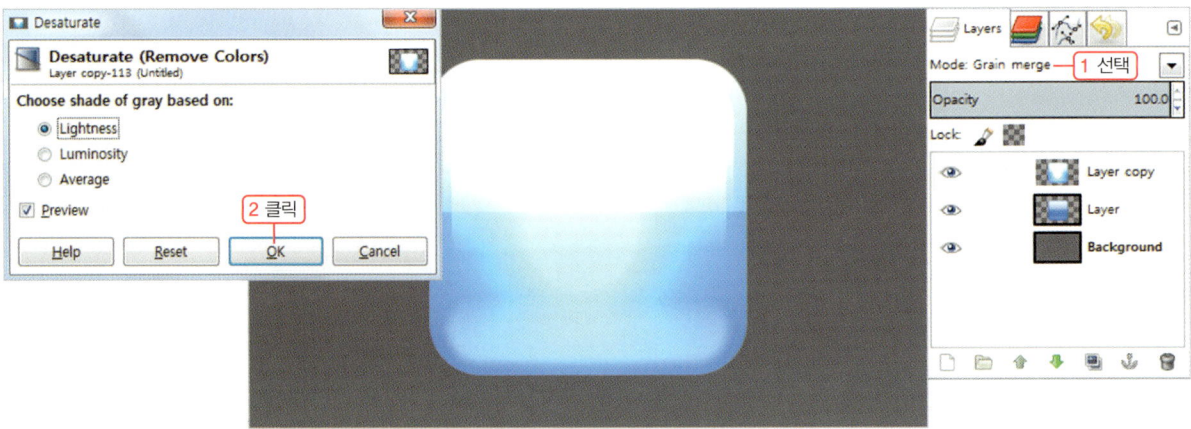

18 Colors 〉 Brightness-Contrast를 선택하여 밝기 값을 -40 정도로 낮춰줍니다.

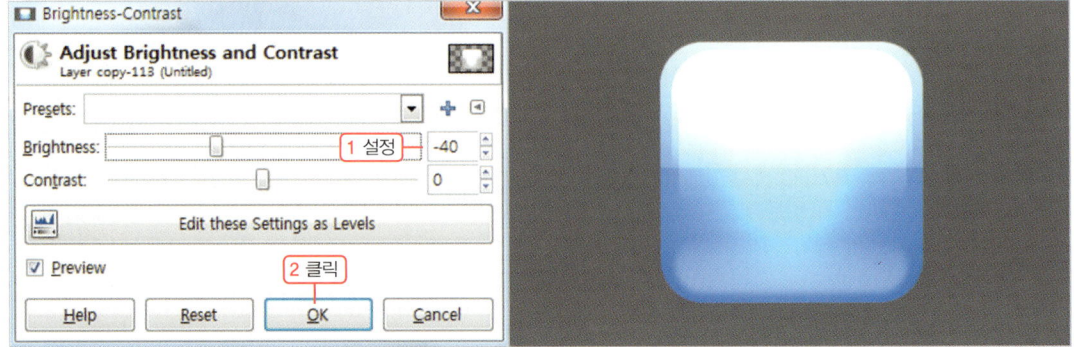

19 새로운 투명 레이어를 만든 후 세 번째 위치로 이동합니다. 그다음 Alt 키를 누른 상태에서 두 번째 레이어를 클릭하여 해당 레이어의 이미지 모습을 선택영역으로 만들어줍니다. 전경과 배경 색이 기본 색이 되도록 해 주고 세 번째 레이어에 전경(검은) 색을 적용합니다. Ctrl + ,(쉼표) 키를 누르면 됩니다.

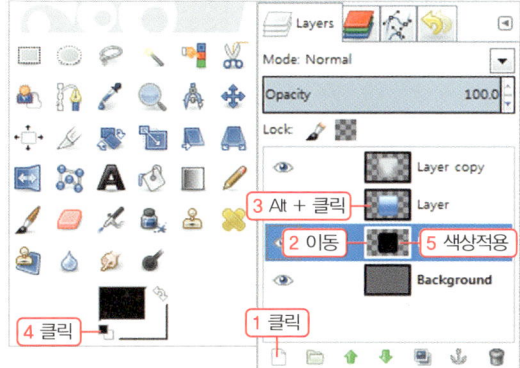

20 Ctrl + Shift + A 키를 눌러 선택영역을 해제한 후 Filters 〉 Blur 〉 Gaussian Blur를 선택합니다. 블러 값을 45 정도로 설정하여 적용합니다. 검은색이 적용된 레이어가 그림자처럼 사용됩니다.

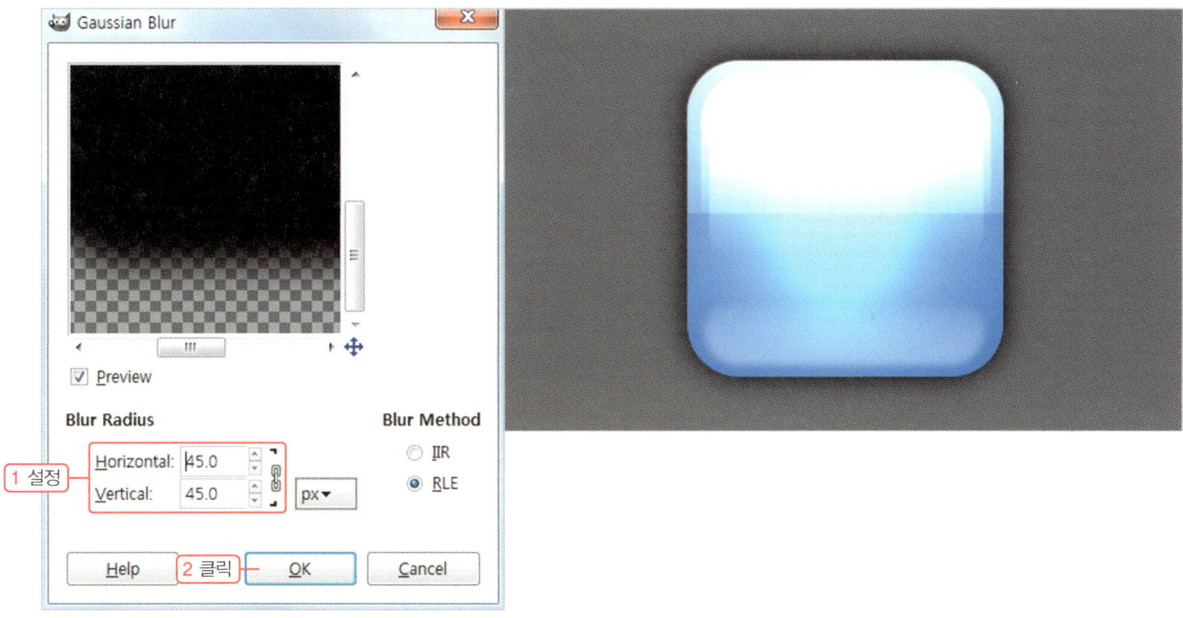

21 그림자로 사용 중인 레이어를 Create a duplicate 버튼을 눌러 하나 복제를 해 줍니다. 그림자가 더욱 짙어집니다.

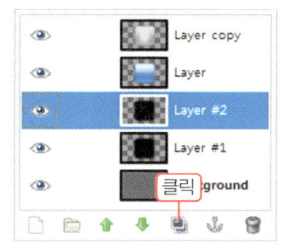

22 텍스트 툴을 사용하여 그림처럼 GLOSS란 글자를 입력합니다. 글자 색상은 검은색, 크기는 아래쪽 버튼 이미지 크기보다 작게 하고 위치는 가운데에서 약간 아래로 해 줍니다. 글자 레이어의 위치는 맨 위쪽으로 이동해 줍니다.

23 글자 레이어의 블렌딩 모드를 Overlay로 설정하고 Filters 〉 Light and Shadow 〉 Drop Shadow를 선택합니다. 설정 창에서 그림자를 그림처럼 설정합니다. 그림자 색상을 흰색으로 해 줍니다. 그림자 레이어가 자동 생성되면 Alt 키를 누른 상태에서 클릭하여 글자 모양의 그림자를 선택영역으로 만들어줍니다.

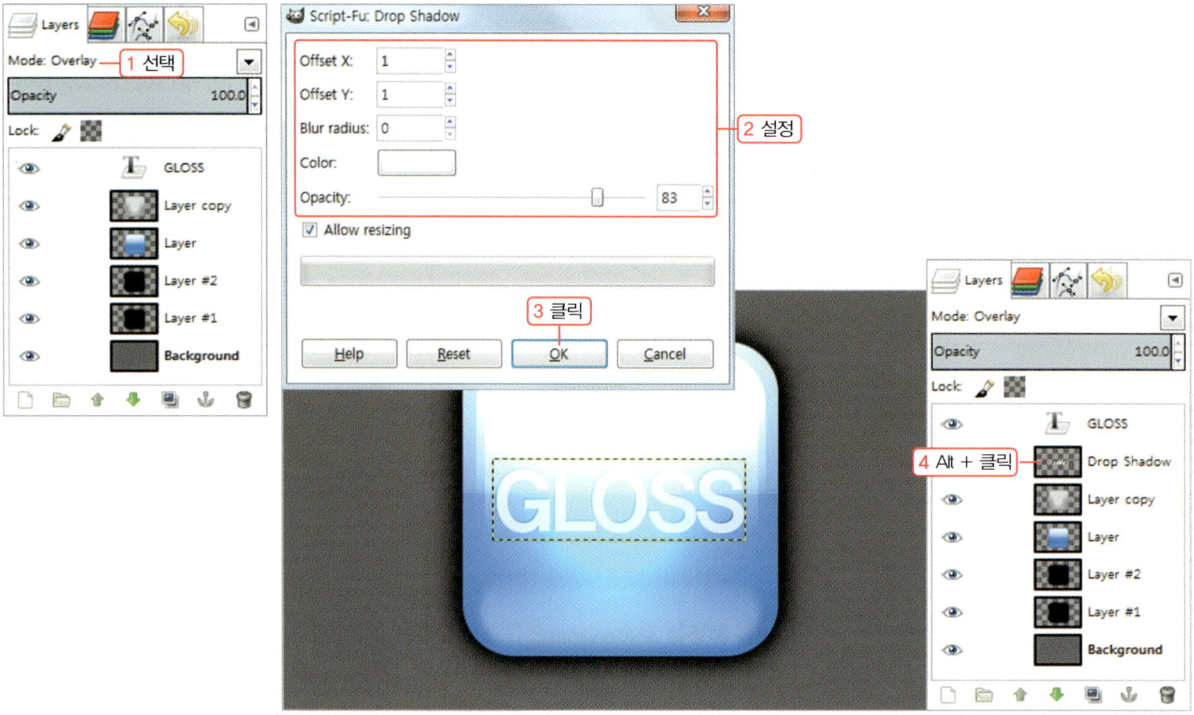

24 Delete 키를 눌러 선택영역을 삭제합니다. Ctrl + Shift + A 키를 눌러 선택영역을 해제하면 그림자로 사용됐던 이미지가 글자의 우측 하단에 살짝만 보이게 되고 나머지는 삭제되어 보이지 않습니다.

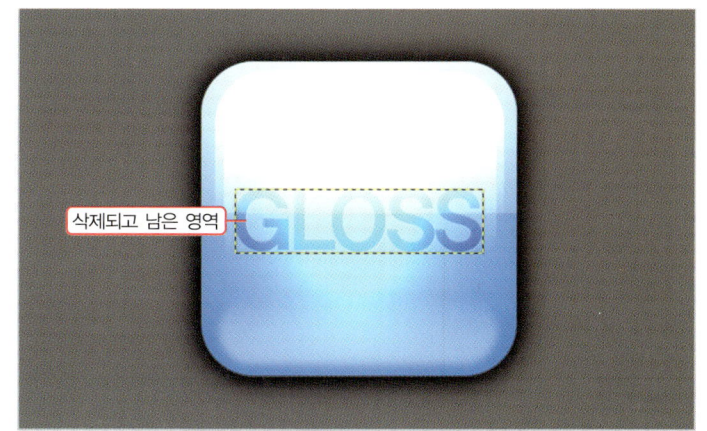

25 다시 맨 위쪽 글자 레이어를 선택하고 Filters 〉 Light and Shadow 〉 Drop Shadow를 선택합니다. 설정 창에서 그림자를 그림처럼 설정합니다. 그림자 색상을 검은색으로 해 줍니다.

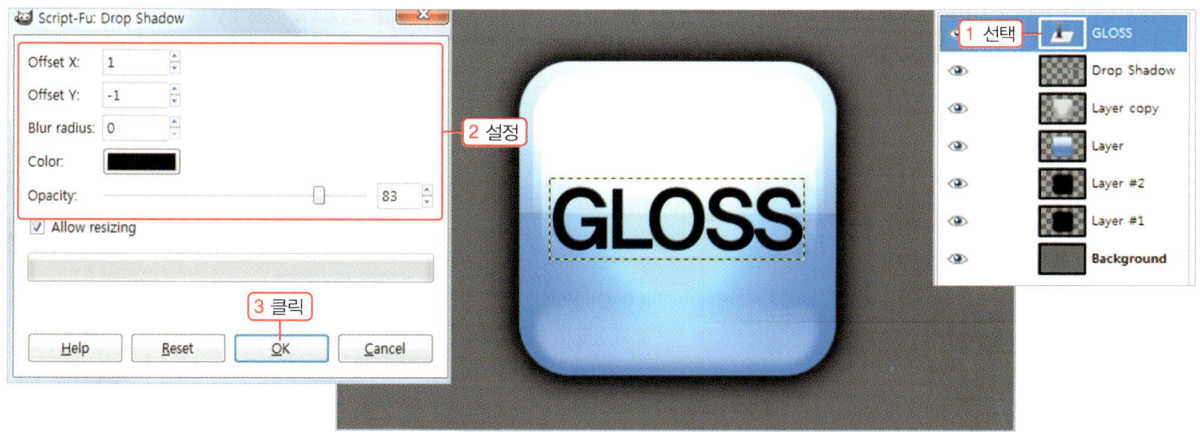

26 앞선 작업에서 만들어진 검은색 그림자 레이어를 선택하고 Alt 키를 누른 상태에서 클릭하여 그림자 모습을 선택영역으로 만들어줍니다. 그다음 Delete 키를 눌러 선택영역을 삭제합니다. Ctrl + Shift + A 키를 눌러 선택영역을 해제합니다. 이렇게 하여 입체 글자가 완성 됐습니다.

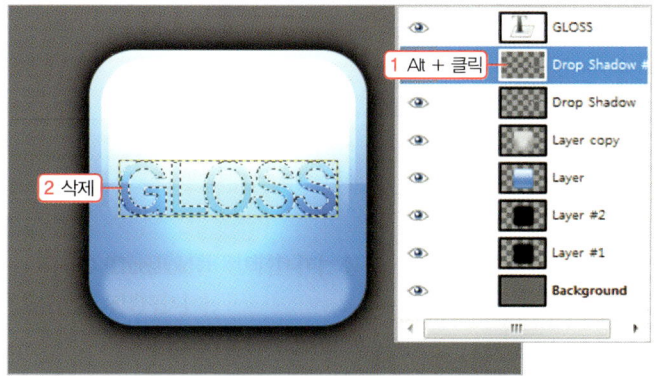

27 배경을 완성하기 위해 맨 아래쪽 Background 레이어를 선택하고 Filters > Render > Clouds > Plasma를 선택합니다. 기본 값 그대로 적용합니다.

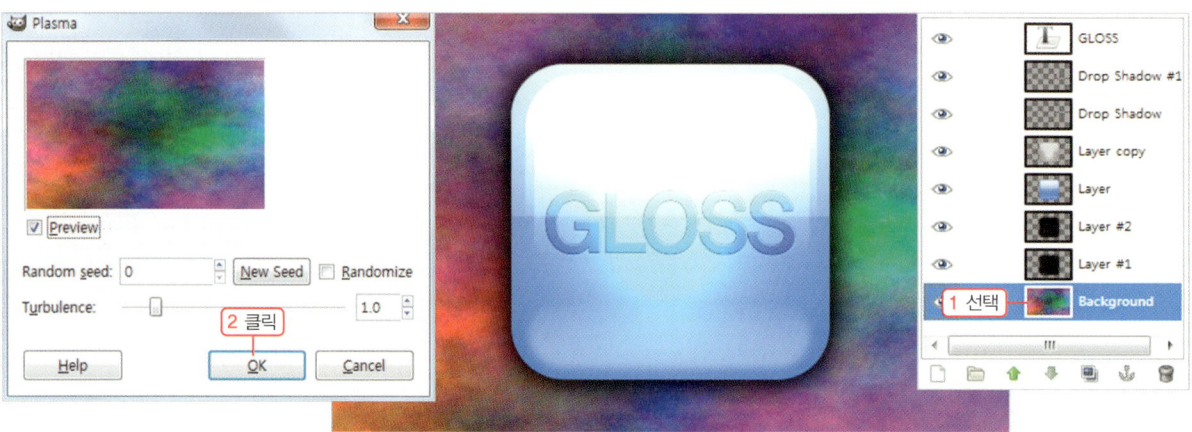

28 배경을 흑백으로 만들어주기 위해 Colors > Desaturate를 선택합니다. 기본 값 그대로 적용합니다.

29 Filters > Blur > Motion Blur를 선택합니다. 설정 창에서 Blur Type을 Linear로 설정하고 Length는 108 정도, Angle은 270으로 설정하여 수직으로 향하게 해 줍니다.

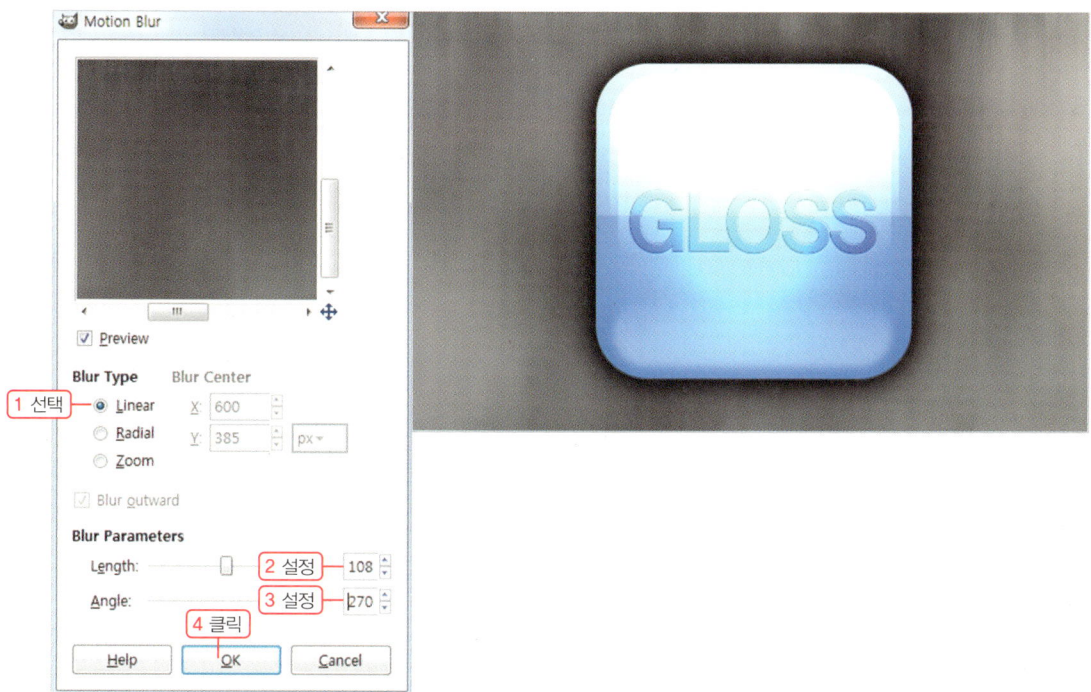

30 배경을 좀더 어둡게 해주기 위해 Colors 〉 Curves를 선택합니다. 설정 창에서 기본 채널인 Value 상태에서 커브 곡선 중앙을 클릭하여 조절 포인트를 추가한 후 그림처럼 우측 아래쪽으로 이동하여 배경의 밝기를 조절합니다.

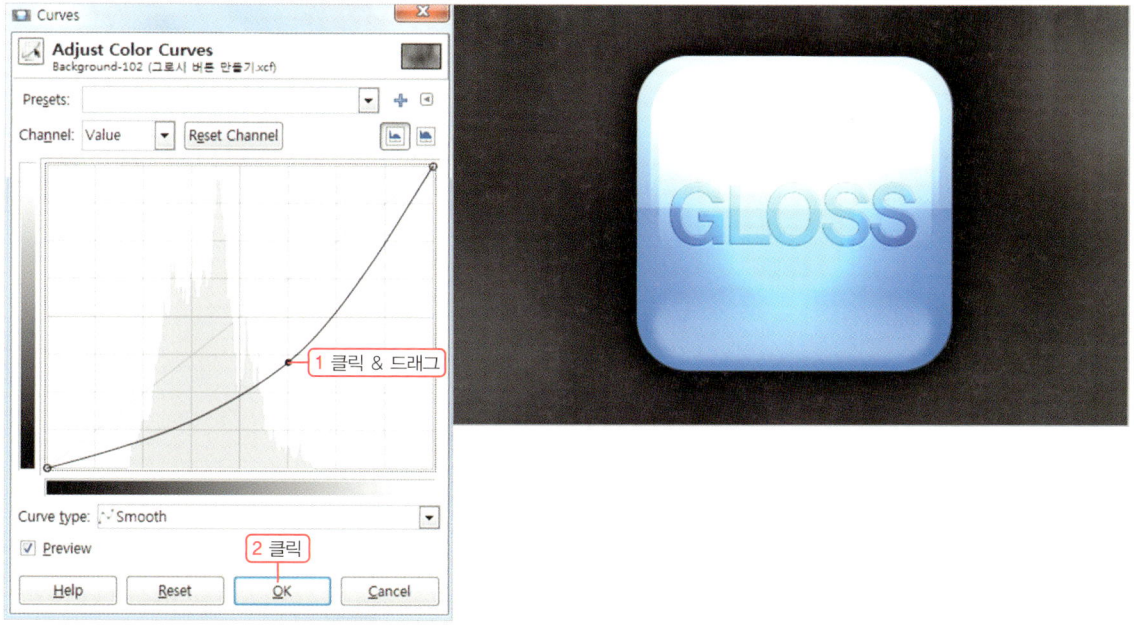

31 마지막으로 버튼의 밝기를 조절하기 위해 흑백으로 전환했던 네 번째 레이어를 선택하고 Colors 〉 Curves를 선택합니다. 설정 창에서 기본 Value 채널에 조절 포인트를 두 개 추가한 후 그림처럼 설정하여 버튼의 색상은 보다 짙게 해 주고 하이라이트 부분은 전과 비슷하게 설정합니다. 이와 같은 방법으로 다양한 모양의 글로시 버튼을 표현해 보기 바랍니다.

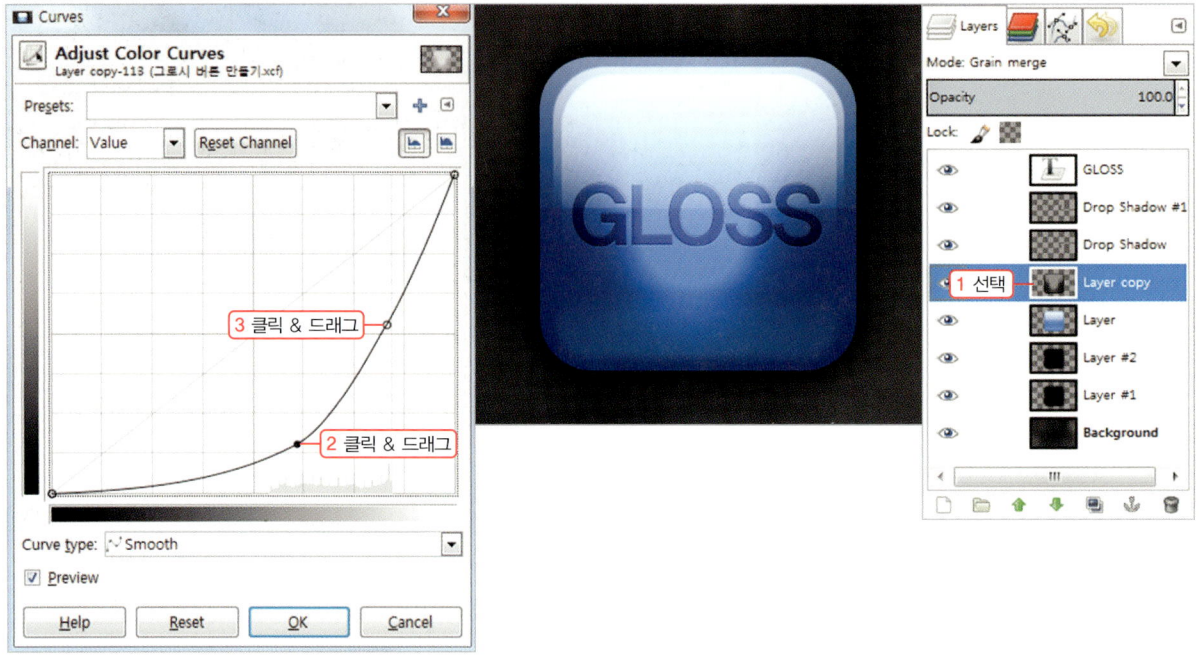

35 메탈 3D 텍스트 만들기

메탈 느낌은 강렬하면서 힘을 느끼게 하여 문자 디자인에서 자주 사용됩니다. 브렌드 툴로 배경과 메탈 재질을 표현하고 Grow와 Shrink를 통해 글자의 모습을 입체적으로 표현해 봅니다.

01 File 〉 New(Ctrl + N)를 선택하여 새로운 이미지를 생성합니다. 가로와 세로를 640x480으로 설정하고 해상도를 200dpi 정도로 설정합니다.

메탈 3D글자

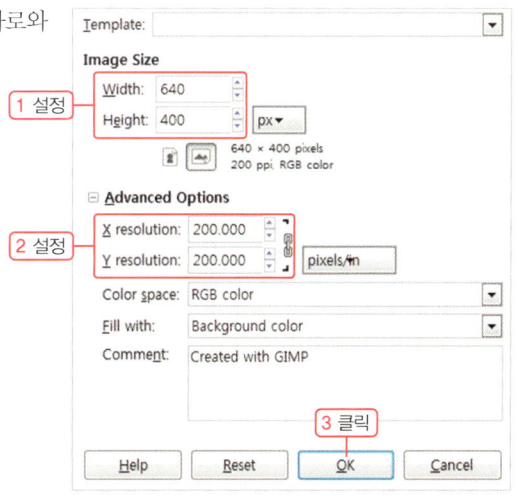

02 전경 색상을 주황색, 배경 색상을 검은색으로 설정하고 블렌드 툴을 선택합니다. 툴 옵션에서 그래디언트 타입을 FG to BG (RGB), Shape를 Radial로 설정한 후 이미지 윈도우에서 중앙에서 좌측 하단 모서리로 번지는 그래디언트를 적용합니다.

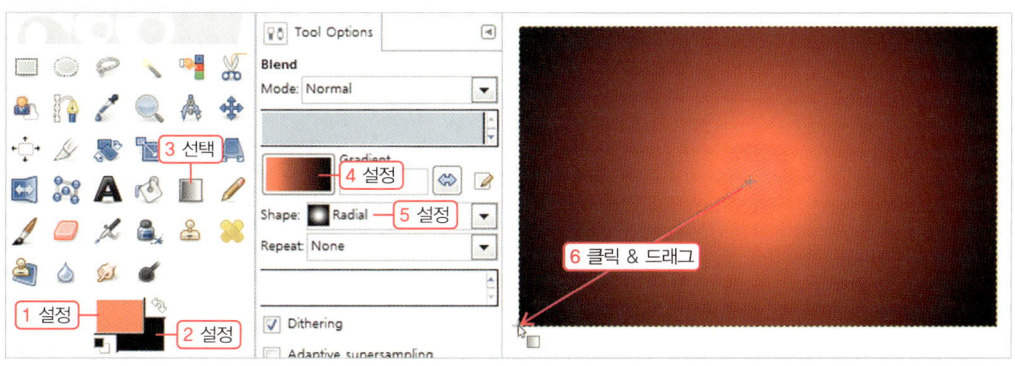

03 Create a new layer 버튼을 클릭하여 투명한 레이어를 추가합니다. 툴 박스에서 버킷 툴을 선택하고 툴 옵션에서 Fill Type을 Pattern fill을 선택, 패턴을 Stripes로 선택합니다. 그다음 이미지 윈도우에서 클릭하여 패턴을 적용합니다.

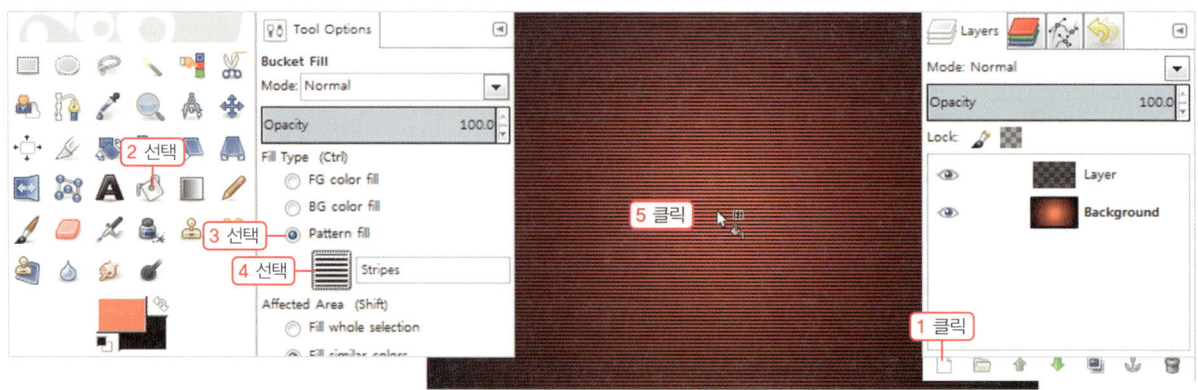

04 패턴 레이어의 블렌딩 모드를 Soft light로 선택하고 불투명도를 60 정도로 설정하여 패턴과 배경이 그림처럼 합성되도록 해 줍니다.

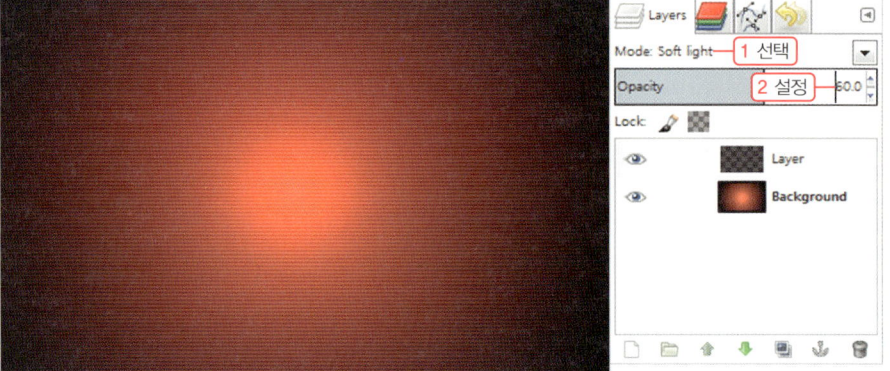

05 전경 색을 흰색으로 설정하고 텍스트 툴을 사용하여 그림처럼 이미지 윈도우에 METAL이란 글자를 입력합니다. 글자는 비교적 얇은 것으로 하고 정자체를 사용합니다.

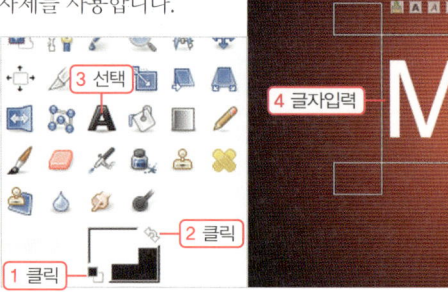

06 Create a new layer 버튼을 클릭하여 새로운 투명 레이어를 맨 위쪽에 생성합니다. 그다음 앞서 입력된 글자 모습을 선택 영역으로 만들어주기 위해 Alt 키를 누른 상태에서 글자 레이어를 클릭합니다.

07 Select 〉 Grow를 선택하고 선택영역 확장을 10 정도로 설정하여 적용합니다. 확장된 선택영역은 그림자로 사용됩니다.

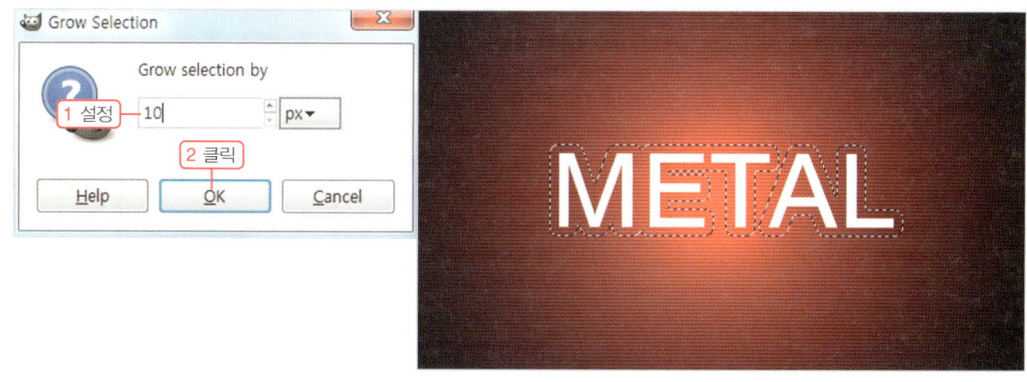

08 전경 색이 검은색으로 되도록 기본 색으로 전환한 후 Ctrl + ,(쉼표) 키를 눌러 전경 색을 선택영역에 적용합니다.

09 새로운 투명한 레이어를 맨 위쪽에 생성한 후 배경 색상을 회색으로 설정합니다. 그다음 블렌드 툴을 선택하고 툴 옵션에서 그래디언트 타입을 FG TO BG (RGB)로 선택하고 Shape를 Linear로 선택합니다. 이미지 윈도우에서 선택영역 높이만큼 아래에서 위로 그래디언트를 적용합니다.

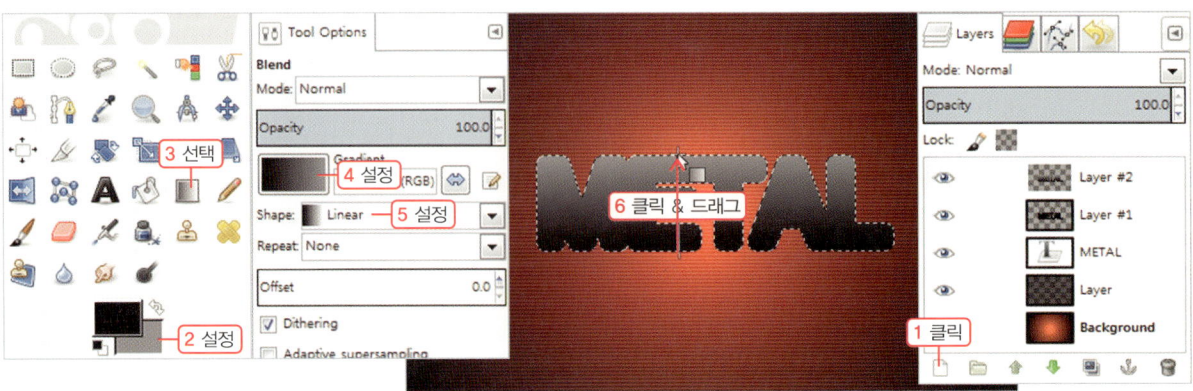

10 맨 위쪽 레이어가 선택하고 Alt 키를 누른 상태에서 글자 레이어를 클릭하여 글자 모습을 선택영역으로 만들어줍니다. 그다음 Select 〉 Grow를 선택하고 선택영역 확장을 2 정도로 설정하여 적용합니다. 확장된 선택영역은 그림자로 사용됩니다.

292 무료로 사용하는 포토샵 김프

11 Delete 키를 눌러 확장 선택된 영역을 삭제합니다. 삭제된 영역은 투명하여 아래쪽 검은색 레이어의 모습이 나타납니다.

12 새로운 투명 레이어를 맨 위쪽에 추가하고 Alt 키를 누른 상태에서 두 번째 레이어의 모습을 선택영역으로 만들어주기 위해 클릭합니다.

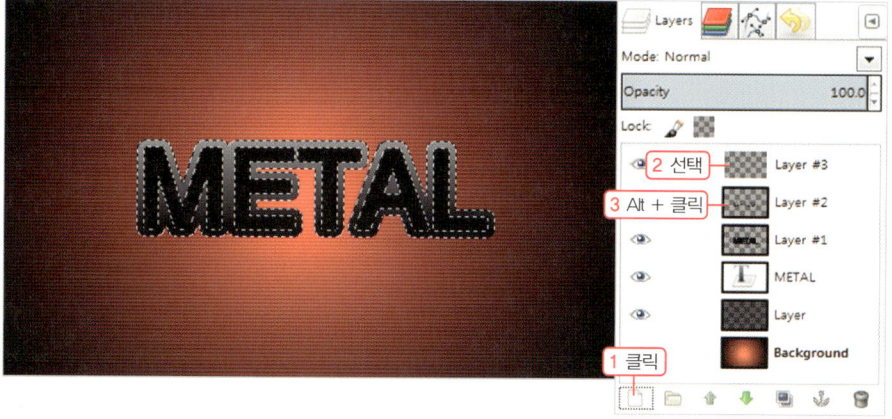

13 전경 색은 흰색, 배경 색은 회색으로 설정한 후 블렌드 툴을 사용하여 그림처럼 위에서 아래로 글자 높이만큼 그래디언트를 적용합니다.

메탈 3D 텍스트 만들기

14 현재 선택된 영역을 축소하기 위해 Select 〉 Shrink를 선택합니다. 축소 값을 1로 설정하고 적용합니다. Delete 키를 눌러 축소된 영역을 삭제합니다. 삭제된 영역은 아래쪽 검은색 레이어의 모습이 나타납니다.

15 레이어의 불투명도를 60 정도로 낮춰 아래쪽 레이어의 모습이 살짝 비춰지도록 해 줍니다.

16 완전한 검은색 글자 모습이 있는 세 번째 레이어를 선택하고 Create a duplicate 버튼을 두 번 클릭하여 두 개 복제해 줍니다. 그다음 아래쪽 두 개의 레이어를 서로 연결해 줍니다.

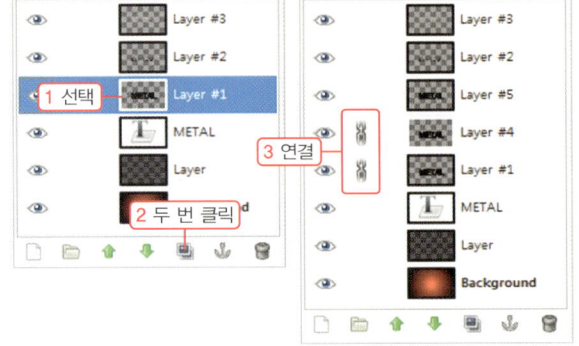

17 툴 박스에서 무브(이동) 툴을 선택하고 툴 옵션에서 Move the active layer를 선택합니다. 그다음 이미지 윈도우에서 일단 아무 곳이나 클릭한 후 아래 방향 화살표 키를 몇 번 눌러 아래쪽으로 이동합니다. 그림자의 모습과 글자의 두께가 느껴지게 되었습니다.

18 앞서 연결된 두 레이어를 해제하고 아래쪽 레이어을 선택합니다. Filters 〉 Blur 〉 Gaussian Blur를 선택하고 블러 값을 10 정도로 설정하여 적용합니다. 그림자 가장자리가 한결 부드러워졌습니다.

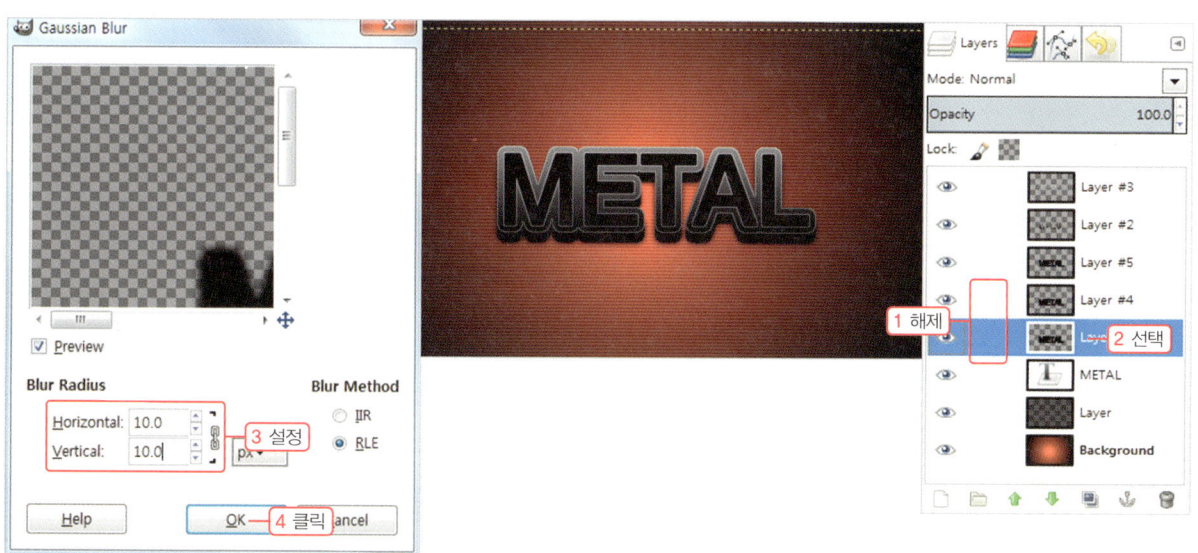

19 레이어의 불투명도를 80 정도로 낮춰줍니다. 그리고 17번 작업처럼 툴 박스에서 무브(이동) 툴을 선택하고 툴 옵션에서 Move the active layer를 선택합니다. 그다음 이미지 윈도우에서 일단 아무 곳이나 클릭한 후 아래 방향 화살표 키를 몇 번 눌러 아래쪽으로 이동합니다.

20 글자 레이어(METAL) 레이어를 선택하고 Raise this layer 버튼을 두 번 클릭하여 두 단계 위쪽으로 이동합니다. 그다음 앞선 작업처럼 글자의 위치를 아래쪽으로 조금만 이동합니다.

21 새로운 투명 레이어를 만들고 맨 위쪽으로 이동합니다. 그다음 Alt 키를 누른 상태에서 세 번째 레이어를 클릭하여 그림과 같이 선택영역으로 만들어줍니다.

2 2 렉탱글 실렉션(사각형 선택) 툴을 선택하고 Ctrl + Shift 키를 누른 상태에서 그림처럼 글자의 좌측 상단에서 우측 중간보다 약간 위쪽으로 선택영역을 만들어줍니다. 현재 사용하고 있는 단축키로 인해 지정된 선택영역만 선택영역으로 남고 나머지는 해제됩니다.

2 3 마지막으로 툴 박스에서 블렌드 툴을 선택하고 툴 옵션에서 그래디언트 타입을 FG to Transparent로 선택하고 선택영역 높이만큼 아래서 위로 그래디언트를 적용합니다.

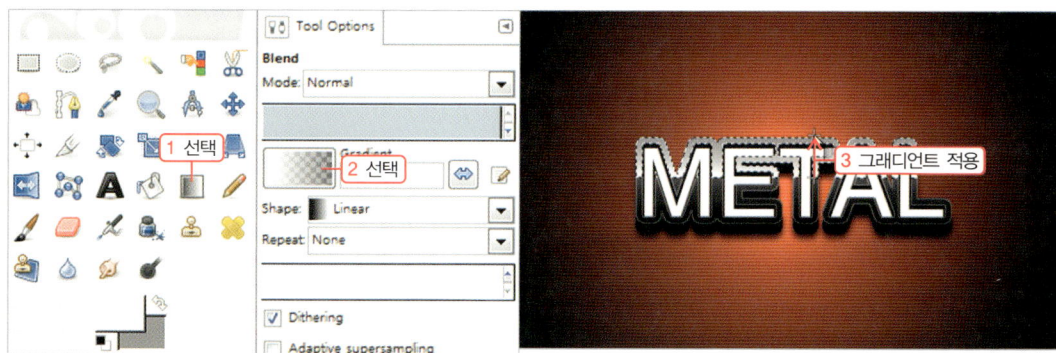

36 담벼락에 그리는 월 페인팅

갱스터 무비 같은 것을 보면 담벼락에 브러시나 컬러 스프레이로 글자를 쓰거나 그림을 그리는 장면을 종종 보게 됩니다. 이것을 월 페인팅이라고 하는데 브러시로 글자나 그림을 그린 후 벽과 범프 맵하여 표현할 수 있습니다.

01 새로운 이미지를 만들기 위해 File 〉 New를 선택합니다. 설정 창에서 크기를 640x480, 해상도를 200dpi 정도로 설정합니다.

월 페인팅 효과

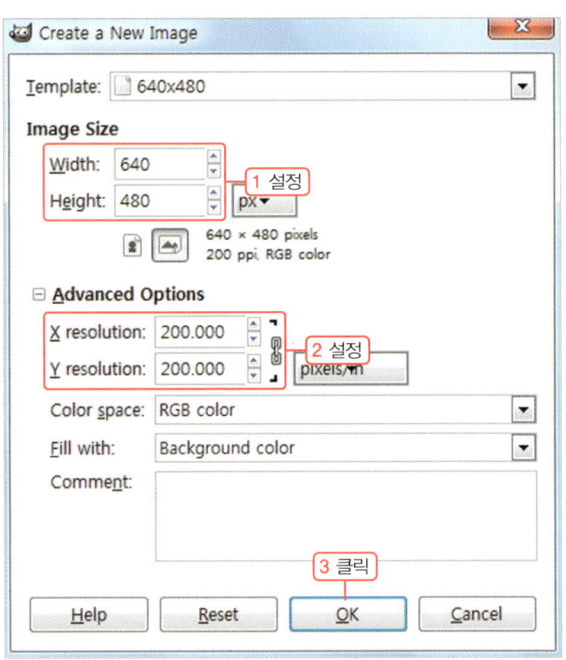

02 버킷 툴을 선택하고 툴 옵션에서 Fill Type을 Pattern fill로 선택하고 패턴을 Bricks으로 선택한 후 이미지 윈도우에서 클릭하여 벽돌무늬를 적용합니다.

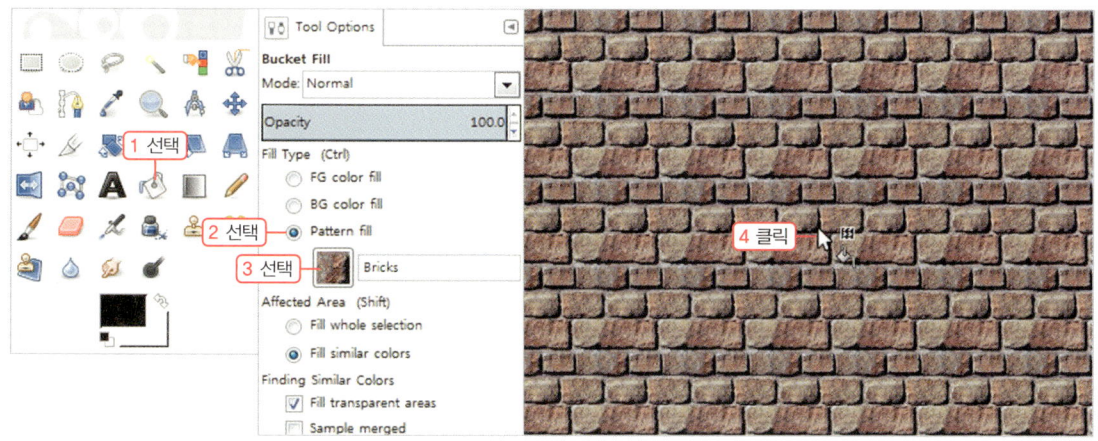

03 텍스트 툴을 사용하여 그림처럼 이미지 윈도우 중앙에 GIMP란 검은색 글자를 입력합니다. 글꼴은 월 페인팅에 어울리는 것으로 해 주는 것이 좋습니다.

04 Create a new layer 버튼을 클릭하여 투명한 새로운 레이어를 만들고 두 번째 자리로 이동합니다. Alt 키를 누른 상태에서 맨 위쪽의 글자 레이어를 클릭하여 글자 모양의 선택영역을 만들어줍니다.

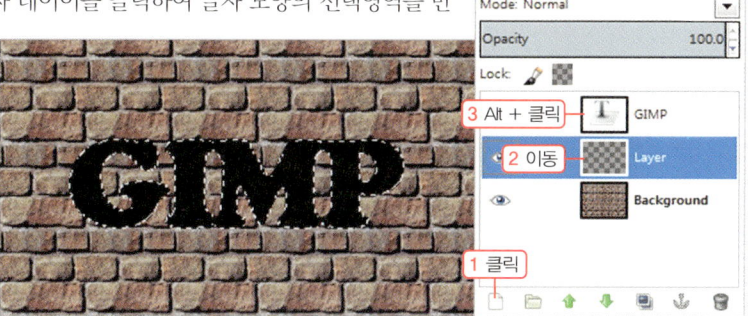

05 선택영역을 확장하기 위해 Select 〉 Grow를 선택합니다. 설정 창에서 확장 값을 10 정도로 설정하여 적용합니다.

06 블렌드 툴을 선택한 후 전경 색을 밝은 분홍, 배경 색을 짙은 분홍색으로 설정하고 툴 옵션에서 그래디언트 타입을 FG TO BG (RGB)로 선택하고 Shape를 Linear로 선택합니다. 이미지 윈도우에서 선택영역의 높이 정도로 위에서 아래로 그래디언트를 적용합니다.

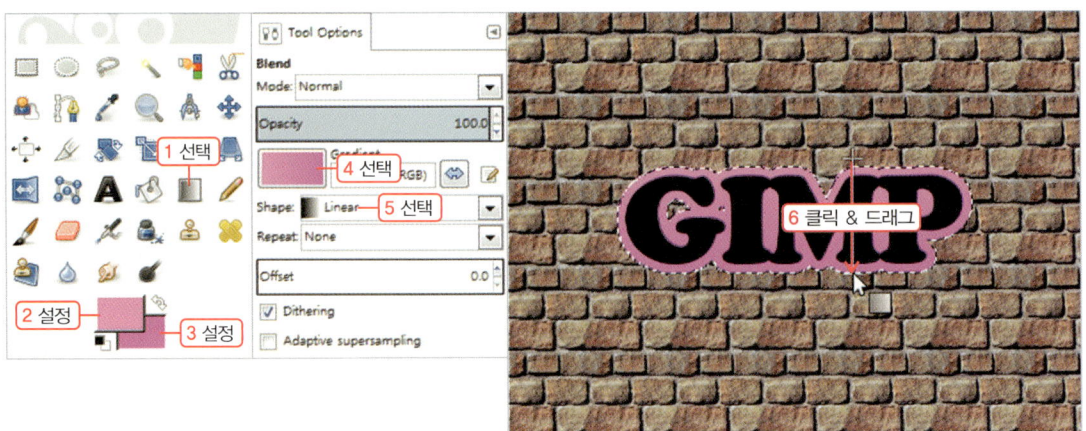

07 앞서 만든 글자 레이어를 일반 레이어(이미지)로 만들기 위해 글자 레이어 위에서 우측 마우스 버튼 클릭 〉 Discard Text Information을 선택합니다. 이제 이 글자 레이어의 글자는 더는 수정할 수 없게 됩니다.

08 Alt 키를 누른 상태에서 글자 레이어를 클릭하여 선택영역을 만들어줍니다. 선택영역을 확장하기 위해 Select 〉 Grow를 선택하고 확장 값을 3 정도로 설정합니다.

09 Create a new layer 버튼을 클릭하여 투명한 새로운 레이어를 만들고 두 번째 자리로 이동합니다. Alt 키를 누른 상태에서 맨 위쪽의 글자 레이어를 클릭하여 글자 모양의 선택영역을 만들어줍니다.

10 블렌드 툴을 선택한 후 전경 색을 밝은 연두, 배경 색을 약간 짙은 연두색으로 설정하고 선택영역의 높이 정도로 위에서 아래로 그래디언트를 적용합니다.

담벼락에 그리는 월 페인팅 301

11 두 번째 레이어 위에서 우측 마우스 버튼 클릭 > Merge Down을 선택하여 아래쪽 레이어와 합쳐줍니다.

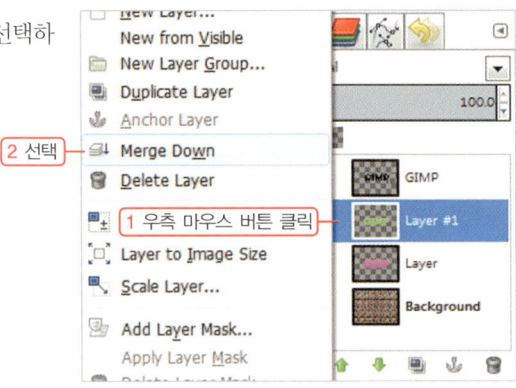

12 맨 위쪽 글자 레이어를 선택하고 Alt 키를 누른 상태에서 클릭하여 선택영역을 만들어줍니다. 그다음 블렌드 툴을 선택하고 전경 색을 짙은 회색, 배경 색은 밝은 회색으로 설정한 후 선택영역 높이에 맞게 아래서 위쪽으로 그래디언트를 적용합니다.

> **TIP**
> 글자를 그래디언트로 적용하는 이유는 다음 작업에 있을 범프 맵 때문인데 범프 맵은 검은색 이미지(레이어)에는 아무런 반응이 없기 때문입니다. 지금의 작업에서 단일 색상이 아닌 그래디언트로 범프 맵을 적용하면 자연스런 범프 맵 합성을 할 수 있습니다.

13 맨 위쪽 글자 레이어에 범프 맵 효과를 적용해 봅니다. Filters > Map > Bump Map을 선택하고 설정 창에서 Bump map을 맨 아래쪽 벽돌 레이어로 선택합니다. 글자 레이어에 맨 아래쪽 벽돌 레이어가 범핑되어 벽돌의 질감이 표현됐습니다. Depth를 5 정도로 설정하여 질감을 보다 도드라지게 해 줍니다.

14 검은색이었던 글자로 다시 바꿔주기 위해 Colors 〉 Brightness-Contrast를 선택합니다. Brightness 값을 -127인 최소 값으로 설정한 후 적용합니다. 아직 완전한 검은색이 아니므로 다시 한 번 Brightness-Contrast를 선택하고 이번엔 -70 정도로 설정하여 적용합니다.

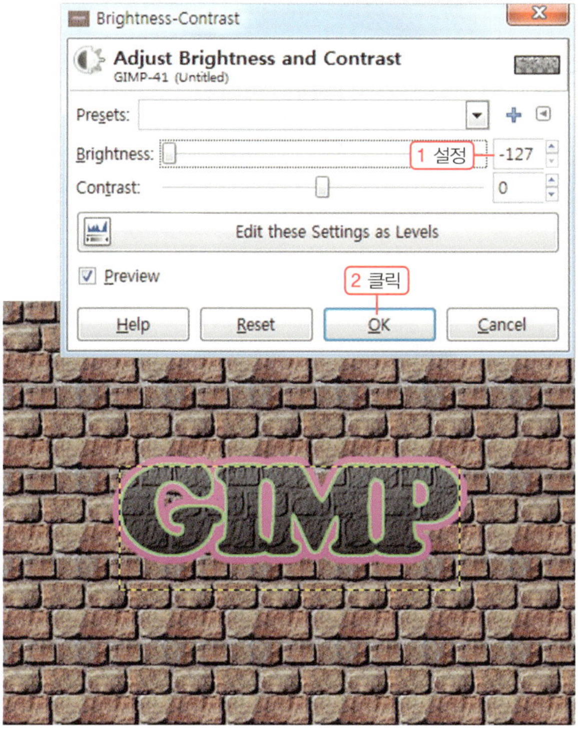

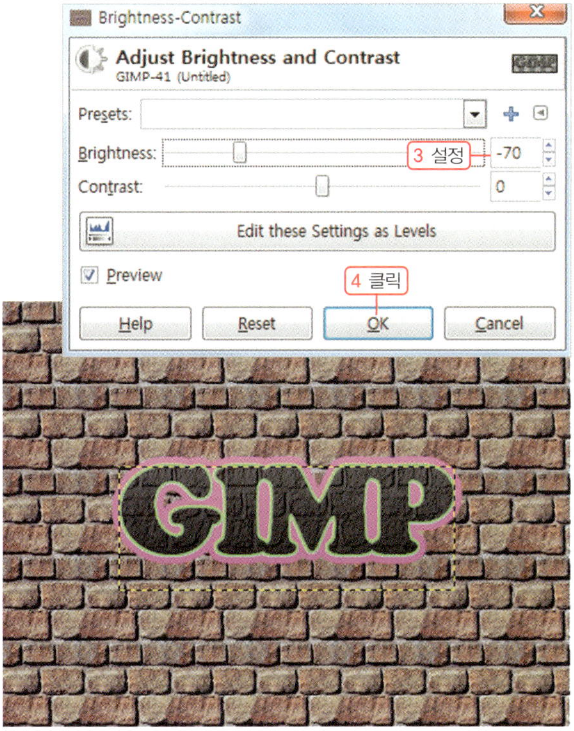

담벼락에 그리는 월 페인팅

15 이번엔 두 번째 레이어를 선택하고 앞서 적용했던 범프 맵 효과를 적용합니다. Filters 〉 Repeat "Bump Map"을 선택하면 설정 창 없이 한번에 적용됩니다.

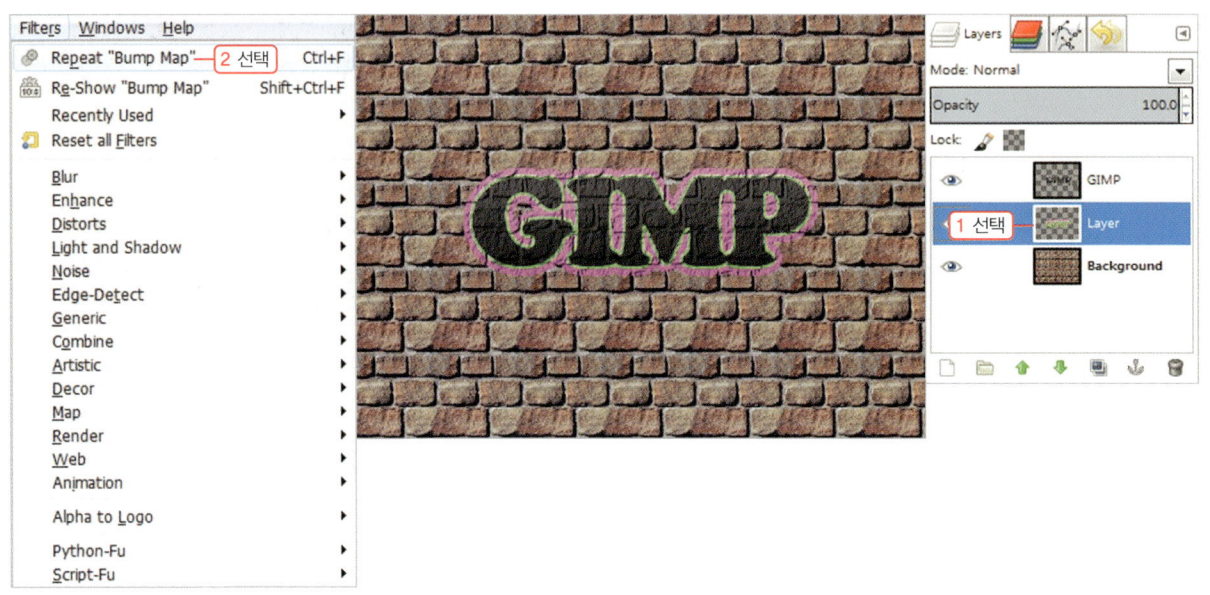

16 새로운 투명 레이어를 추가한 후 맨 아래쪽 벽돌 레이어 바로 위쪽에 배치합니다. 그다음 브러시 툴을 선택하고 전경 색을 앞선 작업에서 사용했던 밝은 분홍색으로 설정하고 툴 옵션에서 브러시 타입과 크기를 설정해 가면서 이미지 윈도우의 그림처럼 페이팅된 흔적을 자연스럽게 표현해 줍니다.

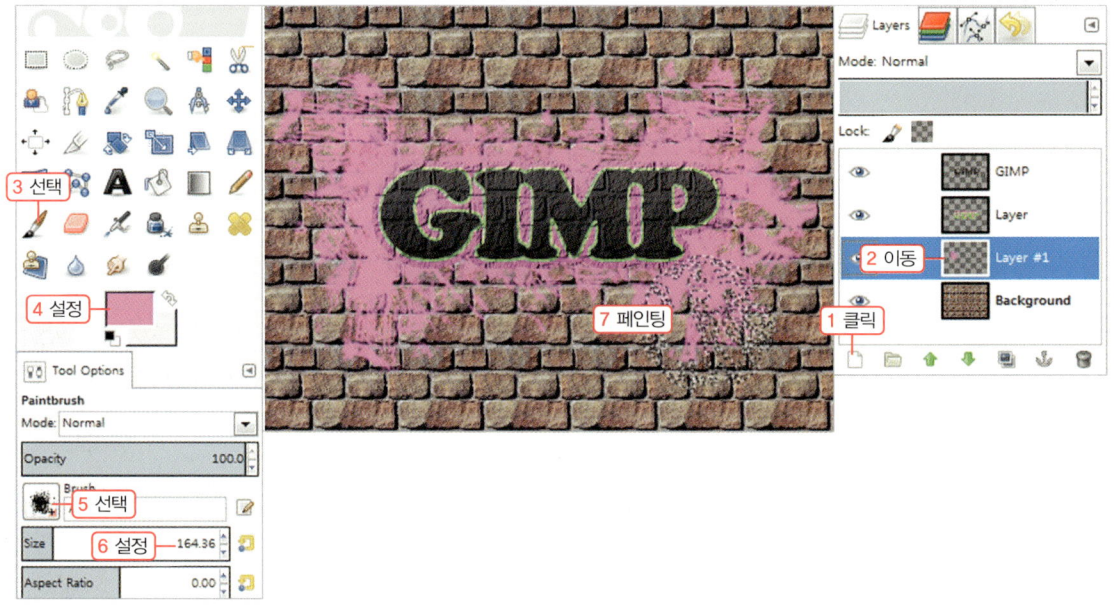

17 페인팅 흔적 레이어도 범프 맵을 적용하여 벽돌 무늬가 도드라지게 해 줍니다. 이번에도 역시 Filters 〉 Repeat "Bump Map"을 선택하여 설정 창 없이 한번에 적용합니다.

18 맨 위쪽 레이어부터 우측 마우스 버튼 클릭 〉 Merge Down을 선택하여 맨 아래쪽 벽돌 레이어를 제외한 세 개의 레이어를 모두 하나로 합쳐줍니다.

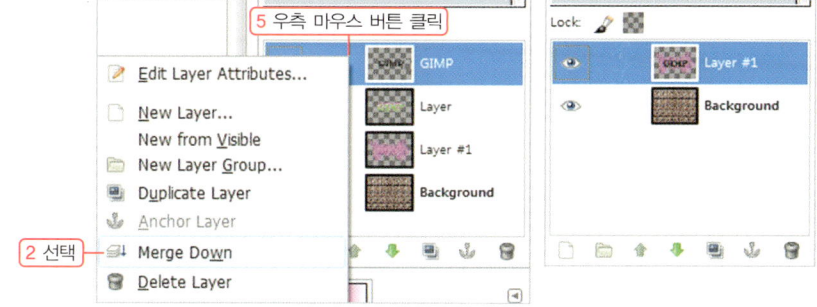

19 마지막으로 합쳐진 위쪽 레이어의 블렌딩 모드를 Hard light로 설정하면 아래쪽 벽돌 레이어와 혼합되어 자연스럽게 표현됩니다.

37 얼음 느낌의 3D 텍스트 만들기

플라스티 랩 플러그인은 원래는 플라스틱 질감을 표현하는 효과(필터)로서 이번 예제인 얼음 느낌의 3D 텍스트를 표현하는데 사용을 할 것입니다. 특히 이번 학습에서는 그래디언트 색상을 추가하고 설정하는 방법에 대해 자세히 배우게 됩니다.

01 먼저 플라스티 랩 효과를 설치해야 합니다. 이 효과를 다운로드받기 위해 http://guicon.110mb.com/?Scripts:Plasti-Wrap로 접속합니다. 해당 페이지가 열리면 Plasti-Wrap 버튼을 클릭하여 다운로드받습니다.

얼음 3D글자

02 plastiwrap.scm이란 파일이 다운로드됐다면 이제 이 파일을 복사(Ctrl + C)한 후 C 〉 Program Files 〉 GIMP 2 〉 share 〉 gimp 〉 2.0 〉 scripts 폴더에 붙여 넣기(Ctrl + V)합니다. 플라스티 랩 효과는 일반적인 플러그인과 다르게 스크립트 형식의 플러그인이기 때문에 스크립트 폴더에 적용하는 것입니다.

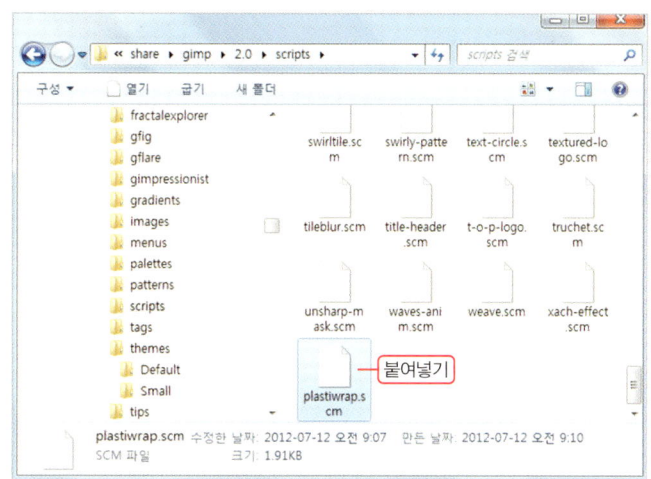

03 김프를 실행합니다. 앞서 플러그인 설치할 때 이미 김프가 열린 상태였다면 김프를 종료한 수 다시 실행해야 합니다. 새로운 이미지를 만들기 위해 File 〉 New를 선택합니다. 설정 창에서 크기를 800x600, 해상도를 200dpi 정도로 설정합니다.

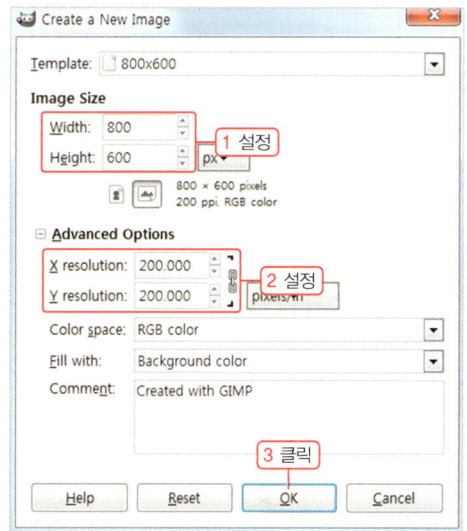

04 그래디언트(Gradients) 패널로 이동한 후 우측 상단의 팝업 메뉴를 클릭한 후 Gradients Menu 〉 New Gradient를 선택합니다.

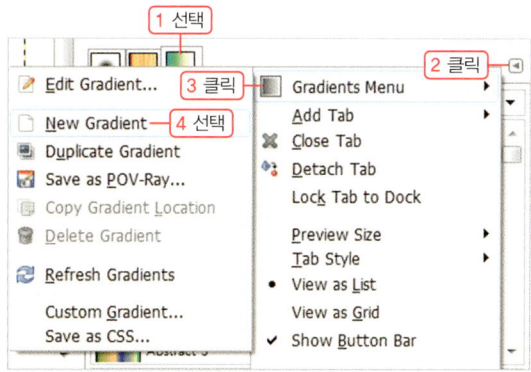

05 레이어 패널이 있는 곳에 그래디언트 에디터 패널이 도킹되면 아래쪽의 검은색 삼각형이 있는 파란색 바 위에서 우측 마우스 버튼 클릭 〉 Left Color Type 〉 Foreground Color를 선택합니다. 이제 툴 박스의 전경 색을 변경하면 변경된 색상이 지금의 그래디언트 색상으로 사용됩니다.

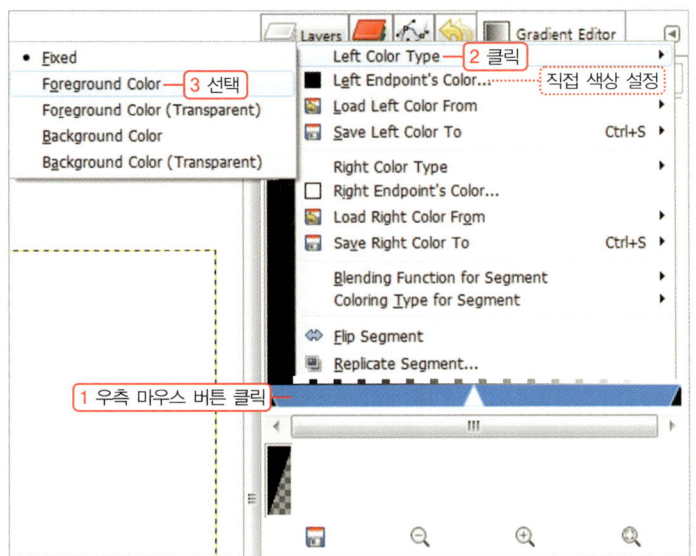

06 툴 박스에서 전경 색을 클릭하여 색상 설정 창을 열어줍니다. 이번에 사용할 색상은 아주 짙은 파란색입니다. 설정이 끝나면 OK 버튼을 눌러 적용합니다. 이제 그래디언트의 좌측 색상이 변경된 것을 볼 수 있습니다.

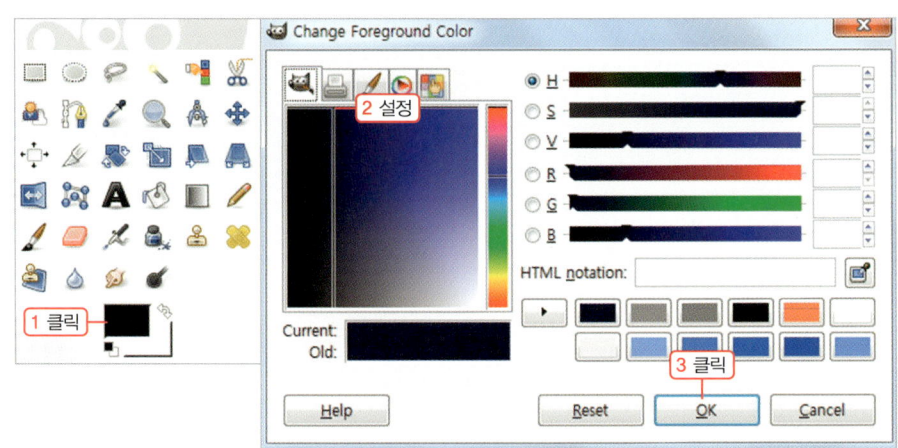

07 이번엔 우측 그래디언트 색상을 변경하기 위해 역시 아래쪽의 검은색 삼각형이 있는 파란색 바 위에서 우측 마우스 버튼 클릭 〉 Right Color Type 〉 Foreground Color를 선택합니다. 이제 툴 박스의 전경 색을 변경하면 변경된 색상이 지금의 그래디언트 색상으로 사용됩니다.

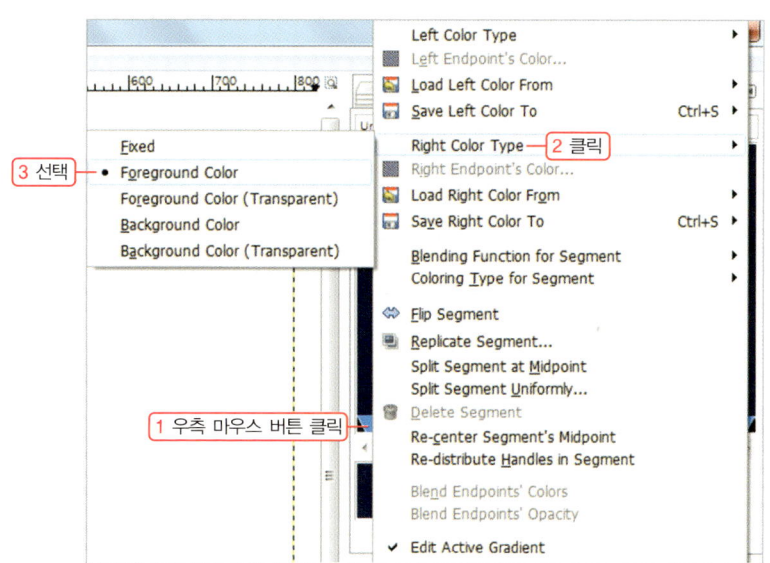

08 이번엔 그래디언트 중간에 그래디언트 색상을 만들어주기 위해 아래쪽의 검은색 삼각형이 있는 파란색 바 위에서 우측 마우스 버튼 클릭 〉 Split Segment at Midpoint를 선택합니다. 이제 가운데에 새로운 그래디언트 색상(검은색 삼각형)이 추가됐습니다.

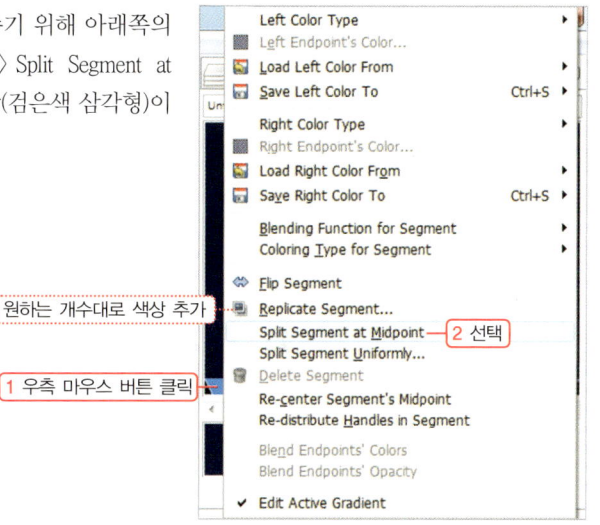

09 앞서 추가된 그래디언트 색상을 변경하기 위해 툴 박스에서 배경 색을 밝은 파란색으로 지정한 후 이 색상을 드래그하여 가운데 있는 그래디언트 색상 위로 갖다 놓습니다. 이와 같은 방법으로 특정 그래디언트 색상을 만들어줄 수 있습니다. 그러나 이 방법은 좌/우측의 기본 그래디언트 색상에는 사용할 수 없으며 새로 추가된 그래디언트 색상에만 사용이 가능합니다. 또한 그래디언트 색상이 없는 곳에 이와 같은 방법을 사용하면 색상이 적용됨과 동시에 새로운 그래디언트 조절 슬라이더(검은색 삼각형)가 추가됩니다.

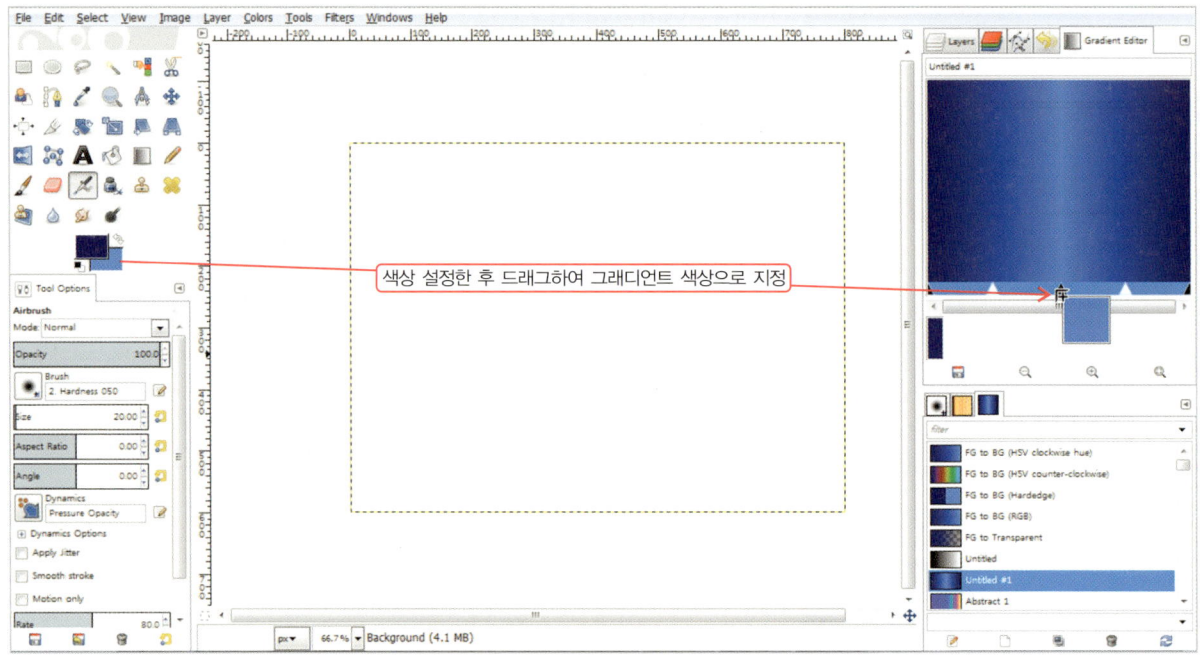

10 그래디언트 에디터에서 그림처럼 검은색 조절 슬라이더를 우측으로 이동한 후 좌측의 흰색 조절 슬라이더와 우측의 흰색 조절 슬라이더의 위치를 그림처럼 이동합니다. 흰색 조절 슬라이더는 색상과 색상 사이의 분포를 분배해 줍니다.

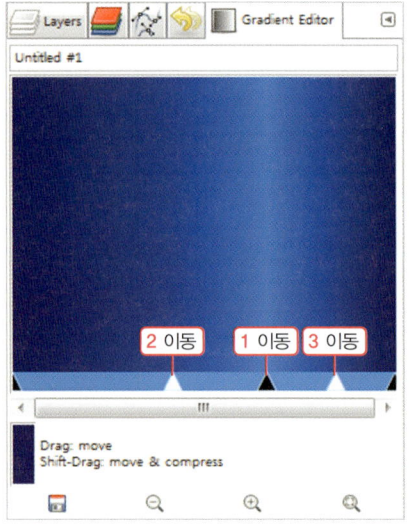

11 가운데 그래디언트 색상과 양쪽의 그래디언트 색상이 너무 선형으로 표현되기 때문에 이를 보다 부드럽게 표현하기 위해 파란색 바 위에서 우측 마우스 버튼 클릭 > Blending Function for Selection > Sinusoidal을 선택합니다.

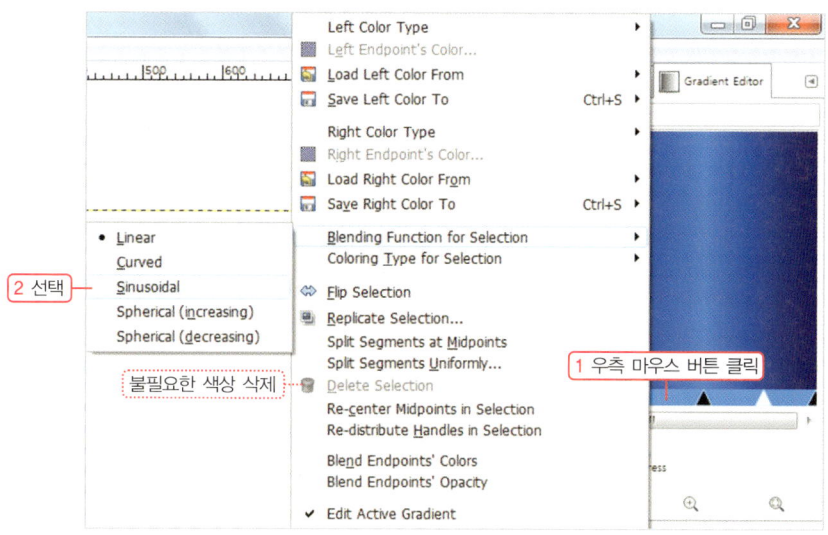

> **TIP** 필요 없는 그래디언트 색상 제거하기
>
> 만들어 놓았다가 나중에라도 필요가 없어진 그래디언트 색상을 삭제하기 위해서는 먼저 삭제하고자 하는 그래디언트 영역(흰색 조절 슬라이더)을 클릭(선택)한 후 지정된 파란색 바에서 우측 마우스 버튼 클릭 > Delete Selection을 선택하면 됩니다.

12 그래디언트 패널에서 새로 등록된 Untitled의 이름을 더블클릭하여 얼음 그래디언트란 이름으로 수정합니다. 이 패널 하단의 버튼 메뉴 바에서는 선택된 그래디언트를 편집하거나 새로운 그래디언트 추가, 복제, 삭제하는 등의 작업을 할 수 있습니다.

13 이제 지금껏 만들어놓았던 그래디언트를 배경으로 적용하기 위해 블렌드 툴을 사용하여 이미지 윈도우 높이에 맞게 그래디언트를 적용합니다. 적용 후 마음에 들지 않는다면 그래디언트를 다시 편집(수정)한 후 적용해 봅니다.

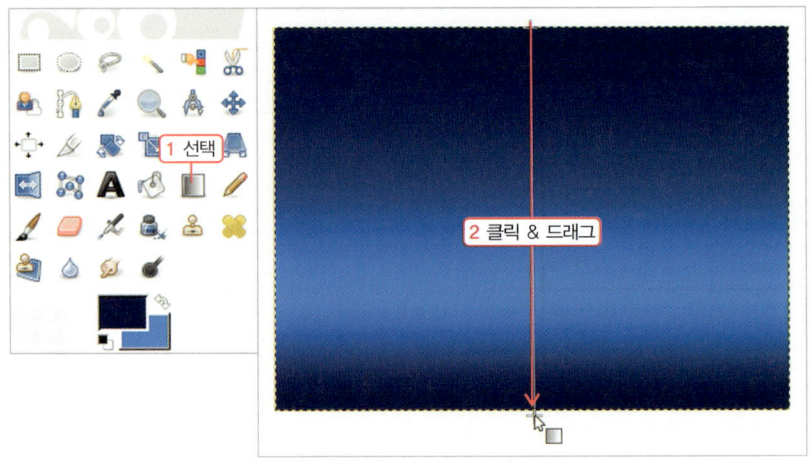

14 툴 박스에서 텍스트 툴을 선택하고 전경 색을 검은색으로 설정합니다. 이미지 윈도우에서 그림처럼 ICE란 글자를 입력합니다. 얼음과 잘 어울리는 글꼴을 사용합니다.

15 글자 레이어를 현재의 이미지 윈도우 크기에 맞춰주기 위해 글자 레이어 위에서 우측 마우스 버튼 클릭 > Layer to Image Size를 선택합니다. 또한 이 메뉴를 글자 레이어에 사용하면 글자 레이어는 자동으로 일반 레이어로 전환됩니다. 참고로 일반 레이어로 전환된 글자 레이어는 더 이상 글자를 수정할 수 없습니다.

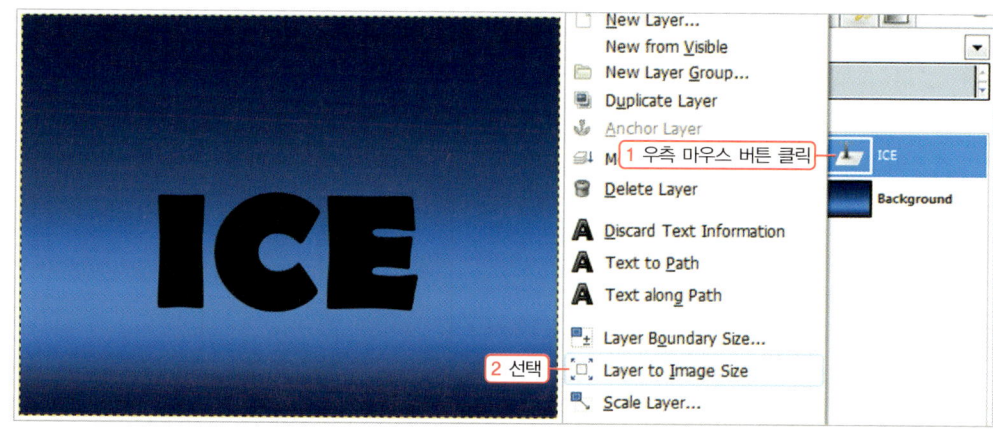

16 글자 레이어의 알파채널(투명한 영역)엔 효과가 적용되지 않도록 하기 위해 Lock alpha channel을 선택합니다. 이 작업은 Alt 키를 누른 후 레이어를 클릭하여 선택영역을 만들어 작업을 하는 것과 동일 결과를 얻을 수 있습니다. 그다음 Filters 〉 Render 〉 Clouds 〉 Solid Noise를 선택하고 Detail을 3, Z/Y size를 16으로 설정한 후 적용합니다.

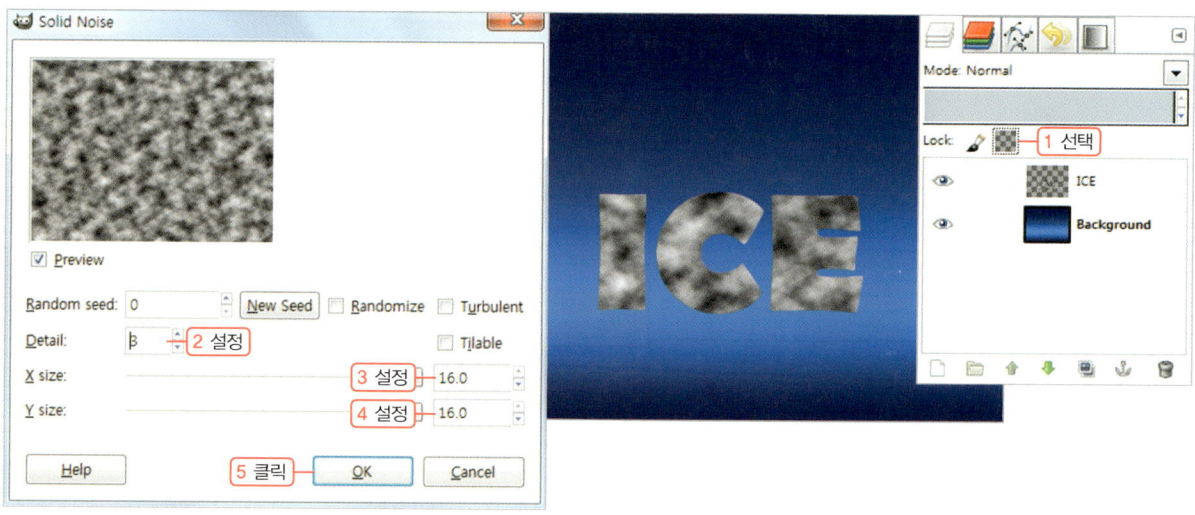

17 글자 레이어를 Alt 키를 누른 상태에서 클릭하여 글자 모양과 동일한 선택영역을 만들어줍니다. Edit 〉 Stroke Selection을 선택한 후 설정 창에서 기본 값 그대로 적용하고 선택영역에 테두리를 만들어줍니다. 이때 전경 색은 검은색으로 되어있어야 합니다.

18 Ctrl + Shift + A 키를 눌러 선택영역을 해제한 후 Filters 〉 Blur 〉 Gaussian Blur를 선택합니다. 기본 값 그대로 적용합니다.

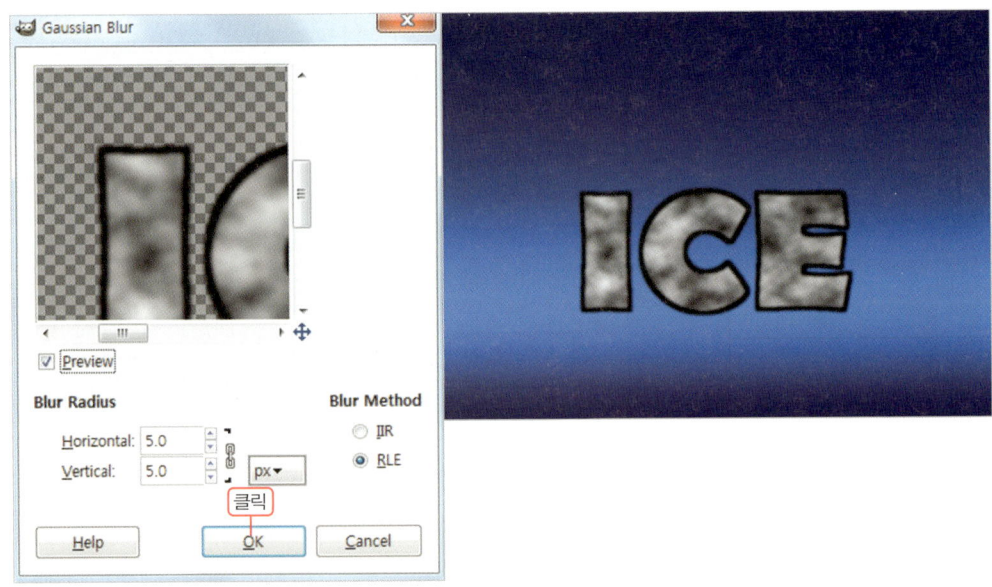

19 이제 처음에 설치했던 플라스틱 랩 효과를 사용해 봅니다. Filters 〉 Light and Shadow 〉 Plasti-wrap을 선택합니다. 설정 창에서 Neon Radius (10 recommended) 값을 4 정도로 낮춰준 후 적용합니다. 광택이 있는 플라스틱(얼음) 느낌의 글자로 바뀌었습니다. 이 효과는 새로운 레이어를 자동으로 생성해 줍니다.

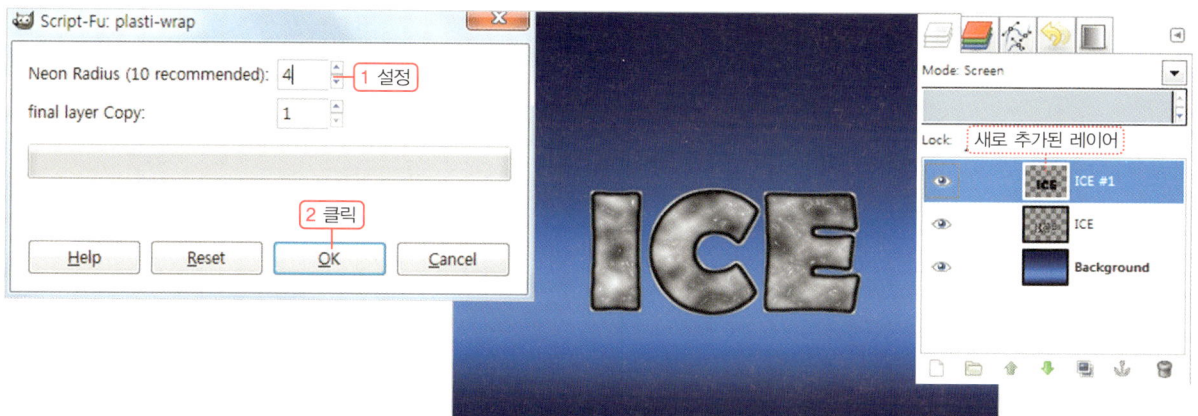

20 글자의 질감이 얼음이라기 보다는 플라스틱 느낌이 더 많이 들기 때문에 보다 얼음에 가깝게 해 봅니다. Colors 〉 Levels을 선택하고 Input Levels의 좌측 검은색 조절 슬라이드를 그림처럼 거의 우측으로 이동하여 글자 질감에서 하이라이트 부분만 보일 정도로 해 줍니다. 만약 광택이 너무 약하게 느껴진다면 설정 값을 조금 낮춰서 사용합니다.

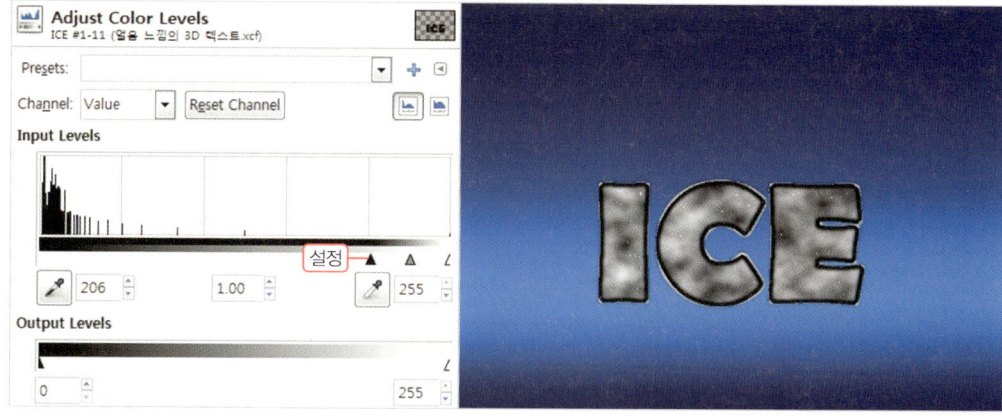

21 글자의 테두리를 보면 앞서 적용한 플라스틱 랩 효과 때문에 가장자리 부분에 하이라이트가 생겼습니다. 이제 브러시 툴을 사용하여 하이라이트 부분을 칠해 없애 줍니다. 브러시 색상은 검은색으로 해야 합니다.

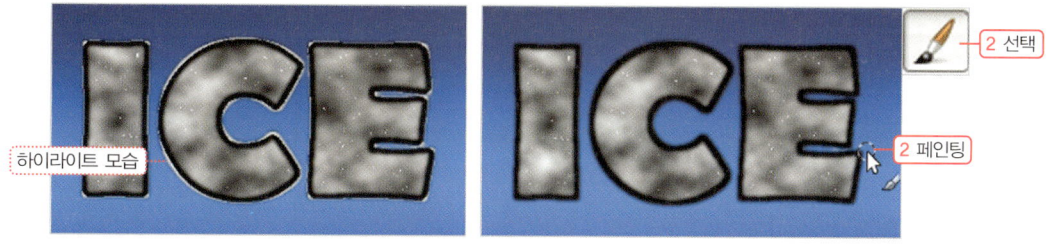

22 맨 위쪽 레이어를 아래쪽 글자 레이어와 합쳐주기 위해 우측 마우스 버튼 클릭 〉 Merge Down을 선택합니다.

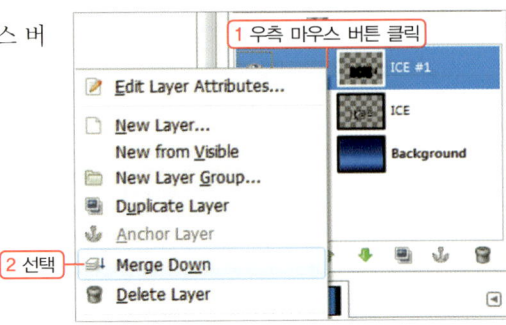

23 Background 레이어를 선택한 후 Create a duplicate 버튼을 클릭하여 배경 레이어를 하나 복제를 해 줍니다. 그다음 Layer 〉 Transparency 〉 Add Alpha Channel을 선택하여 복제된 레이어에 알파채널을 포함시킵니다. 이 작업은 레이어 위에서 우측 마우스 버튼 클릭 〉 Add Alpha Channel을 선택하는 것과 동일합니다.

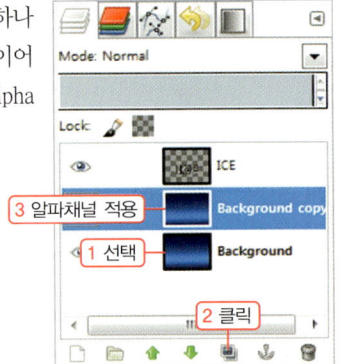

24 복제된 두 번째 레이어가 선택된 상태에서 Alt 키를 누르고 맨 위쪽 글자 레이어를 클릭합니다. 글자 모양이 선택영역으로 만들어지면 Ctrl + I 키를 눌러 선택영역을 반전합니다. 그다음 Delete 키를 눌러 삭제합니다.

25 맨 위쪽 글자 레이어를 선택하고 블렌딩 모드를 Overlay로 설정합니다. 그다음 Create a duplicate 버튼을 두 번 클릭하여 글자 레이어가 총 세 개가 되도록 해 줍니다. 이제 더욱 얼음 느낌이 납니다.

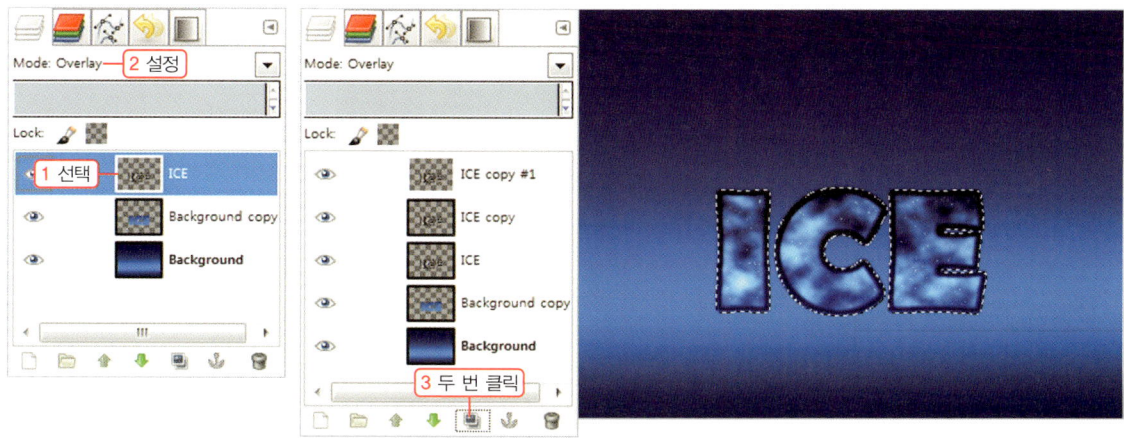

26 맨 아래쪽 배경 레이어의 눈을 숨겨 보이지 않게 해 줍니다. 그다음 아무 레이어와 상관없이 우측 마우스 버튼 클릭 〉 Merge Visible Layers를 선택하고 설정 창에서 기본 값 그대로 적용하여 보이는 모든 레이어를 하나로 합쳐줍니다. 배경을 제외한 모든 레이어를 합쳐주면 됩니다. 하나로 합쳐준 후에는 다시 숨겨놓았던 배경 레이어를 보이게 해 줍니다.

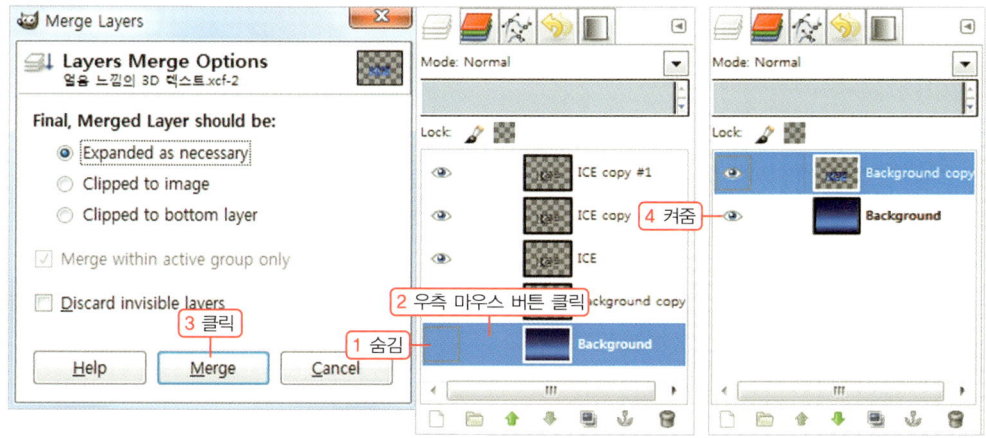

27 글자 레이어가 선택된 상태에서 Create a duplicate 버튼을 클릭하여 하나 복제합니다. 복제된 위쪽 레이어의 이름을 반사라고 해 줍니다. 더블클릭을 하여 이름을 바꿔줄 수 있습니다.

얼음 느낌의 3D 텍스트 만들기 **317**

28 Ctrl + Shift + A 키를 눌러 선택영역을 해제한 후 Filters 〉 Blur 〉 Motion Blur를 선택합니다. 설정 창에서 블러 타입을 Zoom으로 선택하고 Blur outward를 해제, Length를 23으로 설정한 후 적용합니다. 모션 블러의 영향으로 두께가 있는 글자가 표현됐습니다.

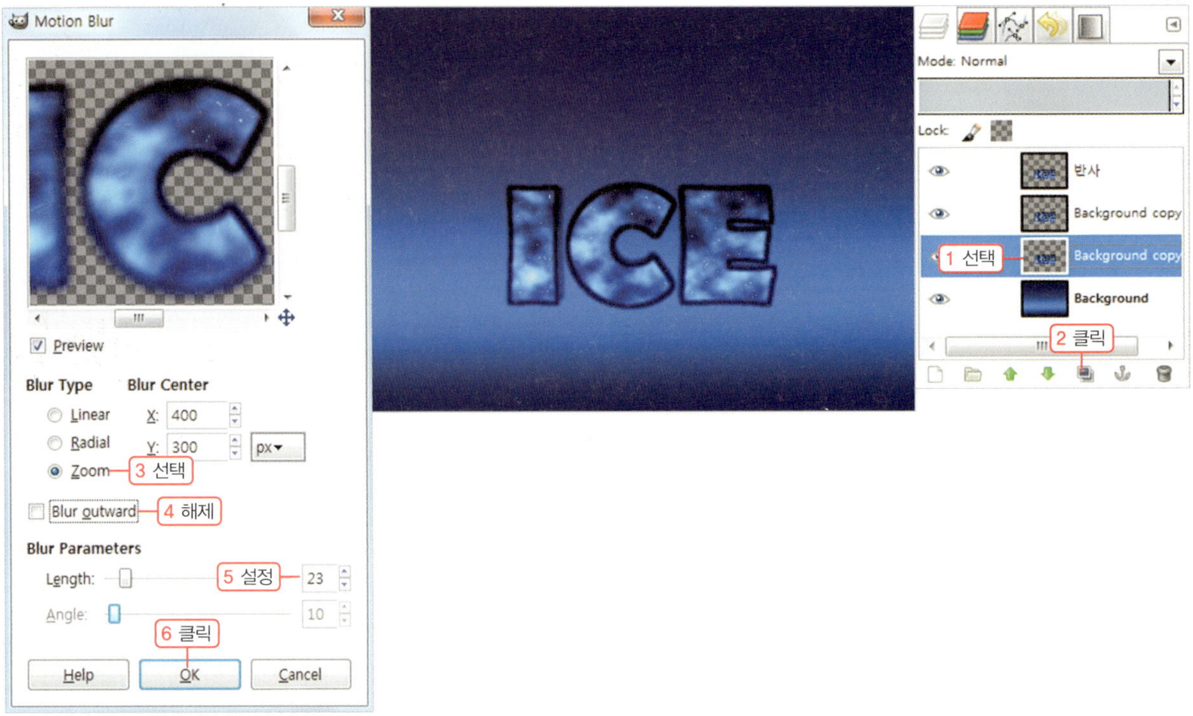

29 모션 블러 효과가 적용된 레이어를 네 개 복제를 해 줍니다. 그다음 맨 위쪽의 반사 레이어와 맨 아래쪽의 배경 레이어의 눈을 숨겨 보이지 않게 해 주고 26번 작업처럼 아무 레이어와 상관 없이 우측 마우스 버튼 클릭 〉 Merge Visible Layers를 선택하여 보이는 모든 레이어를 하나로 합쳐줍니다.

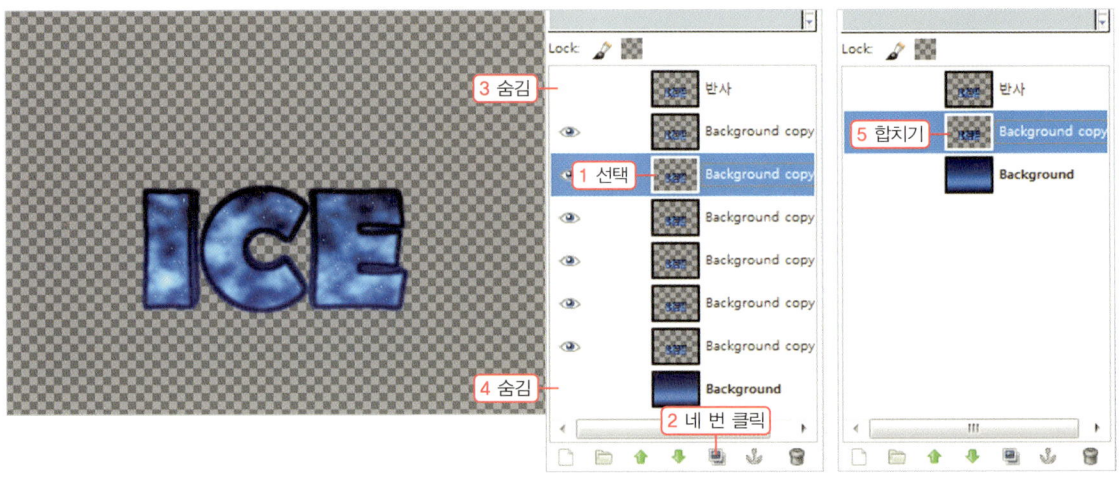

30 반사 레이어와 배경 레이어를 다시 보이게 해 주고 반사 레이어를 선택합니다. 이 레이어를 바닥에 비추는 모습으로 사용하기 위해 Layer 〉 Transform 〉 Filp Vertically 을 선택합니다. 그다음 무브(이동) 툴을 사용하여 그림처럼 원본 글자 아래쪽 부분과 맞닿도록 이동합니다.

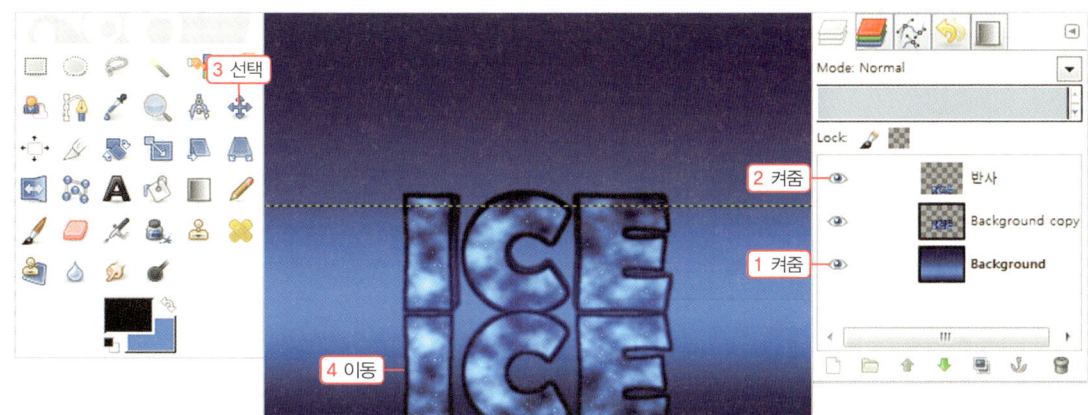

31 반사 레이어를 하나 복제한 후 아래쪽 원본 레이어를 선택합니다. Filters 〉 Blur 〉 Motion Blur를 선택하거나 Re-Show 메뉴를 선택하여 앞서 적용했던 효과를 그대로 적용합니다. 설정 창에서 앞서 적용됐던 값을 그대로 사용하되 Blur Center의 Y 값만 50으로 설정하여 적용합니다. 이렇게 해야 바닥에 비친 글자의 블러 방향이 정확하게 표현됩니다.

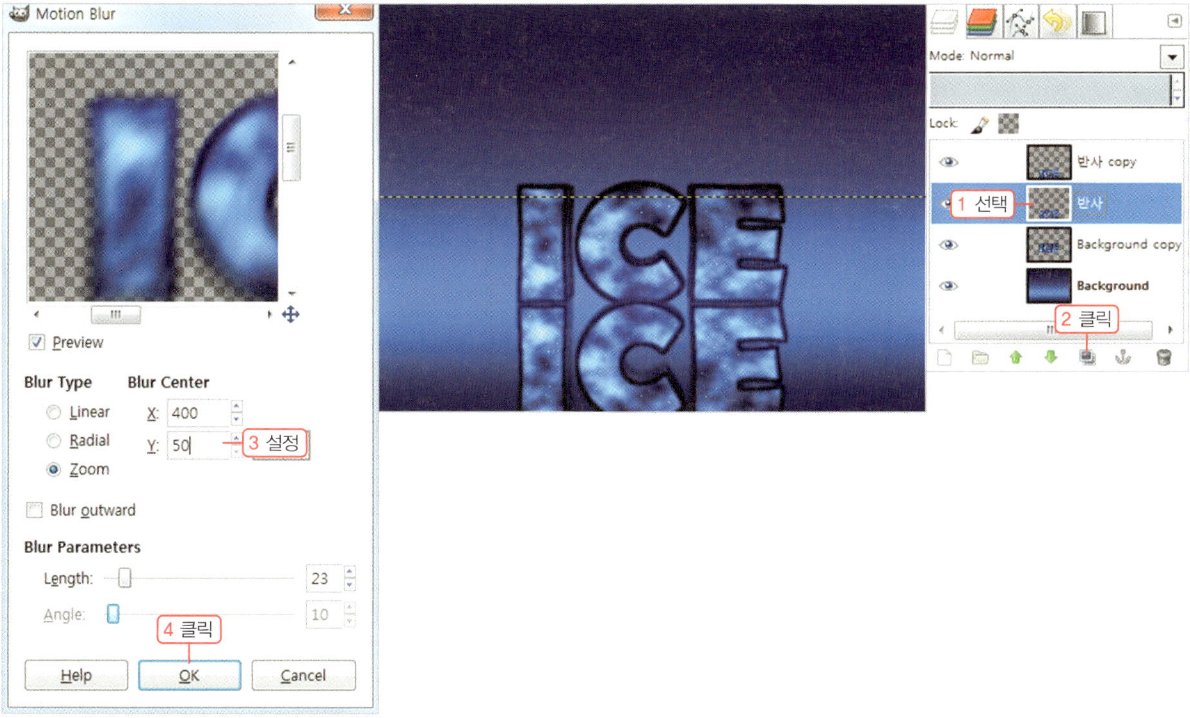

얼음 느낌의 3D 텍스트 만들기 **319**

32 반사 레이어를 하나 복제한 후 아래쪽 원본(정상적인 모습의 글자) 레이어와 배경 레이어를 숨겨줍니다. 아무 레이어 위에서 우측 마우스 버튼 클릭 〉 Merge Visible Layers를 선택하여 보이는 모든 레이어를 하나로 합쳐줍니다. 합쳐진 레이어를 두 번째 자리로 이동하고 모든 레이어의 모습이 보이도록 해 줍니다.

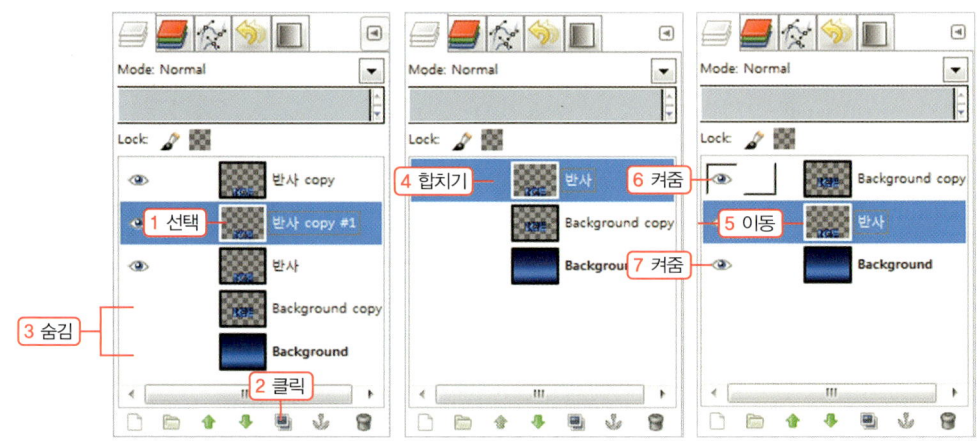

33 반사 레이어의 반사된 모습을 디테일하게 표현하기 위해 레이어 위에서 우측 마우스 버튼 클릭 〉 Add Layer Mask를 선택합니다. 설정 창에서 기본 상태(White) 그대로 적용합니다.

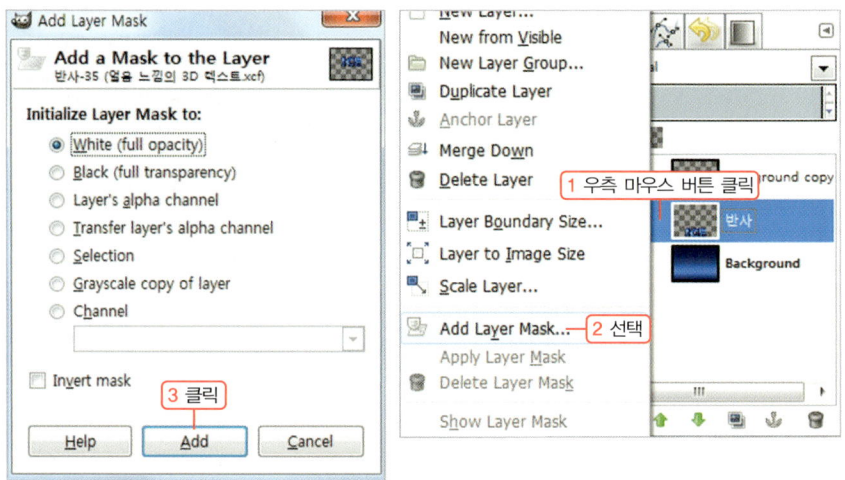

34 툴 박스에서 블렌드 툴을 선택하고 전경과 배경 색상을 기본 색상으로 전환합니다. 툴 옵션에서 그래디언트 타입을 FG to BG (RGB)로 선택하고 바닥에 자연스럽게(아래로 갈수록 흐려지게) 비치도록 아래서 위로 그래디언트를 적용합니다.

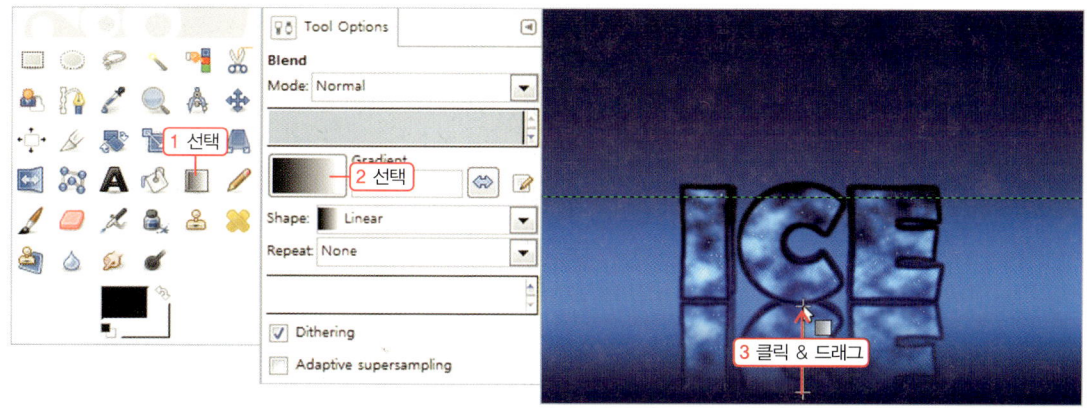

35 반사 레이어의 Opacity(불투명도) 값을 80 정도로 설정하여 바닥에 비추는 글자의 모습을 보다 엷게 나타나도록 해 줍니다.

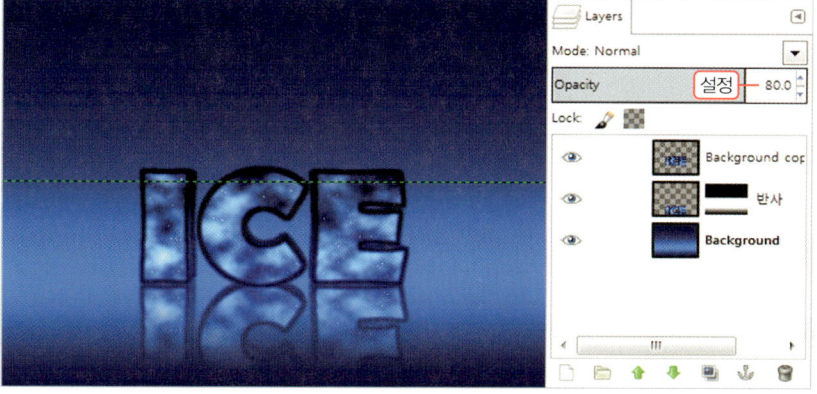

36 Create a new layer 버튼을 클릭하여 투명한 레이어를 하나 추가한 후 배경 바로 위쪽으로 이동합니다. 이 레이어는 바닥을 표현하기 위해 사용되므로 앞서 16번 작업에서 사용했던 Filters > Render > Clouds > Solid Noise를 그대로 적용합니다.

37 스케일(크기) 툴을 사용하여 그림처럼 크기를 조절합니다. 이미지 상단의 가운데 조절 포인트를 아래로 이동하여 조절하면 편리합니다.

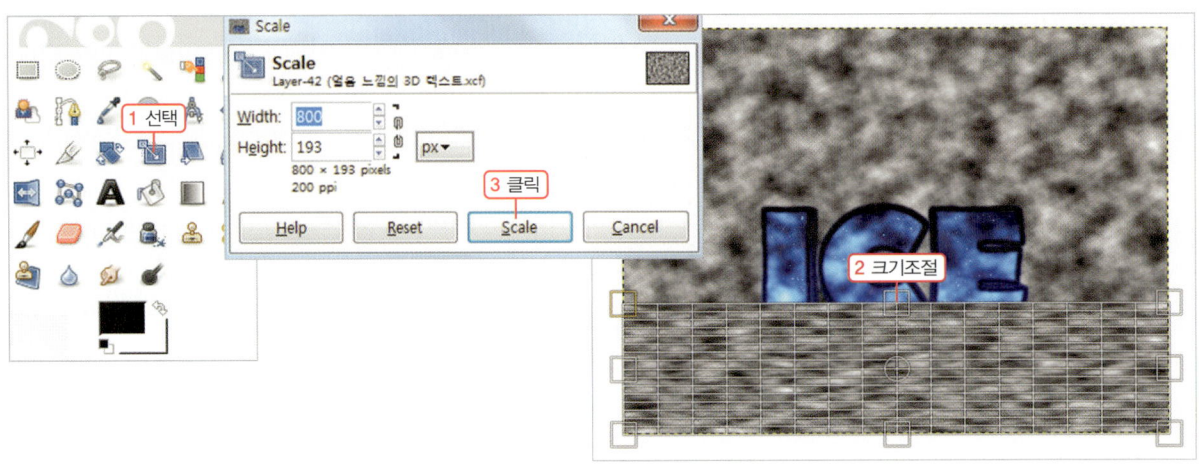

38 계속해서 이번엔 Filters 〉 Render 〉 Clouds 〉 Difference Clouds를 선택합니다. 설정 창에서 Randomize를 체크한 후 적용합니다.

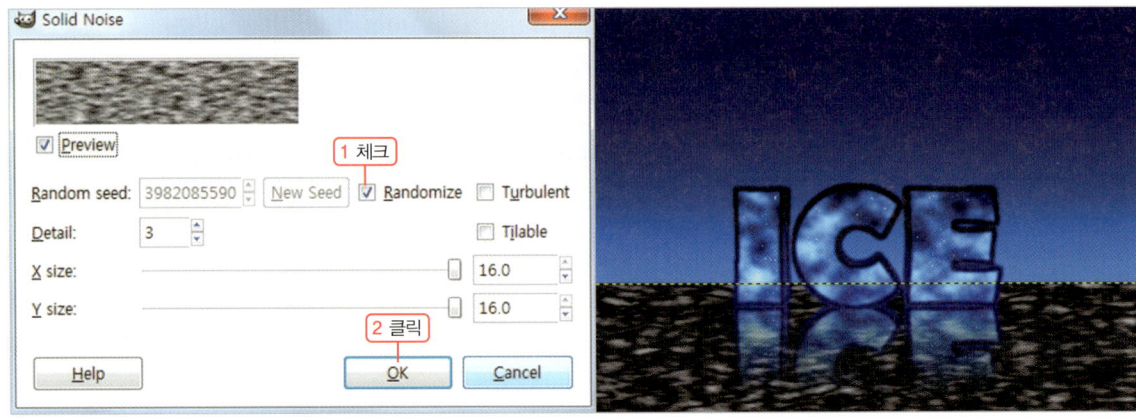

39 Colors 〉 Invert를 선택하여 클로우드 효과를 반전시키고 레이어 블렌딩 모드를 Overlay로 설정, 불투명도를 43 정도로 설정하여 자연스런 바닥의 모습으로 만들어줍니다.

40 바닥 레이어에 적용된 클라우드 효과의 모습을 디테일하게 표현하기 위해 레이어 위에서 우측 마우스 버튼 클릭 > Add Layer Mask를 선택합니다. 설정 창에서 기본 상태(White) 그대로 적용합니다.

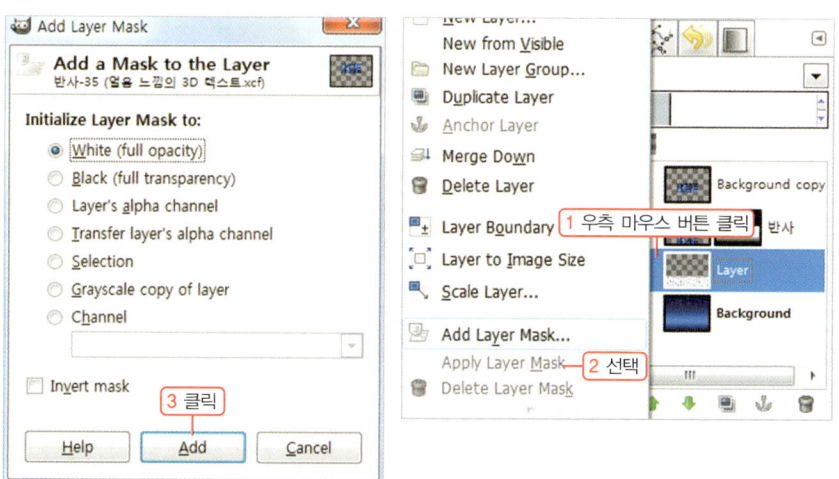

41 마지막으로 블렌드 툴을 사용하여 바닥의 위쪽 경계를 자연스럽게(부드럽게) 표현하기 위해 위에서 아래로 아주 짧게 그래디언트를 적용합니다.

38 보기만 해도 의시시한 호러 문자 만들기

호러 문자는 문자 하나만으로도 공포감을 느끼게 해 줍니다. 이런 호러 문자를 위한 글꼴들도 있지만 이번 학습에서는 일반적인 글꼴을 이용하여 호러 문자를 표현하는 방법에 대해 알아봅니다.

01 이미지 폴더에서 배경으로 사용할 호러.02jpg 파일을 불러옵니다. 호러 글자에 배경에 적합한 이미지인 것을 알 수 있습니다. 꿈속에 나타날까 두려울 정도입니다. Create a new layer 버튼을 클릭하여 호러 글자 배경을 위한 흰색 이미지를 추가합니다. 그다음 툴 박스에서 텍스트 툴을 사용하여 HORROR란 검정색 글자를 입력합니다. 글꼴은 평범한 글꼴을 사용합니다.

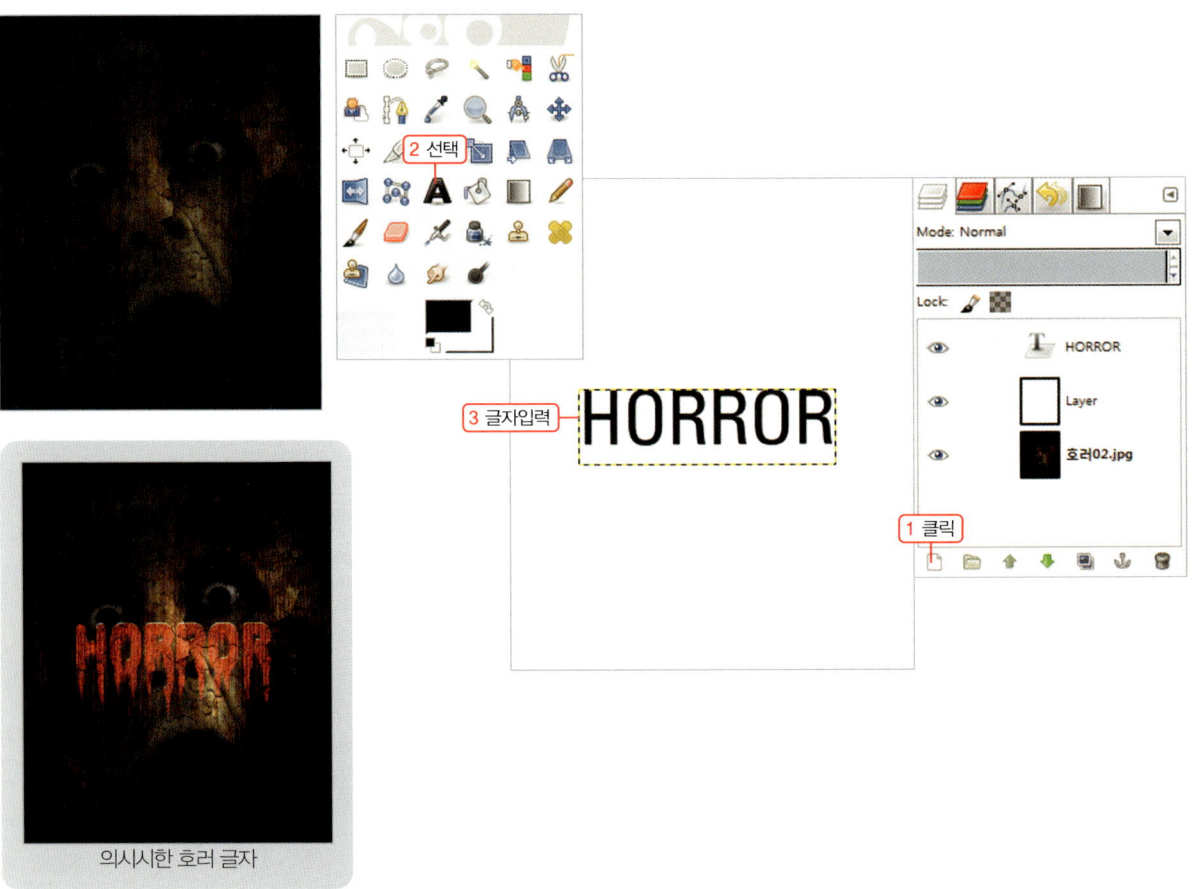

의시시한 호러 글자

02 글자 레이어에 Filters 〉 Blur 〉 Gaussian Blur를 적용합니다. 가로와 세로의 블러 값은 15 정도로 설정합니다. 글자 가장자리가 흐리게 변했습니다.

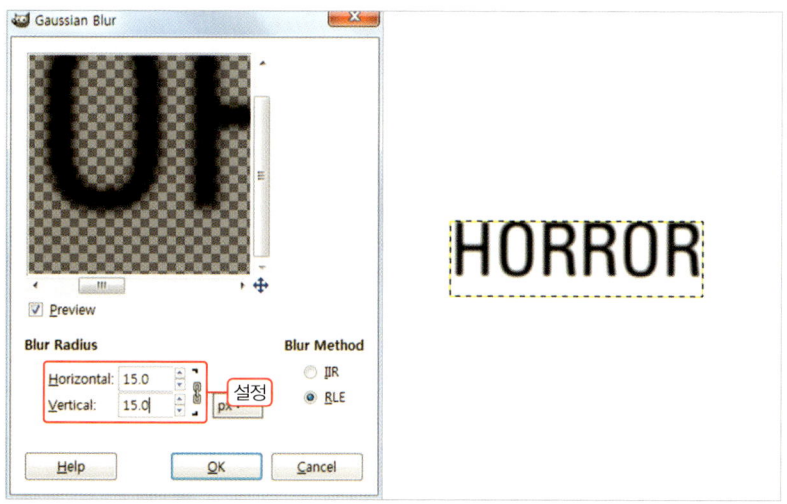

03 글자 레이어 위에서 우측 마우스 버튼 클릭 〉 Merge Down을 선택하여 아래쪽 흰색 배경 레이어와 합쳐줍니다. 이렇게 해야 다음 작업에서 효과가 적용됩니다.

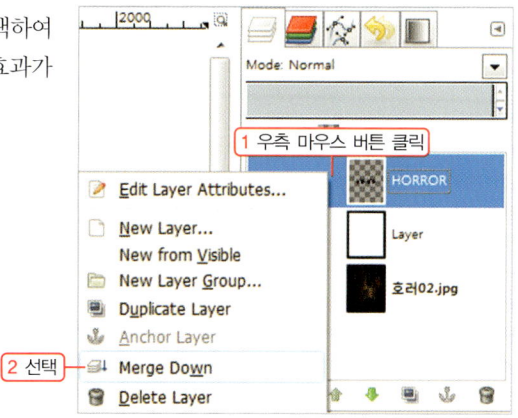

04 합쳐진 레이어의 이미지를 단순화하기 위해 Colors 〉 Threshold를 선택합니다. 설정 창에서 좌측 검은색 조절 슬라이더를 우측으로 이동하여 글자의 두께를 넓혀주고 경계를 거칠게 해 줍니다.

05 글자를 작업하기 좋게 확대(Ctrl + 마우스 휠 회전)해 놓고 툴 박스에서 브러시 툴을 선택합니다. 브러시의 크기를 글자의 크기보다 절반 정도 얇게 조절한 후 그림처럼 글자 아래쪽에 직선을 그어줍니다. 직선을 그을 때 먼저 시작 지점에서 클릭한 후 끝 지점에서 Shift 키를 누른 상태로 클릭하면 직선을 쉽게 그을 수 있습니다.

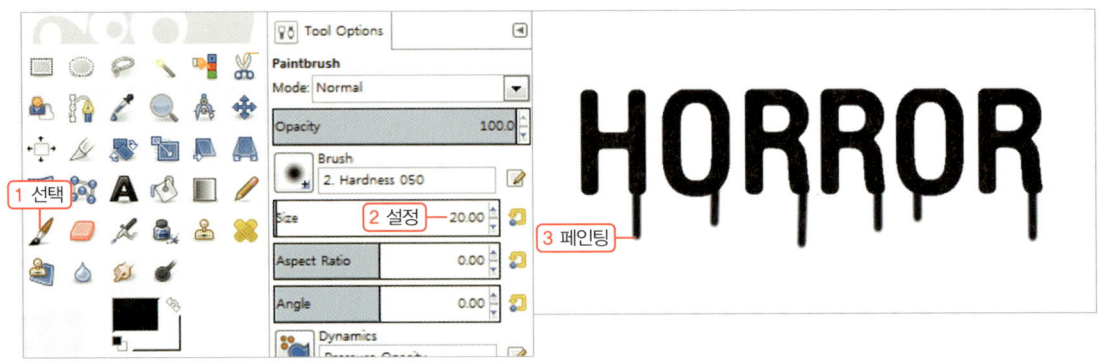

06 계속해서 글자의 바닥이 있는 부분은 액체가 고여있는 것 같은 느낌으로 점을 찍듯 페인팅 작업을 해 줍니다. 또한 글자의 아래쪽 부분엔 앞서 작업했던 것과 다른 길이의 선을 그어줍니다.

07 브러시의 크기를 조절해 가며 글자 아래쪽에 흐르는 선의 끝 지점에 그림과 같은 점을 찍어줍니다. 클릭, 클릭, 클릭해 가면서 점을 찍는데 점의 크기는 서로 달라야 자연스런 느낌이 듭니다.

08 다시 글자 레이어에 Filters 〉 Blur 〉 Gaussian Blur를 적용합니다. 가로와 세로의 블러 값은 21 정도로 설정합니다. 글자 가장자리가 흐리게 변했습니다.

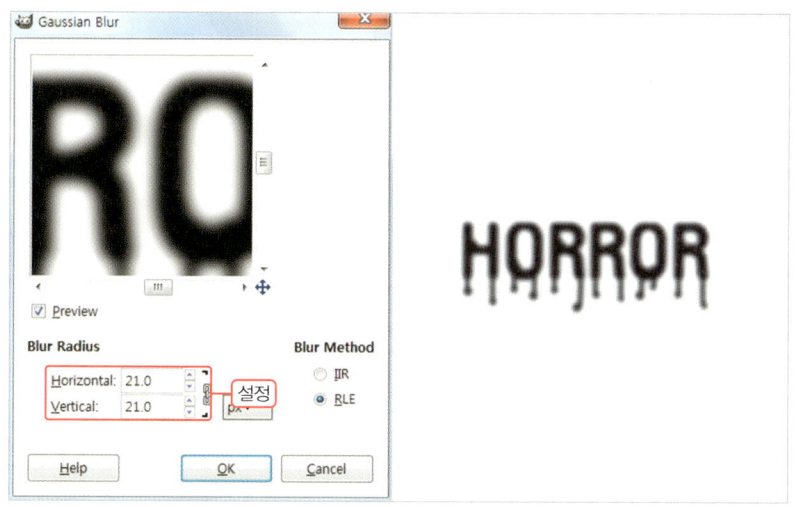

09 이번에도 역시 글자를 단순화하기 위해 Colors 〉 Threshold를 선택합니다. 설정 창에서 좌측 검은색 조절 슬라이더를 우측으로 이동하여 글자의 두께를 넓혀주고 경계를 거칠게 해 줍니다.

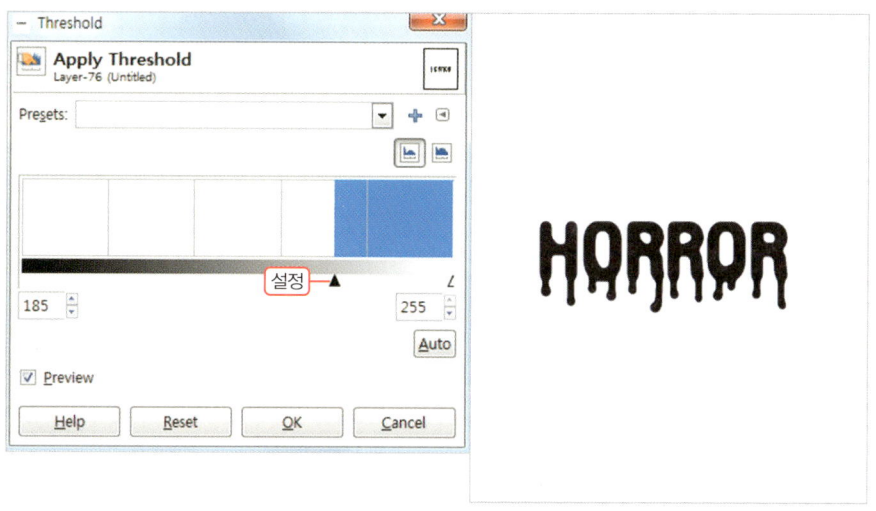

10 컬러 실렉션(색상으로 선택) 툴을 선택하고 흰색 배경을 클릭하여 선택영역으로 만들어준 후 Delete 키를 눌러 삭제합니다. 삭제된 투명한 영역은 아래쪽 호러 레이어의 모습이 나타납니다.

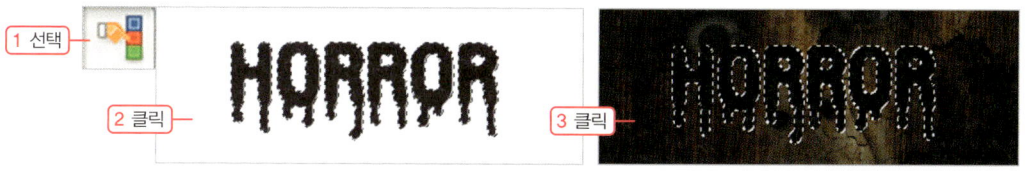

11 검은색 글자를 피와 같은 느낌의 색상으로 바꿔주기 위해 Colors 〉 Colorize를 선택합니다. 설정 창에서 Hue를 360, Saturation을 95, Lightness를 34 정도로 설정하여 붉은 색으로 설정합니다.

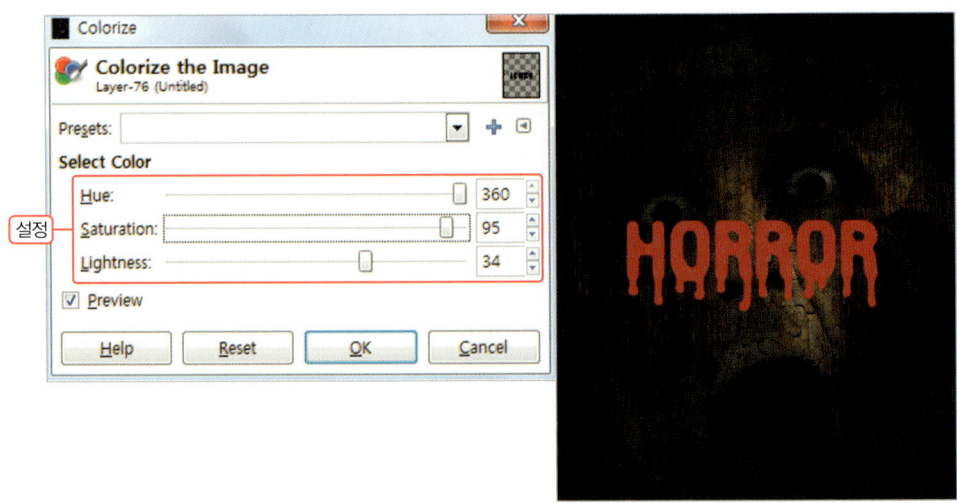

12 피가 흐르는 장면을 표현하기 위해 스머지 툴을 선택합니다. 브러시 크기는 앞서 사용했던 크기 그대로 사용합니다. 글자의 선이 늘어진 부분에서 클릭 & 아래로 드로잉하여 뭉개지도록 해 줍니다. 만족할 때까지 반복해서 뭉개줍니다. 글자의 위 부분도 너무 깔끔하면 자연스럽지 않기 때문에 살짝씩만 뭉개줍니다.

13 글자 레이어에 Filters 〉 Light and Shadow 〉 Lighting Effects를 선택합니다. 먼저 Options 탭에 Distance를 0.84 정도로 설정하고 조명의 위치를 H자 위쪽에 배치합니다. 그다음 Material 탭으로 이동한 후 Glowing을 0.5로 설정합니다. Bump Map 탭으로 이동한 후 Enable bump mapping을 체크한 후 Bumpmap image를 배경으로 사용되는 호러 레이어로 지정합니다. 글자의 질감이 호러 레이어와 합성됩니다.

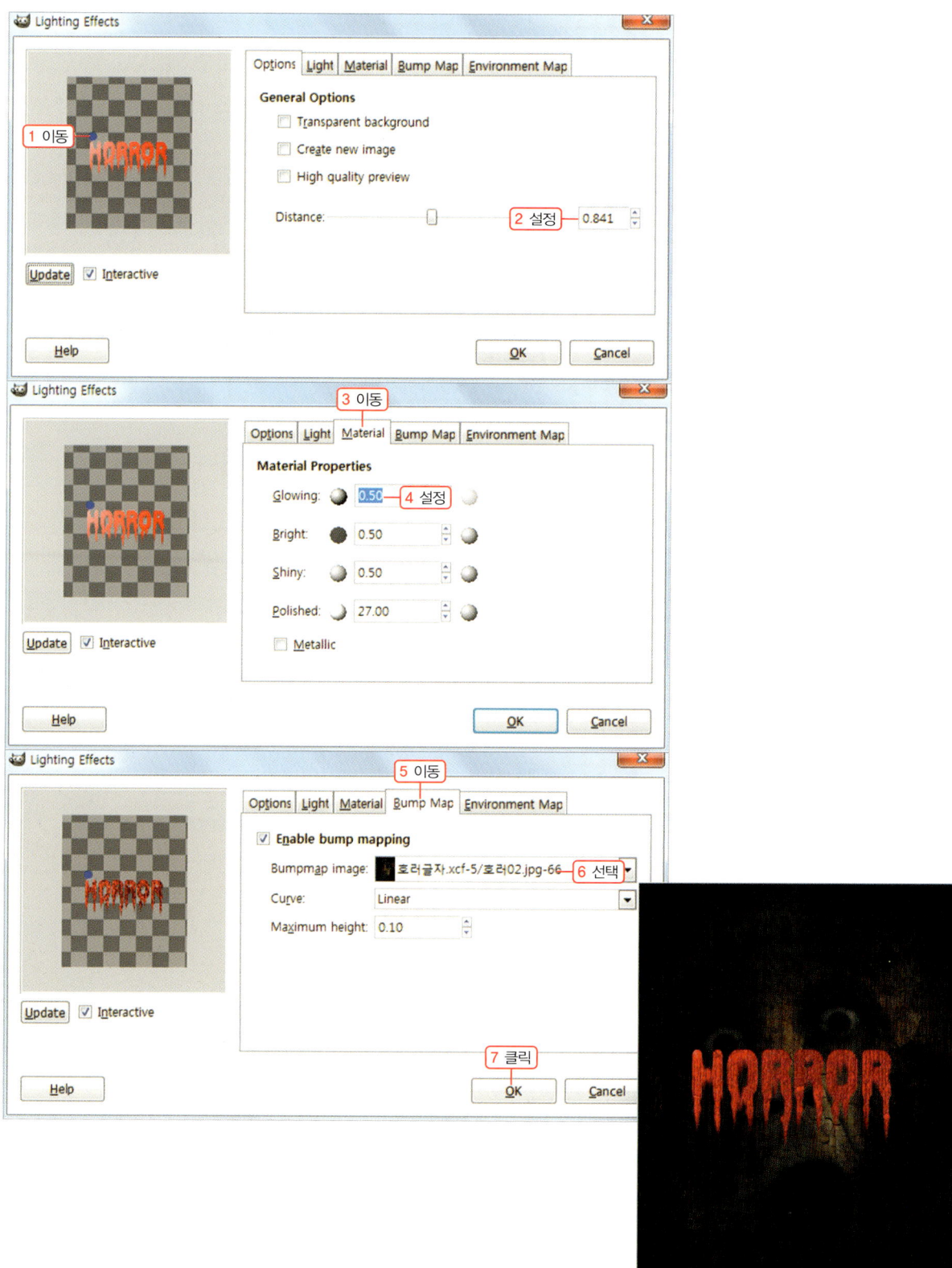

14 호러 레이어를 하나 복제해 줍니다. 복제된 위쪽 레이어를 선택하고 Alt 키를 누른 상태에서 위쪽 글자 레이어를 클릭하여 선택영역을 만들어줍니다. Delete 키를 눌러 삭제합니다. 삭제된 공간에 위쪽 글자의 모습이 살짝 비춰집니다.

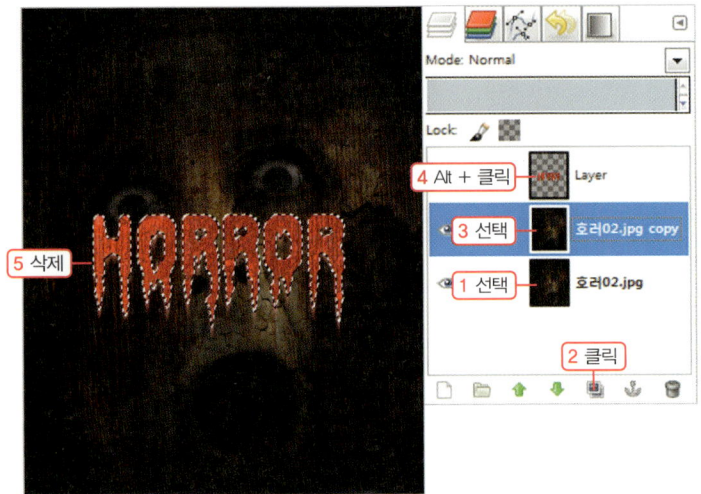

15 삭제한 레이어의 위치를 위쪽으로 살짝만 이동하기 위해 무브(이동) 툴을 선택합니다. 글자 부분을 클릭한 후 위쪽 방향키를 몇 번 눌러 위로 이동합니다. 글자 위쪽에 빛의 하이라이트가 표현됩니다.

16 글자에 그림자 효과를 적용하기 위해 글자 레이어를 선택하고 Filters > Light and Shadow > Drop Shadow를 선택합니다. Offset X/Y를 3 정도로 설정한 후 적용합니다.

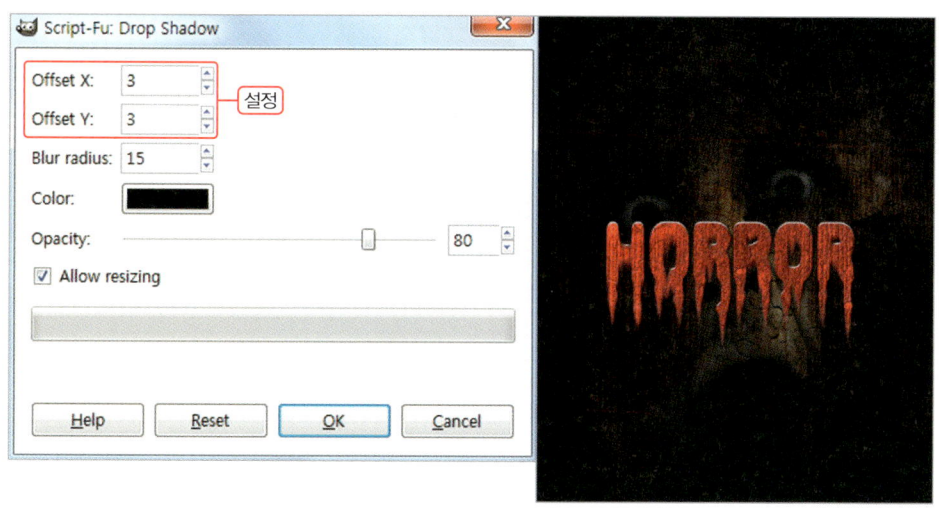

17 마지막으로 배경 호러 레이어를 보이지 않게 해 준 후 아무 레이어 위에서 우측 마우스 버튼 클릭 〉 Merge Visible Layers를 선택하여 보이는 모든 레이어를 하나로 합쳐줍니다. 그다음 숨겼던 배경 호러 레이어를 다시 보이게 해 주고 위쪽 글자 레이어의 블렌딩 모드를 Dodge로 설정하여 합성합니다.

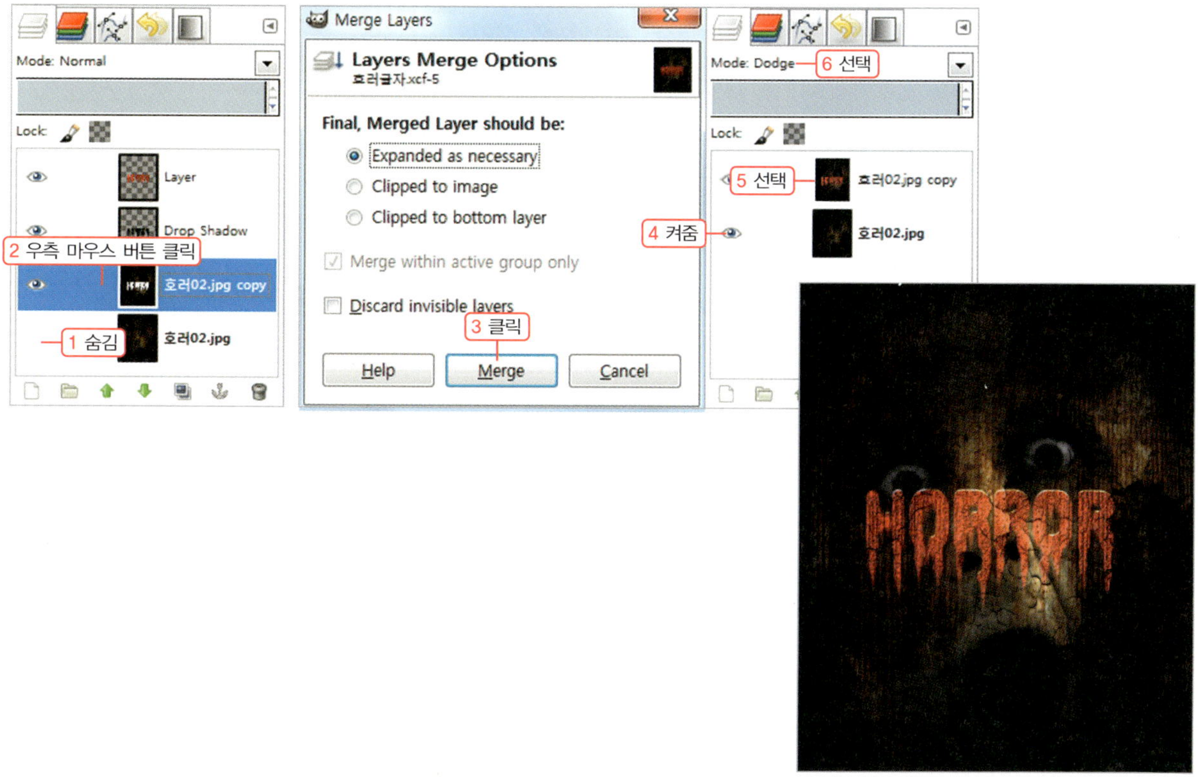

39 구름을 닮은 글자 만들기

브러시 툴은 그림만 그리는 것이 아니라 글자를 만드는 작업도 가능합니다. 이번 학습은 에어 브러시를 사용하여 솜사탕처럼 달콤하고 부드러운 구름으로 글자를 만들어봅니다.

01 새로운 이미지를 만들기 위해 File 〉 New를 선택합니다. 설정 창에서 크기를 640x480, 해상도를 200dpi 정도로 설정합니다.

구름 글자

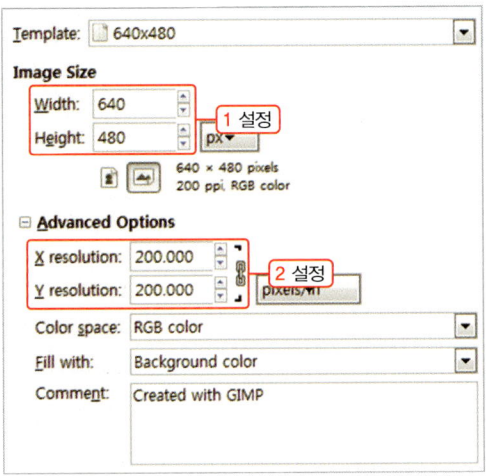

02 먼저 하늘 배경을 만들어주기 위해 블렌드 툴을 선택하고 전경 색상은 진한 하늘색, 배경은 밝은 하늘색으로 설정합니다. 툴 옵션에서 그래디언트 타입을 FG to BG (RGB)로 선택하고 이미지 윈도우에서 그림처럼 위에서 아래로 그래디언트를 적용합니다.

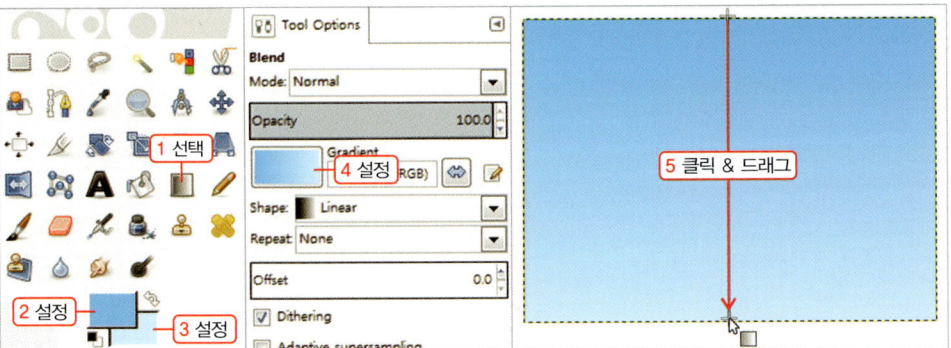

03 이제 구름 글자를 써주기 위해 에어 브러시 툴을 선택하고 전경 색을 흰색으로 설정합니다. 툴 옵션에서 브러시 크기를 45 정도로 설정하고 구름처럼 흩어지는 글자를 입력하기 위해 Apply Jitter를 체크합니다. 아래쪽 Amount를 0.9 정도로 설정하여 흩어지는 범위를 너무 넓게 하지 않습니다. 현재는 브러시 농도가 너무 낮기 때문에 맨 아래쪽에 있는 Flow를 26 정도로 높여준 후 그림처럼 구름이란 글자를 써줍니다. 구름이 피어나듯 글자가 써졌습니다.

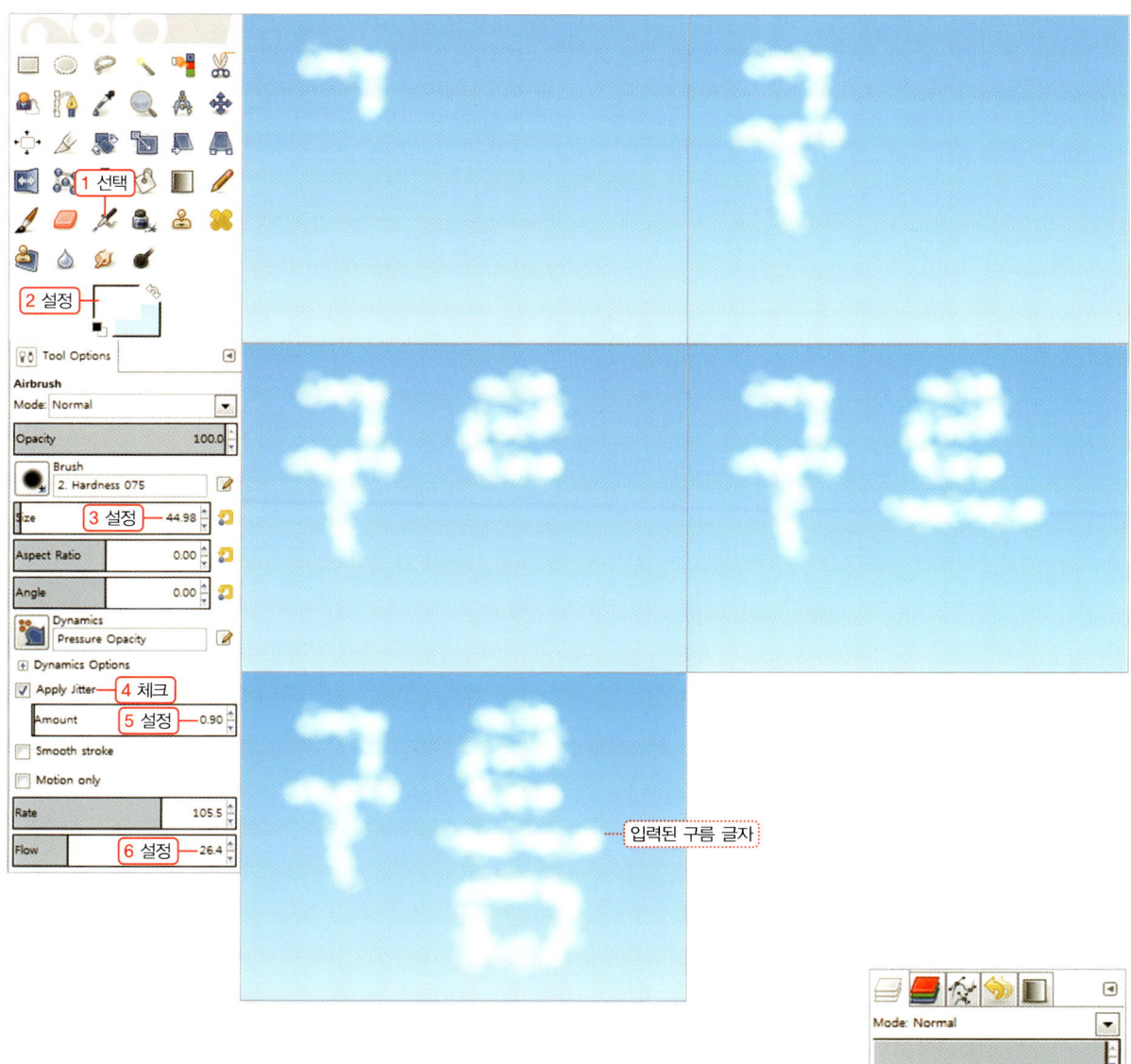

04 Create a new layer 버튼을 클릭하여 새로운 레이어를 하나 추가합니다. 이 레이어는 구름의 음영을 표현하기 위한 레이어로 사용됩니다.

05 계속해서 앞서 사용하던 에어 브러시 툴을 선택한 후 전경 색을 회색으로 설정합니다. 앞서 써준 구름 글자와 비슷하게 써줍니다.

06 마지막으로 레이어 블렌딩 모드를 Color로 선택하고 Opacity(불투명도) 값을 54 정도로 설정하여 아래쪽 흰색 구름과 합성을 해 줍니다. 위쪽 회색 구름이 흰색 구름에 착색되어 자연스런 음영이 표현됐습니다.

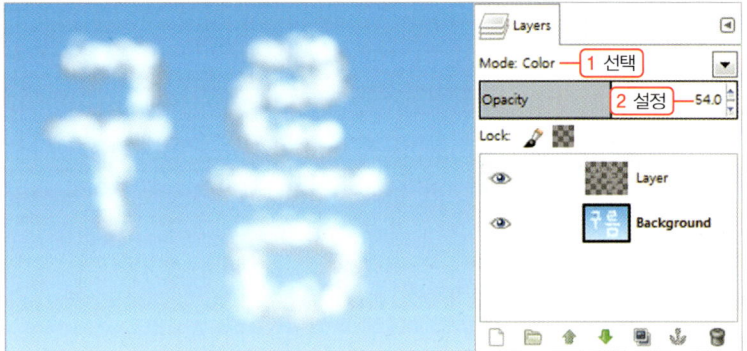

40 웹용 GIF 애니메이션 만들기

GIF는 스틸 이미지 형식과 애니메이션 형식 두 가지로 나뉘는데 웹 상에서 움직임이 있는 애니메이션을 구현하기 위해서는 여러 개의 레이어들이 필요합니다. 이번 학습에서는 글자가 써지는 애니메이션을 만들어봅니다.

01 앞선 예제에서 사용했던 구름을 닮은 글자 만들기의 프로젝트 파일 중 하늘만 있는 하늘.xcf 파일을 열어줍니다. 이제 글자가 써지는 애니메이션을 표현하기 위해 투명한 레이어를 하나 추가합니다. 그다음 에어 브러시 툴을 사용하여 구름이란 글자를 입력하는데 글자가 써지는 애니메이션이기 때문에 그림처럼 조금만 써줍니다.

02 다시 투명한 새로운 레이어를 추가합니다. 그다음 에어 브러시를 사용하여 앞선 작업보다 약간 더 글자를 표현해 줍니다.

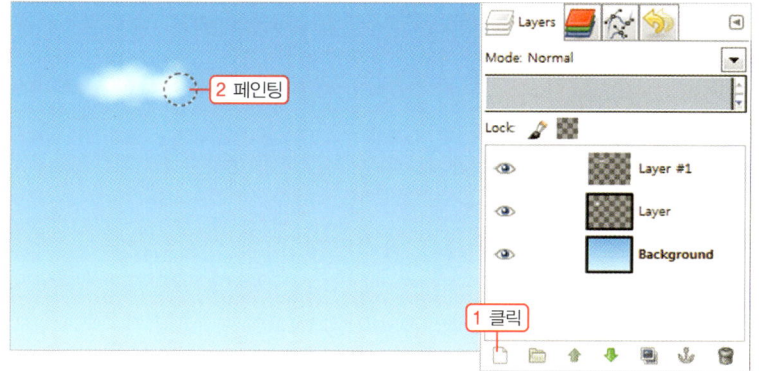

03 다시 투명한 새로운 레이어를 추가합니다. 그다음 에어 브러시를 사용하여 앞선 작업보다 약간 더 글자를 표현해 줍니다.

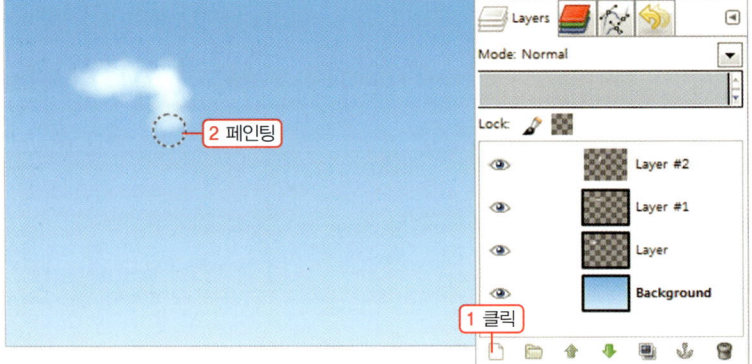

04 계속해서 투명한 새로운 레이어를 추가합니다. 그다음 에어 브러시를 사용하여 앞선 작업보다 약간 더 글자를 표현해 줍니다.

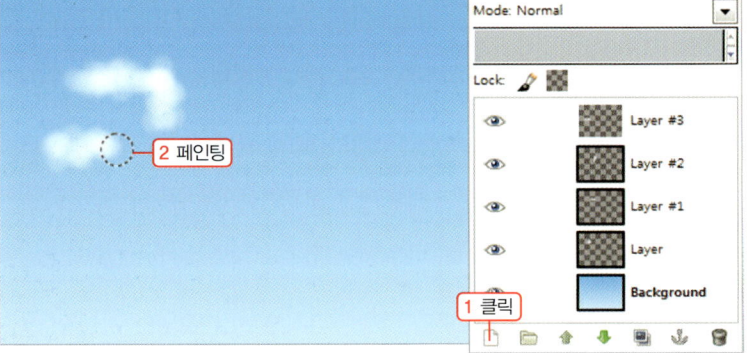

05 투명한 새로운 레이어를 추가합니다. 그다음 에어 브러시를 사용하여 앞선 작업보다 약간 더 글자를 표현해 줍니다. 페인팅 거리가 짧을수록 움직임이 정교합니다.

06 계속해서 투명한 새로운 레이어를 추가한 후 구름의 구 자를 완성합니다. 구 자를 완성하는데 총 여섯 개의 레이어가 사용됐습니다.

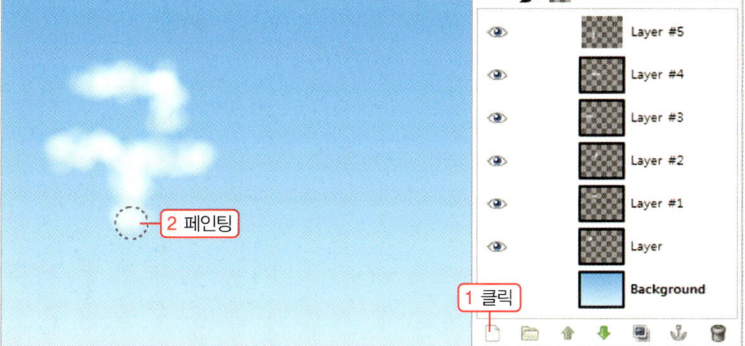

07 같은 방법으로 레이어를 추가해 가면서 구름의 름 자를 완성합니다. 이번 작업에서는 하늘 배경을 포함하여 총 열아홉 개의 레이어가 사용됐습니다. 최종 애니메이션 순서는 아래쪽 레이어부터입니다.

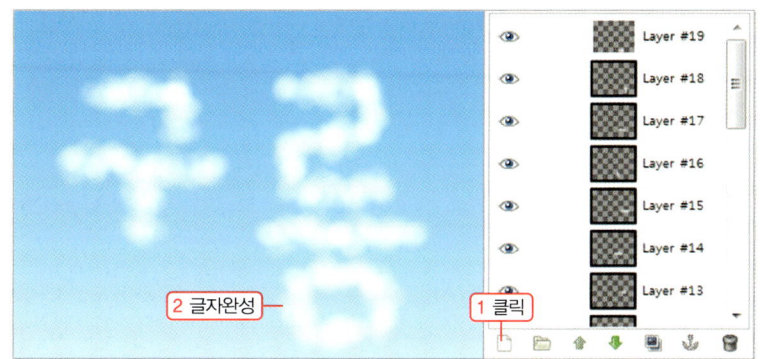

08 작업한 것을 파일로 만들기 전에 미리보기를 해 보고 싶다면 Filters 〉 Animation 〉 Playback을 선택한 후 애니메이션 플레이백 창이 열리면 재생 버튼을 눌러 확인할 수 있습니다. 참고로 GIF 파일은 최고 256 컬러만 지원되기 때문에 앞서 사용한 에어 브러시의 섬세함은 표현되지 않습니다.

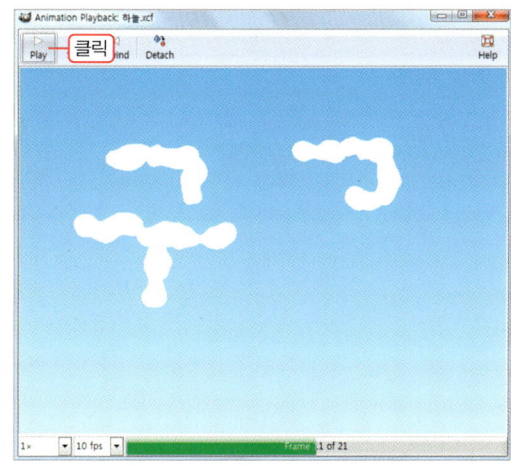

09 이제 최종적으로 파일을 만들기 위해 File 〉 Export를 선택합니다. 설정 창에서 파일이 저장될 경로를 지정하고 이름과 확장자를 입력한 후 Export 버튼을 클릭합니다. GIF 설정 창이 열리면 애니메이션 파일을 만들기 위해 As animation을 체크하고 Export 버튼을 클릭합니다.

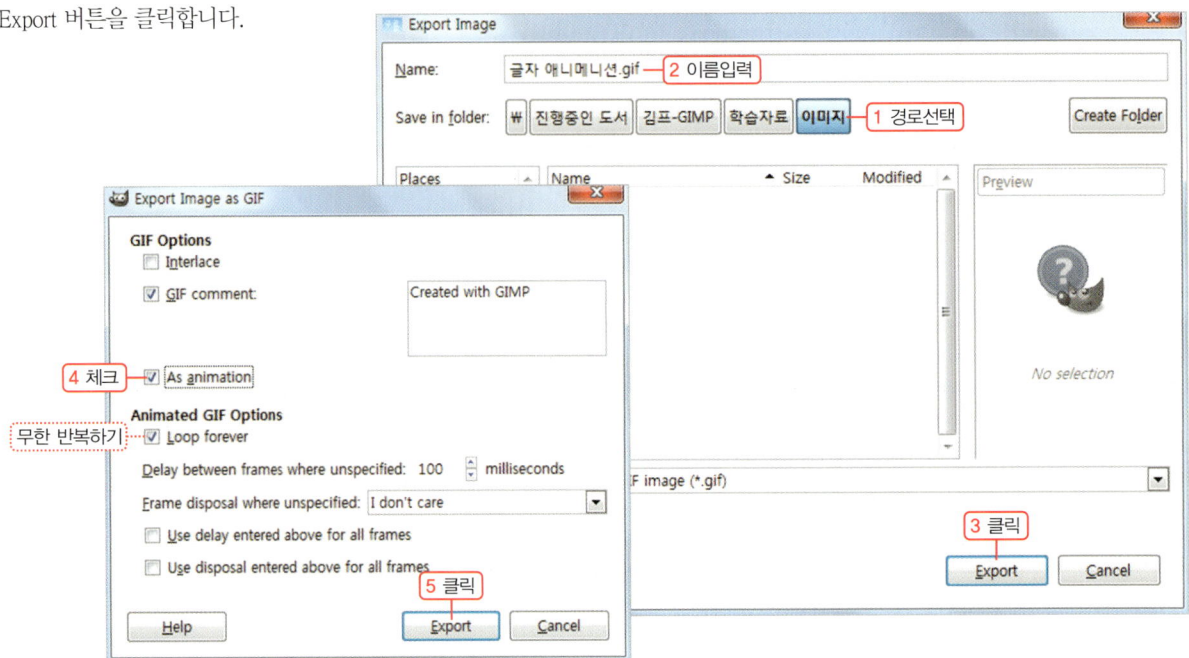

10 파일이 저장된 폴더로 들어가 해당 파일을 더블클릭해 보면 인터넷 브라우저가 열리면서 작업한 내용이 애니메이션되는 것을 알 수 있습니다. 이와 같은 방법을 사용하면 김프의 레이어를 통해 애니메이션을 연출할 수 있습니다. 꽃이 피는 장면이나 카운트되는 장면 등 다양하게 응용할 수 있습니다.

41 화려한 무지개 빛깔 입술 만들기

서로 다른 이미지들을 합성하는 방법은 다양합니다. 그 중 대표적으로 레이어 블렌딩 모드나 범프 맵, 레이어 마스크 등이 있습니다. 이번 학습에서는 레이어 블렌딩 모드를 통해 그래디언트 색상과 입술 이미지를 간단하게 합성해 봅니다.

01 이미지 폴더에서 입술.jpg 파일을 불러옵니다. Create a new layer 버튼을 클릭하여 투명한 레이어를 하나 추가합니다.

무지개 입술

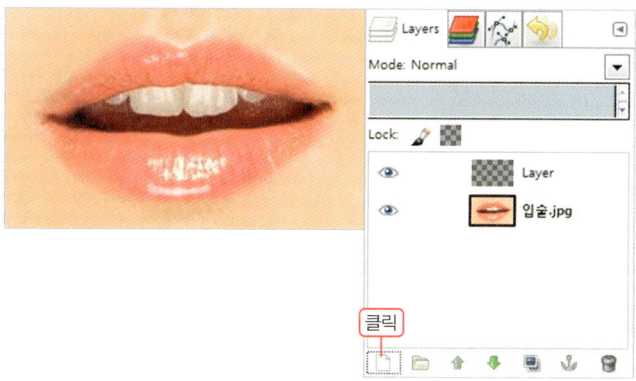

02 툴 박스에서 블렌드 툴을 선택하고 툴 옵션에선 그래디언트 타입을 Pastel Rainbow를 선택합니다. 이미지 윈도우의 너비보다 약간 작게 좌측에서 우측으로 그래디언트를 적용합니다.

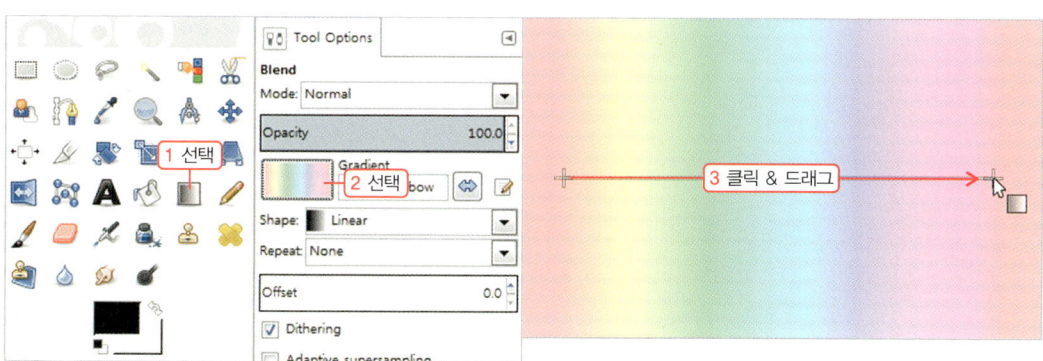

03 레인보우 그래디언트가 적용된 레이어의 블렌딩 모드를 Color로 선택합니다. 합성된 모습을 보니 아래쪽 입술 레이어의 색 농도가 너무 짙어 자연스럽지가 않습니다. 이것은 마지막에 다시 수정해 봅니다.

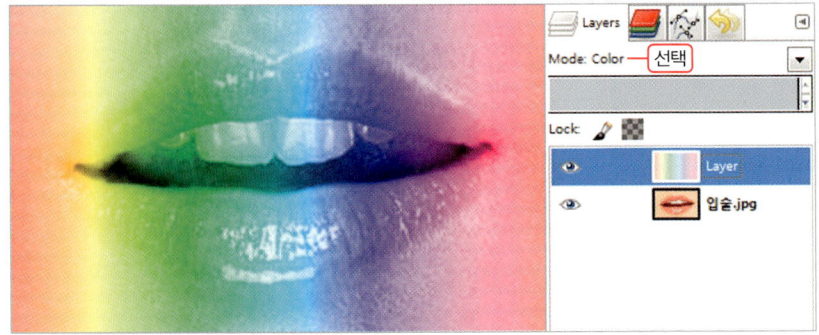

04 이레이져(지우개) 툴을 사용하여 입술을 제외한 나머지 부분을 지워줍니다. 상황에 따라 브러시의 크기를 조절해 가면서 지워줍니다.

05 레인보우 입술이 너무 짙어 과장되어 보입니다. 마지막으로 이것을 해결하기 위해 레인보우 레이어의 Opacity(불투명도) 값을 59 정도로 낮춰줍니다. 이제야 자연스럽게 합성되어 보입니다. 이와 같은 방법을 응용하여 눈 주위나 볼 같은 곳을 화려하게 장식할 수 있습니다.

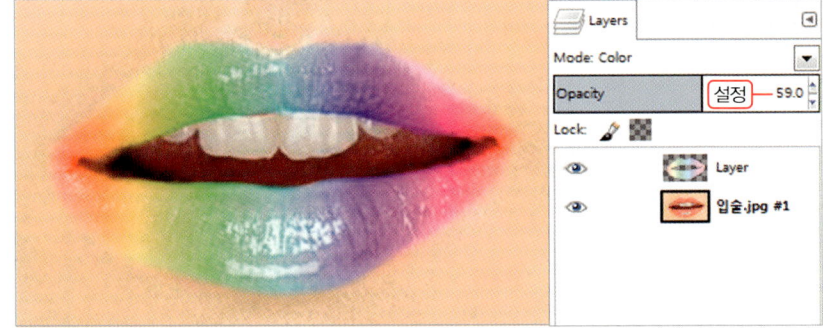

42 문자를 이용한 타이포그래피 페이스 만들기

얼굴의 윤곽을 문자로 표현하는 것도 일종의 타이포그래피라고 할 수 있습니다. 레이어 블렌딩 모드와 그래디언트 맵을 이용하여 효과적으로 표현할 수 있습니다.

01 이미지 폴더에서 남자01.jpg 파일을 불러옵니다. 이 이미지를 알파채널이 포함된 이미지로 만들어주기 위해 레이어 위에서 우측 마우스 버튼 클릭 〉 Add Alpha Channel을 선택합니다.

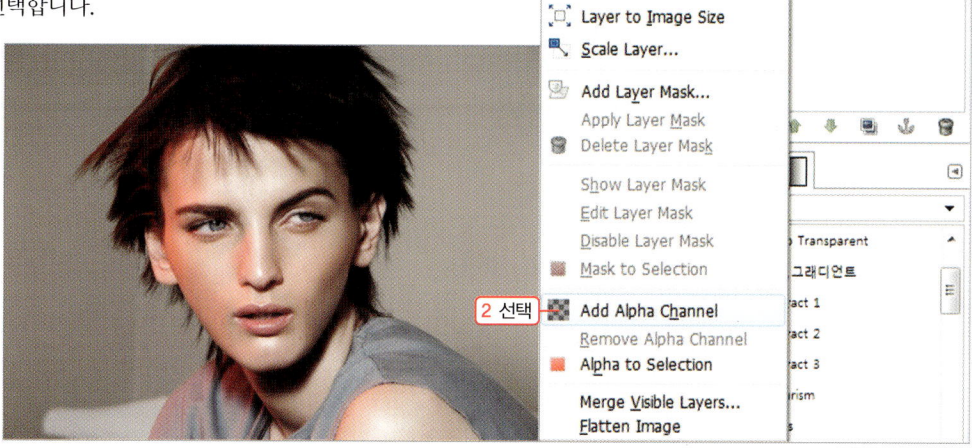

02 이미지(레이어) 배경을 지워주기 위해 이레이져(지우개) 툴을 사용하여 그림처럼 남자를 제외한 나머지 부분을 지워줍니다. 정교하게 지울 필요가 없으므로 브러시 크기를 크게 해 놓고 지워줍니다.

03 앞서 배경을 지운 남자01 레이어를 Create a duplicate 버튼을 클릭하여 하나 복제를 해 주고 복제된 레이어를 선택합니다. Colors 〉 Threshold를 선택하고 그림처럼 설정하여 적용합니다. 이미지가 아주 단순한 판화로 찍어낸 것처럼 바뀌었습니다.

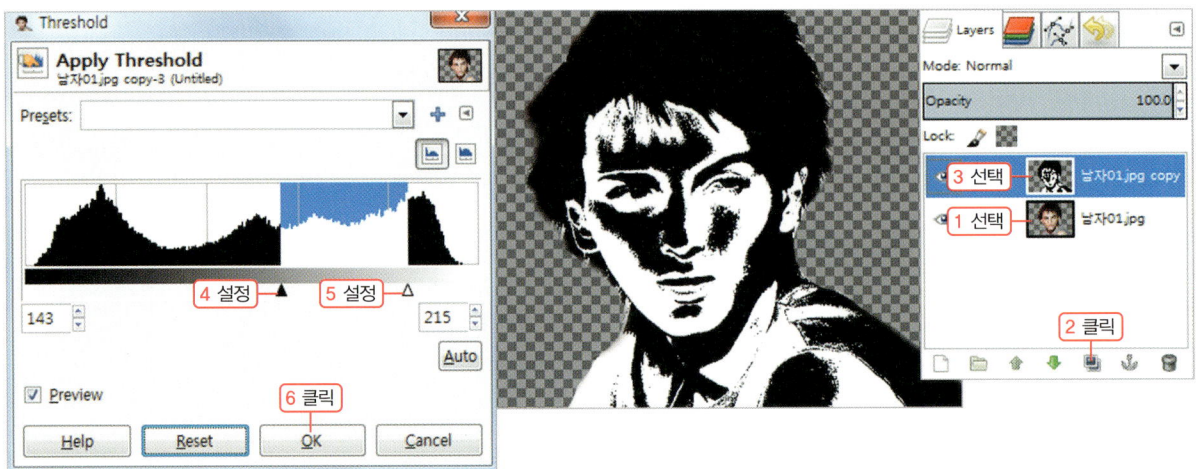

04 Create a new layer 버튼을 클릭하여 흰색의 레이어를 하나 추가한 후 맨 아래쪽으로 이동해 줍니다.

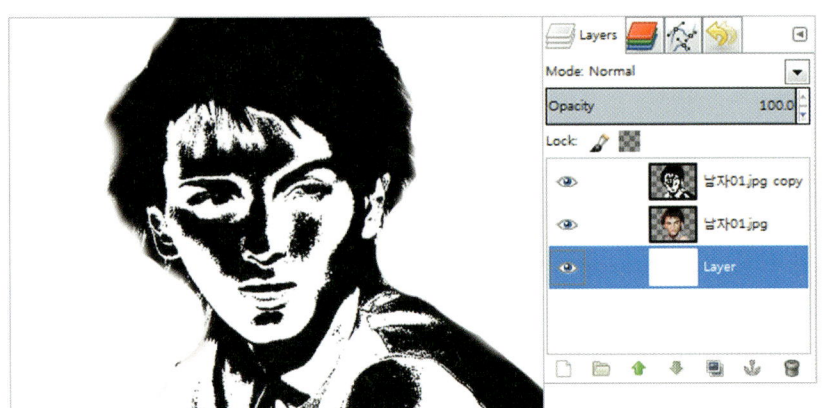

05 맨 위쪽 레이어를 선택하고 Colors 〉 Color to Alpha를 선택합니다. 설정 창에서 From이 흰색인 것을 확인하고 적용합니다. 흰색 부분이 알파채널(투명)로 되었습니다. 투명한 부분엔 아래쪽 컬러 원본 그대로인 이미지가 보입니다.

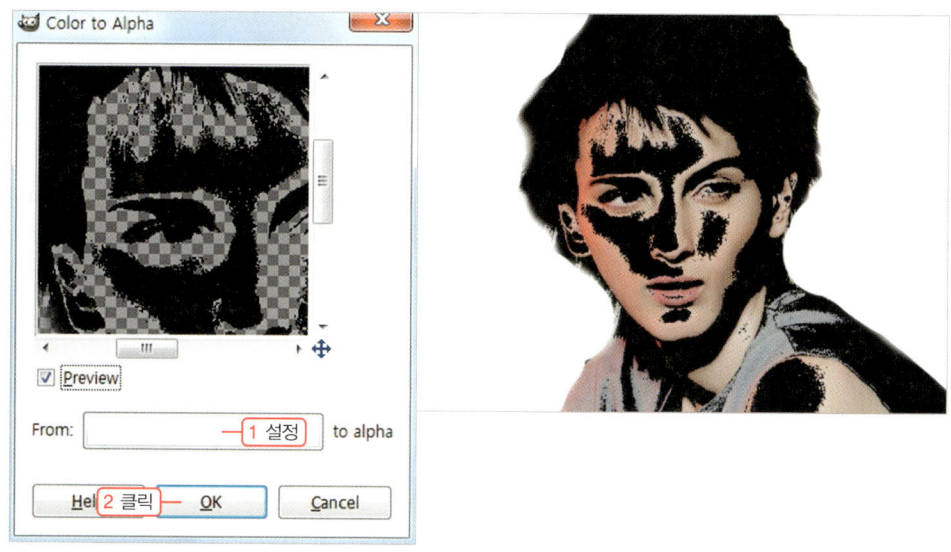

06 글자를 입력하기 위해 텍스트 툴을 선택하고 이미지 윈도우에서 그림처럼 좌측 상단 모서리 밖에서부터 우측 하단 모서리 밖으로 글자가 입력될 영역을 만들어줍니다.

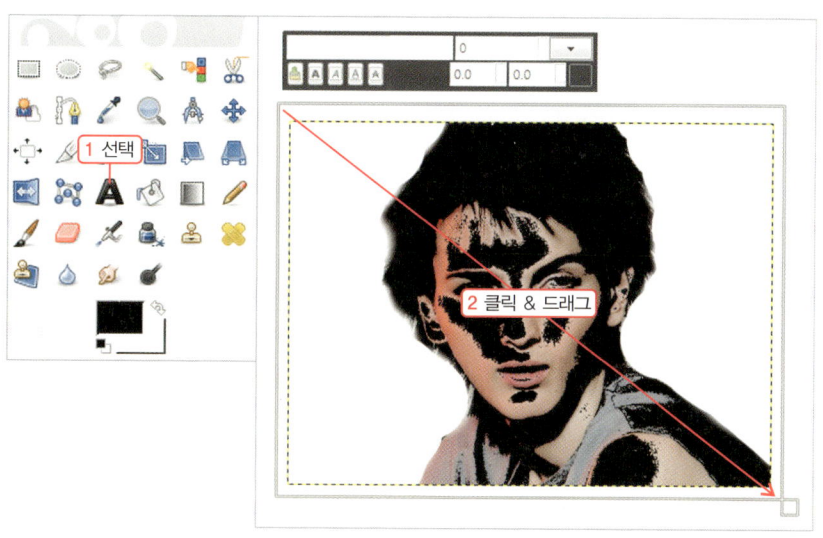

07 학습 자료 폴더를 보면 글자.txt 파일이 있는데 이 파일을 열어줍니다. 메모장 안에 있는 모든 글자를 Ctrl + A 키를 눌러 선택하고 Ctrl + C 키를 눌러 복사합니다.

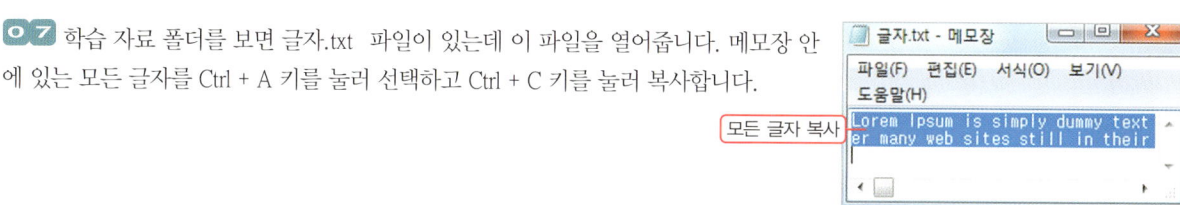

08 다시 김프로 돌아와서 앞서 복사했던 글자들을 글자 입력 영역에 Ctrl + V 키를 눌러 붙여 넣습니다. 한번에 영역을 꽉 채우지 못 했다면 다시 한 번 붙여 넣기 하여 채워줍니다. 글자의 크기는 그림과 같은 정도로 사용합니다.

09 맨 위쪽의 글자 레이어를 선택하고 Alt 키를 누른 상태에서 아래쪽 레이어를 클릭하여 선택영역을 만들어줍니다.

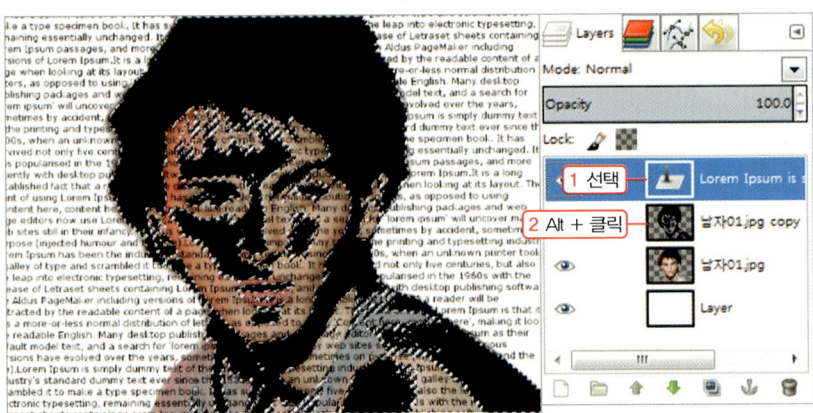

10 Ctrl + I 키를 눌러 선택영역을 반전시키고 Delete 키를 눌러 삭제합니다. 글자가 검은색이라 확인이 되지 않으므로 세 번째 레이어는 숨겨두고 두 번째 레이어는 불투명도(Opacity) 값을 0으로 설정하여 보이지 않게 해 줍니다. 이제 남자의 모습에 글자의 모습이 나타납니다.

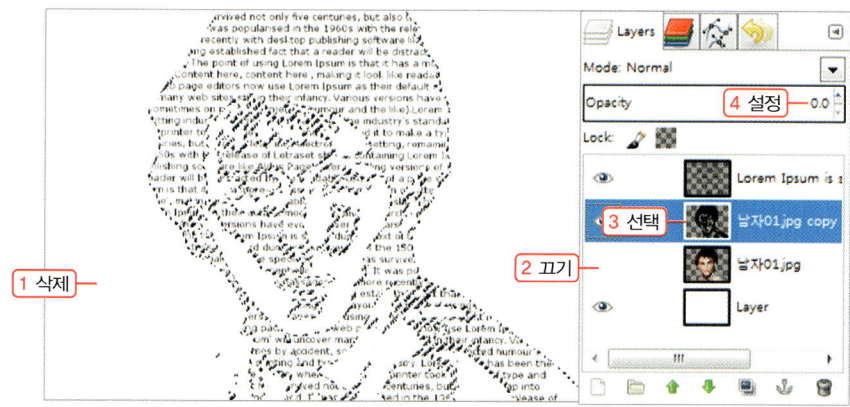

11 글자 레이어를 복제한 후 복제된 위쪽 레이어를 선택하고 툴 박스에서 무브(이동) 툴을 사용하여 글자를 입체적으로 보이도록 약간만 이동합니다. 세밀하게 이동하기 위해 먼저 이미지 윈도우를 클릭한 후 방향키를 눌러 이동합니다.

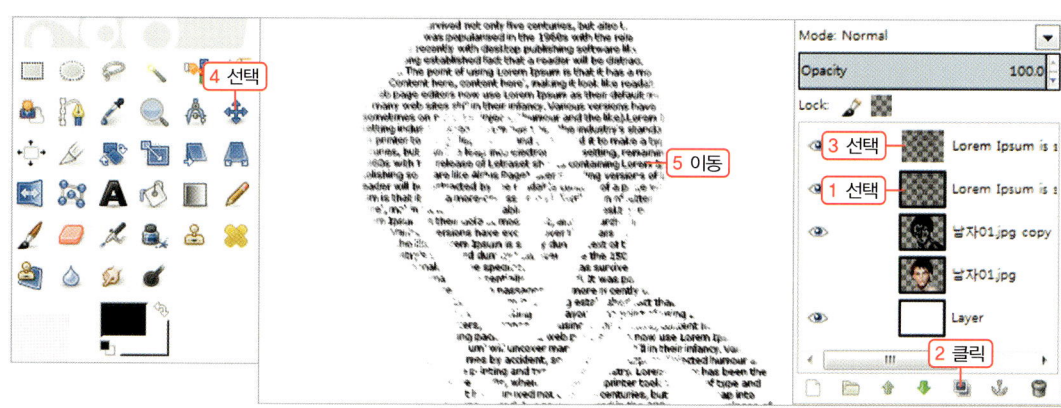

12 글자 레이어를 다시 하나 복제하고 역시 더욱 입체감을 느낄 수 있도록 조금만 이동해 줍니다.

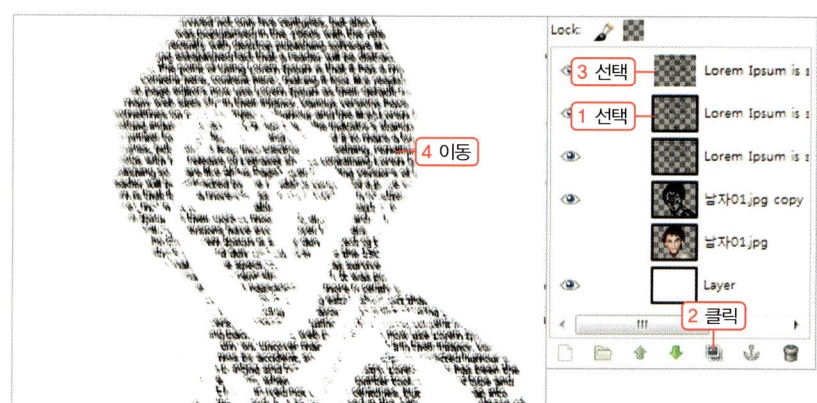

13 흰색 배경 위쪽의 원본 남자 레이어를 맨 위쪽으로 이동한 후 다시 보이도록 해 줍니다. 레이어 블렌딩 모드를 Screen으로 설정하여 아래 글자 레이어들과 합성을 해 줍니다. 검은색 글자와 얼굴의 컬러가 혼합되어 나타납니다.

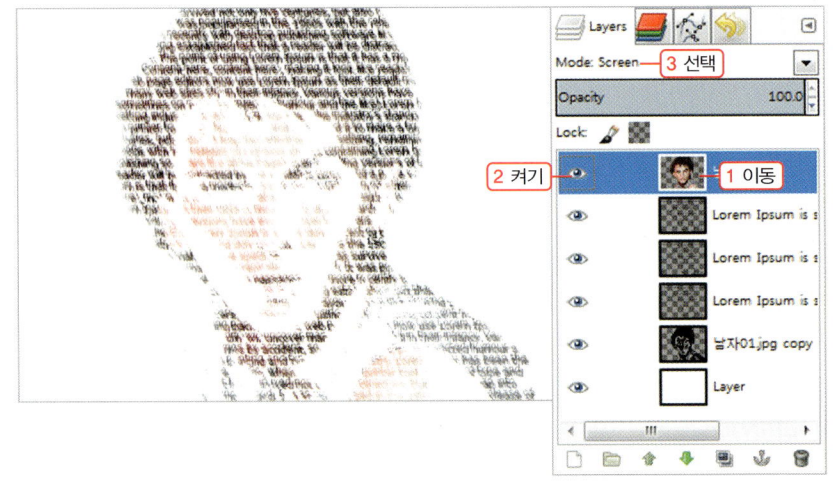

14 보다 컬러풀한 느낌으로 만들어주기 위해 Create a new layer 버튼을 클릭하여 투명한 레이어를 추가한 후 맨 위쪽으로 이동합니다. 그다음 툴 박스에서 블렌드 툴을 선택하고 툴 옵션에서 그래디언트 타입을 Pastel Rainbow로 선택한 후 이미지 윈도우에서 그림처럼 좌측에서 우측 사선으로 그래디언트를 적용합니다.

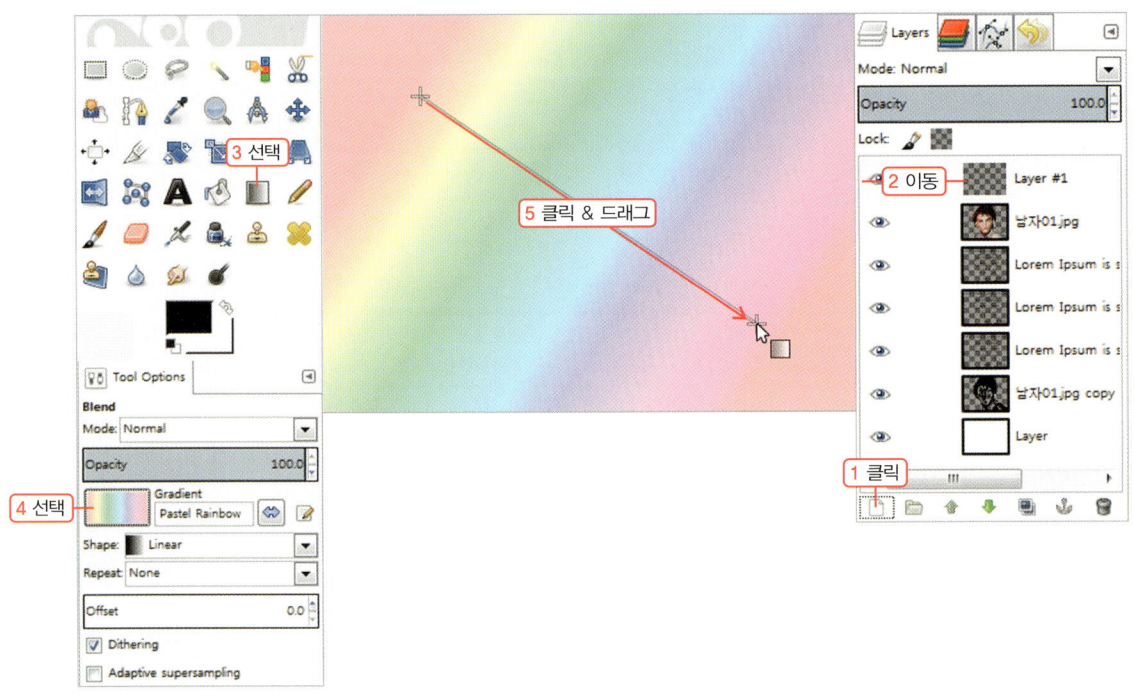

15 레인보우 그래디언트가 적용된 레이어의 블렌딩 모드를 Hard light로 설정하여 아래 글자 레이어들과 합성을 해 줍니다. 이제 모든 글자들이 레인보우 색상에 맞게 합성되어 나타납니다. 그밖에 다양한 블렌딩 모드로 설정하여 변화되는 모습을 비교해 봅니다. 지금의 작업을 응용하면 문자 안에 작은 문자들을 표현하는 등의 다양한 타이포그래피를 표현할 수 있습니다.

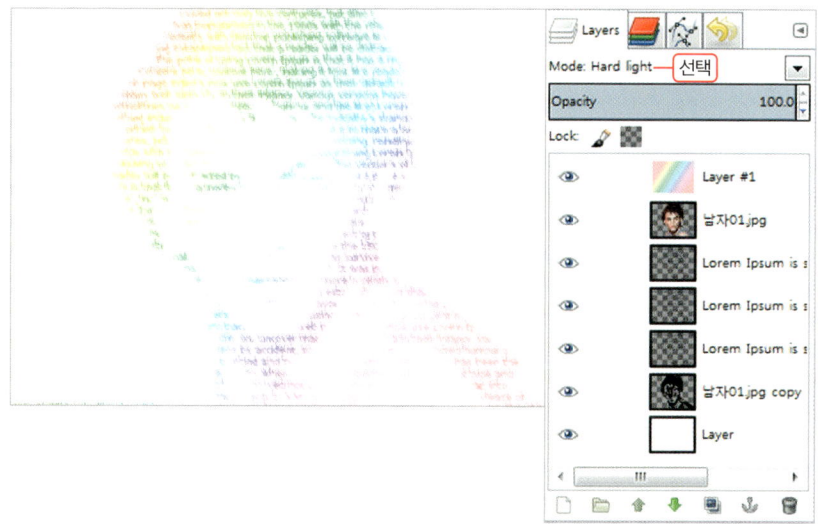

작업 전의 모습 　　　　　 작업 후의 모습

43 안경 너머로 보이는 세상 만들기

안경이나 돋보기 같은 도구를 통해 사물을 보면 오목하거나 볼록하게 보입니다. 이와 같은 왜곡 효과는 Whirl and Pinch를 사용하여 표현할 수 있습니다. 이번 학습에서는 안경 너머로 보이는 재밌는 장면을 표현해 봅니다.

01 이미지 폴더에서 자연05.jpg 파일을 불러옵니다. 환상적인 내추럴 브리지(천연 다리) 이미지입니다. Create a duplicate 버튼을 클릭하여 자연 레이어를 하나 복제를 해 줍니다.

안경 너머로 본 모습

02 앞서 불러온 이미지 윈도우로 다른 이미지를 불러옵니다. File > Open as Layers를 선택하고 이미지 폴더에서 안경.xcf 파일을 불러옵니다.

03 안경 레이어의 크기가 너무 크기 때문에 줄여주어야 합니다. 툴 박스에서 스케일(크기) 툴을 사용하여 그림과 같은 크기로 줄여줍니다.

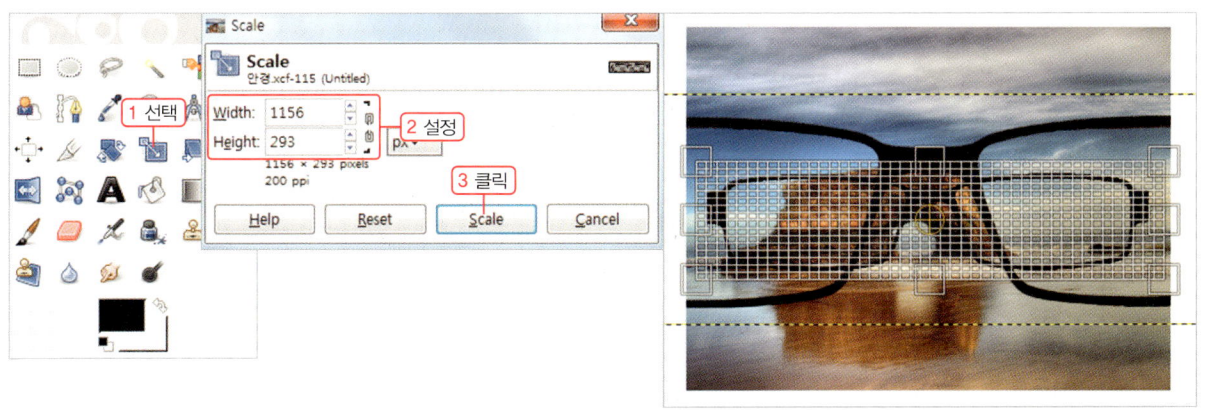

04 툴 박스에서 무브(이동) 툴을 사용하여 안경의 위치를 배경(아래쪽 레이어) 중 수평선이 안경 안에 쏙 들어오도록 이동해줍니다.

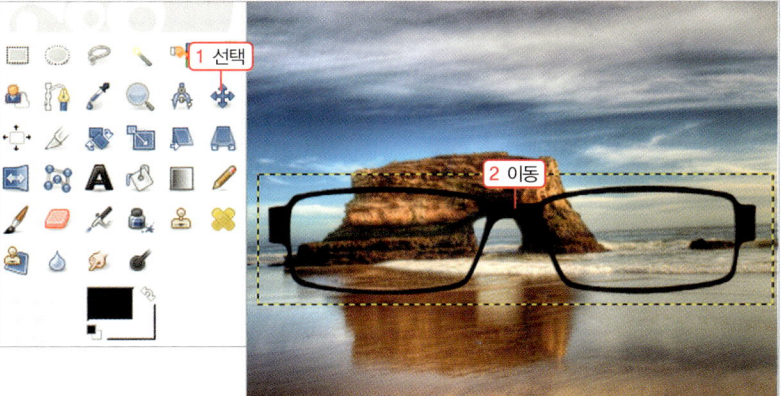

05 안경 레이어를 선택합니다. 퍼지 실렉션 툴을 선택하고 좌측 안경 렌즈 부분을 클릭하여 선택영역으로 만들어줍니다.

안경 너머로 보이는 세상 만들기 349

06 복제된 위쪽 자연 레이어를 선택하고 Filters 〉 Distort 〉 Whirl and Pinch를 선택합니다. 설정 창에서 Whirl angle을 0, Pinch amount를 0.8, Radius를 2로 설정한 후 적용합니다. 왼쪽 안경 렌즈 부분의 이미지가 볼록하게 왜곡됐습니다.

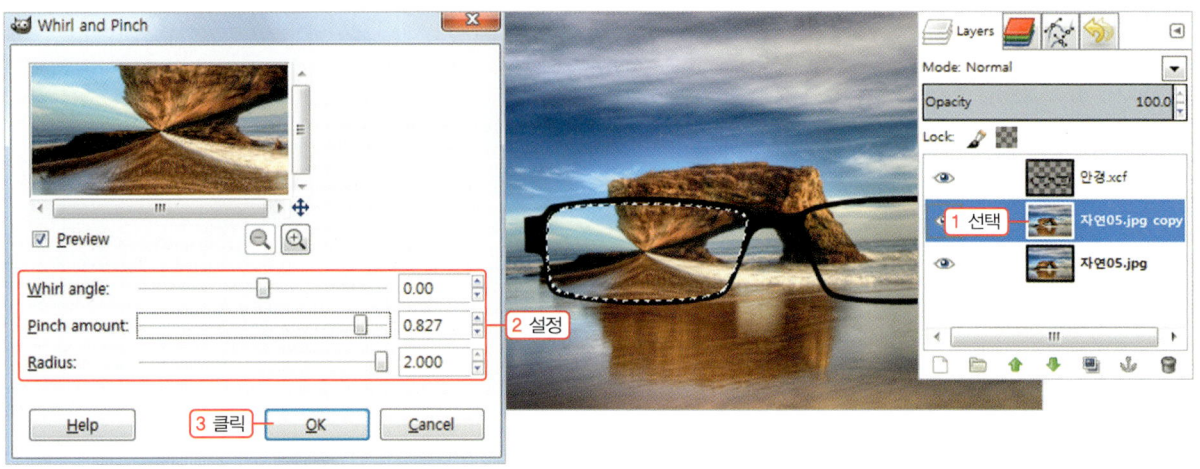

07 레이어에 알파채널을 포함시키기 위해 레이어 위에서 우측 마우스 버튼 클릭 〉 Add Alpha Channel을 선택합니다.

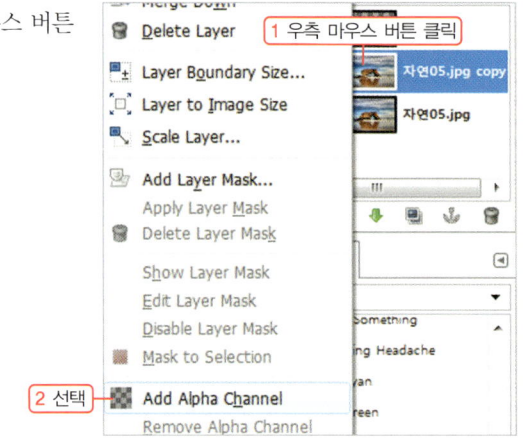

08 알파채널이 적용된 자연 레이어를 선택하고 Create a duplicate 버튼을 클릭하여 하나 복제를 해 줍니다. 알파채널이 적용된 두 개의 레이어는 각각 좌-우측 렌즈로 사용됩니다.

09 안경 바로 아래쪽 자연 레이어를 선택합니다. 이때까지 계속해서 좌측 안경 렌즈 부분이 선택영역으로 되어있어야 합니다. Ctrl + I 키를 눌러 선택영역을 반전시킨 후 Delete 키를 눌러 좌측 안경 렌즈를 제외한 나머지 영역을 삭제합니다.

10 이번엔 반대쪽 렌즈 부분을 선택하기 위해 안경 레이어를 선택합니다. 퍼지 셀렉션 툴을 사용하여 우측 안경 렌즈 부분을 클릭하여 선택영역으로 만들어줍니다.

11 세 번째 자연 레이어를 선택하여 효과를 적용해 봅니다. Filters 〉 Re-Show "Whirl and Pinch"를 선택합니다. 앞서 적용했던 필터가 그대로 적용됩니다. 설정 창에서 Pinch amount 값만 -1로 설정하여 볼록하게 왜곡시켜줍니다. 안경의 양쪽에 나타나는 사물의 모습이 다르니 더욱 재밌습니다.

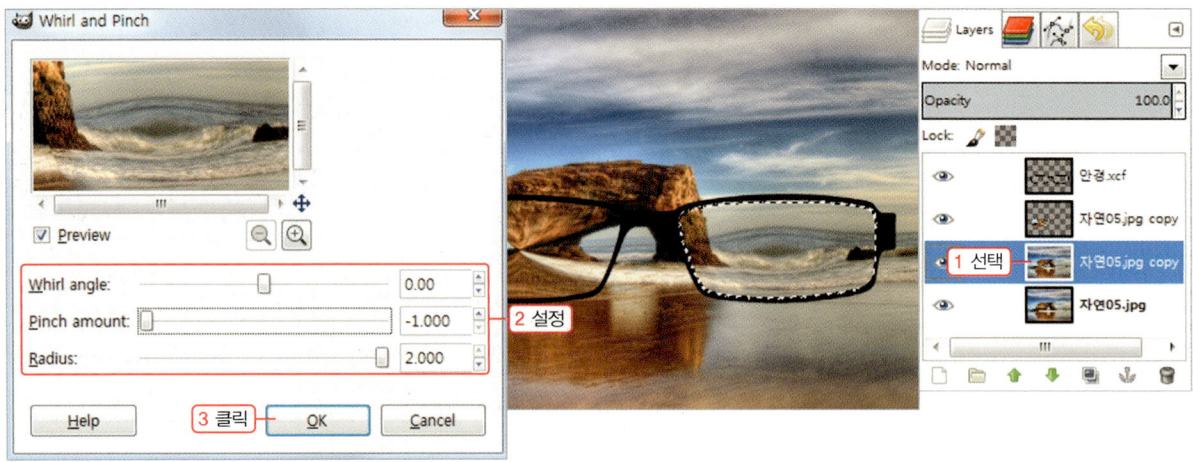

12 세 번째 레이어가 계속 선택된 상태에서 Ctrl + I 키를 눌러 선택영역을 반전시킵니다. Delete 키를 눌러 삭제합니다. 우측 안경 렌즈를 제외한 나머지 영역이 삭제됐습니다.

13 맨 아래쪽 자연 원본 레이어를 선택한 후 Filters 〉 Blur 〉 Gaussian Blur를 선택합니다. 설정 창에서 블러 값을 70 정도로 설정한 후 적용합니다. 배경이 흐릿하게 보이게 됩니다. 그러므로 안경 렌즈로 보이는 세상과 대비되어 보다 선명하게 보이게 됩니다. 일종의 대비 현상이 표현되는 것입니다. 이와 같은 기법은 광고에서 주로 많이 사용되는데 광고 대상, 즉 상품을 보다 부각되도록 하기 위해 사용됩니다.

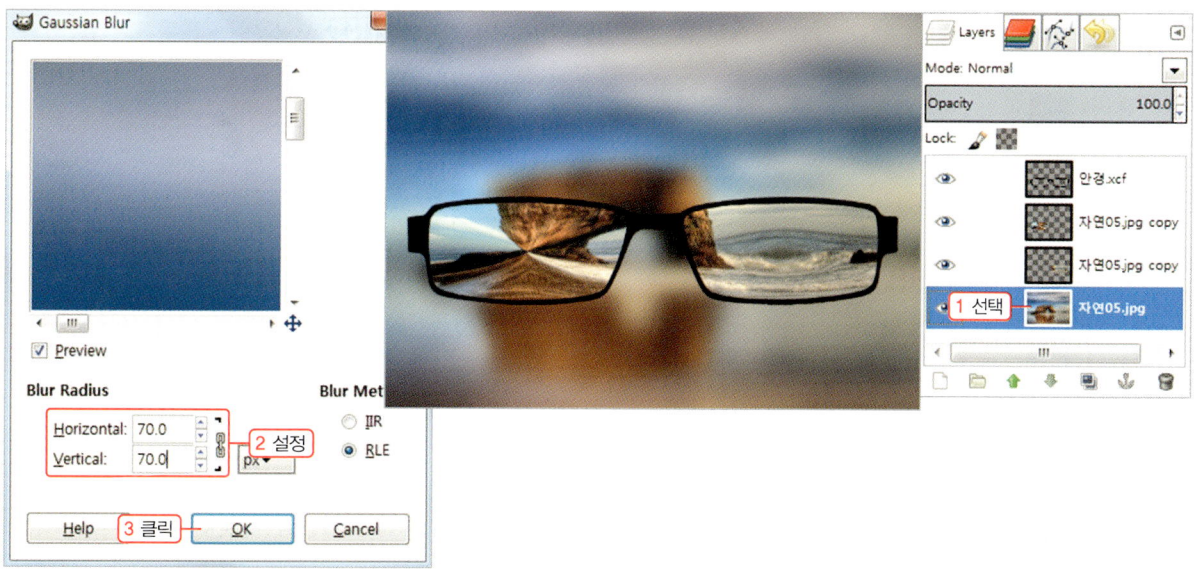

14 마지막으로 배경의 채도를 약간만 더 빼서 안경 렌즈를 통해 보는 세상과 더욱 대비되도록 해 봅니다. Colors 〉 Hue-Saturation을 선택합니다. 설정 창에서 Saturation 값만 -42 정도로 낮추고 적용합니다.

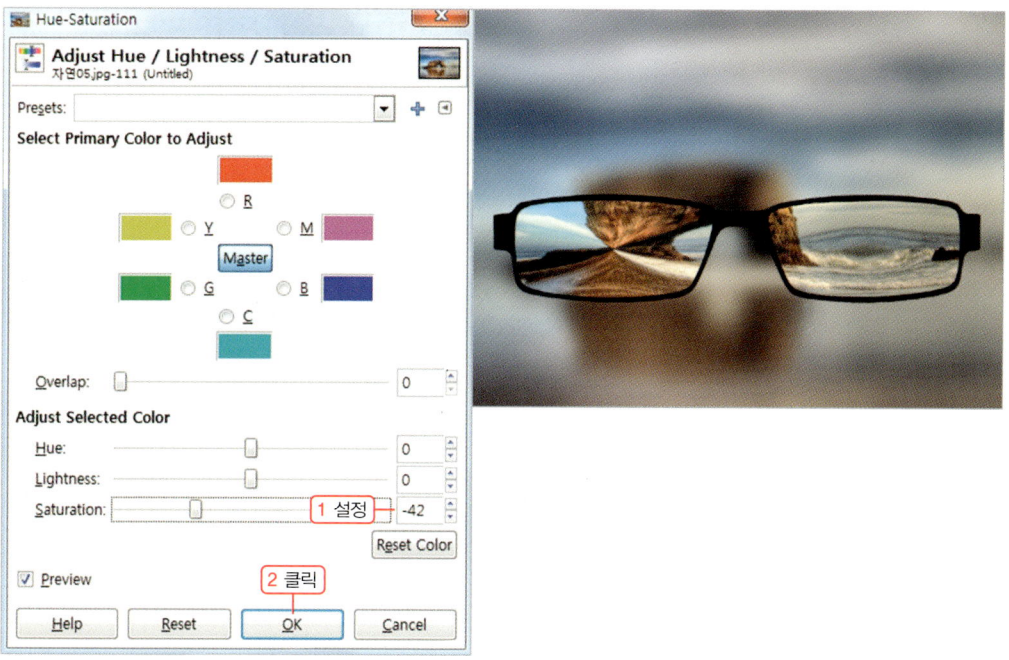

44 스케치 후 색칠하는 장면 만들기

스케치 효과는 흔한 컬러 이미지를 색다른 그림의 맛으로 느끼게 해 줍니다. Invert와 Dissolve 모드 등을 이용하여 컬러 이미지를 스케치 느낌으로 표현한 후 특정 영역을 컬러로 표현하여 스케치 위에 색을 칠하는 장면을 만들어봅니다.

01 이미지 폴더에서 복숭아.jpg 파일을 불러옵니다. 참 잘 익은 복숭아입니다. 군침이 도는군요. 이 복숭아 이미지(레이어)를 하나 복제를 해 줍니다. Create a duplicate 버튼을 누르면 됩니다. 그다음 위쪽 복숭아 레이어의 모습은 잠시 숨겨놓습니다. 아래쪽 복숭아 레이어에 Filters > Edge-Detect > Edge를 적용합니다. 기본 값 그대로 적용합니다.

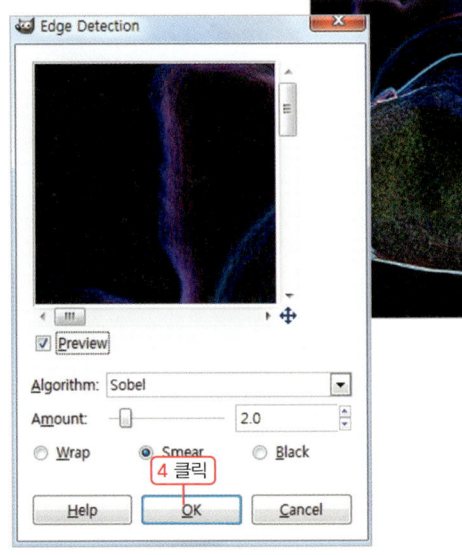

02 Colors 〉 Invert를 선택하여 이미지를 반전시킵니다. 복숭아 이미지가 스케치 느낌에 가까워졌습니다.

03 이제 더욱 스케치 느낌에 가깝게 해 주기 위해 Colors 〉 Desaturate를 선택합니다. 특별한 설정 없이 그대로 적용합니다. 채도 값이 완전히 사라졌기 때문에 흑백(그레이스케일)으로 바뀌었습니다. 흑백으로 바뀐 것만으로도 제법 스케치 느낌이 듭니다. 다음 작업을 통해 더욱 디테일을 살려봅니다.

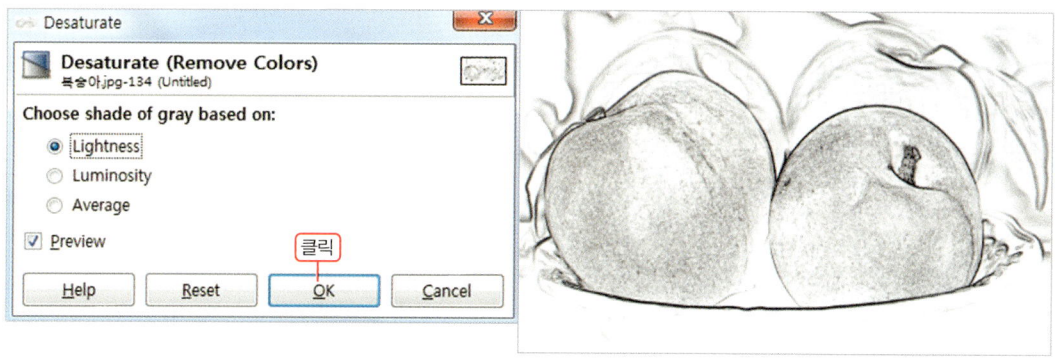

04 스케치 느낌의 복숭아 레이어 배경으로 사용할 흰색 레이어를 하나 만들어줍니다. Create a new layer 버튼을 누르면 됩니다. 새로 만들어진 레이어를 맨 아래쪽으로 이동합니다.

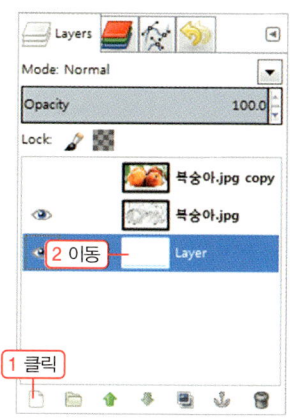

05 앞서 만든 스케치 느낌을 종이의 질감을 살려 완벽한 스케치화로 만들어봅니다. 아래쪽 복숭아 레이어를 선택하고 Opacity(불투명도) 값을 50 정도로 낮춰줍니다. 그다음 레이어 블렌딩 모드를 Dissolve로 설정합니다. 디졸브 모드로 인해 그림이 거칠어질 것을 볼 수 있습니다. 그래서 종이의 질감이 살아났습니다.

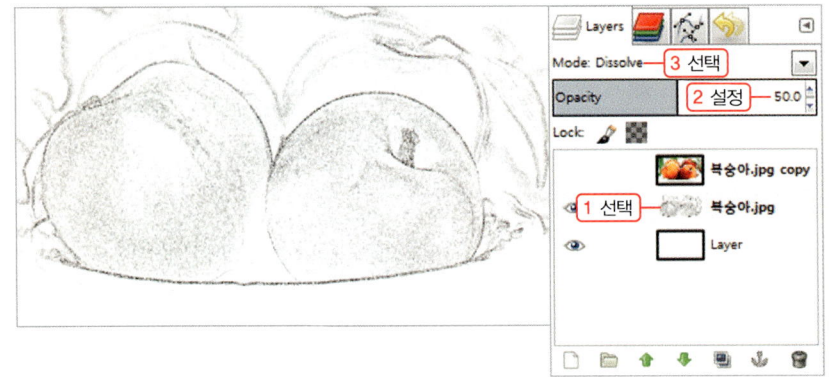

06 이제 스케치에 색을 칠하는 장면을 표현하기 위해 위쪽 컬러 복숭아 레이어의 모습을 보이도록 해 주고 선택합니다. 그다음 툴 박스에서 이레이져(지우개) 툴을 사용하여 그림을 지워봅니다. 현재는 복숭아 레이어가 알파채널이 없기 때문에 배경 색상이 칠해지는 것처럼 되었습니다. Ctrl + Z 키를 눌러 작업 전으로 되돌아옵니다.

07 컬러 복숭아 레이어 위에서 우측 마우스 버튼 클릭 〉 Add Alpha Channel을 선택합니다. 이제 지우개로 지우면 투명하게 지워지게 됩니다. 이레이져 툴 옵션의 브러시 타입은 부드러운 것으로 선택하고 크기를 250 이상 키워준 후 그림처럼 하나의 복숭아만 남겨두고 모두 지워줍니다. 지워주고 난 후의 모습을 보니 스케치 위에 물감으로 색을 칠한 것처럼 느껴집니다.

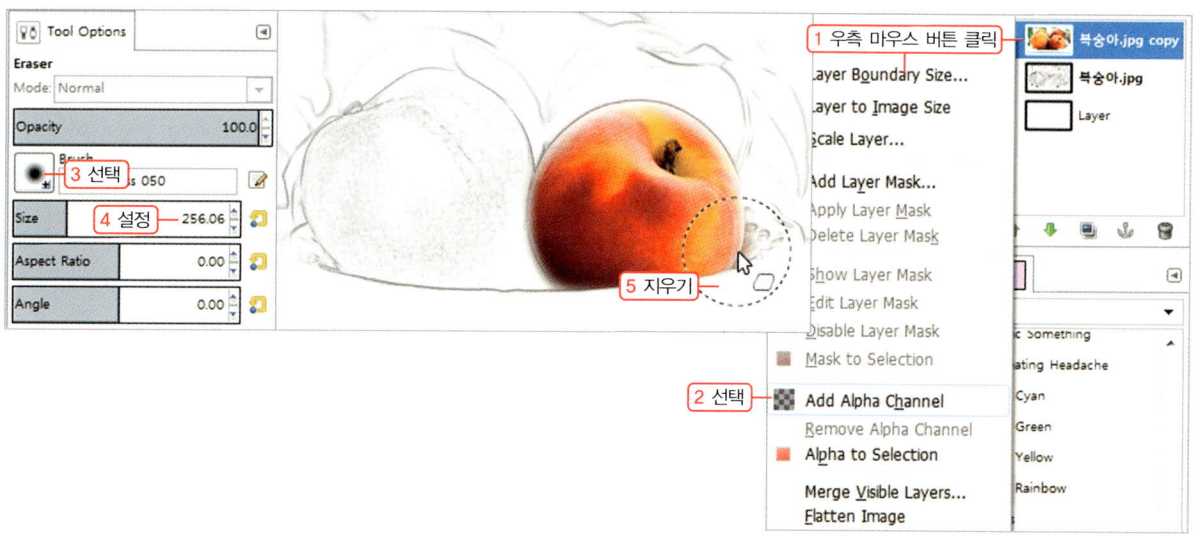

08 지금 작업에서 붓 이미지가 있다면 실제 색을 칠하는 느낌이 더해질 것입니다. Open을 통해 붓.jpg 파일을 불러옵니다. 새로운 이미지 윈도우에 불러오기 위해 오픈 메뉴를 사용합니다. 붓 이미지도 알파채널이 포함되도록 해 줍니다. 앞선 작업 과정을 참고하십시오.

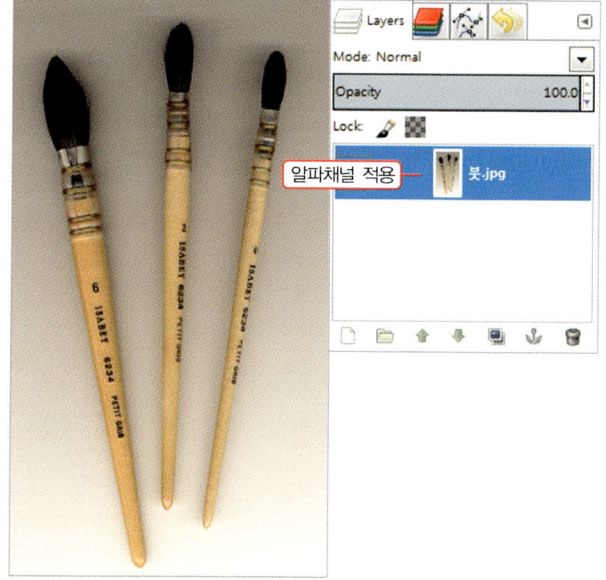

09 퍼지 실렉션 툴을 선택하고 툴 옵션에서 Threshold 값을 60 정도로 설정한 후 붓 이미지의 좌측 부분을 클릭하여 배경을 선택합니다. 선택 시 붓도 같이 선택된다면 위치를 바꿔서 선택하거나 Threshold 값을 낮춰 선택합니다.

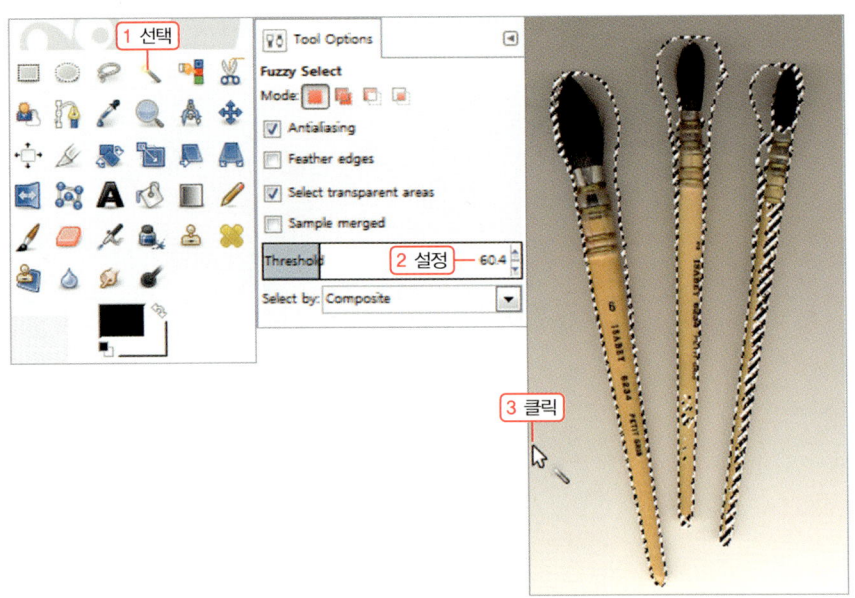

10 Delete 키를 눌러 삭제합니다. 선택된 영역이 삭제되었습니다. 그러나 아직 완벽하게 삭제된 것이 아니기 때문에 이레이져 툴의 도움이 필요합니다.

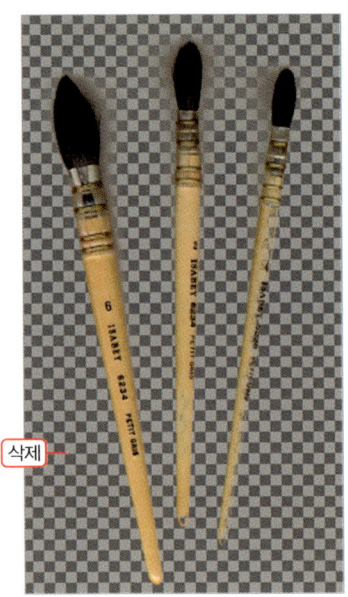

11 이레이져 툴을 선택합니다. 툴 옵션은 앞서 설정된 것(값)을 그대로 사용합니다. 좌측의 가장 큰 붓만 남기고 나머지는 모두 지워줍니다. 이때 배경이 투명하기 때문에 확대를 해도 정확하게 지우는 것이 어렵기 때문에 배경에 흰색 레이어를 추가한 후 지워주는 것이 좋습니다.

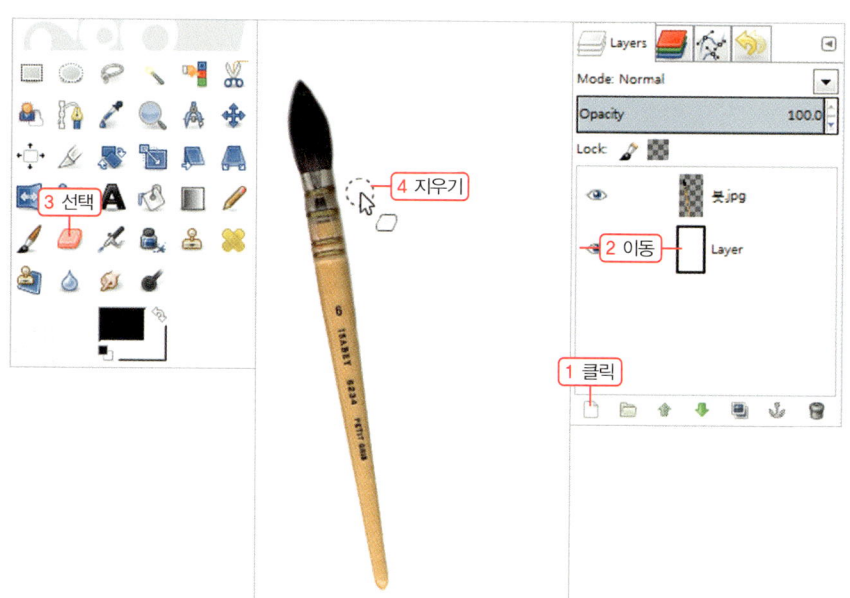

12 하나만 남은 붓을 앞서 작업했던 이미지 윈도우로 불러오기 위해 Alt 키를 누른 상태에서 붓 레이어를 클릭합니다. 붓 모양이 선택영역으로 만들어지면 Ctrl + C 키를 눌러 복사합니다.

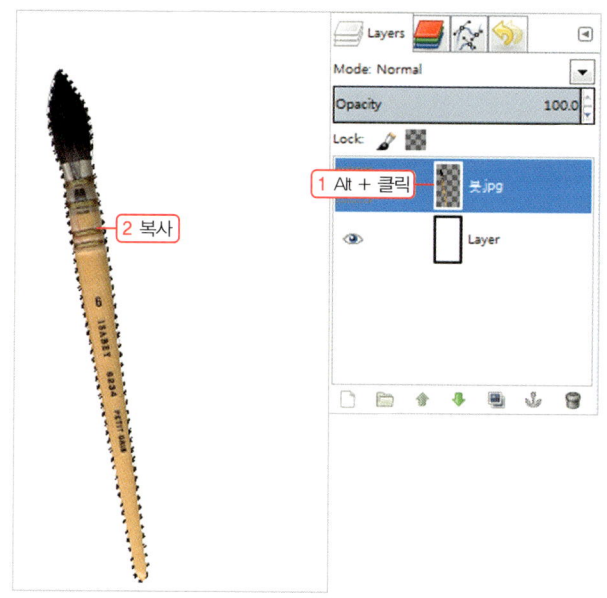

13 복숭아 이미지 윈도우로 이동한 후 Ctrl + V 키를 눌러 붙여 넣습니다. 현재는 떠있는 플로팅 레이어이기 때문에 Create a new layer 버튼을 눌러 일반 레이어로 전환합니다.

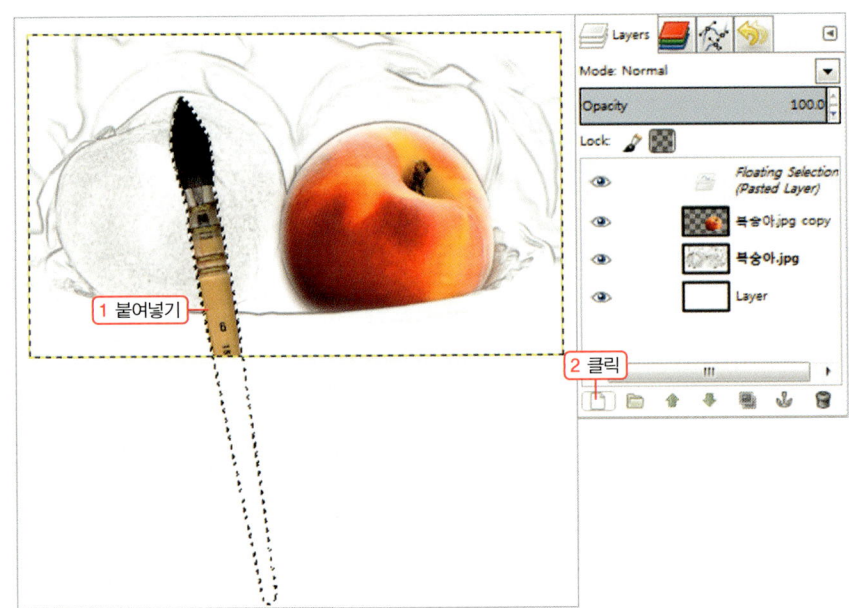

14 붓이 거꾸로 된 상태이기 때문에 회전하여 바로 잡아야 합니다. 로테이트(회전) 툴을 사용하여 그림처럼 붓이 우측으로 약간 비스듬하게 눕도록 회전합니다.

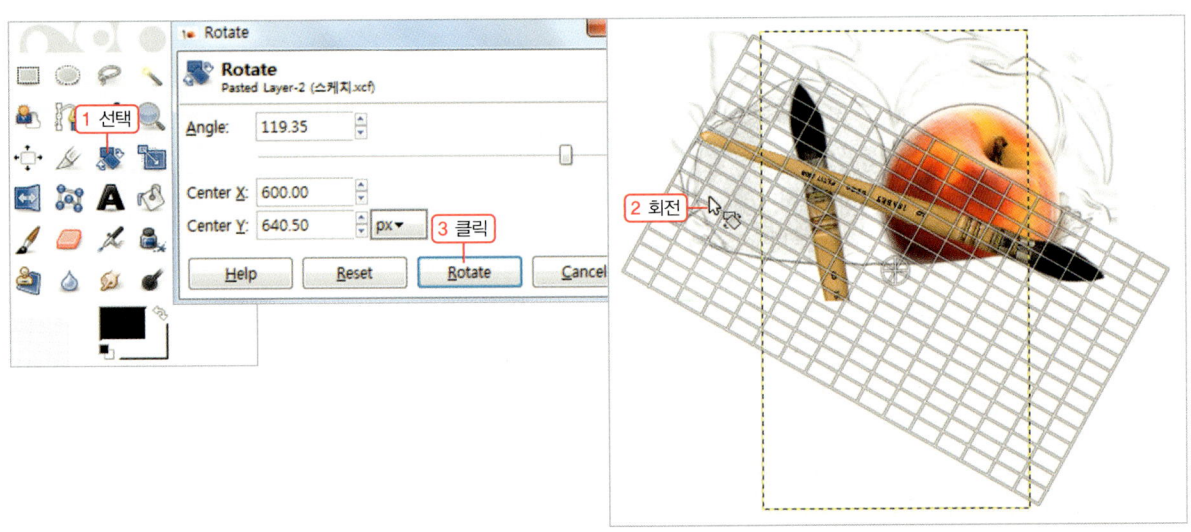

15 무브(이동) 툴을 사용하여 붓의 위치를 색을 칠한 복숭아 밑으로 이동합니다. 이제 제법 실제로 색을 칠하는 느낌이 듭니다. 그런데 무언가 허전한 느낌이 듭니다. 그림자가 없어서 그런 것이죠.

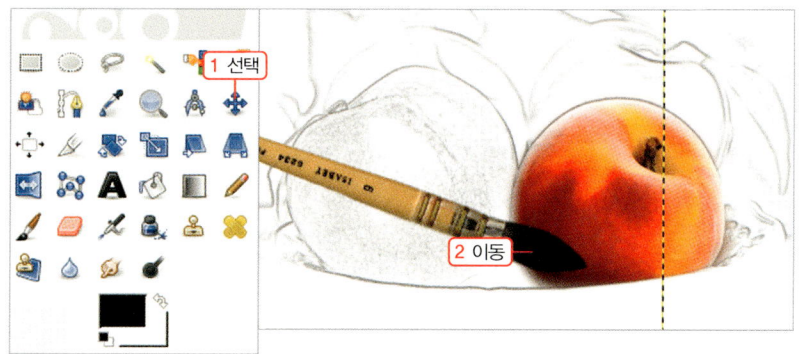

16 이제 마지막으로 붓에 그림자 효과를 적용하기 위해 Filters 〉 Light and Shadow 〉 Perspective를 선택합니다. 설정 창에서 Angle을 145, Blur radius를 25, Opacity를 50 정도로 설정하여 적용합니다. 퍼스펙티브 그림자 효과를 사용하는 이유는 붓의 끝은 올라가고 붓(털) 부분은 아래쪽에 있어 그림자의 위치도 이에 맞게 원근감이 느껴지게 해야 하기 때문입니다.

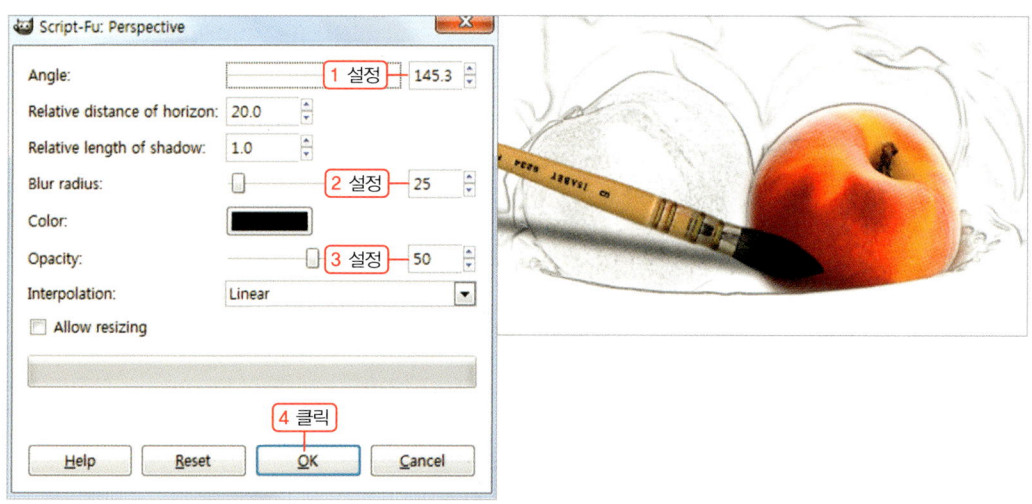

45 쉐이프 콜라주를 이용한 모양 틀 안에 사진들 넣기

쉐이프 콜라주(Shape Collage)는 김프처럼 무료로 사용할 수 있는 이미지 편집 관련 유틸리티로서 여러 개의 사진들을 특정 모양의 틀에 맞게 모아주는 독특한 기능을 합니다. 이와 같은 작업을 김프에서 한다면 시간이 오래 걸리므로 쉐이프 콜라주와 같은 특정 작업을 위해 제작된 애플리케이션을 이용하는 것이 오히려 도움이 됩니다.

01 http://www.shapecollage.com으로 인터넷을 접속합니다. 메인 화면에 Download Shape Collage 버튼이 있습니다. 버튼을 클릭하여 다운로드 받습니다.

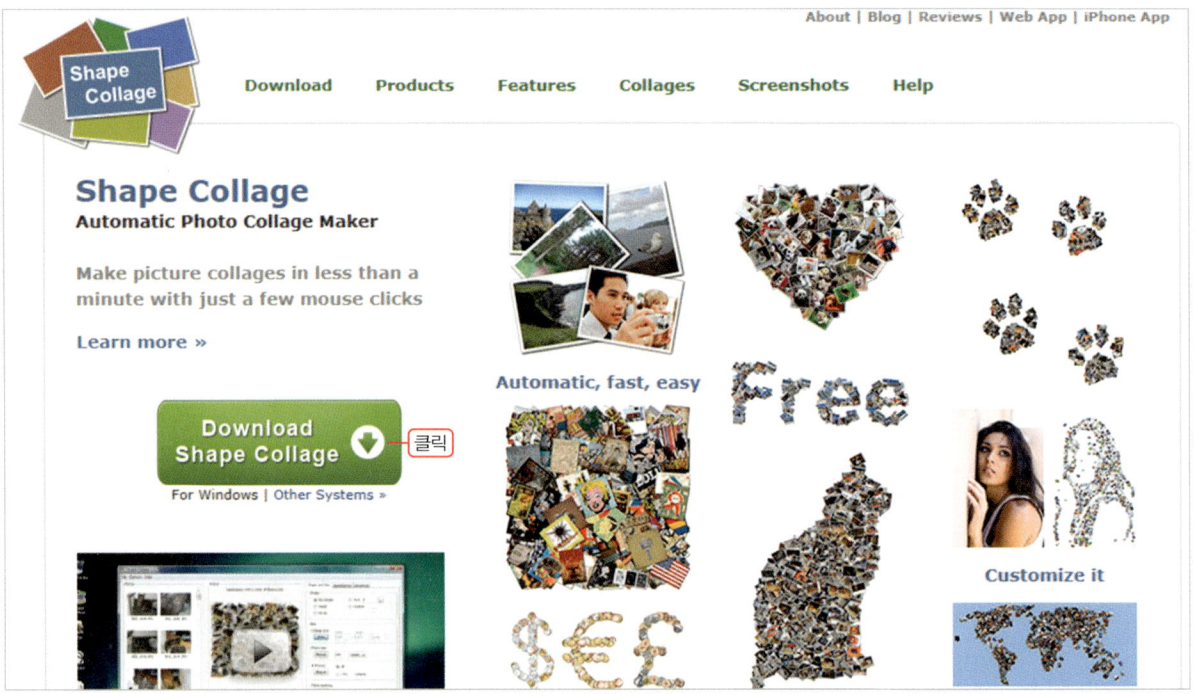

02 쉐이프 콜라주 프로가 다운로드 됐다면 ShapeCollage-Setup.exe 파일을 더블클릭하여 설치합니다. 설치 과정은 김프를 설치했을 때와 거의 같기 때문에 별다른 어려움이 없을 것입니다. 다음의 이미지를 보면서 설치에 참고하십시오. 이 소프트웨어는 한글이 완벽하게 지원되기 때문에 한글로 설치해 봅니다.

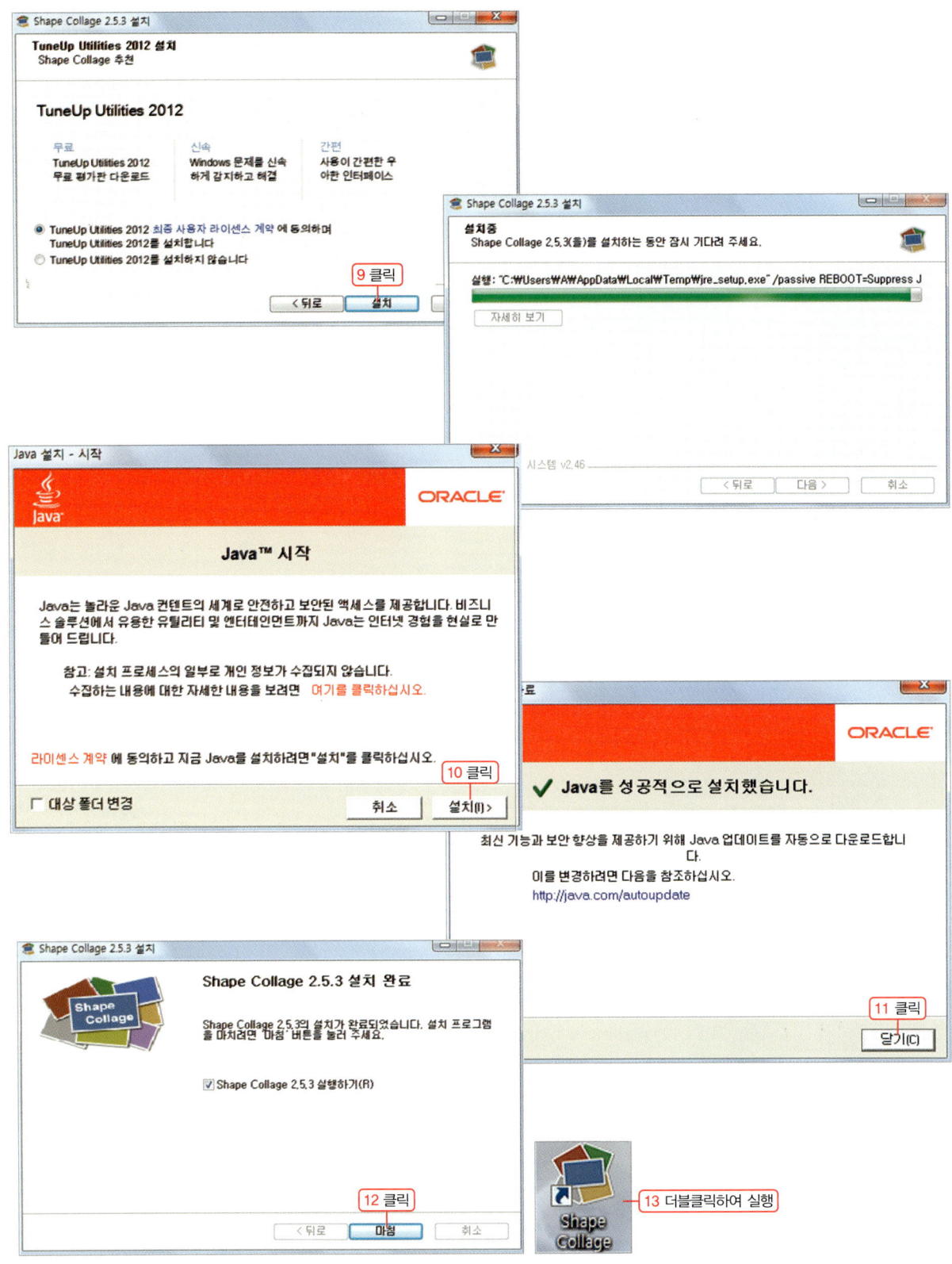

03 설치됐다면 자동으로 실행될 것입니다. 그러나 설치 후 실행되지 않는다면 바탕화면에 설치된 Shape Collage 바로가기 아이콘을 더블클릭하여 실행하면 됩니다. 쉐이프 콜라주가 실행되면 좌측 사진 목록 하단의 더하기(+) 버튼을 클릭합니다.

04 사진 추가 창이 열리면 본 도서의 이미지 폴더로 들어갑니다. 여기에 있는 모든 파일을 불러오기 위해 Ctrl + A 키를 눌러 모든 파일을 선택한 후 확인 버튼을 눌러 불러옵니다.

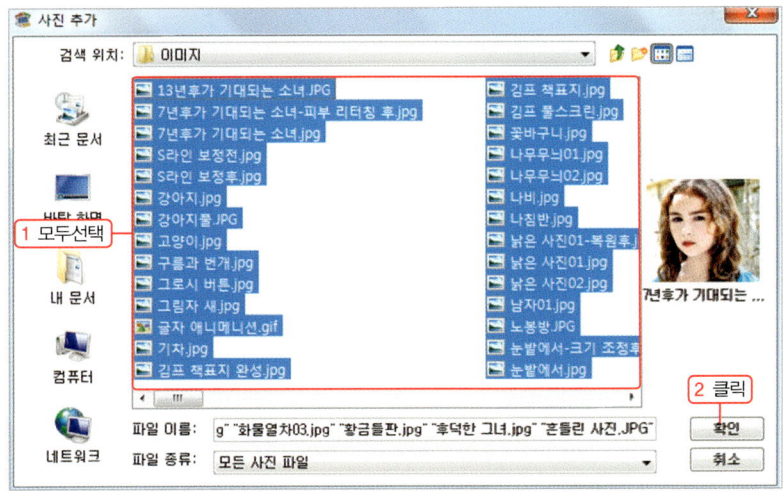

05 다시 쉐이프 콜라주로 돌아오면 사진 목록에 앞서 선택한 파일들로 가득 차있게 됩니다. 이제 이 사진들이 들어갈 틀, 즉 모양을 선택합니다. 이번엔 하트로 해 봅니다. 일단 선택된 모양과 적용된 결과를 미리보기 위해 미리보기 버튼을 클릭해 봅니다. 위쪽 미리보기 창에 하트 모양이 만들어졌습니다.

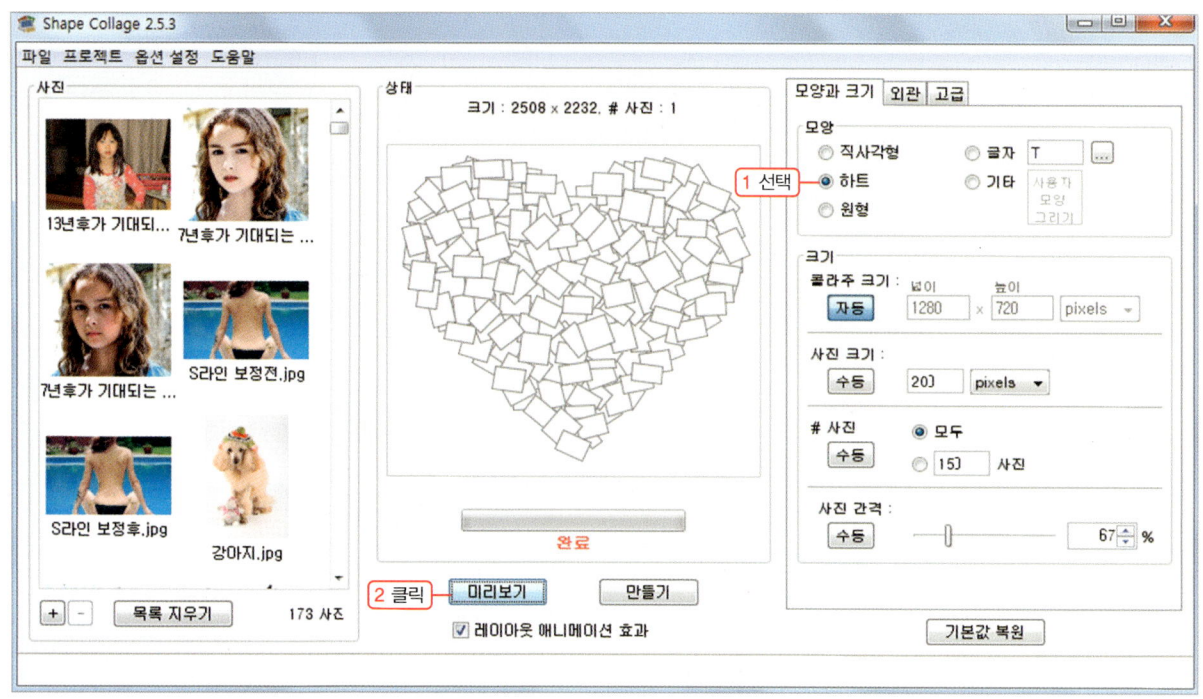

06 이제 최종적으로 선택된 하트 모양 사용하기 위해 만들기 버튼을 클릭합니다. 이렇듯 쉐이프 콜라주 프로는 간단한 인터페이스로 되어있기 때문에 누구나 쉽게 사용할 수 있습니다.

07 저장하기 창이 열리면 파일이 저장될 경로를 설정하고 파일 이름을 입력합니다. 그다음 만들어질 파일의 확장자(형식)을 선택합니다. 쉐이프 콜라주에서는 일반적인 jpg, png와 같은 이미지 파일을 만들 수 있습니다. 참고로 김프나 포토샵에서 편집을 하고자 한다면 포토샵 도큐먼트 형식인 psd를 선택하여 저장하면 되는데 이 기능을 사용하기 위해서는 프로 버전(유료)으로 업데이트 해야 합니다. 이번에는 jpg 형식으로 만들어봅니다.

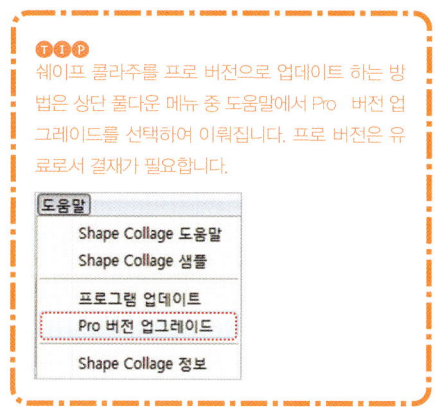

TIP
쉐이프 콜라주를 프로 버전으로 업데이트 하는 방법은 상단 풀다운 메뉴 중 도움말에서 Pro 버전 업그레이드를 선택하여 이뤄집니다. 프로 버전은 유료로서 결재가 필요합니다.

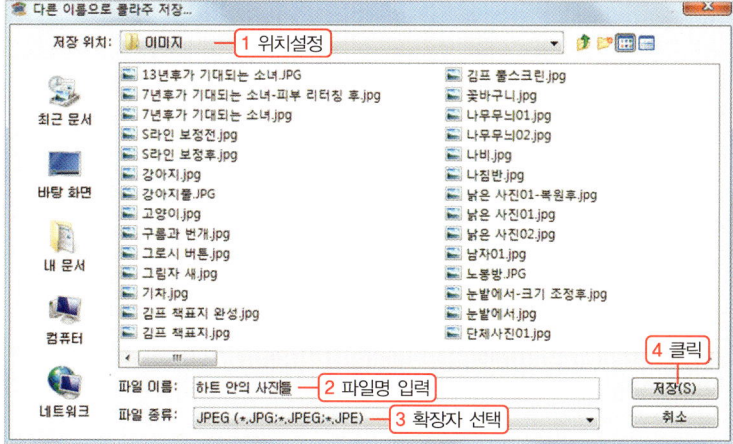

08 품질 설정 창이 열리면 100으로 설정하여 최상의 품질을 만들 수 있도록 해 줍니다. 설정이 끝나면 저장 버튼을 누릅니다.

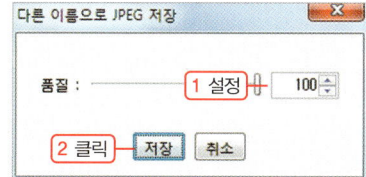

09 파일이 만들어졌다면 지정된 폴더로 들어가 확인해 봅니다. 필자가 만든 하트 안의 사진들이란 제목의 이미지 파일이 만들어진 것을 볼 수 있습니다.

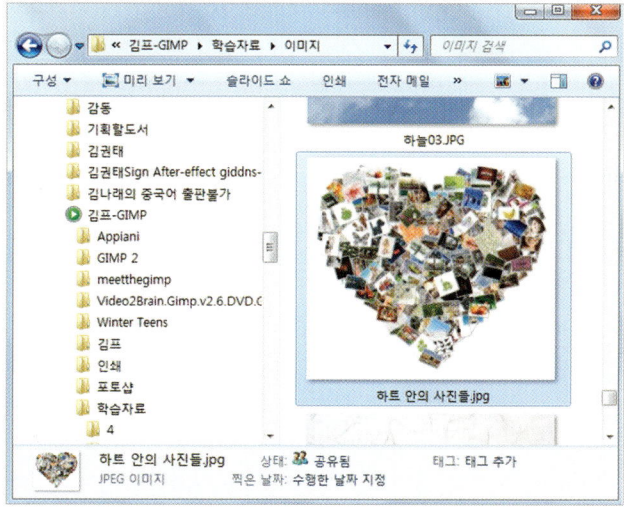

10 이번엔 사용자 임의로 만든 모양에 사진들을 적용해 봅니다. 기타를 선택합니다. 참고로 글자를 사용하면 글자 모양에 사진들을 적용할 수 있습니다.

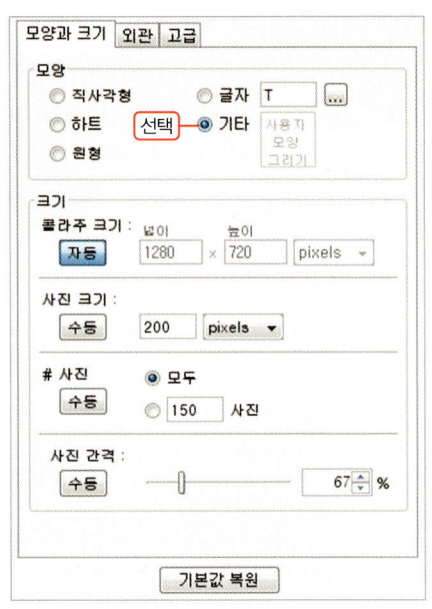

11 사용자 콜라주 모양 창에서는 불러온 이미지의 모양을 편집할 때 사용하는데 아직은 아무 것도 불러오지 않는 상태이므로 불러오기 버튼을 눌러 이미지를 불러와 보도록 합니다.

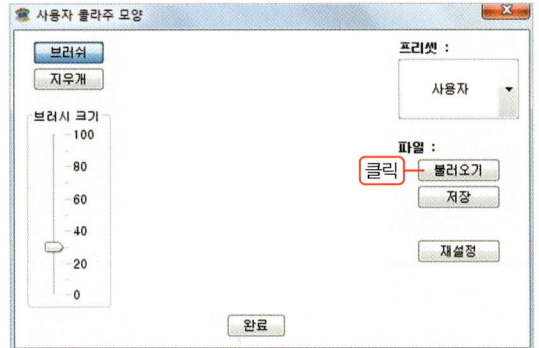

12 이미지 폴더에서 김프-윌버.jpg 파일을 선택하고 열기 버튼을 눌러 불러옵니다.

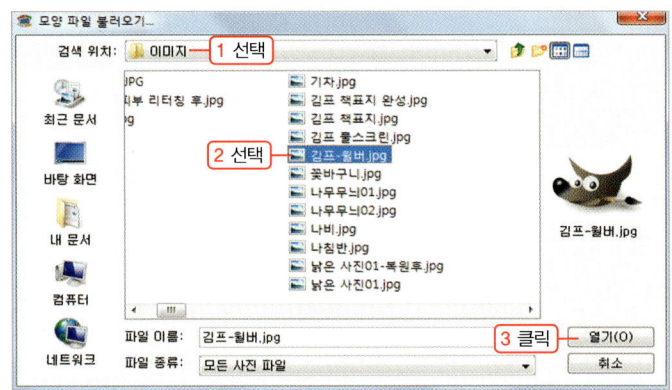

13 사용자 콜라주 모양 창이 열리면 앞서 선택된 김프의 마스코드 윌버 그림이 나타납니다. 이 상태로 그냥 사용해도 되지만 그림의 모양을 사진들이 적용될 전체 모양으로 사용하고자 한다면 브러시를 사용하여 검은색으로 칠해주면 됩니다. 모두 칠해졌다면 저장하여 다음에 다시 사용할 수 있도록 할 수 있습니다. 이번에는 그냥 완료 버튼을 눌러 적용만 해 봅니다.

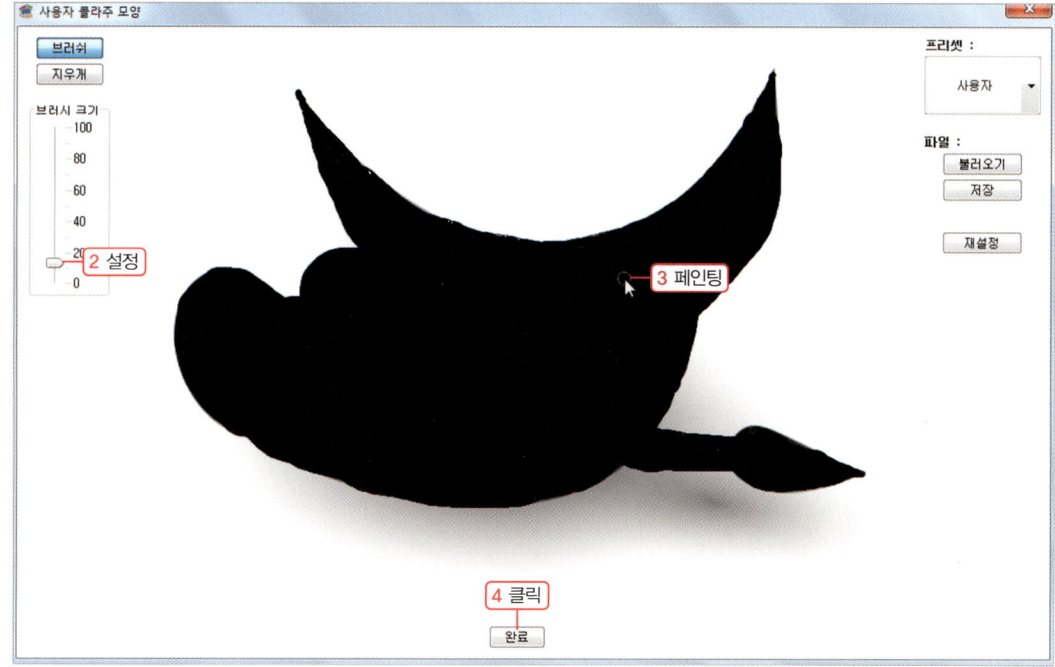

14 다시 쉐이프 콜라주 메인 작업 창으로 이동되면 미리보기를 통해 한번 확인해 보고 만들기 버튼을 눌러 파일을 만들어줍니다.

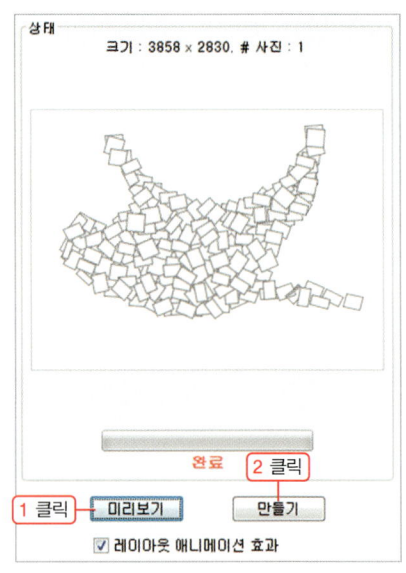

15 저장하기 창이 열리면 파일이 저장될 경로, 파일 이름, 파일 형식을 설정한 후 저장 버튼을 눌러 저장합니다. 저장된 이미지를 확인해 보면 아래 그림처럼 사진들이 김프의 마스코트 윌버의 모양에 맞게 적용된 것을 볼 수 있습니다.

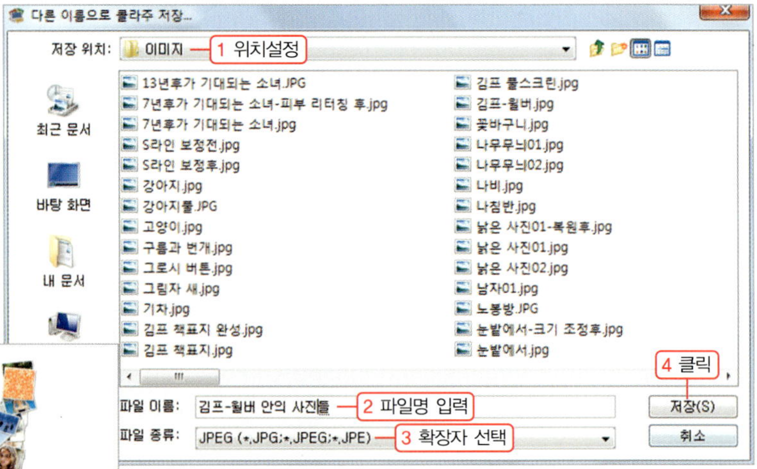

TIP 유틸리티와 플러그인은 왜 필요한가요?

김프나 어도비 포토샵 등과 같은 전문 이미지 편집 툴들도 디자이너가 생각하는 것을 완벽하게 표현해 줄 수 있는 것은 아닙니다. 또한 특정한 표현을 위해 오랜 시간 동안 작업을 해야 하는 경우도 생기게 됩니다. 이럴 때 앞서 살펴본 쉐이프 콜라주와 같은 유틸리티 프로그램이나 플러그인을 활용하면 간편하게 원하는 표현을 할 수 있습니다. 물론 표현하고자 하는 작업에 적합한 유틸리티나 플러그인이 있을 때에만 가능한 것이겠지만 말이죠. 그렇다고 시중에 나와있는 수많은 자료들을 모두 알 수는 없으며 너무 많은 자료들은 오히려 메인 툴을 다루는데 있어 감각을 무디게 하는 문제를 발생시키기도 합니다. 그렇다고 무작정 김프와 같은 메인 툴에만 매달리는 것도 고지식한 행동이기 때문에 요긴하게 쓸 수 있는 주요 어플리케이션 만큼은 적절하게 사용할 수 있도록 익혀두는 것이 필요합니다.

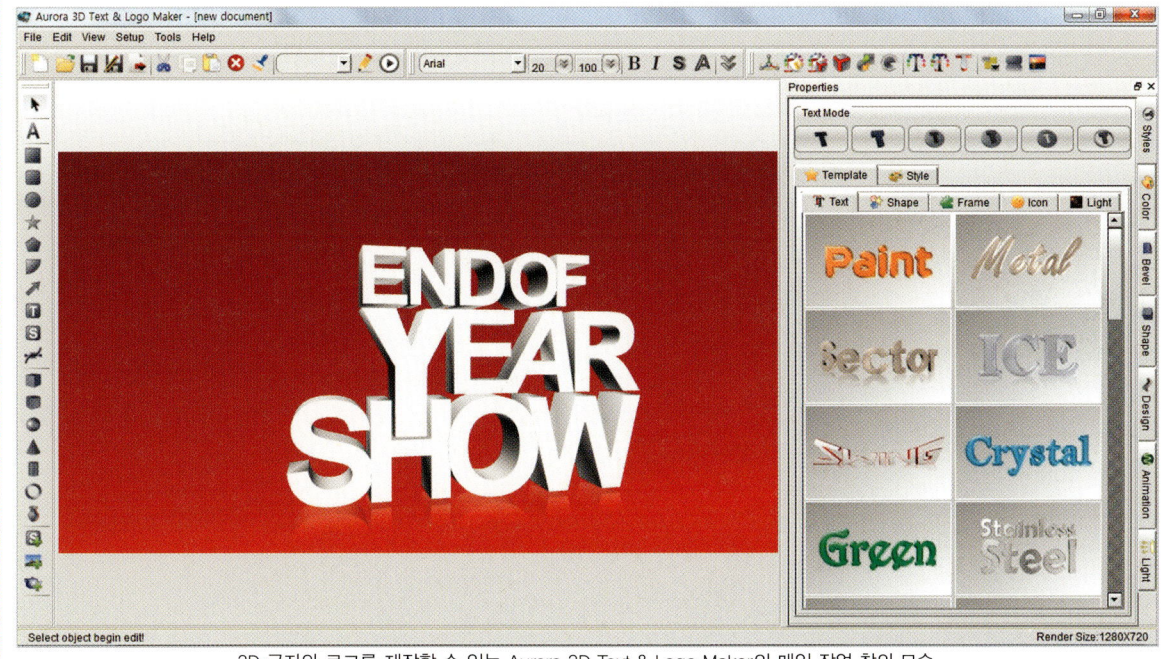

3D 글자와 로고를 제작할 수 있는 Aurora 3D Text & Logo Maker의 메인 작업 창의 모습

찾아보기

A

Add Alpha Channel 215
Add Bevel 181, 257
Add Layer Mask 082, 248
Add Tab 160, 211
Alpha to Log 190
Anchor the floating layer 058, 254
Animation 189
Apply Layer Mask 250
Artistic 179
Autocrop Layer 100

B/C

Brightness-Contrast 147
Bulr 168
Bump Map 182, 302
Canvas Size 225
Close Tab 160, 211
Color Management 204
Color to Alpha 342
Colorize 146
Colors 메뉴 156
Combine 178
Create a duplicate 247
Create a New layer 064, 070
Create a new layer group 259
Curves 287

D

Décor 181
Deinterlace 170
Delete this layer 262
Desaturate 042, 146
Difference Clouds 184, 322
Discard Text Information 300
Dissolve 074, 356
Distorts 171
Dithering 067
Dockable Dialogs 210
Drop Shadow 237
Dynamics Options 127

E/F/G/H

Edge-Detect 177
Edge 354
Enhance 169
Export 115
Feather 216
Feather edges 229
Fill with FG Color 082
Filp Vertically 319
Fullscdreen 211
Gaussian Blur 168, 281
Generic 178
GIMP 016
Hide Docks 211
Histogram 210
Hue-Saturation 145

I

Image Properties 210

Input Controllers   206
Input Devices   206
Invert   155, 354
iResizer   144
IWarp   172, 220, 223

L

Layer to Image Size   312
Layer via Cut   034
Layer 메뉴   078
Levels   093, 150
Light and Shadow   174
Lighting Effects   175, 281
Lock alpha channel   313

M/N

Map   182
Merge Down   233, 238
Merge Visible Layers   279, 318
Motion Blur   169, 272
Move the active layer   295
Navigation   209
Noise   176

O/P

Open as Layers   060, 229
Paste Into   094, 251, 254
Path to selection   057
Perspective   175, 361
Plasma   184, 286
Plasti-Wrap   306, 314
Posterize   156
Preferences   195
Preset   242

R/S

Re-Show   319, 351
Render   184
Repeat   239
Retinex   273
Save   114
Scale Image   135
Script-Fu   167
Select 메뉴   058
Shape Collage   362
Show Layer Mask   081
Shrink   224, 294
Softglow   217, 180
Solid Noise   185, 313
Stroke Path   102
Stroke Selection   236

T/U/W

Threshold   342
Toggle Quick Mask   086, 215, 241
Transparency   064
Undo History   044
Web   188
Whirl and Pinch   174, 348, 350
White Balance   149
Window Management   207

ㄱ/ㄴ

그래디언트   065, 270, 307
그레이스케일   151
그리드   201
김프   016
네비게이션   209

ㄷ / ㄹ

단축키 설정　196, 197
닷지　164
동영상 파일　032
듀오톤　150
디더링　067
디스플레이　204
디지털 카메라　029
레이어　064, 068
레이어 모드　073
렉탱글 실렉션　042

ㅁ / ㅂ

마스크　079
모션 블러　272
무브　062
버킷　025, 119, 298
번　164
복사　090
붙여 넣기　090
브러시　117
블러　162
블렌드　065, 270
블렌딩 모드　073
비네트(팅)　154, 155

ㅅ

색보정　145
색상화　150
샤픈　162
선택영역　040
쉐어　063
쉐이프 콜라주　362

ㅇ

스마트 폰　031
스머지　024, 328
스케일　061
시져스 실렉션　049

알파채널　079, 083
언두 히스토리　044, 195
에어 브러시　024, 333
에어브러시　127
엘립스 실렉션　042
엣지 샤픈　177, 263
이미지 윈도우　202
인터레이스　033
인터페이스　022

ㅈ / ㅊ / ㅋ

자르기　090
작업환경　195
잘라내기　041
주밍 포커스 블러　272
주사선　033
책갈피에 등록하기　027
커브　152
커브 조절 포인트 삭제　154
컬러 실렉션　048
컬러 픽커　158, 232
퀵 마스크　086, 215, 241
크롭　144
클론　139
클립보드　028

ㅌ

타이포그래피　341
텍스트　096
툴 박스　024, 200

ㅍ

파이썬　167
패스　053
퍼스펙티브 클론　160
퍼지　357
퍼지 실렉션　046
펜슬　121
포그라운드 실렉션　050
풀스크린　211
프리 실렉션　045
프리셋　148, 242
플라스티 랩　306, 314
플러그인　034
플로팅　071
플립　062
필터　166

ㅎ

핸드 컬러링　241
히스토그램　210
힐링　139

무료로 사용하는 포토샵

GIMP 2.8
김프
곧바로 활용하기

초판 인쇄 : 2012년 7월 26일
초판 발행 : 2012년 7월 26일
재판 발행 : 2015년 7월 15일

출판등록 번호 : 제 379-2007-000026 호
ISBN : 978-89-93624-08-3 13000

주소 : 강원도 횡성군 어느 고즈넉한 시골의 고갯마루
도서문의(신한서적) 전화 : 031) 919-9851 팩스 : 031) 919-9852
펴낸곳 : 에프원북스
펴낸이 : 에프원북스

지은이 : 이용태   www.facebook.com/eyongtae
기획 : 에프원북스
진행 책임 : 에프원북스
편집 디자인 : 에프원북스
표지 디자인 : 에프원북스

본 도서의 내용 중 디자인 및 저자의 창작성이 인정되는 내용을 무단으로 복제 및 복사하는 것은 저작권법에 의해 처리될 수 있습니다.

Published by f1books Co. Ltd Printed in Korea